수능특강

사회탐구영역 윤리와 사상

KB214011

기획 및 개발

박빛나리(EBS 교과위원)
김은미(EBS 교과위원)
박 민(EBS 교과위원)

감수

한국교육과정평가원

책임 편집

강수연

정답과 해설은 EBSi 사이트(www.ebsi.co.kr)에서 다운로드 받으실 수 있습니다.

교재 내용 문의
교재 및 강의 내용 문의는
EBSi 사이트(www.ebsi.co.kr)의 학습 Q&A 서비스를
활용하시기 바랍니다.

교재 정오표 공지
발행 이후 발견된 정오 사항을
EBSi 사이트 정오표 코너에서 알려 드립니다.
교재 → 교재 자료실 → 교재 정오표

교재 정정 신청
공지된 정오 내용 외에 발견된 정오 사항이 있다면
EBSi 사이트를 통해 알려 주세요.
교재 → 교재 정정 신청

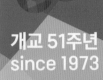

림대학교 2025학년도
입생 모집

상담 033-248-1302~1316
안내 홈페이지 https://admission.hallym.ac.kr

2023년 글로컬대학 선정

교육부, 2027년까지 연간 200억원
5년간 1,000억원 사업비 지원

한림대학교
HALLYM UNIVERSITY

신입생
기숙사 우선입사

의사포함 의료보건계열
국가시험 **전국수석 13회**

2023 중앙일보 대학평가
순수취업률 비수도권 1위

세계 3대 디자인 공모전 **7년 연속 수상**
(iF Design Award/RedDot Design Award/
IDEA Design Award)

ESG
교육가치 실현

15년 연속
등록금 동결

가르쳤으면
끝까지 **책임지는 대학**

 건양대학교

취업명문

대전메디컬캠퍼스
논산창의융합캠퍼스
특성화 운영

기업요구형
예약학과 운영

신입생
무료건강검진

건양대학교병원

영등포 김안과병원

서울·경기
통학버스 운영

의료보건계열이
강한 대학

장학금 지급률 **52.8**%
(국가 및 지방자치단체 포함시, 2021년 결산 기준)

STUDENT
GROWTH
JOONGBU UNIVERSITY

교육부 대학기본역량진단
「일반재정지원대학」 선정

국제(충청)·창의(고양)

중부대학교

- 수능 미응시자도 지원 가능
- 국제캠퍼스(충청)와 창의캠퍼스(고양) 간 전과 가능

2025학년도 중부대학교 신입생 모집

Two Campus!

수시모집 | 2024. 09. 09.(월) ~ 2024. 09. 13.(금)
정시모집 | 2024. 12. 31.(화) ~ 2025. 01. 03.(금)

국제캠퍼스(충청) 041) 750-6807~9   창의캠퍼스(고양) 031) 8075-1207~9

TALK 카카오채널 "중부대학교 입학처" 검색(실시간 채팅상담)

▲ 학과 안내

성신!

BEYOND THE BEST

성신, 새로운 가치의 인재를 키웁니다.
최고를 넘어 창의적 인재로,
최고를 넘어 미래적 인재로.

심리학과 정정윤

2025학년도 성신여자대학교 신입학 모집

입학관리실 | ipsi.sungshin.ac.kr 　　입학상담 | 02-920-2000

성신여자대학교
SUNGSHIN WOMEN'S UNIVERSITY

- 본 교재 광고의 수익금은 콘텐츠 품질 개선과 공익사업에 사용됩니다.
- 모두의 요강(mdipsi.com)을 통해 성신여자대학교의 입시정보를 확인할 수 있습니다.

수능특강

사회탐구영역 **윤리와 사상**

이 책의 **차례** Contents

수능 고득점을 위한 EBS 교재 활용법

EBS 교재 연계 사례

2024학년도 수능 문항 10번

10 고대 서양 사상가 갑, 중세 서양 사상가 을의 입장으로 옳은 것은?

> 갑: 행복하기를 바란다면 이렇게 바라라. 즉 일어나는 일들이 네가 바라는 대로 일어나기를 바라지 말고, 일어나는 일들이 실제로 일어나는 대로 일어나기를 바라라.
>
> 을: 행복한 삶은 최고선인 신을 사랑하는 것이다. 따라서 행복한 삶이란 신에 관해서, 신을 향해서, 신을 위해서 향유하는 것이다. 오직 이런 향유만이 행복이다.

① 갑: 행복한 자는 공적인 인간관계를 가능하면 피하고자 한다.
② 갑: 행복한 자는 사건들의 필연적 관계를 자신의 삶으로 받아들인다.
③ 을: 행복은 지금 이 지상의 삶에서 완전히 실현할 수 있는 것이다.
④ 을: 행복은 인간뿐만 아니라 다른 동물들 역시 향유하는 것이다.
⑤ 갑과 을: 행복은 타락한 본성을 회복하여 신과 합일하는 데 있다.

2024학년도 EBS 수능특강 96쪽 8번

8 고대 서양 사상가 갑, 을의 입장으로 적절한 것만을 〈보기〉에서 있는 대로 고른 것은?

> 갑: 세상에 일어나는 일들이 네가 바라는 대로 일어나기를 추구하지 말고, 오히려 일어나는 일들이 실제로 일어나는 대로 일어나기를 바라라. 그러면 너는 행복해질 수 있을 것이다.
>
> 을: '우리가 쾌락이 목적이다.'라고 할 때 이 말은 방탕한 자들이 누리는 탐닉적인 쾌락을 의미하는 것은 아니다. 내가 말하는 쾌락은 몸의 고통이나 마음의 혼란으로부터의 자유이다.

● 보기 ●

ㄱ. 갑: 세계 시민으로서 자신에게 주어진 공적 책무를 다해야 한다.
ㄴ. 을: 어떤 것이 궁극적으로 쾌락을 주지 못한다면 그것은 추구할 만한 가치가 없다.
ㄷ. 을: 마음의 평정을 유지하기 위해서는 모든 인간관계로부터 멀어지는 것이 바람직하다.
ㄹ. 갑과 을: 이상적 삶을 위해서는 이성적으로 숙고하는 삶의 자세가 요구된다.

① ㄱ, ㄴ ② ㄱ, ㄷ ③ ㄷ, ㄹ
④ ㄱ, ㄴ, ㄹ ⑤ ㄴ, ㄷ, ㄹ

연계 분석 및 학습 대책

2024학년도 대학수학능력시험 윤리와 사상 10번 문항은 EBS 수능특강 96쪽 8번 문항의 제시문 및 〈보기〉의 일부를 활용하여 출제되었다. 두 문항 모두 서양 사상가들의 입장을 묻는 문제로 출제되었다. 수능특강 문항은 고대 에픽테토스와 에피쿠로스의 바람직한 삶의 태도를 파악하도록 한 데 비해, 수능 문항은 고대 에픽테토스와 중세 아우구스티누스의 행복에 대한 입장을 묻는 형태로 변형되었다. 수능 문항에서는 제시문의 사상가 중 한 명을 다르게 구성하기는 했으나, 수능특강 문항의 에픽테토스 관련 제시문과 공적 책무에 대한 에픽테토스의 입장을 수능 문항에 직접적으로 반영함으로써 EBS 교재와의 연계성을 높였다.

수능에서 EBS 교재와의 연계 문항은 다양한 방식으로 구성된다. 수능특강 본문의 자료 플러스의 내용을 제시문으로 활용하거나 본문의 내용을 선택지로 활용하기도 하고, 수능 10번 문항처럼 '수능 기본 문제'나 '수능 실전 문제'의 제시문이나 선택지를 재구성하기도 한다.

윤리와 사상은 과목의 특성상 많은 사상가가 등장하는데 그 사상가들의 입장을 세세하게 파악하거나 원문을 모두 외우는 것은 불가능하다. 따라서 수능특강 본문에 제시된 각 사상가의 입장을 핵심 표현(용어)을 중심으로 암기해 두었다가 문제의 제시문이나 선택지를 분석해야 한다.

수능 고득점을 위해서는 EBS 수능특강의 본문, 날개단의 용어 설명, 자료 플러스를 꼼꼼하게 반복하여 학습해야 한다. 또한 '수능 기본 문제'나 '수능 실전 문제'를 풀 때에는 가볍게 정답만 찾고 지나가지 말고 문제에 주어진 제시문과 선택지 내용을 본문 내용을 정리하고 암기하듯이 꼼꼼하게 학습해야 한다.

이 책의 **구성과 특징** Structure

핵심 내용 정리

교과서의 핵심 내용을 쉽게 이해할 수 있도록 체계적이고 일목요연하게 정리하였습니다.

보조단 개념 설명

핵심 내용과 관련된 보충 설명이나 자료를 제시하여 개념 이해를 도울 수 있도록 하였습니다.

자료 플러스

중요 주제를 선정하고 심화 자료에 대한 분석 · 해석을 제시하였습니다.

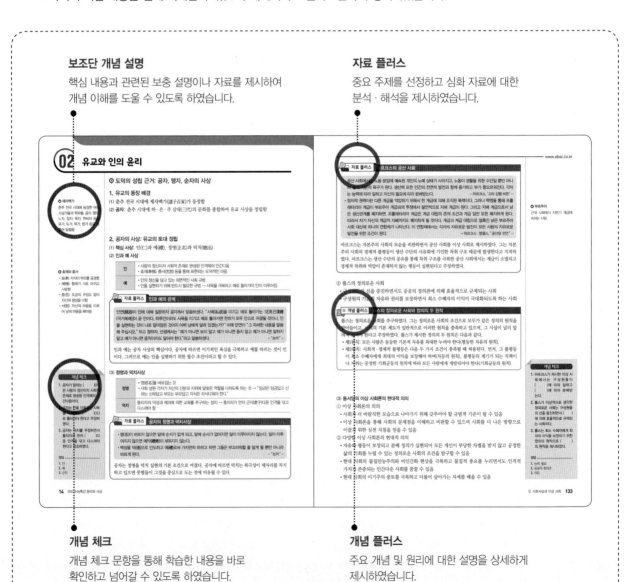

개념 체크

개념 체크 문항을 통해 학습한 내용을 바로 확인하고 넘어갈 수 있도록 하였습니다.

개념 플러스

주요 개념 및 원리에 대한 설명을 상세하게 제시하였습니다.

수능 기본 문제

기본 개념 및 원리, 간단한 분석 수준의 문항들로 구성하여 교과 내용에 대한 기본적인 이해 능력을 향상시킬 수 있도록 하였습니다.

문항코드

문항코드로 문제를 검색하면 해설 영상이 바로 재생될 수 있도록 하였습니다.

수능 실전 문제

보다 세밀한 해석력을 요구하는 다양한 유형의 문항들을 수록하여 응용력과 탐구력 및 문제 해결 능력을 향상시킬 수 있도록 하였습니다.

정답과 해설

정답과 오답에 대한 자세한 설명을 통해 문제에 대한 이해를 높이고, 유사 문제 및 응용 문제에 대한 대비가 가능하도록 하였습니다.

학생

인공지능 DANCHOQ
푸리봇 문│제│검│색

EBS*i* 사이트와 EBS*i* 고교강의 APP 하단의 AI 학습도우미 푸리봇을 통해 문항코드를 검색하면 푸리봇이 해당 문제의 해설과 해설 강의를 찾아 줍니다. **사진 촬영으로도 검색**할 수 있습니다.

문제별 문항코드 확인   문항코드 검색

[24014-0001]   24014-0001

1. 아래 그래프를 이해한 내용으로 가장 적절한 것은?

[24014-0001]

사진 촬영 검색

선생님

EBS 교사지원센터
교재 관련 자│료│제│공

교재의 문항 한글(HWP) 파일과 교재이미지, 강의자료를 무료로 제공합니다.

⬇ 한글다운로드   🖼 교재이미지   📊 강의자료

- 교사지원센터(teacher.ebsi.co.kr)에서 '교사인증' 이후 이용하실 수 있습니다.
- 교사지원센터에서 제공하는 자료는 교재별로 다를 수 있습니다.

01 인간과 윤리 사상

1. 인간에 관한 다양한 관점

(1) 인간의 특성

① 이성적 존재: 이성을 통해 자신과 세계를 이해하고 개선해 나갈 수 있음
② 도구적 존재: 생활에 필요한 여러 가지 도구를 만들어 사용함
③ 사회적 존재: 사회 안에서 다른 사람들과 더불어 살아감
④ 유희적 존재: 삶의 과정에서 재미와 즐거움을 추구하는 놀이 활동을 함
⑤ 문화적 존재: 언어, 지식, 기술, 예술 등 다양한 문화를 창조하고 계승함
⑥ 종교적 존재: 초월적 존재를 믿거나 절대적 진리에 대한 깨달음을 추구함
⑦ 서사적 존재: 공동체의 이야기를 통해 자신의 정체성과 삶의 목적을 만들어 감
⑧ 윤리적 존재: 옳고 그름을 판단하고 도덕규범을 만들어 지키며 자신의 삶을 성찰함

> **❂ 유희(遊戲, play)**
> 재미와 즐거움 그 자체를 목적으로 삼는 놀이 행위. 문화의 토대가 될 수 있음

> **❂ 윤리**
> '윤(倫)'은 '사람[人]'과 '무리[侖(윤)]'를 합해서 만든 글자로 인간 집단을 의미하며, '리(理)'는 원래 옥(玉)을 다듬는 것을 뜻하였으나 점차 이치, 이법, 도리를 뜻하게 되었음. 그러므로 윤리란 인간관계의 이법 또는 인간관계에서 따라야 할 도리를 가리킨다고 할 수 있음

자료 플러스 ─ 사회적 존재로서의 인간

국가(Polis)는 자연적으로 존재하는 것이며, 인간은 본성적으로 국가 공동체를 구성하는 동물이다. 어떤 우연이 아니라 본성으로 인하여 국가에 속하지 않는 자는 인간 이하의 존재이거나 인간 이상의 존재이다. …(중략)… 국가는 전체이며 인간은 그 부분에 속한다. 인간은 본성적으로 국가 공동체의 구성원으로 살게 되어 있다. 인간은 국가 안에 있을 때 가장 훌륭한 동물이지만, 법과 정의가 없으면 가장 사악한 동물로 전락하게 된다.

─ 아리스토텔레스, "정치학" ─

자료 플러스 ─ 서사적 존재로서의 인간

내 삶의 이야기는 언제나 내 정체성이 그 안에서 형성된 공동체의 이야기에 속한다. 인간은 서사적 존재이다. 나는 과거를 안고 태어나는데, 나를 과거와 분리하려는 시도는 내가 맺은 현재의 관계를 변형하려는 시도이다. …(중략)… 우리는 누구나 특정한 사회적 정체성을 지닌 사람으로서 자신을 둘러싼 환경을 이해한다. 나는 누군가의 아들이거나 딸, 또는 사촌이거나 삼촌이다. 나는 이 도시나 저 도시의 시민이며, 이 조직 아니면 저 조직의 구성원이다. 나는 이 친족, 저 부족, 이 민족에 속한다. ─ 매킨타이어, "덕의 상실" ─

자료 플러스 ─ 윤리적 존재로서의 인간

생각하면 생각할수록 더욱 새롭고 더욱 높아지는 감탄과 경외로 내 마음을 가득 채우는 것이 두 가지 있다. 그것은 내 위에 있는 별이 빛나는 하늘과 내 마음속에 있는 도덕 법칙이다. ─ 칸트, "실천 이성 비판" ─

개념 체크

1. ( )(이)란 인간관계의 이법 또는 인간관계에서 따라야 할 도리를 가리킨다.
2. 인간은 공동체의 이야기를 통해 자신의 정체성과 삶의 목적을 만들어 가는 ( )적 존재이다.
3. ( )설에 따르면 인간은 악한 성품을 지니고 태어나며 선행은 인위적 노력의 결과이다.

정답 ─────────
1. 윤리
2. 서사
3. 성악

(2) 인간의 본성

관점	내용	대표자
성선설	• 인간은 선한 성품을 가지고 태어남 • 욕망이나 환경에 의해 악행을 저지를 수 있음	맹자
성악설	• 인간은 이기적이거나 악한 성품을 지니고 태어남 • 인간이 선한 것은 인위적·후천적 노력의 결과임	순자
성무선악설	선과 악은 인간의 본성이 아니라, 인간 자신의 선택이나 판단, 환경에 달려 있음	고자

자료 플러스 인간 본성에 대한 고자와 맹자의 견해

고자(告子)가 말하였다. "인간의 본성은 고여서 맴도는 물과 같다. 동쪽으로 터 주면 동으로 흐르고, 서쪽으로 터 주면 서로 흐른다. 인간의 본성을 선(善)과 불선(不善)으로 나눌 수 없는 것은 고여서 맴도는 물에 동과 서의 구분이 없는 것과 같다." 맹자가 말하였다. "물에 동서의 구분은 없지만, 상하의 구분도 없겠는가? 인간의 본성이 선하다는 것은 물이 아래로 흘러내려 가는 것과 같다. 인간의 본성은 선하지 않음이 없으며, 물은 아래로 흘러내려 가지 않음이 없다."   – "맹자" –

고자는 인간의 선함과 악함은 후천적인 요인에 의해 정해진다고 보았다. 이와 달리 맹자는 모든 사람에게는 선한 네 가지 마음[四端(사단)]이 있으며 이를 구현하기 위해 수양이 필요하다고 보았다.

2. 윤리 사상과 사회사상의 의미와 중요성

(1) 윤리 사상의 의미와 중요성

의미	인간의 도덕적 삶과 행위에 대한 체계적인 생각
사례	동양의 유교·불교·도가 사상, 서양의 의무론과 공리주의 등
중요성	• 자아를 발견하고 성찰하는 데 도움을 줌 • 바람직한 삶의 목적과 방향을 정하는 데 도움을 줌 • 도덕 문제를 해결하는 데 도움을 줌

(2) 사회사상의 의미와 중요성

의미	사회 현상을 설명하고 해석하여 바람직한 사회의 모습과 그것을 실현하는 방법을 제시하는 체계적인 생각
사례	자유주의, 공화주의, 민본주의, 민주주의, 자본주의, 사회주의 등
중요성	• 사회 현상을 체계적으로 이해하고 분석하는 틀이 됨 • 바람직한 사회의 모습을 제시함 • 사회 문제를 비판하고 해결하는 기준을 제공함

(3) 윤리 사상과 사회사상의 관계

① 차이점: 윤리 사상은 주로 바람직한 인간의 모습을 탐구하고, 사회사상은 주로 바람직한 사회의 모습을 탐구함
② 공통점: 궁극적으로 인간다움과 행복을 실현하고자 함
③ 상호 관련성
  • 개인의 삶과 사회와 국가 구성원으로서의 삶을 분리해서 생각할 수 없음
  • 도덕적인 사람이 모일 때 정의로운 사회가 될 가능성이 크고, 사회나 국가가 정의로워야 그 구성원이 도덕적인 사람이 될 가능성이 큼
  → 윤리 사상과 사회사상은 상호 의존적이고 보완적인 관계임

개념 체크

1. 맹자에 따르면 모든 사람은 선한 네 가지 마음, 즉 (   )을/를 지니고 있다.
2. (   ) 사상은 주로 바람직한 인간의 모습을, (   ) 사상은 주로 바람직한 사회의 모습을 탐구한다.
3. 윤리 사상과 사회사상은 상호 의존적이고 (   )적인 관계이다.

정답 _____
1. 사단
2. 윤리, 사회
3. 보완

3. 윤리 사상과 사회사상의 역할

(1) 한국 및 동양 윤리 사상

특징	• 세계를 개체의 단순한 집합이 아니라 유기적 관계로 맺어진 통합된 전체로 봄 → 인간과 인간, 인간과 자연 사이의 구별과 차이보다 상호 연관성과 조화를 중시함 • 개인의 가치를 경시하지 않지만, 개인도 공동체 안에 있을 때 의미가 있다고 봄 → 공동체 의식 속에서 개인의 인격 수양과 개인과 집단 간의 조화를 추구하고, 계약으로 유지되기보다는 정감이 오가는 공동체를 지향함
현대적 의의	• 현대 사회의 지나친 개인주의와 이기주의의 문제를 해결하는 데 기여할 수 있음 • 환경 문제의 근본적인 해결책을 제시할 수 있음

📋 자료 플러스 **상호 연관성을 강조하는 불교의 연기설**

> 이것이 있으므로 저것이 있고, 이것이 발생하므로 저것이 발생한다. 이것이 없으므로 저것이 없고, 이것이 사라지므로 저것이 사라진다.
> – "잡아함경" –

불교의 연기설(緣起說)에 따르면 어떤 존재도 우연히 생겨나거나 혼자서 존재하지 않는다. 모든 존재는 서로에게 원인이 되기도 하고 조건이 되기도 하면서 함께 존재한다.

(2) 서양 윤리 사상

특징	• 인간이 구현해야 하는 보편적 가치를 추구함 → 때와 장소에 따라 강조되는 구체적인 도덕규범에는 차이가 있을지라도 인간이 추구해야 하는 보편적 가치가 있고, 그 가치를 인식할 수 있다고 봄 • 인간의 이성과 이성에 바탕을 둔 윤리적 탐구를 중시함 → 인간의 감각적 경험, 감정, 욕망 등에 바탕을 둔 윤리적 탐구도 큰 영향력을 발휘했으나, 이러한 탐구 과정에서도 합리적인 태도와 방법이 토대가 됨
현대적 의의	• 인간의 존엄성, 자유, 평등, 인권 등의 보편적 가치를 구현하는 데 기여함 • 도덕적 삶과 행복, 바람직한 공동체를 합리적으로 논의하는 다양한 틀을 제공함

✪ 사직(社稷)
고대 중국에서 나라를 새로 세울 때 천자나 제후가 제사를 지내던 토지의 신[社]과 곡식의 신[稷]을 가리키며, 국가를 상징하는 말로 쓰임

(3) 사회사상: 사회 문제를 해결하는 근본 지침을 제공하고, 사회가 나아가야 할 바람직한 방향을 제시하여 인류 사회의 발전에 기여함

예 • 민본주의: 백성을 근본으로 여기고 민심을 존중하는 도덕적 정치가 실현되게 함
• 자유주의: 사람들이 봉건 사회의 불평등에서 벗어나 자유와 권리를 누리는 데 바탕이 됨
• 민주주의: 시민 각자가 나라의 주인으로서 다양한 형태로 정치에 참여하는 데 도움을 줌

📋 자료 플러스 **민본주의의 특징**

> • 백성이 가장 귀중하고, 사직(社稷)이 그다음이며, 임금은 가벼운 것이다. 백성의 신임을 얻어야 천자가 되고, 천자의 신임을 얻어야 제후가 되며, 제후의 신임을 얻어야 대부가 된다.
> • 임금의 푸줏간에는 살진 고기가 있고 마구간에는 살찐 말이 있는데도 백성은 굶주린 기색이 있고, 들에는 굶어 죽은 시신들이 쓰러져 있으니, 이는 짐승들을 몰아다가 사람을 잡아먹게 하는 것과 다를 바가 없다.
> – "맹자" –

개념 체크

1. 불교의 ( )설에 따르면 모든 존재는 서로에게 원인이 되기도 하고 조건이 되기도 하면서 함께 존재한다.

2. 맹자의 민본주의 사상에 따르면 ( )이/가 가장 귀중하고, ( )이/가 그다음이며, 임금은 가볍다.

3. ( ) 사상은 사람들이 봉건 사회의 불평등에서 벗어나 자유와 권리를 누리는 데 바탕이 되었다.

정답
1. 연기
2. 백성, 사직
3. 자유주의

민본주의는 민주주의와 마찬가지로 '국민을 위한' 정치를 지향한다. 또한 인간의 존엄성을 바탕으로 하고 통치권의 근거를 백성에 두며 백성의 복지를 추구한다.

수능 기본 문제

[24014-0001]

01 다음을 주장한 고대 서양 사상가가 강조하는 인간의 특성으로 가장 적절한 것은?

실천적 지혜는 이성을 동반한 참된 실천적 품성 상태로서 인간에게 좋은 것과 나쁜 것에 관계한다. 자신에게 좋은 것, 유익한 것들에 관해서 잘 숙고하는 것은 실천적 지혜를 가진 사람의 특징이다. 이때 잘 숙고한다는 것은 건강이나 체력과 같은 부분적인 것에서 무엇이 좋은지 생각하는 것이 아니라, 전체적으로 잘 살아가는 것과 관련해서 무엇이 좋고 유익한지 잘 숙고한다는 것을 뜻한다.

① 쾌락과 고통을 모든 행위의 선택 기준으로 삼는다.
② 현상계 너머에 있는 좋음 자체를 모방하려고 한다.
③ 행복을 인생의 궁극적인 목적으로 삼고 추구한다.
④ 스스로 해결할 수 없는 원죄를 선천적으로 지닌다.
⑤ 공감 능력을 통해 느낀 감정을 선이나 악으로 표현한다.

[24014-0002]

02 다음을 주장한 현대 서양 사상가가 강조하는 인간의 특성만을 〈보기〉에서 있는 대로 고른 것은?

사악한 계모, 착하지만 엉뚱한 왕들, 아무것도 물려받지 않았지만 자수성가해야 하는 막내아들, 자신의 유산을 탕진하고 돼지들과 함께 사는 장남 등에 관한 이야기들을 들음으로써 아이들은 아이는 어떠해야 하고 부모들은 어떤 존재이며, 또 세상일은 어떤 방식으로 이루어지는지를 배우거나 또는 잘못 배운다. 아이들에게서 이야기를 박탈하면 아이들은 자신의 행위뿐만 아니라 말도 제대로 못하고 겁먹은 말더듬이로 남게 된다.

─ 보기 ─
ㄱ. 어떠한 간섭도 없는 사적 영역만을 갖는 존재이다.
ㄴ. 관행이나 전통과 단절되어야 할 무연고적 존재이다.
ㄷ. 공동체적 삶을 통해 덕을 배우고 실현하는 존재이다.
ㄹ. 사회 · 역사적 맥락에서 자기 정체성을 찾는 존재이다.

① ㄱ, ㄴ   ② ㄱ, ㄷ   ③ ㄷ, ㄹ
④ ㄱ, ㄴ, ㄹ   ⑤ ㄴ, ㄷ, ㄹ

[03~04] 갑, 을은 고대 동양 사상가들이다. 물음에 답하시오.

갑: 인간의 본성[性]은 고여서 맴도는 물과 같아서 동쪽으로 터 주면 동으로 흐르고, 서쪽으로 터 주면 서로 흐른다. 인간의 본성을 선(善)과 불선(不善)으로 나눌 수 없는 것은 고여서 맴도는 물에 동과 서의 구분이 없는 것과 같다.
을: 물에 동서의 구분은 없지만 상하의 구분도 없겠는가? 인간의 본성이 선하다는 것은 물이 아래로 흘러내려 가는 것과 같다. 인간의 본성은 선하지 않음이 없으며, 물은 아래로 흘러내려 가지 않음이 없다.

[24014-0003]

03 갑, 을의 입장을 그림으로 표현할 때, A~C에 해당하는 적절한 진술만을 〈보기〉에서 있는 대로 고른 것은?

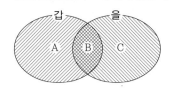

─ 보기 ─
ㄱ. A: 본성은 선이나 악으로 고정된 것이 아니다.
ㄴ. B: 모든 사람은 같은 본성을 가지고 태어난다.
ㄷ. B: 외부 환경은 악을 행하는 이유가 될 수 없다.
ㄹ. C: 누구나 수양을 통해 본성을 변화시킬 수 있다.

① ㄱ, ㄴ   ② ㄱ, ㄹ   ③ ㄷ, ㄹ
④ ㄱ, ㄴ, ㄹ   ⑤ ㄴ, ㄷ, ㄹ

[24014-0004]

04 다음을 주장한 고대 동양 사상가가 갑, 을에게 제기할 수 있는 비판으로 가장 적절한 것은?

성왕(聖王)은 사람의 본성과 감정을 바로잡기 위해 예의와 법도를 만들었다. 스승과 법도에 의해 교화되고 학문을 쌓으며 예의를 실천하고 있는 사람을 군자(君子)라 하고 본성과 감정을 좇고 멋대로 행동하는 것을 편안해하며 예의를 어기는 자를 소인(小人)이라고 한다.

① 갑은 악한 성정은 교화의 대상이 아님을 간과한다.
② 갑은 식색(食色)의 욕구가 본성의 전부임을 간과한다.
③ 을은 본성은 인위의 결과로 형성된 것임을 간과한다.
④ 을은 부모에 대한 효는 본성에 어긋난 것임을 간과한다.
⑤ 갑과 을은 본성에는 선악이 혼재되어 있음을 간과한다.

[24014-0005]

05 그림의 강연자가 강조하는 삶의 태도로 가장 적절한 것은?

한 개인은 어떤 고정된 결과에 도달했는가의 여부가 아니라 그가 움직이고 있는 방향에 따라 판단되어야 합니다. 이전에 아무리 선했던 사람일지라도 타락하기 시작한 사람, 이전보다 덜 선하게 되어 가고 있는 사람은 나쁜 사람입니다. 선한 사람이란 그가 이전에는 도덕적으로 별 볼 일이 없는 사람이었을지라도 지금은 더 나아지고 있는 사람입니다.

① 사회적 관습과 전통적 윤리 규범을 언제나 답습한다.
② 세속의 인간관계를 모두 끊고 자연에서 안식을 누린다.
③ 생사의 반복을 끊고 해탈에 이르기 위해 선행을 쌓는다.
④ 정념의 예속에서 벗어난 절대적 자유의 경지를 추구한다.
⑤ 성장 자체를 도덕의 목표로 삼고 지성의 계발에 힘쓴다.

[24014-0006]

06 다음을 주장한 중국 유교 사상가가 강조하는 삶의 태도로 가장 적절한 것은?

어린아이가 우물에 빠지는 것을 보면 자연히 측은해할 줄 안다. 이것이 바로 양지(良知)이니 밖에서 구할 필요가 없다. 양지가 발휘되어 더 이상 사사로운 의념[意]에 막히지 않는다면 그것이 바로 이른바 "측은해하는 마음을 가득하게 한다면 어짊[仁]이 적용되지 않는 곳이란 없게 된다."라는 것이다. 보통 사람은 사사로운 의념에 막히지 않을 수 없으므로 반드시 앎을 실현하고 의념을 바로잡는 공부를 해서 사사로움을 이기고 천리(天理)를 회복해야 한다.

① 인위적 규범과 수양에서 벗어나 무위의 삶을 추구한다.
② 번뇌에 얽매인 세속의 인연을 버리고 수행자로 살아간다.
③ 본성에 비추어 마음에 일어나는 생각과 욕구를 살핀다.
④ 의념이 악행의 원인임을 깨닫고 모든 의념을 제거한다.
⑤ 선을 행하기에 앞서 선에 대한 이론적 학습에 매진한다.

[24014-0007]

07 갑은 고대 서양 사상가, 을은 고대 동양 사상가이다. 바람직한 통치에 대한 두 사상가의 입장으로 가장 적절한 것은?

갑: 나라를 지혜롭게 한 방식과 같은 방식에 의해 개인도 지혜롭게 된다. 나라가 올바른 것은 그 안에 있는 세 부류가 각자의 성향에 따라 저마다 제 일을 함에 의해서이며, 철학자가 왕이 되거나 왕이 진정으로 철학을 하지 않는 한, 나라에서 악은 사라지지 않을 것이다.
을: 나라는 작고 백성들은 적어야 한다. 수십 수백 종류의 도구가 있어도 쓰지 않는다. 백성들로 하여금 다시 새끼줄을 묶어서 의사를 표시하던 상태로 되돌아가게 한다. 백성들은 자신의 음식을 달게 먹고 자신의 옷을 아름답게 입고 자신의 주거에 편안히 산다.

① 갑: 누구나 나라를 다스릴 수 있는 지혜를 갖추게 한다.
② 갑: 계층 간 역할의 주기적 교환을 통해 평등을 이룬다.
③ 을: 모두가 타고난 본성에 따라 소박하게 살도록 한다.
④ 을: 기술을 장려하고 규범을 정비하여 편리를 도모한다.
⑤ 갑과 을: 민주적 절차를 준수하여 통치자를 선발한다.

[24014-0008]

08 그림은 서술형 평가 문제와 학생 답안이다. 학생 답안의 ㉠~㉤ 중 옳지 않은 것은?

서술형 평가

◎ 문제: 고대 서양 사상가 갑, 근대 서양 사상가 을의 국가에 대한 입장을 비교하여 서술하시오.

갑: 국가는 행복하고 훌륭한 삶을 위한 공동체이며, 인간은 본성적으로 국가를 형성하며 살아가기에 적합한 동물이다.
을: 국가는 개인들이 만인에 대한 만인의 투쟁 상태인 자연 상태에서 벗어나기 위해 신의(信義) 계약을 맺음으로써 발생하였다.

◎ 학생 답안

갑과 을의 입장을 비교해 보면 갑은 ㉠ 국가를 자연적 존재로 보았으며, ㉡ 구성원들의 도덕적 삶을 실현하기 위한 공동체로 보았다. 이에 비해 을은 ㉢ 국가를 인위의 산물로 보았으며, ㉣ 구성원들의 생명과 권리를 보호하기 위한 공동체로 보았다. 한편 갑과 을은 모두 ㉤ 국가를 구성원들의 완전한 자유 실현을 위해 궁극적으로 소멸되어야 할 대상으로 보았다.

① ㉠ ② ㉡ ③ ㉢ ④ ㉣ ⑤ ㉤

[24014-0009]

1 다음 가상 대화에서 스승이 강조하는 인간의 특성으로 적절한 것만을 〈보기〉에서 있는 대로 고른 것은?

● 보 기 ●

ㄱ. 하늘이 부여한 사덕으로써 욕구를 절제하는 존재
ㄴ. 자신의 행위에 대해 전적으로 책임을 져야 하는 존재
ㄷ. 도덕적 수양을 통해 선한 본성을 형성해야 하는 존재
ㄹ. 선이나 악을 자율적으로 선택하고 실천할 수 있는 존재

① ㄱ, ㄴ   ② ㄱ, ㄷ   ③ ㄴ, ㄹ
④ ㄱ, ㄷ, ㄹ   ⑤ ㄴ, ㄷ, ㄹ

[24014-0010]

2 다음을 주장한 고대 서양 사상가가 강조하는 삶의 태도로 가장 적절한 것은?

쾌락은 지복(至福)한 삶의 처음이자 끝이다. 유쾌한 삶을 낳는 것은 계속해서 술판을 벌이고 흥청거리는 데 있지 않으며 사치스러운 식탁의 진미를 즐기는 데 있는 것도 아니다. 유쾌한 삶을 낳는 것은 모든 선택과 회피의 원인들을 검토하고 영혼에 가장 큰 동요를 일으키는 의견들을 몰아내는 헤아림의 능력이다. 이 모든 것들의 출발점이자 가장 큰 선은 사려 깊음이다. 사려 깊음은 심지어 철학보다도 소중하다. 다른 모든 덕들이 사려 깊음에서 생겨나기 때문이다.

① 원죄로부터 구원받기 위해 신에게 귀의하고 신의 은총을 구한다.
② 일체의 감각과 분별적 지식에서 벗어나 정신적 자유를 추구한다.
③ 어떤 쾌락이든 쾌락의 총량을 최대치로 이끄는 행위를 선택한다.
④ 욕구를 충족하기에 앞서 그것이 일으킬 쾌락과 고통을 고려한다.
⑤ 개인의 평온한 삶보다는 사회의 번영과 안녕을 위하여 헌신한다.

[24014-0011]

3 다음 가상 편지를 쓴 고대 동양 사상가가 강조하는 삶의 태도로 가장 적절한 것은?

> 수행자들에게
>
> 어떤 수행자가 "색(色)은 영원하지 않으며 괴로움이며 영원한 실체가 없다."라고 본다면, "수(受)는, 상(想)은, 행(行)은, 식(識)은 영원하지 않으며 괴로움이며 영원한 실체가 없다."라고 본다면 그에게는 바른 지혜가 있는 것이며 이처럼 바르게 보기 때문에 이 다섯 가지 무더기[五蘊]를 싫어하여 멀리하게 된다. 다섯 가지 무더기에 대해 즐기는 마음을 소멸했기에 탐욕이 없어지고, 탐욕이 소멸했기에 즐기는 마음이 없다. 결국 즐기는 마음과 탐욕의 소멸로 그의 마음은 자유로워지고 그는 해탈하게 될 것이다.

① 바른 지혜로써 오온을 분석하고 영생(永生)을 얻는다.
② 만물이 무상(無常)함을 자각하여 모든 집착을 버린다.
③ 윤회의 고통에서 벗어나기 위해 무명(無明)에 이른다.
④ 중도(中道)의 수행을 통해 자아의 독자성을 확립한다.
⑤ 탐욕을 완전히 소멸하기 위해 고행(苦行)에 전념한다.

[24014-0012]

4 갑은 현대 서양 사상가, 을은 근대 서양 사상가이다. 갑, 을의 입장에 대한 적절한 설명만을 〈보기〉에서 있는 대로 고른 것은?

> 갑: 인간은 자유를 선고(宣告)받았다. 인간은 스스로를 창조한 것이 아닌 까닭에 선고를 받은 것이요, 그가 세상에 내던져진 이상 자신이 행동하는 모든 것에 책임 있는 까닭에 자유로울 수밖에 없다. "인간은 인간의 미래다."라는 말은 옳다. 다만 여기서 미래라는 것이 하늘에 쓰여 있고 신(神)이 그것을 안다고 생각한다면 잘못이다. 왜냐하면 그것은 이미 미래가 아닐 것이기 때문이다.
>
> 을: 오직 이성에 의해서만 인도되는 인간을 자유롭다고 말한다. 이성에 의해 인도되는 인간은 자기 이외의 어떤 것도 따르지 않으며, 자신이 인생에서 가장 중요하다고 인식하는 것, 그래서 가장 많이 욕구하는 것들만 행하기 때문이다. 자유인이 욕구하는 최고선은 신에 대한 지적인 사랑이다.

● 보기 ●

ㄱ. 갑은 인간을 운명적으로 자유로울 수밖에 없는 존재로 본다.
ㄴ. 을은 인간을 자연의 필연성에서 벗어나야 자유롭게 되는 존재로 본다.
ㄷ. 갑은 을과 달리 인간을 자유 의지로써 삶을 개척해야 하는 존재로 본다.
ㄹ. 갑과 을은 인간을 신의 섭리를 인식하고 그에 따라 살아야 하는 존재로 본다.

① ㄱ, ㄴ   ② ㄱ, ㄷ   ③ ㄴ, ㄹ
④ ㄱ, ㄷ, ㄹ   ⑤ ㄴ, ㄷ, ㄹ

[24014-0013]

5 다음을 주장한 고대 동양 사상가가 강조하는 삶의 태도로 가장 적절한 것은?

> 도(道)를 배움에 있어 세상에서 귀중히 여기는 것은 글이다. 글이란 말에 지나지 않으니 말이 귀중한 것이 된다. 말이 귀중한 까닭은 뜻이 있기 때문인데 뜻이란 추구하는 것이 있다는 것이다. 그런데 뜻이 추구하는 것은 말로써 전할 수가 없다. 비록 세상은 말과 글을 귀중히 여기지만 말과 글은 귀중히 여길 것이 못 된다. 눈으로 볼 수 있는 것은 형체와 색깔이다. 귀로써 들을 수 있는 것은 명칭과 소리이다. 슬프다! 세상 사람들은 형체와 색깔, 명칭과 소리로써 진실을 파악할 수 있다고 생각한다. 형체와 색깔, 명칭과 소리로써는 진실을 파악할 수 없다. 그러므로 아는 사람은 말하지 않고 말하는 사람은 알지 못하는 것이다. 도를 닦은 지극한 사람[至人]은 자기의 존재조차 잊는다.

① 자신의 직분에 충실하고 도덕규범을 철저하게 준수한다.
② 감각적 욕망을 극복하고 하늘이 명한 도덕적 본성을 따른다.
③ 현자(賢者)가 남긴 말씀에 따라 선악·시비를 명확하게 분별한다.
④ 언설(言說)에 의존하지 않고 자성(自性)을 직관하여 단박에 깨친다.
⑤ 자신을 구속하는 일체의 것들을 잊어버리고 마음을 깨끗이 비운다.

[24014-0014]

6 그림의 강연자가 강조하는 바람직한 국가의 모습으로 가장 적절한 것은?

> 국가는 단순히 같은 곳에 거주하는 사람들의 공동체가 아닙니다. 또한 교역을 촉진하는 것만을 위해 존재하는 것도 아닙니다. 이런 것들은 국가가 존재하기 위한 필수 조건들입니다. 그러나 그런 조건들이 다 충족된다고 해서 국가가 존재하는 것은 아닙니다. 국가란 구성원들이 잘 살 수 있게 해 주기 위한 공동체이며 그 목적은 완전하고 자족적인 삶입니다. 완전하고 자족적인 삶이란 행복하고 훌륭하게 사는 것을 뜻합니다.

① 구성원들의 자유로운 삶에 어떠한 형태로든 간섭하지 않는다.
② 구성원들의 물질적 자급자족을 궁극적인 존재 목적으로 삼는다.
③ 구성원들의 공동체들을 모두 포괄하며 최고의 좋음을 추구한다.
④ 구성원들의 가족과 씨족을 국가보다 완전한 결사체로 만들어 간다.
⑤ 구성원들의 생명과 재산을 보호하기 위한 수단으로서만 존재한다.

02 유교와 인의 윤리

📍 도덕의 성립 근거: 공자, 맹자, 순자의 사상

1. 유교의 등장 배경
(1) 춘추 전국 시대에 제자백가(諸子百家)가 등장함
(2) **공자**: 춘추 시대에 하·은·주 삼대(三代)의 문화를 종합하여 유교 사상을 정립함

✪ 제자백가

춘추 전국 시대에 등장한 여러 사상가들과 학파들. 공자, 맹자, 노자, 장자, 묵자, 한비자 등과 유가, 도가, 묵가, 법가 등을 통틀어 일컬음

2. 공자의 사상: 유교의 토대 정립
(1) **핵심 사상**: 인(仁)과 예(禮), 정명(正名)과 덕치(德治)
(2) **인과 예 사상**

인	• 사랑의 정신이자 사회적 존재로 완성된 인격체의 인간다움 • 효제(孝悌), 충서(忠恕) 등을 통해 표현되는 도덕적인 마음
예	• 인의 정신을 담고 있는 외면적인 사회 규범 • 인을 실현하기 위해 반드시 필요한 규범 → 사욕을 극복하고 예로 돌아가야 인이 이루어짐

✪ 효제와 충서

• 효(孝): 자식이 부모를 공경함
• 제(悌): 형제가 서로 아끼고 사랑함
• 충(忠): 조금의 꾸밈도 없이 자신의 정성을 다함
• 서(恕): 자신의 마음을 미루어 남의 마음을 헤아림

📋 자료 플러스   인과 예의 관계

안연(顔淵)이 인에 대해 질문하자 공자께서 말씀하셨다. "사욕(私欲)을 이기고 예로 돌아가는 것[克己復禮(극기복례)]이 곧 인이다. 하루만이라도 사욕을 이기고 예로 돌아가면 천하가 모두 인으로 귀결될 것이니, 인을 실현하는 것이 나로 말미암은 것이지 어찌 남에게 달려 있겠는가?" 이에 안연이 "그 자세한 내용을 말씀해 주십시오." 하고 청하자, 선생께서는 "예가 아니면 보지 말고 예가 아니면 듣지 말고 예가 아니면 말하지 말고 예가 아니면 움직이지도 말아야 한다."라고 말씀하셨다.   - "논어" -

인과 예는 공자 사상의 핵심이다. 공자에 따르면 이기적인 욕심을 극복하고 예를 따르는 것이 인이다. 그러므로 예는 인을 실현하기 위한 필수 조건이라고 할 수 있다.

---

(3) **정명과 덕치사상**

정명	• 명분[名]을 바로잡는 것 • 사회 성원 각자가 자신의 신분과 지위에 알맞은 역할을 다하도록 하는 것 → "임금은 임금답고 신하는 신하답고 부모는 부모답고 자식은 자식다워야 한다."
덕치	통치자의 덕성과 예의에 의한 교화를 추구하는 정치 → 통치자가 먼저 군자(君子)다운 인격을 닦고 다스려야 함

개념 체크

1. 공자가 말하는 (   )(이) 란 사랑의 정신이자 사회적 존재로 완성된 인격체의 인 간다움이다.
2. 공자는 인을 이루려면 사욕을 극복하고 (   )(으) 로 돌아가야 한다고 주장하였다.
3. 공자는 덕치를 주장하면서 통치자가 먼저 (   )다 운 인격을 닦고 다스려야 한다고 강조하였다.

정답
1. 인
2. 예
3. 군자

📋 자료 플러스   공자의 정명과 덕치사상

• 명(名)이 바르지 않으면 말에 순서가 없게 되고, 말에 순서가 없어지면 일이 이루어지지 않는다. 일이 이루어지지 않으면 예악(禮樂)이 세워지지 않는다.
• 백성을 덕(德)으로 인도하고 예(禮)로써 가지런히 하려고 하면 그들은 부끄러워할 줄 알게 될 뿐만 아니라 바르게 된다.   - "논어" -

공자는 정명을 덕치 실현의 기본 조건으로 여겼다. 공자에 따르면 덕치는 북극성이 제자리를 차지하고 있으면 뭇별들이 그것을 중심으로 도는 것에 비유될 수 있다.

(4) **경제사상**: 분배의 형평성 강조 → "통치자는 재화의 적음보다 분배가 고르지 못함을 걱정해야 한다."

(5) **이상적인 인간과 사회**: 군자(君子), 대동(大同) 사회

군자	• 자신을 수양하여 타인과 백성을 편안하게 해 주는[修己而安人(수기이안인)] 사람 • 인의 구현을 삶의 궁극적인 목표로 삼는 사람
대동 사회	인륜이 구현되고 인재가 중용되며 재화가 고르게 분배되고 사회적 약자가 보살핌을 받는 평화롭고 도덕적인 공동체

3. 맹자의 사상: 도덕적 마음 강조

(1) **성선설(性善說)**

① 인간은 누구나 선천적으로 네 가지 선한 마음, 즉 사단(四端)을 지니고 있음

≡ **개념 플러스**   **맹자의 사단과 사덕**

측은지심(惻隱之心)	불쌍하고 가엾게 여기는 마음 ← 인(仁)의 단
수오지심(羞惡之心)	불의를 부끄러워하고 미워하는 마음 ← 의(義)의 단
사양지심(辭讓之心)	양보하고 공경하는 마음 ← 예(禮)의 단
시비지심(是非之心)	옳고 그름을 분별하는 마음 ← 지(智)의 단

② 인간은 누구나 날 때부터 양지(良知)와 양능(良能)을 지니고 있음

양지	생각하지 않고도 알 수 있는 것 ← 선천적인 도덕 자각 능력
양능	배우지 않고도 할 수 있는 것 ← 선천적인 도덕 실천 능력

(2) **이상적인 인간**: 대인(大人) 또는 대장부(大丈夫) → 인의를 구현한 인간, 집의(集義)를 통해 길러지는 호연지기(浩然之氣)를 갖춘 인간

인	따뜻하고 포용적인 사랑 ← 사람이 거처해야 할 곳
의	옳고 그름을 분명하게 구분하는 정의 ← 사람이 걸어야 할 길
집의	옳은 일을 반복적으로 실천함
호연지기	지극히 크고 굳세며 올곧은 도덕적 기개

(3) **수양 방법**: 잃어버린 본심을 되찾음[求放心(구방심)], 욕심을 적게 가짐[寡欲(과욕)], 선한 본심을 보존하고 본성을 기름[存心養性(존심양성)], 사단을 확충함

(4) **정치사상**

① 왕도(王道) 정치를 추구하고 역성혁명(易姓革命)을 인정함

왕도 정치	인의(仁義)의 덕으로 다스리는 정치
역성혁명	군주가 백성을 고통에 빠뜨리고 나라를 위태롭게 하면 그 군주를 바꿀 수 있음

② 백성들은 일정한 생업[恒産(항산)]이 있어야 변치 않는 도덕심[恒心(항심)]이 있을 수 있음을 강조함

❂ **맹자의 인과 의**

맹자께서 말씀하셨다. "인은 사람의 마음이고 의는 사람의 길이다. 그 길을 놓아둔 채 따르지 않으며, 그 마음을 잃어버리고도 찾을 줄 모르니 애처롭다. 학문의 길이란 다른 것이 아니다. 그 잃어버린 마음을 찾는 것[求放心(구방심)]일 뿐이다."

❂ **맹자의 왕도 정치**

불인인지심(不忍人之心), 즉 남에게 차마 어찌하지 못하는 마음에 기반을 둔 정치. 이러한 정치는 사단(四端)에 기반을 둔 정치 또는 인과 의에 기반을 둔 정치라고 할 수 있음

개념 체크

1. 맹자가 말하는 사단 중 (　　　)은/는 인(仁)의 단(端)이다.
2. 맹자는 이상적 인간으로서 대장부 또는 (　　　)을/를 제시하였다.
3. 맹자에 따르면 선비와 달리 백성들은 (　　　)이/가 있어야 항심(恒心)을 지닐 수 있다.

정답
1. 측은지심
2. 대인
3. 항산

자료 플러스 | 맹자의 정치사상

- 백성의 기쁨을 함께 즐거워하는 임금이라면 백성 또한 그 임금의 기쁨을 함께 나누고, 백성의 근심을 걱정하는 임금이라면 백성도 임금의 근심을 함께 생각하게 되는 것이다. 즐거움과 근심을 천하와 함께하면서도 왕자(王者)가 되지 못한 자는 아직까지 없었다.
- 항산(恒産)이 없어도 항심(恒心)을 지니는 것은 오직 선비만이 할 수 있는 일이다. 일반 백성은 항산이 없으면 항심을 지닐 수 없다. 항심이 없으면 방탕하고 편벽되며 간사하고 사치스러워져서 못 하는 짓이 없게 된다. 그렇기 때문에 현명한 군주[明君(명군)]는 백성들의 생업을 관장할 때 반드시 위로는 부모를 봉양하고 아래로는 처자식을 부양하기에 부족함이 없게 해 준다.
- 제선왕이 물었다. "탕(湯)이 걸(桀)을 내쫓고 무(武)는 주(紂)를 정벌하였다고 하는데, 그런 일이 있습니까?" 맹자께서 대답하셨다. "옛 책에 적혀 있습니다." "신하가 그 군주를 죽여도 되는 것입니까?" "인(仁)을 해치는 자를 적(賊)이라 하고 의(義)를 해치는 자를 잔(殘)이라고 하며 잔적(殘賊)한 자를 일개 사내라 하니, 일개 사내에 불과한 주(紂)를 베었다는 말은 들었어도 신하가 군주를 죽였다는 말은 듣지 못하였습니다."

— "맹자" —

맹자는 남에게 차마 어찌하지 못하는 마음을 바탕으로 즐거움뿐만 아니라 근심도 백성과 함께 나누는 왕도 정치를 추구하였으며 백성의 항산 보장을 통치의 우선적인 과제로 삼았다. 또한 인의를 해쳐 백성들을 고통스럽게 만드는 임금을 바꾸는 것을 정당한 일로 보았다.

탕(湯), 걸(桀), 무(武), 주(紂)
- 탕과 걸: 탕은 고대 중국의 은(殷)나라를 창건한 왕. 하(夏)나라의 포악한 군주 걸에 대항하여 군대를 일으켰다고 함
- 무와 주: 무는 주(周)나라를 세운 왕. 부패하고 타락한 은나라의 주왕을 정벌했다고 함

4. 순자의 사상: 제도적 규범 강조

(1) 성악설(性惡說): 인간의 타고난 성정(性情)은 악하며, 사람이 선하게 되는 것은 인위적인 노력[僞(위)]의 결과임

자료 플러스 | 순자의 성악설

- 사람의 성(性)은 나면서부터 이익을 좋아한다. 그것을 따르면 다투고 빼앗게 되고 양보하는 마음이 없게 된다. 또 사람은 나면서부터 질투하고 미워하는 마음이 있다. 이를 따르면 남에게 상처를 주게 되고 신뢰가 사라진다. 그리고 사람은 나면서부터 귀와 눈의 욕구가 있어 아름다운 소리와 색을 좋아한다. 이를 따르면 음란이 생기고 예의와 규범이 사라진다. 그러므로 반드시 스승의 법도에 의한 교화와 예의에 의한 교도가 있은 뒤에라야 사양하는 마음으로 나아가고 규범에 맞게 되어 다스려지는 데로 돌아갈 것이다.
- 군자를 귀하게 여기는 것은 그가 성을 교화하고 인위(人爲)를 일으킬 수 있기 때문이다. 소인을 천하게 여기는 것은 그가 성을 따르고 정에 순응해서 멋대로 성내고 이익을 탐하며 다투고 빼앗기 때문이다.

— "순자" —

순자에 따르면 군자와 소인은 모두 악한 본성을 가지고 태어난다. 그러나 본성에 따라 다투고 빼앗는 소인과 달리 군자는 본성을 교화하고 인위를 일으킬 수 있기에 귀하게 여겨진다.

(2) 예(禮) 사상: 예를 배워 악한 본성을 변화시킬 것[化性起僞(화성기위)]을 강조함

예	• 고대의 성왕(聖王)이 제정한 외면적인 사회 규범 • 사람들의 성정을 선하게 변화시키고 재화를 공정하게 분배하기 위한 사회 규범 → 도덕 생활과 통치의 표준

(3) 예치(禮治) 사상

① 고대의 성왕이 제정한 예로써 다스려야 함
② 덕을 헤아려서 지위를 정하고, 능력을 헤아려서 관직을 맡겨야 함

개념 체크

1. 순자에 따르면 사람이 선하게 되는 것은 (　　)적인 노력의 결과이다.

2. 순자에 따르면 군자는 소인과 달리 (　　)을/를 교화하고 인위를 일으킬 수 있기에 귀하게 여겨진다.

3. 순자에 따르면 (　　)(이)란 사회 혼란을 막기 위해 고대의 성왕(聖王)이 제정한 인위적 규범이다.

정답
1. 인위
2. 본성
3. 예

자료 플러스 | **순자의 예와 예치 사상**

- 예는 어째서 생겨났는가? 사람은 나면서부터 욕망을 가지고 있는데, 바라면서도 얻지 못하면 추구하지 않을 수 없고, 추구함에 일정한 기준과 한계가 없으면 다투지 않을 수 없게 된다. 다투면 어지러워지고 어지러워지면 궁해진다. 고대의 성왕은 그 어지러움을 싫어한 까닭에 예의를 제정해 구분을 지었다.
- 사람의 수명은 하늘에 달려 있고 나라의 운명은 예에 달려 있다. 군주가 예를 높이고 현자를 존중하면 왕자(王者)가 되고, 법을 중시하고 백성을 사랑하면 패자(霸者)가 된다. ㅡ "순자" ㅡ

순자는 예와 예치(禮治)를 강조하였다. 순자는 예라는 객관적 기준에 따라 나라를 다스릴 때 질서가 유지된다고 보았으며, 예(禮)를 근본으로 삼는 통치를 왕도(王道)로 규정하였다.

(4) **자연관**: 공자, 맹자와 달리 하늘을 물리적인 자연 현상이자 자연법칙으로 보았으며, 하늘의 일과 인간의 일은 서로 별개의 것[天人分二(천인분이)]이라고 주장함

> ✪ **천인분이(天人分二)**
> 순자에 따르면 하늘의 직분은 만물을 이루는 것이지만 어떤 의지를 담고 있지 않음. 따라서 하늘은 도덕규범의 근원이나 모범이 아니며 인간의 선악에 감응하지 않음. 순자는 인간의 길흉화복이 하늘의 운행 질서에 인간이 어떻게 대응하느냐에 따라 결정될 수 있다고 보았음

◉ 도덕 법칙의 탐구 방법: 성리학과 양명학 사상

1. 유교 사상의 전개
(1) **진(秦)나라 시대**: 법가·병가의 부국강병책이 중시되었고, 분서갱유(焚書坑儒) 사건이 발생함
(2) **한(漢)나라 시대**
① 유교가 국학으로 인정됨에 따라 교육 정책의 중심이 됨
② 분서갱유로 인해 소실된 유교 경서를 복원하는 경학과 그 내용에 대한 주석을 하는 훈고학이 발달함
(3) **송(宋)나라 시대**
① 공자와 맹자의 유교 사상을 재해석하고 불교와 도가 사상을 비판적으로 수용한 성리학이 등장함
② 이기론(理氣論)에 근거하여 인간과 우주를 통합적으로 설명하고자 하였고, 성인(聖人)이 되는 것을 학문의 목표로 삼음

2. 주희의 성리학 사상: 사물의 이치 규명 강조
(1) **특징**: 성리학을 집대성함
(2) **핵심 사상**

이기론	• 만물은 이(理)와 기(氣)가 결합함으로써 이루어짐 • 이는 만물을 낳는 근본 원리이고 기는 만물을 이루는 재료임 • 이와 기는 논리적으로는 분명하게 구분되지만[理氣不相雜(이기불상잡)], 사물에서는 별개로 분리될 수 없음[理氣不相離(이기불상리)]
심성론	• 인간의 성(性)은 하늘이 부여한 이치[理]이며, 성에는 인의예지가 모두 갖추어져 있음 • 성은 본연지성(本然之性)과 기질지성(氣質之性)으로 구분되며, 본연지성은 순선하나 기질지성은 기질의 맑고 흐린 정도에 따라 천차만별임 → 올바른 사람이 되려면 기질을 맑게 변화시켜야 함
수양론	• 거경 궁리(居敬窮理): 경건한 자세를 유지하면서 사물의 이치를 탐구함 • 격물치지(格物致知): 사물의 이치를 탐구하여 앎을 지극히 함 • 존양성찰(存養省察): 양심을 보존하고 본성을 함양하며 반성하고 살핌 • 존천리거인욕(存天理去人欲): 천리를 보존하고 인욕을 제거함

> **개념 체크**
> 1. 주희에 따르면 만물은 이(理)와 (   )이/가 결합함으로써 이루어진다.
> 2. 주희에 따르면 성(性)은 본연지성과 (   )(으)로 구분된다.
> 3. 주희에 따르면 격물치지란 사물의 (   )을/를 탐구하여 앎을 지극히 하는 것이다.
>
> **정답**
> 1. 기
> 2. 기질지성
> 3. 이치

❤ 본연지성과 기질지성
본연지성은 천지지성(天地之性)이라고도 하며, 성을 구성하는 이(理)만을 지칭하는 것이고, 기질지성은 이와 기(氣)가 결합된 상태, 즉 기질의 영향을 받는 현실적 성을 가리키는 것임

자료 플러스 | **주희 성리학의 심성론**

- 성(性)이 곧 이(理)이다. 마음[心]에서는 성이라고 하고 일[事]에서는 이라고 한다.
- 본연지성(本然之性)은 오직 이만을 가리켜서 말한 것이고 기질지성(氣質之性)은 이와 기를 섞어서 말한 것이다. 기가 있지 않을 때에도 이미 성은 있다.
- 성은 마음의 이이고 정(情)은 성의 활동이며 마음은 성과 정을 주재한다. 인의예지는 성의 본체이며, 측은·수오·사양·시비는 성에서 발동한 정이다. – "주자어류" –

주희는 성즉리(性卽理)와 심통성정(心統性情)을 주장하였다. 그에 따르면 마음에 부여된 하늘의 이치인 성은 본연지성과 기질지성으로 구분된다. 그리고 인의예지라는 사덕은 성의 본체이고 사단은 성에서 발한 정이다. 그러므로 사단은 사덕이 마음에 내재되어 있다는 것을 알 수 있게 해 주는 실마리[緖(서)]라고 할 수 있다. 마음은 이러한 성과 정을 통괄한다.

자료 플러스 | **주희 성리학의 거경 궁리론**

- 배우는 사람의 공부는 오직 거경(居敬)과 궁리(窮理)라는 두 가지 일에 달려 있다. 이 두 가지는 서로를 촉발시킨다. 궁리하게 되면 거경 공부가 나날이 발전하고 거경하게 되면 궁리 공부가 나날이 정밀해진다.
- 사람에게는 본래 양지(良知)가 있지만 궁리를 하지 않으면 이미 알고 있고 이미 도달한 데서 만족한 나머지 아직 알지 못하고 아직 도달하지 못한 것을 궁구하지 못하게 된다. – "주자어류" –

주희는 수양 방법으로 거경과 궁리를 강조하였다. 거경은 마음과 태도에서 경건함을 유지하는 것이며, 궁리는 사물의 이치를 깊이 있게 탐구하는 것이다. 주희에 따르면 거경과 궁리는 늘 함께 해야 한다.

3. 왕수인의 양명학 사상: 주체의 도덕성 회복 강조

(1) 특징
① 주희의 성즉리설(性卽理說), 격물치지설(格物致知說) 등을 비판하고 유학 경전을 새롭게 해석함
② 도덕 주체인 인간의 마음을 중심으로 도덕 원리의 인식과 실천의 문제를 이해하고자 함

(2) 핵심 사상

심즉리설 (心卽理說)	• 인간의 마음[心]이 곧 하늘의 이치[理]임 • 마음 밖에는 이치가 없고, 마음 밖에는 사물도 없음
치양지설 (致良知說)	• 사람은 누구나 천리(天理)로서의 양지를 지니고 있으며, 이 양지를 자각하고 실천할 수 있음 • 사욕을 극복하고 양지를 적극적이고 구체적으로 발휘하면[致良知] 이론적 학습 과정을 거치지 않아도 누구나 성인(聖人)이 될 수 있음
지행합일설 (知行合一說)	• 앎[知]은 행함[行]의 시작이고, 행함은 앎의 완성임 • 인식으로서의 지와 실천으로서의 행은 본래 하나임

개념 체크

1. 주희에 따르면 (　　　)은/는 본성[性]과 감정[情]을 통괄한다.
2. 주희는 궁리(窮理)와 더불어 마음과 태도에서 경건함을 유지하는 (　　　)을/를 중시하였다.
3. 왕수인에 따르면 양지란 맹자의 사단 중 (　　　)과 같은 것이다.

정답
1. 마음
2. 거경
3. 시비지심

자료 플러스 | **왕수인의 양지**

양지(良知)는 하늘이 부여한 성(性)이자 내 마음의 본체로서 스스로 영명(靈明)하여 밝게 깨닫는다. 의념[意(의)]이 드러날 때 내 마음의 양지는 모든 것을 저절로 알며, 그 뜻이 선인지 악인지도 내 마음의 양지는 저절로 안다. – "대학문" –

왕수인에 따르면 양지는 맹자가 말한 사단 가운데 시비지심과 같은 것으로 선악과 시비를 판단하는 능력이면서도 선을 좋아하고 악을 미워하는 감정이기도 하다.

왕수인의 양지(良知)
- 마음의 본체이며 하늘의 이치
- 옳고 그름을 분별하고 옳음을 좋아하는 마음
- 사람이라면 누구나 지니고 있는 선한 본성

자료 플러스 | 왕수인의 치양지설

모든 사물의 이치는 내 마음에서 벗어나 있지 않다. …(중략)… 배우고 묻고 사색하고 변별하고 돈독히 행하는 공부는 내 마음의 양지(良知)를 지극한 데까지 확충하는 것에 불과할 따름이다. 양지 이외에 어찌 다시 터럭만큼이라도 보탤 것이 있겠는가?   – "전습록" –

왕수인은 양지가 마음의 본체이고 하늘의 이치라고 주장하였다. 그에 따르면 진정한 공부는 양지를 구체적이고 적극적으로 발휘하는 것이다.

(3) **격물치지(格物致知)에 대한 주희의 성리학과 왕수인의 양명학의 입장**

주희의 성리학	왕수인의 양명학
사물에 나아가 이치를 탐구하여 나의 앎을 극진히 함	양지를 구체적이고 적극적으로 발휘하여 일을 바로잡음

자료 플러스 | 지와 행의 관계에 대한 주희와 왕수인의 입장

- 지(知)와 행(行)은 항상 서로 의지한다. 이는 마치 눈은 발이 없으면 가지 못하고 발은 눈이 없으면 보지 못하는 것과 같다. 굳이 선후를 논하면 지가 먼저이고 경중을 논하면 행이 중요하다.   – "주자어류" –
- 지(知)는 행(行)의 시작이고 행은 지의 완성이다. 지의 진절독실(眞切篤實, 진지하고 독실함)한 면이 바로 행이고, 행의 명각정찰(明覺精察, 밝게 깨닫고 정밀하게 살핌)한 면이 바로 지이다.   – "전습록" –

주희는 지가 먼저이고 행이 나중[先知後行(선지후행)]이라는 입장을 취하였다. 이에 비해 왕수인은 지와 행이 본래 하나임[知行合一(지행합일)]을 강조하였다.

자료 플러스 | 격물치지에 대한 주희와 왕수인의 해석

- 치지는 격물에 있다[致知在格物(치지재격물)]는 말은. 나의 앎을 지극히 하고자 한다면 사물에 나아가 그 이치를 궁구해야 한다는 것을 뜻한다. 사람의 마음은 영특하여 앎을 지니고 있고 천하의 사물에는 그 이치가 있다. 다만 사람들이 그 이치를 다 궁구하지 않기 때문에 앎이 극진하지 않은 것이다.   – "대학장구" –
- 치지격물(致知格物)이란 내 마음의 양지(良知)를 각각의 사물에서 실현하는 것이다. 내 마음의 양지인 천리를 각각의 사물에서 실현하면 각각의 사물이 모두 그 이치를 얻게 된다. 내 마음의 양지를 실현하는 것이 치지이며, 각각의 사물이 모두 그 이치를 얻는 것이 격물이다.   – "전습록" –

주희는 만물에 이치가 부여되어 있다고 보고, 격물치지를 '사물에 나아가 그 이치를 탐구하여 나의 앎을 극진히 하는 것'으로 해석하였다. 그러나 왕수인은 마음이 곧 이치이며 마음 밖에는 이치가 없다고 보고, 격물치지를 '내 마음의 양지를 개별 사물에서 실현하는 것'으로 해석하였다.

개념 체크

1. 왕수인에 따르면 진정한 공부란 (   )을/를 구체적이고 적극적으로 발휘하는 것이다.
2. 왕수인에 따르면 앎과 행함은 본래 (   )이다.
3. 왕수인에 따르면 격물이란 각각의 사물이 모두 그 (   )을/를 얻는 것이다.

정답
1. 양지
2. 하나
3. 이치

4. 청대(淸代)의 고증학: 경세치용과 실사구시 강조

(1) **등장 배경**: 구체적인 현실 문제보다 인간의 도덕 문제에 치우친 경향을 보인 성리학과 양명학에 대한 반성과 비판의 분위기 대두

(2) **특징**

① 실생활에 도움이 되는 경세치용(經世致用)의 학문을 추구함
② 실제적인 일에서 옳음을 구하는 실사구시(實事求是)의 방법론을 중시함
③ 우리나라 실학의 성립과 발전에 영향을 미침

01 다음 가상 편지를 쓴 고대 동양 사상가의 입장으로 가장 적절한 것은? [24014-0015]

○○에게
자네가 보낸 편지에 인(仁)에 대한 물음이 담겨 있어 그에 대답하고자 하네. 인이란 사욕(私欲)을 극복하고 예(禮)로 돌아가는 것이라네. 하루만이라도 사욕을 이기고 예로 돌아가면 천하가 모두 인으로 귀결될 것이니 인을 실현하는 것이 나로 말미암은 것이지 어찌 남에게 달려 있는 것이겠는가?

① 인을 갖춘 자는 타인에게 꾸밈없이 자기 정성을 다한다.
② 인은 자기 자신이 아니라 타인으로 말미암아 이루어진다.
③ 예는 사양지심(辭讓之心)을 확충함으로써 실현될 수 있다.
④ 예를 배우면 본래의 악한 성정(性情)을 변화시킬 수 있다.
⑤ 인과 예는 도(道)가 사라진 이후 생겨난 하덕(下德)이다.

02 다음을 주장한 고대 동양 사상가의 입장만을 〈보기〉에서 있는 대로 고른 것은? [24014-0016]

사람이 사단(四端)을 가지고 있는 것은 그가 사지(四肢)를 가지고 있는 것과 같으니, 이 사단을 가지고 있으면서도 스스로 인의(仁義)를 행할 수 없다고 말하는 사람은 자신을 해치는 자이다. 나에게 있는 사단을 다 넓혀서 채울 줄 알면, 마치 불이 처음 타오르며 샘물이 처음 나오는 것과 같은 것이니, 만일 이것을 넓히고 채울 수 있다면 충분히 온 세상을 보존할 수 있고 만일 넓히고 채우지 못한다면 부모조차 제대로 섬길 수 없을 것이다.

● 보기 ●
ㄱ. 인간은 배우지 않아도 선을 알 수 있다.
ㄴ. 사단의 확충을 통해 인의예지를 실현할 수 있다.
ㄷ. 마음을 다 발휘한 사람은 자기 본성을 알 수 있다.
ㄹ. 수양을 통해 본성을 바로잡으면 누구나 성인이 된다.

① ㄱ, ㄴ   ② ㄱ, ㄹ   ③ ㄷ, ㄹ
④ ㄱ, ㄴ, ㄷ   ⑤ ㄴ, ㄷ, ㄹ

03 (가)의 고대 동양 사상가 갑, 을의 입장에서 볼 때, (나)의 ㉠에 들어갈 진술로 가장 적절한 것은? [24014-0017]

(가)	갑: 백성을 덕으로 인도하고 예로써 가지런히 하려고 하면 그들은 부끄러워할 줄 알게 될 뿐만 아니라 바르게 된다. 덕으로써 정치하는 것은 북극성은 제자리에 있고 뭇별이 그 둘레를 도는 것과 같다. 을: 백성이 가장 귀하고 사직(社稷)이 다음이며 임금은 가볍다. 임금이 백성의 기쁨을 함께 즐거워하면 백성도 임금의 기쁨을 함께 나누게 된다. 이같이 하면 누구나 왕자(王者)가 될 수 있다.
(나)	㉠ , 그러면 백성이 잘 살고 나라가 평안해질 것이다.

① 갑: 존비(尊卑)를 분별하지 않는 사랑[兼愛]을 행하라
② 갑: 정명(正名)의 정신에 어긋난 임금을 즉시 교체하라
③ 을: 항산(恒産)을 백성에게 제공하여 민생을 안정시켜라
④ 을: 현자(賢者)를 의지하지 말고 무위(無爲)로써 다스려라
⑤ 갑과 을: 도덕과 예의로써 백성의 악한 본성을 통제하라

04 다음은 고대 동양 사상가의 주장이다. ㉠에 들어갈 진술로 가장 적절한 것은? [24014-0018]

눈은 아름다운 색을, 귀는 좋은 소리를, 입은 맛있는 것을, 마음은 이익을, 몸은 편안함을 좋아한다. 이는 모두 인간의 본성[性]에서 나온 것이다. 외물(外物)과 감응하여 저절로 그렇게 되는 것이지 노력해서 생기는 것이 아니다. 외물과 감응해도 저절로 될 수가 없고 반드시 노력을 함으로써 비로소 그렇게 되는 것을 인위(僞)라고 한다. 이것이 본성과 인위가 다르다는 증거이다. 그러므로 성인(聖人)은 ㉠

① 말로 표현하지 않는 가르침을 실천한다.
② 백성들이 지식과 욕망을 갖지 않게 한다.
③ 타고난 본성을 바로잡고 인위를 일으킨다.
④ 일반 사람과 다른 본성을 가지고 태어난다.
⑤ 모든 인위의 속박에서 벗어나 정신적 자유를 누린다.

05 [24014-0019]
다음을 주장한 중국 유교 사상가의 입장으로 옳지 **않은** 것은?

> 본성[性]은 마음[心]의 자리에 있으니 그 가운데 빈 곳에 차 있는 것은 이치[理]가 아님이 없다. 마음은 신명(神明)의 집이요 한 몸의 주재이며, 본성은 많은 도리(道理)로서 하늘에서 부여되어 마음에 갖추어진 것이다. 인의예지(仁義禮智)는 본성이요, 측은·수오·사양·시비는 감정[情]이며, 인으로 사랑하고 의로 미워하며 예로 사양하고 지로 아는 것은 마음이다.

① 이(理)와 기(氣)는 현실에서 서로 분리되지 않는다.
② 기질을 바르게 해야 불선(不善)이 발생하지 않는다.
③ 사람의 본성은 천하의 이치를 모두 아우를 수 있다.
④ 본연지성은 선하지만 기질지성에는 선악이 섞여 있다.
⑤ 사단은 마음의 본체[體]이고 사덕은 마음의 작용[用]이다.

06 [24014-0020]
그림은 서술형 평가 문제와 학생 답안이다. 학생 답안의 ㉠~㉤ 중 옳지 **않은** 것은?

> **서술형 평가**
>
> ◎ 문제 : 중국 유교 사상가 갑, 을의 입장을 비교하여 서술하시오.
>
> > 갑: 격물(格物)의 '격'이란 '이른다[至]'는 것이다. 그러므로 격물이란 사물의 이치를 궁구하여 그 지극한 데에 이르지 않음이 없게 하는 것이다.
> > 을: 격물의 '격'이란 '바르게 한다[正]'는 것이다. 그러므로 격물이란 마음의 바르지 못함을 바로잡아 그 본체의 바름으로 돌아가게 하는 것이다.
>
> ◎ 학생 답안
> 갑과 을의 입장을 비교해 보면 갑은 ㉠ 물(物)을 '이(理)의 소재처'로 보고, ㉡ 치지(致知)를 마음 바깥의 사사물물(事事物物) 속에 있는 이치를 파악하여 나의 앎을 완전하게 이루어 가는 과정으로 보았다. 이에 비해 을은 ㉢ 물을 '의념[意]의 소재처로서의 일[事]'로 보고, ㉣ 치지를 마음 안에 있는 천리(天理)를 사사물물에 실현하는 과정으로 보았다. 한편 갑과 을은 모두 ㉤ 먼저 이치에 대한 앎을 극진히 해야 도덕적 실천이 가능하다고 보았다.

① ㉠   ② ㉡   ③ ㉢   ④ ㉣   ⑤ ㉤

07 [24014-0021]
(가)의 중국 유교 사상가 갑, 을의 입장을 (나) 그림으로 표현할 때, A~C에 해당하는 적절한 진술만을 〈보기〉에서 있는 대로 고른 것은?

(가)	갑: 앎[知]과 행함[行]은 늘 서로 의존한다. 마치 눈은 발이 없으면 다닐 수 없고 발은 눈이 없으면 볼 수 없는 것과 같다. 선후(先後)를 논한다면 앎을 우선해야 하고 경중(輕重)을 논한다면 행함을 중시해야 한다. 을: 앎과 행함은 두 용어로써 하나의 공부를 말하는 것이다. 그 근본을 알게 되면 앎과 행함을 나누어 말하더라도 결국은 하나의 공부로 보게 된다. 성학(聖學)은 하나의 공부일 뿐이므로 앎과 행함을 둘로 나눌 수 없다.
(나)	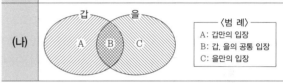

〈범 례〉
A: 갑만의 입장
B: 갑, 을의 공통 입장
C: 을만의 입장

● 보기 ●
ㄱ. A: 배우지 않고도 알 수 있는 앎은 없다.
ㄴ. B: 이치는 앎의 대상이며 사물에 내재한다.
ㄷ. B: 행함을 주재하는 것은 인간의 마음이다.
ㄹ. C: 앎은 행함의 시작이고 행함은 앎의 완성이다.

① ㄱ, ㄴ   ② ㄱ, ㄷ   ③ ㄷ, ㄹ
④ ㄱ, ㄴ, ㄹ   ⑤ ㄴ, ㄷ, ㄹ

08 [24014-0022]
다음을 주장한 중국 유교 사상가가 부정의 대답을 할 질문으로 옳은 것은?

> 몸을 주재하는 것이 바로 마음[心]이고 마음이 발한 것이 바로 의념[意]이며 의념이 있는 곳이 바로 물(物)이다. 만약 의념이 부모를 섬기는 데 있다면 부모를 섬기는 것이 바로 하나의 물이고 의념이 임금을 섬기는 데 있다면 임금을 섬기는 것이 바로 하나의 물이다. 그러므로 마음 밖에는 물이 없다.

① 마음과 본성[性]과 이치[理]는 본래 하나인가?
② 양지는 사단의 하나인 시비지심과 같은 것인가?
③ 마음의 본체는 양지이며 양지는 곧 천리(天理)인가?
④ 격물(格物)은 바르지 못한 의념을 바로잡는 것인가?
⑤ 사욕을 제거하지 않아도 성인(聖人)이 될 수 있는가?

[24014-0023]

1 고대 동양 사상가 갑, 을, 병의 입장에 대한 설명으로 가장 적절한 것은?

> 갑: 군자는 한 끼 밥을 먹는 동안에도 인(仁)을 어기지 않으며 의(義)를 바탕으로 삼고 예(禮)에 맞게 행동한다. 군자의 덕은 바람과 같고 소인의 덕은 풀과 같으니 풀은 위로 바람이 불어오면 반드시 눕는다.
>
> 을: 군자가 본성으로 삼는 것은 마음에 뿌리박고 있는 인의예지(仁義禮智)이다. 그것은 우리 몸에서 색조로 나타나는데, 그 기운이 맑고 조화롭고 순결하기 그지없다. 그 색조는 얼굴에 드러나기도 하고 등이나 사지에서도 뿜어져 나온다. 몸은 비록 무어라 말하지 않아도 그것이 있음을 알게 해 준다.
>
> 병: 군자를 귀하게 여기는 것은 그가 본성을 교화하고 작위[僞]를 일으킬 수 있기 때문이며, 소인을 천하게 여기는 것은 그가 성정(性情)에 따라 행동하기 때문이다. 작위를 일으키면 예의가 생겨난다.

① 갑은 예악에서 벗어난 다음에야 이름[名]을 바르게 할 수 있다고 본다.
② 을은 사람의 본성은 순선하지만 육체의 욕구를 따르면 악하게 변할 수 있다고 본다.
③ 병은 을과 달리 예의란 하늘[天]을 모범으로 삼아 제정된 인위적인 규범이라고 본다.
④ 갑과 을은 어진[仁] 사람은 자기 부모와 남의 부모를 분별하지 않고 사랑한다고 본다.
⑤ 을과 병은 군자와 소인은 그가 타고난 본성에 따라 사느냐에 의해 구분될 수 있다고 본다.

[24014-0024]

2 다음을 주장한 중국 유교 사상가가 부정의 대답을 할 질문만을 〈보기〉에서 있는 대로 고른 것은?

> 마음의 본체가 바로 본성[性]이며, 본성이 곧 이치[理]이다. 인(仁)의 이치를 궁구한다는 것은 참으로 인하고자 하여 인을 극진히 발휘하는 것이고, 의(義)의 이치를 궁구한다는 것은 참으로 의롭고자 하여 의를 극진히 발휘하는 것이다. 인의는 단지 나의 본성일 뿐이므로 궁리(窮理)란 곧 본성을 극진히 하는 것이다. 이치는 마음 밖에 있는 것이 아니다.

> ● 보기 ●
> ㄱ. 양지를 형성한 사람만이 부모를 보고 자연히 효의 이치를 알게 되는가?
> ㄴ. 천리를 보존하고 인욕을 제거해야 양지의 불선함을 바로잡을 수 있는가?
> ㄷ. 양지는 모두에게 주어진 것이지만 지극해지려면 사물의 이치를 궁구해야 하는가?
> ㄹ. 마음에서 일어난 불선한 의념[意] 자체를 불선한 행위로 여기고 반드시 물리쳐야 하는가?

① ㄱ, ㄴ   ② ㄱ, ㄹ   ③ ㄷ, ㄹ
④ ㄱ, ㄴ, ㄷ   ⑤ ㄴ, ㄷ, ㄹ

[3~4] 갑, 을은 고대 동양 사상가들이다. 물음에 답하시오.

> 갑: 요임금이나 우임금은 날 때부터 모든 것을 갖추고 있던 사람이 아니다. 옛것을 변화시켜 일어서고 수양과 행동을 통해 완전하게 된 다음에야 모든 것을 갖추게 된 것이다. 사람은 태어나면서 본래 소인(小人)이어서 군자가 권세를 가지고 그들에게 군림하지 않는다면 그들을 바른길로 끌어들일 수 없다.
>
> 을: 요임금과 순임금은 본성[性]에 따라 인(仁)을 실현했고, 탕왕과 무왕은 몸소 인을 행했으며, 힘으로 나라를 다스린 다섯 명의 제후들은 인을 빌리기만 하였다. 그들은 오랫동안 빌려 쓰고 돌려주지는 않으니 이는 본래 자신에게 있지 않다고 잘못 알고 있는 것이다.

[24014-0025]

3 갑, 을의 입장을 그림으로 탐구하고자 할 때, A~C에 들어갈 적절한 질문만을 〈보기〉에서 있는 대로 고른 것은?

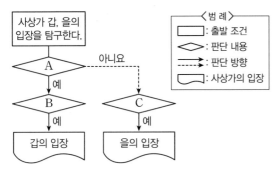

> • 보기 •
> ㄱ. A: 성인(聖人)이 귀한 것은 백성들의 본성을 교정할 수 있기 때문인가?
> ㄴ. B: 소인과 성인은 모두 선을 인식할 수 있는 능력을 지니고 태어나는가?
> ㄷ. C: 성인의 본성은 인의예지의 덕이며 소인의 본성은 식색(食色)의 욕구인가?
> ㄹ. C: 소인은 잃어버린 본심을 되찾고 욕심을 적게 가져도 성인이 될 수 없는가?

① ㄱ, ㄴ   ② ㄱ, ㄷ   ③ ㄴ, ㄹ
④ ㄱ, ㄷ, ㄹ   ⑤ ㄴ, ㄷ, ㄹ

[24014-0026]

4 다음을 주장한 고대 동양 사상가가 갑, 을의 입장에 대해 제시할 수 있는 견해로 가장 적절한 것은?

> 요임금과 순임금도 자기를 닦아 백성을 편안하게 하는 것을 어렵게 여겼다. 군자는 경(敬)으로 자신을 닦아 남을 편안하게 하고 백성을 편안하게 한다. 덕으로 정치하는 것은 마치 북극성은 제자리에 있고 여러 별들이 이를 떠받들며 돌고 있는 것과 같다.

① 갑은 성왕(聖王)의 도(道)에 근거하여 백성을 다스려야 함을 바르게 알고 있다.
② 갑은 백성들이 사욕을 극복하고 예(禮)를 따르도록 이끌어야 함을 모르고 있다.
③ 을은 누구도 항산(恒産) 없이 항심(恒心)을 유지할 수 없음을 바르게 알고 있다.
④ 을은 다른 사람에게 차마 어찌하지 못하는 마음이 통치의 바탕임을 모르고 있다.
⑤ 갑과 을은 백성을 교화하는 것이 통치자의 인격 수양보다 우선함을 모르고 있다.

[5~6] 갑, 을, 병은 고대 동양 사상가들이다. 물음에 답하시오.

> 갑: 천하에 도(道)가 있으면 예악과 정벌이 천자로부터 나오고 도가 없으면 예악과 정벌이 제후로부터 나온다. 군자는 도를 도모하지 먹을 것을 도모하지 않는다. 사람이 도를 넓힐 수 있는 것이지 도가 사람을 넓힐 수 있는 것이 아니다.
>
> 을: 천하에 도가 있으면 전쟁이 없으므로 말이 농사를 짓는 데 쓰이고, 천하에 도가 없으면 전쟁이 그치지 않아 말이 전쟁터에서 새끼를 낳는다. 도는 작위하지 않으나 이루지 않는 일이 없다. 성인은 오직 하나인 도를 지녀 천하의 본보기가 된다.
>
> 병: 천하에 하나의 도만 있을 뿐 두 개의 도는 없다. 천하에 도가 있으면 나라는 보존되고 도가 없으면 나라는 위태롭게 된다. 도란 사람들의 근본이 되는 도이며 군자가 지켜야 할 도이다. 인간의 본성은 악하나 도를 받들어 선을 쌓으면 누구나 성인이 될 수 있다.

[24014-0027]

5 갑, 을, 병 사상가들의 입장에서 서로에게 제기할 수 있는 비판을 그림으로 표현할 때, A~F에 해당하는 내용으로 가장 적절한 것은?

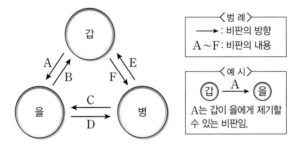

① A: 도는 만물의 근원으로서 이 세상을 다스리는 원리임을 간과한다.
② B와 D: 예의는 도가 사라진 후 성인이 만든 인위적 규범임을 간과한다.
③ B와 E: 하늘은 인간의 도덕성이나 도덕규범의 원천이 아님을 간과한다.
④ C: 인간의 본성은 본래 작위적 노력에 의해 생겨나는 것임을 간과한다.
⑤ F: 세습적 신분보다는 덕과 능력을 헤아려 관직을 맡겨야 함을 간과한다.

[24014-0028]

6 다음을 주장한 고대 동양 사상가의 입장에서 병의 입장에 대해 제시할 수 있는 견해로 가장 적절한 것은?

> 천하에 도가 행해지고 있을 때에는 자기 몸이 도를 따라 행하게 한다. 천하에 도가 행해지지 않을 때에는 도가 자기 몸을 따르게 한다. 도를 두고서 남의 뜻을 따라야 한다는 말은 들어 본 일이 없다. 대장부는 뜻을 얻으면 백성과 함께 도를 행하고 뜻을 얻지 못하면 홀로 도를 행한다. 인(仁)은 사람의 마음[心]이고 의(義)는 사람의 길[道]이다.

① 예(禮)는 백성들의 욕구를 알맞게 충족시켜 주기 위한 것임을 모르고 있다.
② 호연지기를 갖추지 않고 의로움을 쌓는 것[集義]은 불가능함을 모르고 있다.
③ 욕구를 완전히 제거해야 본성을 함양하고 성인이 될 수 있음을 모르고 있다.
④ 왕도(王道) 정치란 백성보다 사직(社稷)을 중시하는 것임을 바르게 알고 있다.
⑤ 누구에게나 인의(仁義)를 알고 행할 수 있는 자질이 있음을 바르게 알고 있다.

[24014-0029]

7 그림은 중국 유교 사상가들의 가상 대화이다. 갑은 부정, 을은 긍정의 대답을 할 질문으로 가장 적절한 것은?

천하의 사물[物]을 어떻게 다 궁구할 수 있겠습니까? 풀 한 포기, 나무 한 그루에도 모두 이치[理]가 있다고 말씀하시는데 설령 그런 이치가 있다고 한들 어찌 천하의 사물을 다 궁구할 수 있겠습니까? 마음이 곧 이치입니다. 마음에 사욕의 가림이 없으면 그것이 바로 하늘의 이치이니 밖에서 보탤 것이 없습니다.

천하의 사물을 다 궁구할 필요가 없습니다. 열 가지 일을 궁구하여 여덟아홉 가지를 얻으면 그 나머지 한두 가지는 궁구하지 못해도 저절로 알게 됩니다. 배우는 사람의 힘씀이 깊어지고 이치를 궁구함이 익숙해진 후에 관통에 이르면 하나하나 다 궁구하지 않아도 천하의 이치를 모두 알게 되는 것입니다.

갑　　　　　　　　　　　을

① 천리(天理)는 본래 순선하지만 마음속에 놓이면 불선해질 수 있는가?
② 양지(良知)는 선천적 앎이지만 이치를 궁구해야 그 앎이 완전해지는가?
③ 인욕(人欲)을 제거하고 양지만 발휘한다면 누구나 성인이 될 수 있는가?
④ 격물(格物)은 양지가 아는 바대로 행하여 조금도 미진함이 없는 것인가?
⑤ 궁리(窮理)란 사물에서 이치를 얻는 것이 아니라 자기 본성을 발휘하는 것인가?

[24014-0030]

8 다음을 주장한 중국 유교 사상가의 입장으로 옳은 것만을 〈보기〉에서 있는 대로 고른 것은?

아직 일[事]이 없더라도 먼저 이치[理]는 있다. 예를 들어 임금과 신하가 있기 전이라도 이미 임금과 신하 됨의 이치가 있으며, 아버지와 자식이 있기 전이라도 이미 아버지와 자식 됨의 이치가 있다. 원래 이치가 없었는데, 임금과 신하, 아버지와 자식이 생긴 다음에서야 그 도리를 그들에게 욱여넣었겠는가? 사람과 사물이 생성될 때는 반드시 이치를 부여받은 연후에야 성(性)이 생기고 기(氣)를 부여받은 후에야 형체가 생긴다.

● 보기 ●
ㄱ. 마음은 허령(虛靈)하여 천지 만물의 이치를 모두 갖추고 있다.
ㄴ. 본성은 마음이 지니고 있는 이치이며 마음의 본체는 양지(良知)이다.
ㄷ. 사물 하나에는 하나의 이치가 있으며 각 사물에서 이치를 구해야 한다.

① ㄱ　　　　　　　　② ㄴ　　　　　　　　③ ㄱ, ㄷ
④ ㄴ, ㄷ　　　　　　⑤ ㄱ, ㄴ, ㄷ

[9~10] 갑, 을은 중국 유교 사상가들이다. 물음에 답하시오.

> 갑: 마음은 오직 하나인데 천리(天理)가 보존되면 곧 인욕(人欲)이 사라지고 인욕이 이기면 곧 천리는 사라지게 된다. 사람과 사물이 생겨날 때 성명(性命)의 바른 것이 천리의 실상이 아님이 없다. 다만 기질의 치우침에 따라 이목(耳目)·구비(口鼻)·사지(四肢)의 욕구가 천리를 가릴 수 있는데 이로써 인욕이 생겨난다.
>
> 을: 마음은 하나일 뿐이다. 그 전체의 측은히 여기는 것으로 말하면 어짊[仁]이라고 하고, 그 마땅함을 얻는 것으로 말하면 의로움[義]이라 하고, 그 조리(條理)로 말하면 이치[理]라 한다. 한마음을 벗어나 어짊을 구할 수 없고 마음을 벗어나 의로움을 구할 수 없는데 유독 마음을 벗어나 이치를 구할 수 있겠는가?

[24014-0031]

9 갑, 을의 입장을 그림으로 표현할 때, A~C에 해당하는 진술로 가장 적절한 것은?

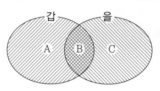

〈범 례〉
A: 갑만의 입장
B: 갑, 을의 공통 입장
C: 을만의 입장

① A: 본연의 성(性)이 탁하고 치우친 사람은 악을 행하기 쉽다.
② A: 마음의 본체는 본성이고 본성은 하늘이 부여한 이치이다.
③ B: 이치를 궁구했다는 것은 곧 그것을 실천했다는 것과 같다.
④ C: 마음과 앎[知]과 의념[意]은 하나이지만 물(物)은 별개의 것이다.
⑤ C: 마음의 양지를 사물마다 온전하게 실현하는 것이 치지(致知)이다.

[24014-0032]

10 다음을 주장한 고대 동양 사상가가 갑, 을의 입장에 대해 공통으로 제시할 수 있는 견해로 가장 적절한 것은?

> 본래 사람에게 스승도 없고 법도도 없는데 지혜가 많다면 그는 반드시 도둑이 된다. 사람은 스승이 있고 법도가 있고 지혜가 있다면 사물에 통달하게 된다. 사람에게 스승과 법도가 없다면 타고난 본성을 그대로 존중할 것이고 스승과 법도가 있다면 노력을 쌓는 것을 존중할 것이다. 스승과 법도라는 것은 노력을 쌓는 데서 얻어지는 것이지 본성에서 얻어진 것이 아니다. 본성이란 스승과 법도의 교화 없이 독립적으로 본성 자신을 다스릴 수 없다.

① 인간의 타고난 본성은 악하므로 선하게 변화시킬 수 없음을 모르고 있다.
② 인간은 선악을 분별하고 선을 행할 수 있는 존재임을 바르게 알고 있다.
③ 옳고 그름을 분별할 수 있는 객관적 기준은 존재하지 않음을 모르고 있다.
④ 하늘은 인간의 선한 본성과 무관한 물리적 존재일 뿐임을 바르게 알고 있다.
⑤ 스승과 법도가 없으면 누구도 스스로 본성을 교정할 수 없음을 모르고 있다.

03 한국 유교와 인간의 도덕적 심성

📍 한국 성리학과 도덕 감정: 이황과 이이의 사상

1. 한국 유교의 전개와 특징

(1) 유교 사상의 수용과 전개

① 삼국 시대: 선진(先秦) 유학을 주체적으로 수용 → 정치와 생활 원리로서 폭넓게 활용됨

② 고려 말: 성리학 수용 → 정치적·사회적 개혁의 이론적 기초로 활용됨

③ 조선 초·중기: 성리학의 발달

(2) 조선 성리학의 특징

① 국가의 통치 이념으로 자리 잡았고, 개인의 도덕적 완성과 이상 사회의 실현을 위한 실천적 방안을 제공함

② 중국 성리학의 심성론과 관련된 탐구를 심화시킴

③ 사단 칠정(四端七情) 논쟁을 비롯한 다양한 이론적 논쟁을 전개함

> **≡ 개념 플러스** **사단과 칠정**
>
> • 사단: 인간이 지닌 네 가지의 도덕 감정. 측은지심(惻隱之心), 수오지심(羞惡之心), 사양지심(辭讓之心), 시비지심(是非之心)을 가리킴. "맹자"에 제시되어 있음
> • 칠정: 인간이 지닌 일곱 가지의 일반 감정. 희(喜), 노(怒), 애(哀), 구(懼), 애(愛), 오(惡), 욕(欲), 즉 기쁨, 노여움, 슬픔, 두려움, 사랑, 미움, 욕망을 일컬음. "예기"에 제시되어 있음

> **≡ 개념 플러스** **이황과 기대승의 사단 칠정 논쟁**
>
> 사단 칠정 논쟁은 "사단은 이(理)가 발한 것이고 칠정은 기(氣)가 발한 것이다."라는 이황의 글을 본 기대승이 "사단과 칠정은 모두 정(情)인데 사단은 이가 발한 것이고 칠정은 기가 발한 것이라고 하면 사단과 칠정이 서로 관련이 없는 별개의 것인 듯이 보이는 문제점이 있다."라는 견해를 담은 편지를 보냄으로써 시작되었다. 논쟁 과정에서 기대승은 사단과 칠정은 본래 두 가지가 아니며 칠정과 별도로 사단이 있는 것이 아님을 강조하였다. 그러나 이황은 이와 기가 개념적으로 분명하게 구분된다는 점에 주목하여 사단과 칠정을 두 가지로 구분해 보아야 함을 주장하였다. 이황은 그의 최종적인 견해로 "사단은 이가 발하고 기가 따른 것이고 칠정은 기가 발하고 이가 탄 것이다."라는 명제를 제시하였다. 이후에도 논쟁이 계속되었지만 두 사람의 기본 입장은 크게 변하지 않았다. 사단 칠정 논쟁은 후대로 이어져 조선 후기까지 지속되었다.

2. 이황의 성리학 사상: 순수한 도덕 본성의 발현 강조

(1) 특징

① 주희의 이기론을 재해석하고 사단 칠정론을 체계화함

② 도덕 본성인 이의 순수성과 절대성을 강조하고 도덕적 실천을 중시함

(2) 이기론

① 이귀기천설(理貴氣賤說): 순선(純善)한 원리적 개념인 이는 존귀하고 선악의 가능성을 함께 지니고 있는 현상적 개념으로서의 기는 비천한 것임

② 이기호발설(理氣互發說): 이와 기는 모두 발할 수 있음 → 기는 물론이고 이도 작용성을 지니고 있음

❖ **선진 유학**
진나라 이전 시대인 춘추 전국 시대의 유학. 공자, 맹자, 순자가 대표자임

> **개념 체크**
>
> 1. 성리학에서의 사단은 인간이 지닌 네 가지의 (   ) 감정을, 칠정은 인간이 지닌 일곱 가지의 (   ) 감정을 의미한다.
> 2. 이황에 따르면 순선한 이는 (   )하고 선악의 가능성을 함께 지니고 있는 기는 (   )하다.
> 3. 이황에 따르면 기는 물론이고 이도 (   )을/를 지니고 있어 발할 수 있다.
>
> 정답 _____
> 1. 도덕, 일반
> 2. 존귀, 비천
> 3. 작용성

> **자료 플러스 이황의 이기호발설**
>
> • 사람의 몸은 이(理)와 기(氣)가 합하여 생겨난 까닭에 두 가지가 서로 발하여[互發(호발)] 작용하고, 발할 적에 서로 소용(所用)되는 것이다. 서로 발하는 것이고 보면 각각 주(主)가 되는 바가 있음을 알 수 있고, 서로 소용되는 것이고 보면 서로 그 속에 있는 것을 알 수 있다. 서로 그 속에 있으므로 실로 혼합하여 말할 수도 있고, 각각 주가 되는 바가 있으므로 분별하여 말해도 안 될 것이 없다.
> • 주재(朱子)가 "이는 감정과 의지가 없고 조작 능력도 없다."라고 말한 것은 이 본연의 체(體)를 말한 것이며, "그것이 때에 따라 발현되고 이르지 않는 데가 없다."라고 말한 것은 이의 신묘한 작용[用(용)]을 말한 것이다. 본체의 무위(無爲)만을 보고 작용이 드러나는 운행을 알지 못하여 이를 죽은 물건으로 본다면 이것은 도리와 너무도 멀리 떨어져 있는 것이 아닌가? — 『퇴계집』 —

이황에 따르면 이(理)는 작용성의 측면을 지니고 있어 도덕 감정으로 발현할 수 있다.

(3) 사단 칠정론

① 주희의 "이와 기는 섞일 수 없다[理氣不相雜(이기불상잡)]."라는 주장에 주목하여 사단과 칠정의 연원이 각기 다르다고 봄 → 도덕적 원리인 이(理)의 순수성과 절대성을 확보하려고 함
② 사단은 이가 발하고 기가 이를 따른 것[理發而氣隨之(이발이기수지)]이며, 칠정은 기가 발하고 이가 기를 탄 것[氣發而理乘之(기발이이승지)]이라고 주장함 → 사단과 칠정의 연원이 다르다고 보고, 양자를 명확하게 구분함으로써 도덕적 기준과 인간의 욕망을 혼동하는 오류를 방지하고자 함

> **자료 플러스 이황의 사단 칠정론**
>
> • 사단과 칠정이 모두 이(理)와 기(氣)를 벗어나는 것은 아니다. 그러나 각각의 유래와 관련하여 주된 것을 가리켜 말한다면 어떤 것은 이라고 하고 어떤 것은 기라고 하는 것이 어찌 불가하겠는가?
> • 혼합하여 말하면 칠정이 이와 기를 겸하는 것은 더 말할 나위 없이 명확하다. 그러나 구분하여 말한다면 칠정과 기의 관계는 사단과 이의 관계와 같다. 그 발하는 것이 각각 혈맥이 있고, 그 이름이 다 가리키는 바가 있으므로 주(主)가 되는 바에 따라 나누어 귀속시킬 수 있는 것이다.
> • 사단은 이가 발하고 기가 그것을 따르니, 본래 순선하고 악이 없지만 이가 발한 것이 완수되지 못하고 기에 가려지면 불선이 된다. 칠정은 기가 발하고 이가 그것을 타니 역시 불선함이 없지만 기가 발한 것이 절도에 맞지 못해서 그 이를 멸하면 방탕하여 악이 된다. — 『퇴계집』 —

이황에 따르면 이의 주재 능력이 잘 발휘되고 기가 제어될 때 사단의 선함이 온전하게 드러나며 칠정을 선으로 이끌 수 있다.

> **자료 플러스 이황의 수양론**
>
> • '경(敬)'을 위주로 하여 근본을 세우는 것, 이치를 궁구하여 그 앎을 지극히 하는 것, 스스로 반성하여 실천하는 것. 이 세 가지의 공효(功效)가 서로 나아가 오래 쌓여서 참으로 아는 데 이르러야 한다.
> • 경은 처음과 끝을 꿰뚫고 있다. 실로 경을 유지하는 방법을 알 수 있다면 이치[理(이)]는 밝아지고 마음은 안정될 것이다.
> • 군자의 학문은 마땅히 마음이 발하지 않았을 때에는 반드시 경을 주로 하여 존양(存養) 공부를 더해야 하고, 마음이 이미 발했을 때에는 반드시 경을 주로 하여 성찰(省察) 공부를 더해야 한다. — 『퇴계전서』 —

이황은 경으로써 마음을 잘 다스린다면 천리(天理)를 실현할 수 있다고 주장하였다.

(4) 수양론

① 거경(居敬)과 궁리(窮理)의 병행을 강조함 → "거경과 궁리는 새의 두 날개와 같다."

② 경(敬)의 실천을 특히 강조함

3. 이이의 성리학 사상: 일반 감정의 조절과 기질의 변화 강조

(1) 특징

① 이황의 입장에 대해 비판적인 자세를 취하면서 대안적인 이론을 제시함

② 인간의 도덕 문제와 함께 현실 개혁에도 깊은 관심을 기울임

(2) 이기론

① 이통기국론(理通氣局論): 형태가 없는 이는 통하고 형태가 있는 기는 국한됨

② 기발이승일도설(氣發理乘一途說): 이는 발하는 까닭이고, 기는 발하는 것이므로 "기가 발하고 이가 기를 탄다."라는 한 가지 길만이 옳음

📋 자료 플러스   이이의 이기론

- 이(理)는 기(氣)의 주재자이고, 이는 기를 타는 바이다. 이가 아니면 기는 근거하는 바가 없고, 기가 아니면 이는 의지하여 드러나는 바가 없다.
- 이는 무형(無形)이고 기는 유형(有形)이므로 이는 통하고 기는 국한된다. 이는 무위(無爲)이고 기는 유위(有爲)이므로 기가 발하면 이가 타게 된다.
- 물이 담겨 있는 그릇에서 물이 그릇을 떠날 수 없는 것과 마찬가지로 이와 기는 개개 사물에서 오묘하게 어우러져 있다[理氣之妙(이기지묘)]. 그리고 그릇이 움직일 때 물이 움직이는 것은 기가 발할 때 이가 거기에 타는 것과 같다. – "율곡전서" –

이이에 따르면 그릇이 움직일 때 물이 움직이는 것, 즉 기가 발할 때 이가 타는 것만이 옳다.

---

(3) 사단 칠정론

① 주희의 "이와 기는 서로 떨어져 있을 수 없다[理氣不相離(이기불상리)]."라는 주장에 주목하여 사단과 칠정이 분리될 수 없다고 봄

② 사단과 칠정을 모두 기가 발하고 이가 탄 것으로 파악함

③ 사단은 칠정을 포함할 수 없지만 칠정은 사단을 포함하는 것이며[七包四(칠포사)], 사단은 칠정 중 선한 것만을 별도로 지칭할 뿐이라고 주장함

📋 자료 플러스   이이의 사단 칠정론

- 주자(朱子)의 "이(理)에서 발한다, 기(氣)에서 발한다."라는 말의 본뜻은 "사단은 오로지 이만을 말하고 칠정은 기를 겸(兼)하여 말한다."라는 것일 뿐이다. 그럼에도 퇴계는 주자의 말에 근거해서 "사단은 이가 발하고 기가 따른 것이고, 칠정은 기가 발하고 이가 탄 것이다."라고 주장하였다. 그중에서 이른바 기발이승(氣發理乘)은 옳다. 단, 칠정만 그런 것이 아니라 사단 역시 기발이승이다.
- 사단과 칠정의 관계는 바로 본연지성(本然之性)과 기질지성(氣質之性)의 관계와 같다. 본연지성은 기질을 겸하지 않고 말한 것이요, 기질지성은 본연지성을 겸한 것이다. 그러므로 사단은 칠정을 겸할 수 없으나 칠정은 사단을 겸하는 것이다. – "율곡전서" –

이이는 이황의 '이기호발설'을 비판하고 '기발이승일도설'을 제시하였다. 그에 따르면 사단과 칠정은 모두 기가 발하고 이가 탄 것이다. 또한 이이는 칠정은 사단을 포함한다는 '칠포사론'을 제시하기도 하였다.

☘ 경(敬)의 주된 실천 방법

- 주일무적(主一無適): 마음을 한군데 집중하여 잡념이 들지 않게 함
- 정제엄숙(整齊嚴肅): 몸가짐을 단정히 하고 엄숙한 태도를 유지함
- 상성성(常惺惺): 항상 깨어 있는 정신 상태를 유지함

개념 체크

1. 이황은 수양과 관련하여 (   )와/과 (   )의 병행을 강조하였다.

2. 이 이 는 형 태 가 없 는 (   )은/는 통하고 형태가 있는 (   )은/는 국한된다고 주장하였다.

3. 이이는 사단은 칠정 중 (   )한 것만을 별도로 가리킨 것일 뿐이라고 보았다.

정답 _____
1. 거경, 궁리
2. 이, 기
3. 선

---

(4) 수양론

① 이(理)의 본연인 선의 실현을 위해 기질을 바로잡을 것[矯氣質(교기질)]을 강조함

② 경(敬)을 통해 성(誠)에 이를 것을 강조함

📋 **자료 플러스** | **이이의 기질 교정론**

- 이(理)에는 한 글자도 더할 수 없으며 털끝만큼의 수양도 더할 필요가 없다. 이는 본래 선한데 무슨 수양이 더 필요하겠는가? 성현의 수많은 말씀은 다만 사람들에게 기(氣)를 단속하여 기의 본연을 회복하게 하는 것일 따름이다. 기의 본연이란 호연지기(浩然之氣)를 말한다.
- 성(誠)은 하늘의 진실한 이치이고 마음의 본체이다. 사람이 그 본심을 회복하지 못하는 것은 사특함이 본심을 가리기 때문이다. 그러므로 경(敬)으로 주재하여 사특함을 제거하면 본체가 온전할 수 있다. 경은 노력의 요체이며 성은 노력을 거둬들이는 바탕이므로 경으로써 성에 이를 수 있다. ― "율곡전서" ―

이이에 따르면 인간의 도덕적 불완전성은 기(氣)의 불완전성과 가변성에서 비롯된다. 따라서 기질을 바로잡으면 이(理)의 본연, 즉 선을 실현할 수 있다.

---

(5) 사회 경장론: 정치, 경제, 교육, 국방 등과 관련된 개혁을 주장함 → 실학사상의 형성에 영향을 줌

> ✪ 경장(更張)
> 정치적·사회적으로 묵은 제도를 개혁하여 새롭게 함

⊙ 한국 실학과 도덕 본성: 정약용의 사상

1. 실학의 등장

(1) 등장 배경

① 임진왜란과 병자호란을 거치면서 현실 문제의 해결에 도움을 줄 수 있는 학문을 해야 한다는 사회적 분위기가 대두함

② 청나라의 고증학과 서구 문물이 유입됨

(2) 특징

① 민생의 구제와 국부의 증대를 추구하는 사회 개혁론을 제시함

② 성리학과 구별되는 인간관과 도덕론을 제시함

2. 정약용의 실학사상: 이법적 실체에 대한 비판과 마음의 기호 강조

(1) 특징

① 인간의 본성을 이법(理法)적 실체인 이(理)로 보는 성리학을 비판하고 새로운 심성론과 덕론을 제시함

② 학문의 실용성을 강조하고 실학을 집대성함

(2) 심성론

① 성기호설(性嗜好說): 인간의 성은 선을 좋아하고 악을 싫어하는 마음의 기호임

📋 **개념 플러스** | **기호의 종류**

- 영지(靈知)의 기호: 선을 좋아하고 악을 싫어하는 마음의 기호 ← 인간만이 가지고 있는 기호
- 형구(形軀)의 기호: 단 것을 좋아하고 쓴 것을 싫어하며 향기를 좋아하고 악취를 싫어하는 것과 같은 육체의 기호 ← 인간과 동물 모두가 가지고 있는 기호

> **개념 체크**
>
> 1. 이이는 (   )을/를 바로잡으면 이의 본연을 실현할 수 있다고 강조하였다.
> 2. 이이는 수양과 관련하여 경(敬)을 통해 (   )에 이를 것을 강조하였다.
> 3. 정약용에 따르면 인간의 본성은 선을 좋아하고 악을 싫어하는 마음의 (   )이다.
>
> **정답**
> 1. 기질
> 2. 성
> 3. 기호

자료 플러스 | 정약용의 성기호설

- 배 속에서 사람의 형태가 갖추어지면 하늘은 그것에 영명(靈明)하고 형체가 없는 체(體)를 부여하는데, 그것은 선을 즐기고 악을 싫어하며, 덕을 좋아하고 더러움을 부끄러워하는 것인즉, 이를 성(性)이라고 이른다. — "중용자잠" —
- 기질지성(氣質之性)이 이미 기호(嗜好)로서 이름을 얻었으면 천명지성(天命之性)도 마땅히 기호로서 그 의미를 찾아야 할 것이다. 기질지성은 단 것을 좋아하고 쓴 것을 싫어하며 향기를 좋아하고 악취를 싫어하는 것이며, 천명지성은 선을 좋아하고 악을 미워하며 의를 좋아하고 탐욕을 미워하는 것이다. 기호라는 이름은 같지만 그 기호하는 것이 다르니 어떻게 고자를 몰아붙일 수 있겠는가? — "여유당전서" —

정약용에 따르면 본성[性(성)]이란 마음이 즐겨 좋아하는[嗜好(기호)] 것이며, 그것은 채소가 거름을 좋아하고 수초가 물을 좋아하는 것과 같다.

② 인간의 도덕적 자율성 강조: 인간은 선이나 악을 스스로 선택할 수 있는 자주지권(自主之權)을 부여받음

자료 플러스 | 정약용의 자주지권

하늘은 사람에게 자주지권(自主之權)을 주어 그가 선을 행하고자 하면 선을 행하게 하고 악을 저지르고자 하면 악을 저지르게 하여, 선악을 하려는 방향이 고정되지 않게 하였다. …(중략)… 그런데 선을 행할 수도 악을 행할 수도 있는 이치가 이미 반이 섞여 있다면 그 죄는 마땅히 반감되어야 할 듯하지만, 죄를 지어 그 책임을 피할 수 없는 이유는 성이 선을 좋아하기 때문이다. 성이 선을 좋아하고 악을 부끄러워하는 것이 분명한데 이 성을 거슬러 악을 저지른다면 그 죄를 면할 수 있겠는가. — "맹자요의" —

정약용에 따르면 인간이 악행을 저지른 것은 하늘이 인간에게 부여한 자주지권에 따른 것이다. 그러나 인간은 악행에 대한 책임을 피할 수는 없다. 왜냐하면 선을 좋아하고 악을 싫어하는 명백한 욕구[嗜好(기호)]가 마음에 주어져 있음에도 스스로 악행을 택했기 때문이다.

③ 인간의 욕구[欲(욕)]가 지닌 긍정적 측면을 인정함: 욕구는 생존과 도덕적 삶을 위해서 필요한 것이기도 함

(3) 덕론
① 인의예지라는 덕은 인간의 본성에 내재하는 것이 아니라 실천을 통해 형성되는 것임
② 인의예지는 일상생활에서 사단을 확충함으로써 형성되는 것임

자료 플러스 | 사단과 사덕에 대한 정약용의 관점

- 측은·수오·사양·시비의 사심(四心)은 인성(人性)이 본래 가지고 있는 것이며, 사덕은 사심을 확충한 것이다. 아직 확충하는 상태에 미치지 못하면 인의예지란 명칭은 끝내 성립할 수 없다. …(중략)… 인의예지는 필경 일을 행한 뒤에 성립한다. 만약에 인의예지를 마음속에 있는 이치라고 여긴다면 이는 본래의 뜻이 아니다. — "맹자요의" —
- 시연(始然)이란 불의 시작이고 시달(始達)은 물의 시작이며 측은(惻隱)은 인(仁)의 시작이다. 측은이 확충되어 자상함의 극치에 이르면 인이 천하를 뒤덮게 된다. 단(端)은 시작[始]을 뜻한다. — "여유당전서" —

정약용은 사단을 인간이 타고난 선한 마음이라고 보았으며 사단의 '단'을 '실마리[緖(서)]'로 해석하는 성리학자들과 달리 '시작[始(시)]'으로 해석하였다. 그리고 인의예지라는 사덕은 선천적인 것이 아니라 일상생활에서 사단을 실천함으로써 형성되는 것이라고 주장하였다.

욕구를 긍정하는 정약용의 관점

"우리의 영체(靈體) 안에는 본래 욕귀[欲]의 일단이 있다. 만약 욕구가 없다면 천하의 수많은 일을 해 나갈 수 없다. 오로지 이익[利]에 밝은 자의 욕구는 이익을 좇아서 꿰뚫어 나가며, 의리에 밝은 자의 욕구는 도의[義]에 따라 꿰뚫어 나간다." — "여유당전서" —

개념 체크

1. 정약용에 따르면 인간에게는 선이나 악을 스스로 선택할 수 있는 (   )이 주어져 있다.
2. 정약용은 인간의 욕구가 생존뿐 아니라 (   )적 삶을 위해서도 필요하다는 점을 강조하였다.
3. 정약용에 따르면 사덕은 (   )을/를 실천함으로써 형성되는 것이다.

정답
1. 자주지권
2. 도덕
3. 사단

[24014-0033]

01 다음을 주장한 한국 유교 사상가의 입장으로 가장 적절한 것은?

> 사람의 한 몸은 이(理)와 기(氣)가 합하여 생겨난 까닭에 두 가지가 서로 발하여 작용하고 발할 적에 서로 소용되는 것이다. 서로 발하는 것이고 보면 각각 주가 되는 바가 있음을 알 수 있고, 서로 소용되는 것이고 보면 서로 그 속에 있는 것을 알 수 있다. 서로 그 속에 있으므로 실로 혼합하여 말할 수도 있고, 각각 주가 되는 바가 있으므로 분별해서 말해도 안 될 것이 없다.

① 이는 발하는 까닭일 뿐 발하는 것은 기이다.
② 이는 사단의 연원이며 기는 칠정의 연원이다.
③ 이가 없는 기나 기가 없는 이가 현실에 존재한다.
④ 이는 기의 상태에 따라서 선하거나 악한 것이 된다.
⑤ 이는 만물을 낳는 원리이자 만물을 이루는 재료이다.

[24014-0034]

02 다음을 주장한 한국 유교 사상가의 입장만을 〈보기〉에서 있는 대로 고른 것은?

> 성(性)은 이(理)와 기(氣)가 합한 것이다. 이가 기 가운데 있은 뒤에라야 성이 되는 것이니, 형질 가운데 있지 않은 것이라면 이라 할 것이지 성이라고 해서는 안 된다. 맹자가 말한 본연지성과 정자(程子)가 말한 기질지성은 하나의 성이니, 성이 하나인데 정(情)에 이발(理發)과 기발(氣發)의 구분이 있다고 하면 성을 안다고 할 수 있겠는가?

● 보기 ●
ㄱ. 기질지성은 관념적으로만 존재한다.
ㄴ. 본연지성과 기질지성은 서로를 포함한다.
ㄷ. 본연지성은 인의예지의 덕을 갖추고 있다.
ㄹ. 기질지성이 발하여 사단과 칠정으로 드러난다.

① ㄱ, ㄴ   ② ㄱ, ㄷ   ③ ㄷ, ㄹ
④ ㄱ, ㄴ, ㄹ   ⑤ ㄴ, ㄷ, ㄹ

[24014-0035]

03 중국 유교 사상가 갑과 한국 유교 사상가 을의 입장에 대한 설명으로 옳지 <u>않은</u> 것은?

> 갑: 측은·수오·사양·시비는 정(情)이고 인의예지는 성(性)이다. 성은 심(心)의 이치이고 정은 심의 작용이며, 심은 성과 정을 통괄한다.
> 을: 측은·수오·사양·시비의 마음은 인의예지의 근본이다. 사단은 심이라고 할 수는 있으나 성이나 이(理)나 덕이라 할 수 없다.

① 갑은 성을 마음의 본체로, 정을 마음의 작용으로 본다.
② 을은 성을 하늘이 부여한 마음의 경향성[嗜好]으로 본다.
③ 갑은 을과 달리 사덕이 선천적으로 주어져 있다고 본다.
④ 을은 갑과 달리 사단에서 '단'의 뜻을 실마리[緒]로 본다.
⑤ 갑과 을은 누구나 날 때부터 사단을 지니고 있다고 본다.

[24014-0036]

04 (가)를 주장한 한국 유교 사상가의 입장에서 (나)의 ㉠에 들어갈 진술로 가장 적절한 것은?

(가)	• 사단은 이(理)가 발하고 기(氣)가 그것을 따르니, 본래 순선하고 악이 없지만 이가 발한 것이 완수되지 못하고 기에 가려지면 불선이 된다. • 공부하는 요령은 하나의 경(敬)을 떠나지 않는 것이다. 무릇 마음은 하나의 몸을 주재하는 것이고, 경은 마음을 주재하는 것이다.
(나)	㉠　　　　, 그러면 성인(聖人)의 경지에 이르는 것이 어렵지 않을 것이다.

① 날마다 앎을 덜어 내고 덜어 내어 무위(無爲)에 이르라
② 하늘이 본성으로서 부여한 기호(嗜好)에 따라 행하라
③ 내 마음의 본체인 천리(天理)를 각 사물에서 실현하라
④ 사특함을 제거하고 성(誠)을 닦아 경(敬)에서 벗어나라
⑤ 경으로써 기를 철저히 제어하고 이에 의거하여 행위 하라

05 다음을 주장한 한국 유교 사상가의 입장으로 가장 적절한 것은?

[24014-0037]

> 마음에는 세 가지 이치[理]가 있다. 성(性)으로 말하면 선을 좋아하고 악을 부끄러워하니 이는 맹자가 말한 성선(性善)이다. 권형(權衡)으로 말하면 선할 수도 있고 악할 수도 있으니 이는 고자의 단수(湍水)의 비유나 양웅의 선악혼재설이 나온 까닭이다. 행사(行事)로 말하면 선을 행하기는 어렵고 악을 행하기는 쉬우니 이는 순자의 성악설이 나온 까닭이다.

① 순선한 삶을 살려면 모든 욕구를 소멸시켜야 한다.
② 자주지권은 악행에 대한 책임을 져야 하는 근거이다.
③ 사단에 따라 행한 후에 도덕적 기호(嗜好)가 형성된다.
④ 형구의 기호를 따르면 악하기는 어렵고 선하기는 쉽다.
⑤ 인간은 이법적(理法的) 실체로서의 본성을 지니고 있다.

06 다음은 한국 유교 사상가의 주장이다. ㉠, ㉡에 들어갈 진술로 가장 적절한 것은?

[24014-0038]

> 이(理)와 기(氣)는 원래 떨어지지 아니하여 일물(一物)인 것 같으나 구별되는 까닭은 이는 무형(無形)이고 기는 유형(有形)이며 이는 무위(無爲)하고 기는 유위(有爲)하기 때문이다. 무형·무위하여 유형·유위한 것의 주(主)가 되는 것이 이(理)요, 유형·유위하여 무형·무위의 기(器)가 되는 것이 기(氣)이다. 이는 무형이요 기는 유형이므로 _____㉠_____ 이는 무위요 기는 유위하므로 _____㉡_____

	㉠	㉡
①	이와 기는 서로를 포함한다.	기가 발하면 이가 탄다.
②	이는 통하고 기는 국한된다.	기가 발하면 이가 탄다.
③	이는 통하고 기는 국한된다.	이가 발하면 기가 따른다.
④	이는 존귀하고 기는 비천하다.	이가 발하면 기가 따른다.
⑤	이는 존귀하고 기는 비천하다.	기도 발하고 이도 발한다.

[07~08] 갑, 을은 한국 유교 사상가들이다. 물음에 답하시오.

> 갑: 칠정의 기(氣)에 대한 관계는 사단의 이(理)에 대한 관계와 같다. 그 발함에 각각 혈맥이 있고, 그 이름에 모두 가리키는 바가 있다. 그러므로 주된 바에 따라 분속(分屬)할 수 있다.
> 을: 칠정 이외에 다른 정(情)은 없다. 사단은 다만 선한 정의 다른 이름이다. 따라서 사단이 칠정이 아니라든지 칠정이 사단이 아니라고 말해서는 안 된다. 어찌 두 가지로 나눌 수 있겠는가?

07 갑, 을의 입장을 그림으로 표현할 때, A~C에 해당하는 적절한 진술만을 〈보기〉에서 있는 대로 고른 것은?

[24014-0039]

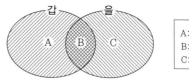

〈범례〉
A: 갑만의 입장
B: 갑, 을의 공통 입장
C: 을만의 입장

● 보기 ●
ㄱ. A: 칠정과 사단은 다른 정이지만 연원이 같다.
ㄴ. B: 칠정은 악으로 드러날 가능성을 지니고 있다.
ㄷ. B: 칠정은 기가 발하고 이가 타서 드러난 것이다.
ㄹ. C: 칠정 가운데 선한 측면을 가리켜 사단이라 한다.

① ㄱ, ㄴ
② ㄱ, ㄹ
③ ㄷ, ㄹ
④ ㄱ, ㄴ, ㄷ
⑤ ㄴ, ㄷ, ㄹ

08 다음을 주장한 한국 유교 사상가가 갑, 을에게 공통으로 제기할 수 있는 비판으로 가장 적절한 것은?

[24014-0040]

> 사단은 인의예지의 근본이 되는 까닭에 성인(聖人)이 사람을 가르칠 때 여기서부터 공부를 일으키고 여기서부터 기초를 닦아 확충하게 하였다. 만약 사단의 이면에 또다시 인의예지라는 것이 있어 잠복하여 주인이 된다면 이것은 맹자의 확충 공부가 그 근본을 버리고 그 끝을 잡는 격이며 그 머리를 놓치고 그 꼬리를 잡는 격이다.

① 사덕은 마음에 부여된 성(性)이자 덕임을 간과한다.
② 사덕을 확충해야 사단이 형성될 수 있음을 간과한다.
③ 사덕은 하늘이 명한 이법적(理法的) 실체임을 간과한다.
④ 사덕을 회복해야 자주지권을 발휘할 수 있음을 간과한다.
⑤ 사덕은 마음의 경향성을 따름으로써 형성됨을 간과한다.

[24014-0041]

1 다음 가상 편지를 쓴 한국 유교 사상가가 강조하는 삶의 태도로 가장 적절한 것은?

> ○○에게
> 오직 사람만이 바르고 통한 기(氣)를 얻었으나, 맑고 탁하고 순수하고 잡박함이 만 가지로 달라서 천지가 순수하고 한결같은[純一] 것과는 같지 않습니다. 다만 그 마음이 텅 비고 신령스럽고 환하게 밝아[虛靈洞徹] 온갖 이치를 구비하고 있으므로 탁한 것은 맑게, 잡박한 것은 순수하게 변화시킬 수 있습니다. 역행(力行)은 극기로써 기질의 병폐를 다스리는 방법입니다. 욕심이 많으면 기질을 맑게 하여 반드시 깨끗해지도록 하며, 사심(私心)이 많으면 기질을 바로잡아 반드시 공정해지도록 해야 합니다. 군주의 학문은 기질을 변화시키는 것[矯氣質]보다 절실한 것이 없습니다.

① 기를 제어하여 기의 본연인 호연지기(浩然之氣)를 회복한다.
② 기가 발할 때 불선한 이(理)가 올라타지 못하도록 이를 단속한다.
③ 기질을 바로잡아 인욕(人欲)이 이의 발현을 가리지 못하게 만든다.
④ 천리를 보존하기 위해 인심(人心)에 따라 도심(道心)을 통제한다.
⑤ 경(敬)으로 마음을 주재하여 기질지성을 본연지성으로 변화시킨다.

[24014-0042]

2 다음을 주장한 한국 유교 사상가의 입장으로 가장 적절한 것은?

> 측은지심(惻隱之心)은 마음속에서 발현되는데, 이것을 끌어내어 키우면 인(仁)으로써 행하는 정치를 할 수 있으니, 측은지심은 인으로써 행하는 정치의 시작이 되는 것이 아니겠는가? 사양지심(辭讓之心)은 마음속에서 발현되는데, 이것을 끌어내어 키우면 예법을 행할 수 있으니, 사양지심은 예법의 시작이 되는 것이 아니겠는가? 이것을 실에 비유하면 측은한 마음은 실 꾸러미[絲團]가 되는데, 이것을 풀어 뽑아내면 효제(孝悌)를 할 수 있고 과부나 홀아비에게 은혜를 베풀 수도 있으니, 어느 것이 근본이 되고 어느 것이 끝이 되며, 어느 것이 머리가 되고 어느 것이 그 꼬리가 되겠는가?

① 인은 선을 좋아하고 악을 싫어하는 마음의 기호(嗜好)이다.
② 인은 인간이 지닌 본연의 성(性)이며 이치[理] 그 자체이다.
③ 인은 하늘이 명한 본성을 따르지 않고는 형성될 수 없는 덕이다.
④ 인은 남을 측은히 여기는 마음의 존재를 알려 주는 실마리[緖]이다.
⑤ 인은 악한 기호의 본성을 극복하고 선한 기호의 본성을 따를 때 형성된다.

[3~4] 갑, 을은 한국 유교 사상가들이다. 물음에 답하시오.

> 갑: 기질지성은 단지 본연지성이 기질 가운데 떨어진 것이므로 기질에 따라 스스로 하나의 성이 된 것이다. 기질지성과 본연지성은 결코 두 가지 성(性)이 아니다. 특별히 기질 위에 나아가 단지 그 이(理)만을 가리켜 말하면 본연지성이라고 하고, 이와 기(氣)를 합하여 이름하면 기질지성일 뿐이다. 성이 하나인데 정(情)에 어찌 두 근원이 있겠는가?
> 을: 기질지성이 이미 기호(嗜好)로서 이름을 얻었으면 천명지성(天命之性)도 마땅히 기호로서 그 의미를 찾아야 할 것이다. 기질지성은 단 것을 좋아하고 쓴 것을 싫어하며 향기를 좋아하고 악취를 싫어하는 것이며, 천명지성은 선을 좋아하고 악을 미워하는 것이다. 기호라는 이름은 같지만 그 기호하는 것이 다르니 어떻게 고자를 몰아붙일 수 있겠는가?

[24014-0043]

3 갑, 을의 입장을 그림으로 탐구하고자 할 때, A~C에 들어갈 적절한 질문만을 〈보기〉에서 있는 대로 고른 것은?

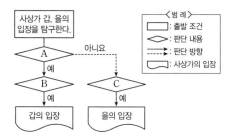

〈범 례〉
- ▭ : 출발 조건
- ◇ : 판단 내용
- ┄▶ : 판단 방향
- ▱ : 사상가의 입장

● 보기 ●
ㄱ. A: 본연지성은 사람에게나 금수(禽獸)에게나 동일한 것인가?
ㄴ. A: 본연지성은 타고난 기질과 관계없이 순선한 덕을 지니는가?
ㄷ. B: 기질지성과 본연지성 모두 외물에 감응하여 감정을 일으키는가?
ㄹ. C: 기질지성을 따르면 선을 행하기는 어렵고 악을 행하기는 쉬운가?

① ㄱ, ㄴ   ② ㄱ, ㄷ   ③ ㄷ, ㄹ
④ ㄱ, ㄴ, ㄹ   ⑤ ㄴ, ㄷ, ㄹ

[24014-0044]

4 다음을 주장한 한국 유교 사상가에게 갑의 입장에서 제기할 수 있는 반론으로 가장 적절한 것은?

> 천지지성(天地之性)은 이(理)만을 가리켜 말한 것이다. 하지만 이 말이 이만 있고 기(氣)는 없다는 말이겠는가? 세상에 기가 없는 이는 존재하지 않으니 천지지성도 이만 있는 것이 아니다. 하지만 이만을 가리켜 말할 수 있으니 기질지성이 비록 이와 기가 섞여 있는 것이긴 하지만 기만을 가리켜 말할 수 있지 않겠는가? 하나는 이가 주된 것이니 이로서 말했고 하나는 기가 주된 것이니 기로서 말한 것이다.

① 사단은 기가 발하고 이가 올라타서 드러난 성(性)임을 모르고 있다.
② 사단의 선함은 희·노·애·구·애·오·욕의 선함과 무관함을 모르고 있다.
③ 사단이 드러난 것은 이가 발하는 까닭[所以]이 되었기 때문임을 모르고 있다.
④ 사단은 기질을 바로잡아야 회복할 수 있는 마음의 본체[體]임을 모르고 있다.
⑤ 사단은 인·의·예·지가 마음에 존재함을 알려 주는 실마리[緒]임을 모르고 있다.

[5~6] 갑, 을, 병은 한국 유교 사상가들이다. 물음에 답하시오.

> 갑: 맹자가 사단이 없으면 인간이 아니라고 말한 것은 사단이 모두 선하기 때문이다. 칠정은 선과 악이 아직 결정되지 않았기에 한 가지 정(情)이라도 있을 적에 잘 살피지 않으면 마음이 올바르게 될 수 없다. 사단과 칠정은 이(理)와 기(氣)를 벗어나지 않지만 각각 주로 하는 바에 따르면 사단은 이가 되고 칠정은 기가 된다.
>
> 을: 맹자는 칠정 중에서 선한 것 한쪽만을 골라내어 사단이라고 이름 지었으니, 사단은 곧 도심(道心)과 인심(人心)의 선한 부분이다. 논자(論者)들 중 "사단은 도심이요, 칠정은 인심이다."라고 말하는 이들이 있는데, 칠정 이외에는 다른 정이 없으므로 칠정을 인심만으로 돌린다면 이는 반(半)만 들고 반은 빼 버린 것이 된다.
>
> 병: 맹자가 말한 성선에 어찌 잘못이 있겠는가? 다만 어쩔 수 없이 선한 사람이 된다면 그에게 공로가 없게 될 것이다. 이 때문에 선할 수도 있고 악할 수도 있는 권형(權衡)을 부여하여 자신의 주장에 따라 선을 행하고자 하면 선을 따르고 악을 행하고자 하면 악을 따르게 하였으니 이것이 공로와 죄가 발생한 이유이다.

[24014-0045]

5 갑, 을, 병 사상가들의 입장에서 서로에게 제기할 수 있는 비판을 그림으로 표현할 때, A~E에 해당하는 내용으로 가장 적절한 것은?

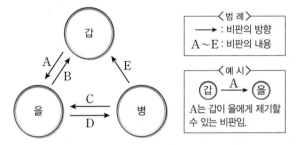

① A: 성(誠)의 경지에 이르려면 경(敬) 공부에 힘써야 함을 간과한다.
② B: 마음의 작용[用]에는 이의 발현과 기의 발현이 있음을 간과한다.
③ C: 선이나 악을 선택할 수 있는 마음의 권형이 성(性)임을 간과한다.
④ D: 사단의 확충과 사덕의 형성은 원인과 결과의 관계임을 간과한다.
⑤ E: 하늘이 부여한 성(性)은 만물의 궁극적 실체가 아님을 간과한다.

[24014-0046]

6 갑, 을, 병의 입장에서 질문에 대한 대답으로 가장 적절한 것은?

> 질문: 인간이 불선(不善)을 행하게 되는 원인은 무엇인가?

① 갑: 이가 발하는 것이 완전히 이루어지지 못하고 기에 가리어졌기 때문이다.
② 을: 이와 기가 분리되어 발한 기에 순선한 이가 올라타지 못했기 때문이다.
③ 병: 스스로 선을 선택하고 행할 수 있는 권능을 형성하지 못했기 때문이다.
④ 갑과 을: 내 마음의 본체인 양지가 사사로운 욕구에 가리어졌기 때문이다.
⑤ 을과 병: 이법적 실체로서의 도덕적 본성을 보존하지 못했기 때문이다.

[24014-0047]

7 중국 유교 사상가 갑과 한국 유교 사상가 을의 입장에 대한 설명으로 가장 적절한 것은?

> 갑: 좋은 광경[色]을 보는 것은 지(知)에 속하고 좋은 광경을 좋아하는 것은 행(行)에 속한다. 좋은 광경을 보았을 때 이미 자연스럽게 좋아하게 되는 것일 뿐 보고 난 뒤에 별개의 마음을 세워 좋아하는 것은 아니다. 이것이 지와 행의 본체이다. 알면서도 행하지 않는다면 그것은 단지 알지 못하는 것일 뿐이다. 지와 행이 어찌 나누어질 수 있겠는가? 성현이 사람들에게 지와 행을 가르친 것은 바로 그 본체를 회복시키고자 한 것이다.
>
> 을: 좋은 광경을 보자마자 아름답다는 것을 알고 좋아하니 행이 지에 붙어 있다고 할 수 있다. 형기(形氣)에서 발하는 것은 배우지 않아도 알고 힘쓰지 않아도 할 수 있기 때문이다. 그러나 의리(義理)는 그렇지 않다. 배우지 않으면 알지 못하고 힘쓰지 않으면 해내지 못한다. 선을 알고도 좋아하지 않는 자가 있으니 지와 행이 어찌 하나라고 할 수 있는가? 경(敬)으로써 근본을 삼고 궁리(窮理)에 의하여 치지(致知)하고 몸소 실천하는 것이 도학(道學)을 전하는 요령이다.

① 갑은 양지란 선을 인식하는 능력이지 선을 좋아하는 감정이 아니라고 본다.
② 을은 선에 대한 앎과 선을 행함은 본래 하나이므로 분리될 수 없다고 본다.
③ 갑은 을과 달리 효의 이치를 부모에게서 찾아야 효를 행할 수 있다고 본다.
④ 을은 갑과 달리 도덕 판단의 최종 준거는 마음이 아니라 본성이라고 본다.
⑤ 갑과 을은 누구나 인욕을 제거하지 않아도 천리를 보존할 수 있다고 본다.

[24014-0048]

8 다음을 주장한 한국 유교 사상가의 입장에서 부정의 대답을 할 질문만을 〈보기〉에서 있는 대로 고른 것은?

> 해와 달과 별이 하늘에 걸려 있는 것, 비와 눈과 서리와 이슬이 땅에 내리는 것 등은 모두 기(氣)이다. 해와 달 등이 하늘에 걸려 있는 까닭, 비와 눈 등이 땅에 내리는 까닭은 모두 이(理)이다. 자연의 이는 형이상자(形而上者)이며 자연의 기는 형이하자(形而下者)이다. 이가 있으면 기가 없을 수 없고 기가 있으면 만물을 낳지 않을 수 없다. 기가 움직이면 양(陽)이 되고 고요하면 음(陰)이 된다. 움직이고 고요한 것은 기이고 움직임과 고요함을 가능케 하는 것은 이이다. 이와 기는 서로 분리될 수 없으니 그 발용(發用)은 하나이다.

● 보기 ●
ㄱ. 기가 발할 수 있는 근거를 이의 동정(動靜)에서 찾아야 하는가?
ㄴ. 기질 가운데 있는 이를 도덕적 수양의 대상으로 삼아야 하는가?
ㄷ. 기는 자연 만물에 내재하지만 이는 인간의 마음에만 존재하는가?
ㄹ. 기가 발해야 측은·수오·사양·시비의 정(情)이 드러날 수 있는가?

① ㄱ, ㄴ　　　　② ㄱ, ㄹ　　　　③ ㄷ, ㄹ
④ ㄱ, ㄴ, ㄷ　　　⑤ ㄴ, ㄷ, ㄹ

04 불교와 자비 및 화합의 윤리

💠 불교: 자비의 윤리

1. 깨달음: 불교의 목표

(1) 불교의 연원

① 불교의 성립
- 기원전 6세기경 고타마 싯다르타가 인도의 전통 사상을 비판적으로 수용하면서 창시함
- 석가모니는 선정[定]과 지혜[慧]를 통하여 해탈에 이름
- 석가모니가 자신이 깨달은 바를 전하기 시작하면서 출가자를 중심으로 불교 교단이 형성됨

② 불교의 특징
- 삼학(三學: 계정혜)을 실천 항목으로 하여 체계적인 수행을 강조함

계(戒)	계율을 지킴으로써 몸과 마음을 청정하게 하는 것
정(定)	마음을 하나의 대상에 집중하여 고요한 상태에 머무는 것
혜(慧)	사물의 실상을 있는 그대로 꿰뚫어 아는 지혜, 즉 반야(般若)를 얻는 것

- 몸과 입과 뜻으로 짓는 업(業)으로 인해 고통의 세계를 윤회(輪廻)한다고 봄
- 사성제(四聖諦)를 깨닫고 팔정도(八正道)를 실천하여 열반(涅槃)에 이를 것을 강조함

(2) 초기 불교의 가르침

① 연기설(緣起說): 모든 존재와 현상은 무수한 원인[因]과 조건[緣]에 의해 생겨나며, 그 원인과 조건이 없으면 결과도 없다는 이론. 연기(緣起)는 인연생기(因緣生起)의 준말
- 연기의 법을 올바르게 이해할 때 윤회의 고통에서 벗어나 해탈(解脫)에 이를 수 있음
- 우주의 모든 사물과 현상이 원인과 결과로 연결되어 있기 때문에 어떤 존재와 현상도 독립적일 수 없음 → '나'와 '자연 만물'의 연계성과 상호 의존성을 자각하게 해 줌
- 모든 생명의 소중함과 자비(慈悲)를 일깨워 줌

> 📋 **자료 플러스** | **연기설**
>
> 이른바 무명(無明)을 조건으로 형성[行]이 있고, 형성을 조건으로 의식[識]이 있으며, 의식을 조건으로 정신과 물질[名色]이 있고, 정신과 물질을 조건으로 여섯 감각 기관[六入]이 있으며, 여섯 감각 기관을 조건으로 접촉[觸]이 있고, 접촉을 조건으로 느낌[受]이 있으며 느낌을 조건으로 갈애[愛]가 있고, 갈애를 조건으로 취착[取]이 있으며, 취착을 조건으로 존재[有]가 있고, 존재를 조건으로 태어남[生]이 있으며, 태어남을 조건으로 늙음과 죽음[老死] 및 근심[憂], 슬픔[悲], 고뇌[惱]와 같은 괴로움뿐인 큰 무더기가 일어난다. 이를 바르게 사유하면 무명이 소멸하기 때문에 형성이 소멸하며, 형성이 소멸하기 때문에 의식이 소멸하고, 의식이 소멸하기 때문에 정신과 물질이 소멸하며, 정신과 물질이 소멸하기 때문에 여섯 감각 기관이 소멸하고, 여섯 감각 기관이 소멸하기 때문에 접촉이 소멸하며, 접촉이 소멸하기 때문에 느낌이 소멸하고, 느낌이 소멸하기 때문에 갈애가 소멸하며, 갈애가 소멸하기 때문에 취착이 소멸하고, 취착이 소멸하기 때문에 존재가 소멸하며, 존재가 소멸하기 때문에 태어남이 소멸하고, 태어남이 소멸하기 때문에 늙음과 죽음 및 근심, 슬픔, 번민, 고뇌와 같은 괴로움뿐인 큰 무더기가 소멸한다. 그리하면 일체의 취착이 소멸하여 갈애가 다하고 탐욕이 없어져서 열반(涅槃)에 이른다.
> – "잡아함경" –
>
> 연기설은 괴로움이 원인과 조건에 따라 발생하고 소멸하는 과정을 제시하는 불교 이론이다. 연기설에 따르면 중생들이 겪는 고통은 반드시 원인과 조건이 있고, 그 원인과 조건을 제거하면 고통에서 벗어나 열반에 이를 수 있다.

개념 체크

1. 석가모니는 선정과 (   )을/를 통하여 깨달음을 얻었다.

2. 불교에서는 계정혜, 즉 (   )을/를 실천 항목으로 하여 체계적으로 수행해야 한다고 본다.

3. 불교에서는 모든 현상이 원인과 조건에 의해 생겨난다는 (   )의 법을 올바르게 이해할 때 해탈에 이를 수 있다고 본다.

정답
1. 지혜
2. 삼학
3. 연기

② 사성제(四聖諦)와 팔정도(八正道)

• 사성제: 석가모니가 수행을 통하여 깨달은 '네 가지 성스러운 진리', 사제(四諦)라고도 함

고제(苦諦)	• 인간의 삶은 본질적으로 고통일 수밖에 없음 • 대표적인 괴로움: 생로병사(生老病死)
집제(集諦)	인간이 겪는 고통은 무명(無明)과 애욕으로 인해 생겨남
멸제(滅諦)	고통의 원인인 무명과 애욕을 없애면 더 이상 고통이 없는 열반에 이르게 됨
도제(道諦)	• 무명과 애욕을 없애기 위해서는 중도(中道)를 닦아야 함 • 중도의 구체적 내용: 여덟 가지 올바른 길[八正道(팔정도)]

• 팔정도: 깨달음을 얻기 위해 실천해야 할 여덟 가지 올바른 수행 방법

• 정견(正見) – 바른 견해
• 정사유(正思惟) – 바른 사유
• 정어(正語) – 바른 말
• 정업(正業) – 바른 행위
• 정명(正命) – 바른 생계[생업]
• 정정진(正精進) – 바른 정진
• 정념(正念) – 바른 마음 챙김
• 정정(正定) – 바른 삼매(三昧), 바른 마음의 집중

자료 플러스 **사성제와 팔정도**

비구들이여, 이것이 괴로움이라는 성스러운 진리[苦聖諦(고성제)]이다. 태어남도, 늙음도, 병도 그리고 죽음도 괴로움이다. 싫어하는 것들과 만나는 것도 괴로움이고, 좋아하는 것과 헤어지는 것도 괴로움이다. 원하는 것을 얻지 못하는 것도 괴로움이다. 집착의 대상이 되는 다섯 가지 무더기[五蘊(오온)] 자체가 괴로움이다. 이것이 괴로움의 일어남에 대한 성스러운 진리[集聖諦(집성제)]이다. 그것은 바로 갈애(渴愛)이니, 다시 태어남을 가져오고, 즐김과 탐욕이 함께하며, 여기저기서 즐기는 것이다. 즉 감각적 욕망에 대한 갈애, 존재에 대한 갈애, 존재하지 않음에 대한 갈애가 그것이다. 이것이 괴로움의 소멸에 대한 성스러운 진리[滅聖諦(멸성제)]이다. 그것은 바로 그러한 갈애가 남김없이 빛바래어 소멸함, 버림, 놓아 버림, 벗어남, 집착이 없음이다. 이것이 괴로움의 소멸로 인도하는 도 닦음의 성스러운 진리[道聖諦(도성제)]이다. 그것은 바로 여덟 가지 구성 요소를 가진 성스러운 도[八正道]이니, 바른 견해[正見], 바른 사유[正思], 바른 말[正語], 바른 행위[正業], 바른 생업[正命], 바른 정진[正精進], 바른 마음 챙김[正念], 바른 삼매[正定]이다. – "상응부경" –

사성제는 석가모니가 수행을 통해 깨달은 '네 가지 성스러운 진리'이다. 사성제는 괴로움이 어떻게 생겨나고, 괴로움이 어떻게 소멸되는지를 보여 주는 진리로서, 괴로움에서 벗어나 열반을 증득(證得)해야 한다는 가르침이 나타나 있다. 석가모니는 열반에 이르기 위해 여덟 가지 올바른 길, 즉 팔정도를 닦아야 한다고 말하였다.

③ 삼법인(三法印: 제행무상, 제법무아, 일체개고 또는 열반적정) 또는 사법인(四法印: 제행무상, 제법무아, 일체개고, 열반적정): 연기의 원리를 현상 전체[法]에 적용하여 그 특징을 세 가지 또는 네 가지, 즉 무상(無常), 무아(無我), 고(苦), 열반적정으로 명시한 것[印]

• 제행무상(諸行無常): 세상의 모든 것은 불변하는 것이 아니라 끊임없이 생멸하고 변화함
• 제법무아(諸法無我): '나'라고 주장할 만한 불변하는 실체는 존재하지 않음
• 일체개고(一切皆苦): 끊임없이 변화하는 모든 것은 고통[苦]일 수밖에 없음
• 열반적정(涅槃寂靜): 깨달음을 통해 이르는 열반은 절대적으로 평화롭고 고요한 경지임

○ 무명
현상계의 모든 사물이 무상(無常)이며 무아(無我)임을 모르는 근원적 무지를 말함

○ 중도
어느 한 극단으로 치우치지 않는 수행 방법으로, 지나치게 쾌락에 빠지지도 않고 지나치게 계율이나 고행에 빠지지도 않는 수행 방법임

개념 체크

1. 석가모니가 수행을 통하여 깨달은 네 가지 성스러운 진리를 (   )(이)라고 한다.

2. 집제에 의하면 인간이 겪는 괴로움은 (   )와/과 애욕으로 인해 생겨난다.

3. 불교에서는 모든 것에 '나'라고 주장할 만한 불변하는 실체가 없다는 (   )을/를 강조한다.

정답 _____
1. 사성제
2. 무명
3. 제법무아

용어 해설 (왼쪽 여백)

⊕ 결집
석가모니 사후에 가르침을 모아 정리하기 위해, 제자들이 석가모니의 가르침을 암송하여 그 내용을 확인했던 모임

⊕ 보살
대승 불교에서 중시하는 이상적 인간상으로, 위로는 깨달음을 구하고, 아래로는 중생을 구제하려는 사람을 말함

⊕ 육바라밀
보살이 열반에 이르기 위해 실천해야 할 덕목으로 보시(布施), 지계(持戒), 인욕(忍辱), 정진(精進), 선정(禪定), 지혜(智慧)를 말함

⊕ 자성
다른 것과 혼동되지 않으며, 변하지도 않는 독자적인 속성

⊕ 세친의 유식 사상
"대승 경전에서는 '윤회의 세계가 단지 마음을 통해 만들어진 것일 뿐이다.'라고 한다. 여기서 '단지'라는 말은 대상을 부정하는 것이지 그 대상을 경험하는 마음을 부정하는 것은 아니다."
– 세친, "유식이십론" –

(3) 대승 불교 사상

① 등장: 부파(部派) 불교를 비판하면서 등장

부파 불교[소승 불교]	대승 불교
• 석가모니의 입멸 후 제자들은 결집(結集)을 통하여 가르침을 정리하는 데 착수함 • 석가모니의 가르침을 철학적으로 이론화하고, 경전 체계를 확립함. 이런 과정에서 계율과 경전의 해석을 둘러싸고 여러 교파로 분열됨 → 이 시대의 불교를 부파 불교라고 함 • 자신의 해탈과 엄격한 종교성을 중시하여 점차적으로 대중적 기반이 약화됨	• 교리의 체계화에 몰두하느라 대중과 멀어진 부파 불교를 소승 불교로 규정함 • 중생과 함께하는 대중적 측면을 강조하면서 보살(菩薩)을 이상적인 인간상으로 제시하고 수행 덕목으로 육바라밀(六波羅蜜)을 제시함 → 공(空) 사상을 기본으로 하여 전개됨

② 중관(中觀) 사상: 용수에 의해 구체화됨

공(空)의 원리	초기 불교의 연기설을 바탕으로 공 사상을 제시하면서 모든 현상은 일시적으로 존재한다고 봄 → 이를 근거로 일부 부파 불교에서 나타난 자성(自性) 개념을 비판함
중도(中道) 강조	유(有)에 집착하는 관점과 무(無)에 집착하는 관점에서 벗어나 어느 한쪽에도 치우치지 않아야 한다고 주장함
중관	중도에 따라 현상을 있는 그대로 관찰하는 것

③ 유식(唯識) 사상
- 공의 원리에 따라 모든 사물이 실체로 존재하는 것이 아님을 강조함
- 모든 것은 우리의 마음이 만들어 낸 것이라는 일체유심조(一切唯心造)를 강조함
- 식(識)을 제대로 알고 수행해야 궁극 목적인 해탈에 이를 수 있다고 봄
- 전식득지(轉識得智): 수행을 통해 분별을 본성으로 하는 마음인 식(識)을 변화시켜 분별이 없는 마음인 지(智)를 얻는 것을 말함
- 유식 사상의 다른 이름은 유가행(瑜伽行)파로서 요가[정신 집중]의 실천을 중시하는 학파임. 요가(yoga)는 인도에서 옛날부터 행해진 정신 통일의 실제적 수행법을 뜻함

개념 체크

1. 대승 불교에서는 이상적 인간상으로 (   )을/를 제시하고, 수행 덕목으로는 육바라밀을 제시한다.

2. 대승 불교는 초기 불교의 연기설에 근거하여 (   ) 사상을 제시하면서 모든 것이 일시적으로 존재한다고 본다.

3. 대승 불교의 한 분파인 (   ) 학파에서는 모든 것은 우리의 마음이 만들어 낸 것이라는 일체유심조를 강조한다.

정답
1. 보살
2. 공
3. 유식

자료 플러스 중관 사상과 유식 사상의 공(空)

- 여러 가지 인연으로 생긴 법(法)을 공[無]이라고 설하며, 가명(假名)이라고도 하고, 또한 그것을 중도의 의미라고도 한다. 어떤 한 가지 법도 인연으로부터 생기지 않는 것이 없으니, 모든 법이 공 아닌 것이 없다. 모든 것이 공하지 않다면 생겨남과 없어짐도 없고 사성제도 없다. – 용수, "중론" –
- 오식(五識)[*]은 연(緣)에 따라 일어난다. 어느 때는 함께하고 어느 때는 함께하지 않는다. 마치 파도가 물에 의지하는 것과 같다. 또한 의식(意識)은 항상 일어난다. 이 모든 식(識)이 바뀌어 달라짐으로써 분별하는 작용[見分]과 분별되는 대상[相分]이 된다. 이것들에 의지해서 나타나는 이것과 저것은 모두 존재한다고 볼 수 없다. 따라서 일체는 오직 식뿐[唯識(유식)]이다. – 세친, "유식삼십송" –

*오식(五識): 안식(眼識), 이식(耳識), 비식(鼻識), 설식(舌識), 신식(身識)을 말함

중관 사상과 유식 사상은 모두 대승 불교에 속하는 사상이다. 중관 사상과 유식 사상은 석가모니가 제시한 연기를 공 개념으로 전환하여 설명하고 있다. 이에 따르면 모든 존재와 현상은 인연에 따라서 발생하고[生(생)], 어느 기간 동안 존속하고[住(주)], 존속하면서도 끊임없이 변화하고[異(이)], 마침내 사라진다[滅(멸)]. 즉 만물은 생겨나고, 유지되고, 변화하고, 소멸하기 때문에 변하지 않고 고정된 실체는 없으며 공하다고 보는 것이다.

2. 깨달음의 길: 경전 이해와 본성의 자각

(1) 불교의 중국 전래

① 초기에는 주로 노장(老莊)사상의 개념을 빌려 불교를 이해하는 격의(格義) 불교가 전개됨

② 수·당 시대를 거치며 중국인들에게 맞는 형식과 내용으로 재해석되면서 다양한 종파로 나뉨

(2) 교종(敎宗)

① 교종의 특징
- 의미: 부처의 말씀인 경전을 근본으로 하는 종파
- 해탈에 이르기 위해 교리에 대한 깊은 이해, 계율의 실천과 수행을 통한 성불(成佛)을 중시함

② 교종의 다양한 분파

천태종	• "법화경"을 주요 경전으로 삼음 • 수나라의 천태 대사 지의(智顗)에 의해 체계화됨 • 깨달음을 얻기 위해 마음의 집중인 지(止)와 통찰의 수행인 관(觀)을 함께 닦아야 한다고 주장함
화엄종	• "화엄경"을 주요 경전으로 삼음 • 수나라와 당나라 때 두순(杜順)을 시조로 성립하였으며, 지엄(智儼)과 법장(法藏)에 의해 발전함. 천태종과 함께 중국 교종의 대표적 종파임 • 모든 존재가 서로 원인이 되어 융합하고 있으므로, 분별과 대립이 극복되고 지양되어야 한다고 봄
정토종	• "아미타경", "무량수경" 등을 주요 경전으로 삼음 • 아미타불의 도움으로 정토(淨土)에 태어나 성불하기를 바라는 종파임 • 아미타불의 이름을 부르면 정토에 극락왕생할 수 있다고 믿음

(3) 선종(禪宗)

① 선종의 연원
- 달마 대사에 의해 형성되고 혜능에 의해 정립됨
- 우리가 본래 완성된 부처라는 것을 직관해야 한다는 돈오(頓悟)를 주장함
- 직관적 종교 체험인 선(禪)의 수행을 강조함

📋 **자료 플러스** | **혜능의 선종**

- 자성(自性)의 마음자리를 지혜로써 관조하여 안팎을 밝게 통찰하면 자기의 본래 마음을 알게 되고, 만약 본래 마음을 알면 바로 해탈이며, 이미 해탈을 얻으면 바로 반야 삼매(三昧)이며, 반야 삼매를 깨달으면 곧 바로 무념(無念)이니라.
- 반야의 지혜는 크고 작음이 없으나 모든 중생이 스스로 미혹한 마음 때문에 밖으로 닦아 부처를 찾으므로 자기의 성품을 깨닫지 못한다. 그러나 어떤 사람이라도 단박에 깨닫는 가르침을 듣고 밖으로 닦는 것을 믿지 아니하고, 오직 자기의 마음에서 자기의 자성으로 하여금 항상 바른 견해를 일으키면, 모두 다 단박에 깨닫게 된다.
  － 혜능, "육조단경" －

선종을 발전시킨 혜능은 사람이 누구나 자신의 마음에 있는 불성(佛性)을 직관하면 단박에 부처가 될 수 있다는 돈오를 주장하였다. 혜능은 자성(自性)을 불성의 의미로 사용했으며, 자성을 직관하여 단박에 깨닫게 되면 점진적 수행이 없어도 누구나 부처가 된다고 주장하였다.

② 선종의 특징
- 선종은 경전이나 복잡한 수행 체계, 의례보다는 본성의 자각을 중시함

❖ 지관(止觀)

지(止)는 마음을 한곳에 집중하여 선정을 얻는 것을 말하며, 관(觀)은 사물을 있는 그대로 통찰하는 수행을 말함

❖ 돈오

선종에서 강조하는 개념으로, 자신의 본성을 직관하여 단박에 깨달음을 얻는 것을 말함

❖ 불성

대승 불교에서 제시된 개념으로, 부처에 이를 수 있는 근본 성품을 말함. 선종에서는 '불성'을 자성청정심(自性淸淨心)을 가리키는 말로 사용하기도 함

개념 체크

1. 불교가 중국에 전래되면서, 불교는 부처의 말씀인 경전의 가르침을 중시하는 (   )와/과 직관적 종교 체험을 중시하는 (   )(으)로 나누어졌다.

2. 선종에서는 우리가 본래 완성된 부처라는 것을 직관해야 한다는 (   )을/를 강조한다.

3. 선종에서는 직관적 종교 체험인 (   )을/를 중시한다.

정답 ─────
1. 교종, 선종
2. 돈오
3. 선(禪)

- 자신의 마음을 곧바로 보고[直指人心(직지인심)], 자신의 본성이 곧 불성임을 깨달으면 부처가 될 수 있음[見性成佛(견성성불)]을 강조함
- 경전에 얽매이는 것을 비판하면서[不立文字(불립 문자)], 경전에 의거하는 것이 아니라 마음에서 마음으로 가르침을 전함[敎外別傳(교외별전)]을 중시함
- 스승과 제자 사이에 마음으로 주고받는 가르침이 중요하다고 생각함[以心傳心(이심전심)]
- 문자를 내세우지 않는다는 말은 언설과 문자를 활용하지 않는다는 뜻이 아니라 언설과 문자가 지니고 있는 형식과 틀에 집착하거나 빠지는 것을 경계함을 의미함

⊙ 한국의 불교 사상: 조화 중시

1. 불교의 수용
(1) 삼국 시대에 체제의 정비와 민심 안정을 위해 국가적 차원에서 불교를 수용 → 통일된 사상과 통치 이념에 부합하는 방향으로 수용이 이루어짐
(2) 교종을 먼저 받아들인 후 통일 신라 시대에 선종을 수용함
(3) 고려 시대에 교종과 선종 간의 조화와 균형을 이루기 위한 노력이 전개됨

2. 원효의 사상
(1) **종합적인 불교 이론의 전개**: 어떤 경전을 중시하는가를 따지는 중국 불교와 달리 종합적으로 불교 사상을 이해하고자 함
(2) **일심(一心) 사상**: 일심은 깨끗함과 더러움, 참과 거짓, 나와 너 등 일체의 이원적 대립을 초월하는 절대불이(絕對不二)한 것
(3) **화쟁(和諍) 사상**: 서로 다른 주장과 견해들이 조화를 이루게 하여, 다툼과 대립에서 벗어나 화해하고 화합하도록 이끄는 것을 말함. 여기에는 원만하여 막힘이 없이, 온갖 대립과 갈등을 해소하여 더 높은 차원에서 하나로 통합하는 원융회통(圓融會通)의 논리가 담겨 있음
(4) 일심으로 돌아가면 모든 생명을 이롭게 할 수 있다고 봄
(5) 화합과 조화를 중시하는 한국 불교의 전통을 수립하는 데 기여함

3. 의천의 사상
(1) 교종을 중심으로 선종과의 조화를 추구함
(2) **교관겸수(敎觀兼修)**: 경전을 읽는 교학 수행과 참선을 하는 지관(止觀) 수행을 함께 해야 함
(3) **내외겸전(內外兼全)**: 내적인 공부[선종]와 외적인 공부[교종]를 같이 온전히 해야 함

자료 플러스 **의천의 사상**

불법(佛法)이라는 것은 표현해 낼 언어가 없지만 (그렇다고) 언어적 표현을 떠나는 것도 아니다. 언어적 표현을 떠나면 오히려 미혹되고, 언어적 표현에 집착하면 참된 것을 놓치고 만다. 그러나 세상에 재주를 완전하게 갖춘 사람이 드물고 사람이 훌륭함을 갖추기도 어렵다 보니, 가르침[敎]을 배우고자 하는 사람들의 경우는 대부분 안의 것을 버리고 바깥의 것을 추구하거나 선(禪)에 익숙한 사람은 일상의 연을 끊고 안으로 밝히기를 좋아한다. 모두가 한쪽에 치우쳐서 안팎 양면이 다 꽉 막히고 말았다. 그것은 마치 토끼 뿔의 길고 짧음을 다투고, 허공의 꽃이 진하냐 옅으냐를 다투는 것과 같다.
　　　　　　　　　　　　　　　　　　　　　　　　　　　　　　　　　　　　　　　 – 의천, "강원각경발사" –

의천은 교종과 선종의 조화를 중시하였다. 그는 교(敎)를 배우는 사람들은 내면을 닦는 수행을 경시하고, 선(禪)을 익히는 사람들은 교리를 경시하는 경향이 있다고 보면서, 이는 모두 극단으로 치우친 경향이라고 보았다. 그러면서 그런 문제를 해결하기 위해 안과 밖을 모두 닦아야 한다는 내외겸전을 강조하였다.

---

4. 지눌의 사상

(1) 선종을 중심으로 교종과의 조화를 추구함

(2) **돈오점수(頓悟漸修)**: 단박에 진리를 깨친 뒤에도 나쁜 습기(習氣)를 차차 소멸시켜 나가는 수행이 필요함

(3) **정혜쌍수(定慧雙修)**: 점수의 구체적인 실천 내용. 선정(禪定)과 지혜(智慧)를 함께 닦아 나가는 것

(4) **선교일원(禪敎一元)**: 선(禪)은 부처의 마음과 같으며, 교(敎)는 부처의 말씀이므로 선종과 교종은 본래 하나임

(5) 선종의 깨달음을 추구하면서도 교종에서 중시하는 경전 공부의 중요성도 인정하고 선종과 교종의 공존을 꾀함

> **😊 습기**
> 오랫동안 반복되어 몸에 배어 있는 기운이나 습성

> **⭐ 선교일원**
> "부처가 입으로 설한 것이 교(敎)이고, 훌륭한 스승[祖師]이 마음으로 전한 것이 선(禪)이다. 부처의 가르침과 훌륭한 스승의 마음은 결코 서로 어긋나지 않는다."
> – 지눌, "화엄론절요서" –

📋 자료 플러스 | 지눌의 사상

> • 무릇 도(道)에 들어가는 문(門)은 많지만 요체를 말하자면 돈오와 점수 두 가지에 지나지 않는다. 비록 돈오와 돈수는 최상의 근기(根機)를 가진 사람이 들어갈 수 있는 것이라고 하지만, 만약 과거를 미루어 볼 것 같으면, 이미 여러 생에 걸쳐 깨달음에 의거하여 수행을 하면서 점차 익혀 오다가 금생(今生)에 이르러 듣는 즉시 깨달아 일시에 모든 것을 마친 것이니 실제를 논한다면 이 또한 먼저 깨닫고 뒤에 닦은 것이다.
> • 선정은 본체[體]요, 지혜는 작용[用]이다. 본체에 즉(卽)한 작용이므로 지혜는 선정을 떠나지 않고, 작용에 즉한 본체이므로 선정은 지혜를 떠나지 않는다. 선정이 곧 지혜이므로 고요한 가운데 항상 지혜가 빛을 발하고, 지혜가 곧 선정이므로 지혜가 빛을 발하는 가운데 항상 고요하다.
> – 지눌, "수심결" –

지눌은 혜능의 선(禪) 사상을 받아들이면서도 돈오 사상을 새롭게 해석하였다. 혜능은 돈오하면 바로 부처가 될 수 있다고 주장하였으나, 지눌은 돈오 이후에도 남아 있는 습기를 제거하기 위해 지속적인 수행이 필요하다고 보았다. 또한 선정과 지혜를 본체와 작용으로 해석하면서 선정과 지혜를 함께 닦아야 한다는 정혜쌍수를 주장하였다.

5. 한국 불교의 특징과 현대적 의의

(1) 한국 불교의 특징

① 여러 종파를 통합하면서 조화를 추구함 → 원효, 의천, 지눌은 서로 다른 종파들이 궁극적으로 깨달음을 지향한다는 점을 인정하면서 종파의 갈등을 화해시키고자 함

② 대승 불교의 전통을 확장하여 민족과 국가를 수호하고자 하는 성격이 강함

(2) 한국 불교의 현대적 의의

① 현대 사회의 다양한 주장과 의견을 화해시키는 데 시사점을 제공함

② 개인이 본연의 자신을 찾고 행복을 실현하는 데 도움을 줌

③ 공동체 전체를 이롭게 하고 나눔의 가치를 되살리는 데 이바지함

> **개념 체크**
>
> 1. 지눌은 혜능과는 달리 단박에 깨달음을 얻었다고 하더라도 지속적인 수행이 필요하다는 (   )을/를 주장하였다.
> 2. 지눌은 부처가 입으로 설한 것이 (   )이고, 훌륭한 스승이 마음으로 전한 것이 (   )(이)라고 하면서 부처의 가르침과 훌륭한 스승의 마음은 결코 서로 어긋나지 않는다고 주장하였다.
> 3. 한국 불교는 대립·갈등하는 종파들을 통합하려는 (   )정신을 갖고 있다.
>
> **정답**
> 1. 돈오점수
> 2. 교(敎), 선(禪)
> 3. 조화

[24014-0049]

01 다음을 주장한 고대 동양 사상가의 입장으로 옳은 것은?

어떤 것이 번뇌가 다한[盡] 지혜의 밝음인가? 이것은 괴로움일 뿐이라고 사실 그대로 알고, 이것은 괴로움의 발생 원인이고 이것은 괴로움의 소멸이며 이것은 괴로움의 소멸에 이르는 길임을 사실 그대로 아는 것이다. 이와 같이 알고 보기 때문에 욕망의 번뇌, 존재의 번뇌, 밝음이 없는 번뇌에서 마음이 해탈하고, 또 해탈한 줄을 알아 '나의 태어남은 이미 다했고 범행(梵行)은 이미 확립되었으며, 할 일은 이미 마쳐 후세의 몸을 받지 않는다.'라고 스스로 아느니라. 이것을 번뇌가 다한 지혜의 밝음이라고 말한다.

① 중도의 수행을 추구하면 해탈에 이를 수 없다.
② 인간은 해탈과 윤회를 계속해서 반복하게 된다.
③ 윤회하여 태어난 중생의 실제적 삶은 즐거움이다.
④ 현세에서 삶의 고통으로부터 벗어날 수 있는 길은 없다.
⑤ 무명이나 갈애와 같은 번뇌가 소멸해야 윤회에서 벗어난다.

[24014-0050]

02 불교 사상가 갑, 을의 입장으로 옳은 것은?

갑: 인(因)과 연(緣)에서 생겨나는 법(法)을 나는 '공한 것'이라 하고 가명(假名)이라 하며 중도(中道)의 이치라고도 한다. 인과 연에서 발생하지 않는 법은 하나도 없다. 따라서 모든 법은 공하지 않은 것이 없다. 만약 모든 법이 공하지 않다면 발생과 소멸이 없을 것이며, 사성제도 없을 것이다.
을: 대승에서 삼계(三界)는 오직 식[唯識]일 뿐이다. 경전에서 삼계는 오직 마음[心]이라고 말하기 때문이다. 여기서 마음의 의미는 본체뿐만 아니라 마음의 작용[心所]도 포함한다. '오직'이란 외부 대상만을 부정하는 것이며 여기에는 진정한 대상이 전혀 없다[無境].

① 갑: 모든 사물은 각각 고유한 자성(自性)을 지닌다.
② 갑: 원인과 조건의 결합으로 생겨난 것은 공(空)하다.
③ 을: 오직 마음이라 함은 작용이 아닌 본체만 의미한다.
④ 을: 외부 인식 대상은 항상 마음과 무관하게 존재한다.
⑤ 갑과 을: 마음 밖 존재와 현상은 변하지 않는 실체이다.

[24014-0051]

03 다음을 주장한 고대 동양 사상가의 입장으로 가장 적절한 것은?

대상을 얻으려 집착하지 않는다는 것은 무엇인가? 색(色)을 나와 내 것이라고 보는 견해를 취하지 않는 것이다. 이러한 견해를 취하지 않은 뒤에는, 그 색이 변하거나 달라지더라도 마음이 따라 움직이지 않는다. 거두어 받아들이는 마음에 머물지 않기 때문에 공포와 장애가 생기거나 마음이 어지러워지지 않는다. 수(受)·상(想)·행(行)·식(識)에 대해서도 마찬가지이다. 이처럼 색은 무너지는 법(法)이다. 하지만 그 색이 소멸하면 열반이며, 이것은 무너지지 않는 법이다. 수·상·행·식은 무너지는 법이다. 하지만 그것들이 소멸하면 열반이니, 이것은 무너지지 않는 법이다.

① 오온(五蘊) 자체는 번뇌가 아님을 깨달아야 한다.
② 열반도 소멸하고 변화하는 법임을 깨달아야 한다.
③ 변화하는 자신과 만물에 대한 집착에서 벗어나야 한다.
④ 유(有)나 무(無)의 관점 중 하나만이 진리를 나타낸다.
⑤ 탐욕, 성냄, 어리석음은 윤회를 통해 저절로 사라진다.

[24014-0052]

04 다음 사상의 입장으로 옳은 것만을 〈보기〉에서 고른 것은?

세간의 움푹한 곳에 고인 물은 모두가 평등한 것같이 매우 깊은 반야바라밀도 이와 같아서 모든 중생에게 평등합니다. 또 깨끗한 물로 더러움을 씻으면 깨끗해지는 것같이 보살이 반야바라밀을 통달하면 온갖 번뇌를 여의고 깨끗하게 되니, 무슨 까닭이겠습니까? 매우 깊은 반야바라밀은 스스로의 성품이 청정하여서 온갖 미혹을 끊었기 때문입니다.

● 보기 ●
ㄱ. 해탈을 위해 인욕(忍辱)의 수행을 할 필요는 없다.
ㄴ. 모든 중생에게 부처가 될 수 있는 가능성이 있다.
ㄷ. 불변의 실체인 내가 청정한 마음을 회복해야 한다.
ㄹ. 깨달음의 완성과 중생 구제는 별개의 것이 아니다.

① ㄱ, ㄴ   ② ㄱ, ㄷ   ③ ㄴ, ㄷ   ④ ㄴ, ㄹ   ⑤ ㄷ, ㄹ

[24014-0053]

05 ㉠, ㉡에 대한 설명으로 옳지 <u>않은</u> 것은?

> ㉠ 은/는 여러 경전에 담긴 부처의 가르침을 체계적으로 분류하고 해석한 사상가들의 노력을 통해서 성립되었다. 일반적으로 특정 경전을 토대로 교리를 체계화하고, 이러한 경전의 가르침에 따르는 수행을 바탕으로 깨달음에 이를 수 있음을 강조하는 종파라고 할 수 있다. 그러나 ㉡ 은/는 특정 경전에 의거하지 않고 마음을 닦는 실천을 강조하였다. 중요한 것은 깨달음인데, 이를 잊고 경전에만 매달려 마치 책 속에 진리가 있는 것처럼 여기는 당시의 세태를 비판적으로 본 종파이다.

① ㉠은 부처의 가르침이 오직 마음으로 전해진다고 본다.
② ㉠은 깨닫기 위해 선정[定]과 지혜[慧]를 닦아야 한다고 본다.
③ ㉡은 직관적 종교 체험인 선(禪) 수행이 중요하다고 본다.
④ ㉡은 본성을 직관하면 부처의 경지에 이를 수 있다고 본다.
⑤ ㉠과 ㉡은 공(空) 사상을 바탕으로 육바라밀을 실천해야 한다고 본다.

[24014-0054]

06 다음을 주장한 중국 불교 사상가의 입장으로 가장 적절한 것은?

> 사람 가운데는 어리석음도 있고 지혜로움도 있으니, 어리석으면 소인(小人)이 되고 지혜로우면 대인(大人)이 됩니다. 미혹한 사람은 지혜로운 사람에게 묻고, 지혜로운 사람은 어리석은 사람에게 법을 설해 주어, 어리석은 사람으로 하여금 깨달아 알게 해서 마음이 열리게 합니다. 미혹한 사람이 깨달아서 마음이 열린다면 큰 지혜를 가진 사람과 다름이 없게 됩니다. 그러므로 깨닫지 못하면 부처라고 해도 중생이고, 한 생각에 깨달으면 중생이 곧 부처임을 알아야 합니다.

① 문자에 의존하지 않고서는 해탈에 이를 수 없다.
② 본성이 불성임을 깨달으면 단박에 성불할 수 있다.
③ 지혜롭지 못한 사람에게는 본래 부처의 성품이 없다.
④ 깨달음 이후에도 수행을 반복해야 완전한 부처가 된다.
⑤ 하늘로부터 부여받은 성품을 교화시키기 위해 노력해야 한다.

[24014-0055]

07 다음을 주장한 한국 불교 사상가의 입장으로 옳은 것만을 〈보기〉에서 고른 것은?

> 이 경전의 가르침을 펼쳐 보면 헤아릴 수 없고 끝도 없이 많은 뜻으로 근본[宗旨]을 삼고, 합해 본다면 이문(二門)과 일심(一心)의 법으로 요체를 삼는다. 이문의 안에 만 가지 뜻을 받아들이면서도 어지럽지 아니하며, 한량없는 뜻이 일심과 같아서 섞이고 융화되어 있으니, 그러므로 펼침과 합함이 자재(自在)하며 세움과 깨뜨림이 걸림이 없어서, 펼쳐도 번잡하지 않고 합하여도 좁아지지 않으며, 세워도 얻음이 없고 깨뜨려도 잃음이 없다.

● 보기 ●
ㄱ. 일심은 화쟁(和諍)을 가능하게 하는 근거가 된다.
ㄴ. 무지한 사람도 염불 수행을 통해 극락왕생할 수 있다.
ㄷ. 자기 성품을 바로 볼 때 무명(無明)의 상태를 유지하게 된다.
ㄹ. 서로 다른 견해를 비교하여 뛰어난 하나의 종파를 따라야 한다.

① ㄱ, ㄴ ② ㄱ, ㄷ ③ ㄴ, ㄷ ④ ㄴ, ㄹ ⑤ ㄷ, ㄹ

[24014-0056]

08 다음을 주장한 한국 불교 사상가가 긍정의 대답을 할 질문만을 〈보기〉에서 고른 것은?

> 옛날의 선(禪)은 교(敎)에 의거하여 선을 익혔고, 지금의 선은 교를 떠나서 선을 말하는 것이다. 선을 말하는 자, 그 이름에 집착하여 알맹이를 잃어버렸다. 교와 관을 함께 닦는 것[敎觀兼修]이 불교 수행의 바른길이다. 만약 교를 배우며 관을 그만두거나, 관을 행하고 교를 그만둔다면 편협한 방향에 빠지는 불완전한 불교이다.

● 보기 ●
ㄱ. 내적인 교와 외적인 선을 함께 공부해야 하는가?
ㄴ. 참선 혹은 경전 공부 중 하나에만 집중해야 하는가?
ㄷ. 소승 불교의 가르침도 해탈에 도움이 될 수 있는가?
ㄹ. 경전 공부와 명상 실천을 균형 있게 수행해야 하는가?

① ㄱ, ㄴ ② ㄱ, ㄷ ③ ㄴ, ㄷ ④ ㄴ, ㄹ ⑤ ㄷ, ㄹ

[24014-0057]

1 다음을 주장한 고대 동양 사상가의 입장으로 가장 적절한 것은?

> 해가 뜰 때의 전조는 말하자면 첫새벽 빛의 밝은 모습이듯이, 수행자가 바르게 괴로움의 끝을 다하고 괴로움의 끝에 이르는 전조는 바른 견해[正見]이다. 바른 견해라는 것은 바른 사유[正思惟]·바른 말[正語]·바른 행위[正業]·바른 생계[正命]·바른 정진[正精進]·바른 마음 챙김[正念]·바른 삼매[正定]를 능히 일으킨다. 바른 삼매를 일으켜 바르게 받아들이기 때문에 수행자는 탐욕과 성냄과 어리석음에서 마음이 바르게 해탈하고, 이렇게 마음이 해탈한 제자는 바르게 알고 봄[知見]을 얻어 '나의 생(生)은 이미 다하였고, 범행(梵行)은 확립되었으며, 할 일을 이미 다 마쳐 후세에는 몸을 받지 않는다.'라고 스스로 알게 된다.

① 수행의 최종 목표는 삼학을 통해 바른 삼매를 성취하는 것이다.
② 수행자가 무지하고 무욕한 상태에 있어야 깨달음을 성취할 수 있다.
③ 존재의 실상을 통찰하는 지혜를 갖추어야 팔정도의 수행이 가능하다.
④ 쾌락이 아닌 고행을 통한 수행을 할 때만 참된 수행이라 할 수 있다.
⑤ 중도의 수행은 이론적 측면과 실천적 측면을 함께 닦아 나가는 것이다.

[24014-0058]

2 고대 동양 사상가 갑, 을의 공통된 입장으로 옳은 것만을 〈보기〉에서 있는 대로 고른 것은?

> 갑: 두 극단으로 마음이 따라가지 않는 것이 바르게 중도(中道)로 향하는 것이다. 현인(賢人)과 성인(聖人)은 세상에 나와 사실 그대로를 뒤바꾸지 않고 바르게 본다, 만일 무명에서 탐욕을 여의어 밝음[明]이 생긴다면, 그 누가 늙고 죽을 것이며 늙고 죽음이 누구에게 속하겠는가? 늙고 죽음이 곧 끊어지면, 마치 나무 밑동을 자르듯 그 근본을 끊을 줄 알아 미래 세상에 있어서 생겨나지 않는 법(法)이 될 것이다.
>
> 을: 사람의 형체와 용모는 하늘이 준 본성[天性]인 것인데, 성인만이 타고난 형체와 용모를 그대로 실현해 낼 수 있다. 천하에 도(道)가 있으면 도를 자신의 몸을 통해 실천하고, 천하에 도가 없으면 도를 추구하여 자신을 희생한다. 큰 목수는 서툰 목수의 말을 듣고 제 먹줄을 고치지 않으며, 명궁은 서툰 궁수의 말을 듣고 제 활 당기는 법을 고치지 않는다. 군자는 활을 당기되 쏘지는 않고, 활기찬 태도로 도에 꼭 맞추어[中道] 버티고 서 있으면, 그럴 수 있는 사람만이 그를 따른다.

• 보기 •
ㄱ. 현명한 스승의 가르침을 따르면 이상적 경지에 이를 수 있다.
ㄴ. 진리를 깨닫기 위해서는 극단에 머물지 않는 자세가 필요하다.
ㄷ. 하늘이 부여한 선한 본성을 보존하기 위해서 계를 지켜야 한다.
ㄹ. 선악을 바르게 구분하고 선한 행위를 실천하는 삶을 살아야 한다.

① ㄱ, ㄴ   ② ㄴ, ㄷ   ③ ㄷ, ㄹ
④ ㄱ, ㄴ, ㄹ   ⑤ ㄱ, ㄷ, ㄹ

[24014-0059]

3 (가)의 불교 사상가 갑, 을의 입장을 (나) 그림으로 탐구하고자 할 때, A~C에 들어갈 옳은 질문만을 〈보기〉에서 있는 대로 고른 것은?

(가)	갑: 업과 번뇌는 분별로부터 생겨나고, 그 분별들은 희론[*](戲論)으로부터 생겨난다. 그러나 희론은 공성(空性)을 이해함으로써 소멸한다. 모든 법의 실제 모습은 마음의 작용이 끊어져 있고 언어가 끊어져 있다. 따라서 발생도 없고 소멸도 없으며 번뇌가 모두 끊어진 열반과 같다. 만일 모든 법이 인연에서 생겨난다면 그것은 인연과 같은 것도 아니고 다른 것도 아니다. 그러므로 실제 모습은 단절된 것도 아니고 항상한 것도 아니다. 을: 근본식에 의지하여, 오식(五識)은 연(緣)에 따라 일어난다. 혹은 함께하고 혹은 함께하지 않으니, 마치 파도가 물에 의지하는 것과 같다. 이 모든 식(識)이 바뀌어 달라짐으로써 분별하는 작용[見分]과 분별되는 대상[相分]이 된다. 이에 의거해서 모든 법의 실제 모습은 모두 존재하지 않게 되는 것이다. 따라서 일체는 오직 식[唯識]일 뿐이다. ＊희론: 만물의 참모습을 표현하지 못하며 진리에 맞지 않는 언론(言論)
(나)	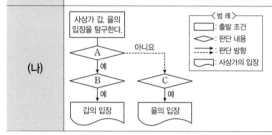

● 보기 ●
ㄱ. A: 원인과 조건에 의해 형성된 모든 것은 공(空)한가?
ㄴ. B: 중도(中道)의 진리를 올바로 관찰하는 지혜를 얻어야 하는가?
ㄷ. B: 언어적 가르침을 따르되 명상을 통해 언어와 분별을 넘어서야 하는가?
ㄹ. C: 현상은 오직 마음 작용인 식뿐이고 식은 항상 청정하고 분별됨이 없는가?

① ㄱ, ㄴ   ② ㄴ, ㄷ   ③ ㄷ, ㄹ
④ ㄱ, ㄴ, ㄹ   ⑤ ㄱ, ㄷ, ㄹ

[24014-0060]

4 다음 동양 사상의 입장으로 옳지 <u>않은</u> 것은?

보살(菩薩)이 보시(布施)할 때에 생각하기를 '나는 주고 그는 받으며, 나는 탐하지 않고 나는 시주(施主)가 되며, 나는 능히 일체를 버리고 나는 가르침에 따라 보시한다.'라고 한다면 이 사람에게는 세 가지의 장애[礙]가 있습니다. 나라는 모양[我相]과 남이라는 모양[他相]과 베푼다는 모양[施相]이 그것입니다. 보살이 보시할 때에 생각하기를 '나를 얻을 수 없고, 받는 이도 보지 않으며, 보시하는 물건도 있을 수 없고 그 과보도 바라지 않는다.'라고 한다면 이것을 보살의 세 부분이 청정한[三分淸淨] 보시바라밀이라 합니다.

① 중생이 타인의 베풂을 돕고 기뻐하는 것도 보시이다.
② 중생의 생계를 도와주는 것은 보시의 방법에 포함된다.
③ 중생에게 가르침을 베푸는 것은 보시의 중요한 부분이다.
④ 중생에게 보시를 행할 때는 상(相)에 머무르지 않아야 한다.
⑤ 중생에게 행하는 보시와 수행은 별개임을 바르게 알아야 한다.

[24014-0061]

5 한국 불교 사상가 갑, 을의 입장으로 적절한 것만을 〈보기〉에서 있는 대로 고른 것은?

> 갑: 진여문은 더러움과 깨끗함이 통한 모습[通相]이다. 통한 모습 밖에 따로 더러움과 깨끗함이 있는 것이 아니다. 그러므로 더러움과 깨끗함의 모든 법을 포섭할 수 있는 것이다. 생멸문은 더러움과 깨끗함이 별도로 드러난 모습[別相]이다. 더러움과 깨끗함은 포괄되지 않는 것이 없다. 그러므로 또한 모든 법을 포섭하는 것이다. 통한 모습과 별도의 모습은 비록 다르지만 서로 배척하는 것이 없다. 이를 곧 일심(一心)이라 한다.
>
> 을: 법계를 열면 화엄의 뜻이 나타나고, 일심 가운데 이문(二門)을 열면 기신론(起信論)의 뜻이 드러난다. 그리하여 상(相)에 머무르는 사람을 상에 융합하게 하고, 글에 집착하는 사람을 글에서 벗어나게 하였다. 하지만 근래 불교를 배우는 사람은 스스로 돈오(頓悟)하였다고 생각하여 권교(權敎)인 소승의 가르침과 성(性)과 상(相)을 말하는 것을 멸시함으로써 때때로 사람들에게 비웃음을 사니, 모두 겸학(兼學)하지 않는 허물이다.

● 보기 ●

> ㄱ. 갑: 일심으로 돌아가 모든 생명을 이롭게 하는 자비를 실천해야 한다.
> ㄴ. 갑: 번뇌와 무명에 덮인 삶에서 벗어나 청정한 마음을 형성해야 한다.
> ㄷ. 을: 종파에 얽매이지 않고 소승과 대승의 경전을 폭넓게 공부해야 한다.
> ㄹ. 갑과 을: 화두(話頭)에 집중하여 깨우침을 얻는 수행을 실천해야 한다.

① ㄱ, ㄷ   ② ㄱ, ㄹ   ③ ㄴ, ㄹ
④ ㄱ, ㄴ, ㄷ   ⑤ ㄴ, ㄷ, ㄹ

[24014-0062]

6 동양 사상 (가), (나)의 입장으로 적절한 것만을 〈보기〉에서 있는 대로 고른 것은?

> (가) 관자재보살께서 깊은 반야바라밀다를 행하실 때에 오온(五蘊)이 모두 공(空)임을 비추어 보고 일체의 괴로움을 건너셨다. 색(色)은 공과 다르지 않고 공은 색과 다르지 않으니, 색이 곧 공이며 공이 곧 색이다. 수(受)·상(想)·행(行)·식(識) 또한 그러하다. 이 모든 법의 공한 모습은 생겨나지도 않고 소멸하지도 않으며, 더럽지도 않고 깨끗하지도 않으며, 늘어나지도 않고 줄어들지도 않는다.
>
> (나) 지혜가 지극한 경지에 도달한 사람[至人] 중 가장 지극하고 완전하여 무엇을 더 보탤 수 없는 사람은 어떤 사람인가? 처음부터 사물이란 존재하지 않은 것으로 생각한 사람이다. 다음 경지는 사물이 존재하지만 아무런 구별도 없다고 생각하는 사람이다. 다음 경지는 사물에 구별이 있지만 옳고 그른 것은 없다고 생각하는 사람이다. 시비가 드러난다는 것은 도(道)가 무너지는 원인이 된다. 도가 무너지는 것은 편애가 이루어지는 원인이 된다.

● 보기 ●

> ㄱ. (가): 윤회의 주체인 실체적 자아를 확고히 해야 성불할 수 있다.
> ㄴ. (가): 일체법은 비유(非有)이면서 비무(非無)인 공의 성품을 지닌다.
> ㄷ. (나): 도는 언어적 가르침에 기반한 지식을 통해야 알 수 있는 것이다.
> ㄹ. (가)와 (나): 분별적 사고를 버리고 만물이 서로 평등함을 인식해야 한다.

① ㄱ, ㄷ   ② ㄱ, ㄹ   ③ ㄴ, ㄹ
④ ㄱ, ㄴ, ㄷ   ⑤ ㄴ, ㄷ, ㄹ

[24014-0063]

7 그림은 중국 사상가 갑, 한국 사상가 을의 가상 대화이다. 갑, 을의 입장으로 옳지 <u>않은</u> 것은?

나의 가르침은 선정과 지혜를 근본으로 삼습니다. 무엇보다도 미혹해서 지혜와 선정을 다른 것이라고 말하지 마십시오. 선정과 지혜는 바탕이 하나이지 둘이 아닙니다. 선정은 곧 지혜의 본체[體]요, 지혜는 곧 선정의 작용[用]이니, 지혜가 있는 순간 선정이 지혜 속에 있고, 선정이 있는 순간 지혜가 선정 속에 있는 것입니다. 지혜로써 관조하고 일체법을 취하지도 버리지도 않는다면 곧바로 견성(見性)하여 불도(佛道)를 이룰 것입니다.

얼어붙은 연못이 다 물인 줄은 알고 있으나 햇빛을 받아야 녹는 것처럼, 범부도 진리를 깨닫지만 부처님의 가르침을 바탕 삼아 선정과 지혜를 수행하고 닦아야 하는 것입니다. 선정과 지혜에 의지해 모든 마음의 번뇌를 다스림이 당연한 것입니다. 선정과 지혜 두 가지는 삼학(三學)의 일부를 이르는 것으로 전체를 갖추어 말하면 계정혜(戒定慧)입니다. 계는 잘못된 것을 막고 악을 그치는 것이고, 정은 이치로 산란함을 거두어 잡아 두는 것이며, 혜는 법을 가려 공(空)을 관조하는 것을 의미합니다.

갑

을

① 갑: 자신의 마음속 근본 성품을 깨달으면 누구나 부처가 된다.
② 갑: 마음 밖에서 번뇌를 벗어난 세상인 정토를 찾아야 해탈에 이른다.
③ 을: 마음이 곧 부처임을 자각한 후에도 점진적·지속적 수행이 필요하다.
④ 을: 마음의 본체인 정과 마음의 인식 작용인 혜는 서로 떠날 수 없는 관계이다.
⑤ 갑과 을: 연기의 원리에 따라 생성·소멸하는 모든 존재와 현상은 무상(無常)하다.

[24014-0064]

8 다음을 주장한 한국 불교 사상가의 입장으로 가장 적절한 것은?

비록 본래 성품이 부처와 다름이 없음을 깨달았지만 오랫동안 쌓여 온 습기(習氣)는 단박에 제거하기 어렵다. 그러므로 깨달음에 의지하여 닦아서 점차로 익혀 온 공덕을 이루고 성인의 태[聖胎]를 기르기를 오래 하여 성인(聖人)을 이루기 때문에 점수라고 한다. 비유하면, 어린아이가 처음 태어난 날에 모든 감관(感官)이 갖추어져 있음이 다른 사람과 다름이 없지만 그 힘이 아직 충분하지 못해서 자못 세월이 지나야만 비로소 성인(成人)이 되는 것과 같다.

① 번뇌가 가득한 세속의 삶에서 벗어나 고요하게 불성을 형성해야 한다.
② 경전 공부를 배제하고 지속적인 참선 수행을 해야 깨달음에 이를 수 있다.
③ 자기 성품이 본래 부처와 같음은 습기가 남아 있는 상태에서는 알 수 없다.
④ 분별을 멈추어 마음을 집중하고 현상의 참모습을 통찰해야 깨달음은 완성된다.
⑤ 돈오(頓悟)하면 오랜 인식과 습관이 자연적으로 소멸되어 다른 수행이 필요하지 않다.

[24014-0065]

9 한국 사상가 갑, 중국 사상가 을의 입장으로 옳은 것만을 〈보기〉에서 있는 대로 고른 것은?

> 갑: 일각(一覺)이란 모든 법이 오직 일심(一心)이요, 모든 중생이 곧 하나인 본래 깨달음이라는 것이다. 모두 일미(一味)를 말씀함이란, 여래께서 말씀하신 모든 교법(敎法)이 그들을 일각의 맛에 들어가게 하기 때문이다. 모든 중생이 본래 일각이었지만, 무명(無明) 때문에 꿈속에서 유전하다가 여래의 일미의 말씀을 듣고 마침내 일심의 근원으로 돌아오지 않는 자가 없다. 마음의 근원에 돌아왔을 때 아무것도 얻는 것이 없기 때문에 일미라고 하니, 이것이 바로 일승(一乘)이다.
>
> 을: 사람들이 부처를 찾고자 한다면, 단지 중생만 안다면 곧 부처를 알 수 있을 것이다. 중생을 떠나서는 부처도 없다. 미혹하면 부처도 곧 중생이고 깨달으면 중생도 곧 부처이다. 어리석으면 부처도 중생이고 지혜로우면 중생도 부처이다. 한평생 마음이 험하다면 부처는 중생 속에 숨고 한 생각 깨달아 평등하다면 곧 중생도 스스로 부처이다. 마음에 스스로 부처가 있으니 자기 부처가 참부처이다. 스스로 부처의 마음이 없다면 어디에서 부처를 구하겠는가?

〈보기〉

ㄱ. 갑: 진여(眞如)의 모습과 생멸(生滅)의 모습은 결국 그 근원이 다르다.
ㄴ. 갑: 다양한 종파의 이론들을 하나의 경전에 기반해서 회통해야 한다.
ㄷ. 을: 문자에 의존하지 않아도 단박에 부처의 경지에 이를 수 있다.
ㄹ. 갑과 을: 중생의 성품이 본래 맑고 깨끗함을 알아야 한다.

① ㄱ, ㄴ   ② ㄴ, ㄷ   ③ ㄷ, ㄹ
④ ㄱ, ㄴ, ㄹ   ⑤ ㄱ, ㄷ, ㄹ

[24014-0066]

10 다음을 주장한 고대 동양 사상가의 입장으로 옳은 것만을 〈보기〉에서 있는 대로 고른 것은?

> 제자여! 스스로 정진하되 법(法)에 정진해야지 다른 것에 정진하지 말며, 스스로 귀의하되 법에 귀의해야지 다른 것에 귀의하지 마라. 비구는 안의 몸[身]을 관찰하기를 부지런히 하고 게을리하지 않아야 하며 잘 기억하여 잊지 않음으로써 세상의 탐욕과 걱정을 없애야 한다. 또 밖의 몸을 관찰하고, 안팎의 몸을 관찰하기를 부지런히 하고 게을리하지 않아야 하며, 잘 기억하여 잊지 않음으로써 세상의 탐욕과 걱정을 없애야 한다. 수(受)와 심(心)과 법도 이와 같이 관찰해야 한다. 이것을 '스스로 정진하되, 법에 정진해야지 다른 것에 정진하지 말며, 스스로 귀의하되 법에 귀의해야지 다른 것에 귀의하지 말라'고 하는 것이다. 내가 가고 난 뒤에 능히 이 법대로 수행하는 자가 있으면, 그는 곧 나의 참제자이며 또한 제일가는 수행자일 것이다.

〈보기〉

ㄱ. 인연에 의해 생겨난 모든 현상에는 '나'라는 불변의 실체가 존재하지 않는다.
ㄴ. 인연에 의해 생겨난 모든 현상은 원인[因]과 조건[緣]이 사라지면 소멸한다.
ㄷ. 일체법의 무상(無常)과 무아(無我)를 깨닫지 못한 중생의 삶은 본질적으로 괴롭다.
ㄹ. 일체법의 실체를 통찰하여 번뇌가 모두 소멸한 열반은 죽음을 통해서만 이를 수 있다.

① ㄱ, ㄷ   ② ㄱ, ㄹ   ③ ㄴ, ㄹ
④ ㄱ, ㄴ, ㄷ   ⑤ ㄴ, ㄷ, ㄹ

05 도가 사상과 무위자연의 윤리

◉ 도가 사상의 연원과 전개: 노자와 장자

1. 도가 사상의 출현

(1) **노장(老莊)사상**: 춘추 전국 시대에 나타난 노자와 장자의 사상

(2) **유교와 도가의 비교**

유교	도가
• 인간의 도덕성과 이에 바탕을 둔 도덕적 질서에 주목함 • 인의(仁義), 예악(禮樂) 등 도덕규범을 중시함 • 대표자: 공자, 맹자, 순자	• 도(道)에 따르는 삶과 인간의 자유로운 삶을 중시함 • 인위적 규범을 사회 혼란의 원인으로 봄 • 대표자: 노자, 장자

2. 노자의 윤리 사상

(1) **사회 혼란의 원인과 극복 방안**

원인	• 인간의 그릇된 인식과 가치관 • 인위적인 규범과 사회 제도
극복 방안	• 도(道)에 따라 소박하고 순수한 덕(德)을 회복함 • 인위적이거나 의도적 조작이 없는 무위(無爲)를 실천함 → 인위가 없을 때 도의 자연스러움이 왜곡되거나 변형되지 않고 발휘될 수 있어 오히려 모든 것이 이루어지게 됨[無不爲]

(2) **도(道)의 의미와 특징**

의미	우주 만물의 근원이자 변화의 법칙
특징	• 형체가 없고 인간의 감각 경험으로는 파악할 수 없는 것 • 인간의 언어로 한정할 수 없고, 이름 지을 수도 없는 것

> ≡≡ **자료 플러스** **노자가 말하는 도(道)**
>
> • 무명(無名)은 천지의 시초요, 유명(有名)은 만물의 어머니이다.
> • 도는 만물을 낳고 덕(德)은 만물을 기른다.
> • 도는 하나를 낳고, 하나는 둘을 낳고, 둘은 셋을 낳고, 셋은 만물을 낳는다.
> • 말로 표현할 수 있는 도는 영원한 도가 아니다.
> • 사람은 땅을 본받고, 땅은 하늘을 본받고, 하늘은 도를 본받고, 도는 자연을 본받는다.
> • 큰 도가 모든 곳에 넘실대니, 여기저기에 있도다. 만물은 도에 의지하여 발생한다.   – "도덕경" –

노자는 도가 만물의 근원이며, 만물이 도에서 생겨나고 도에 따라 움직인다고 보았다. 노자에 따르면, 도는 무엇을 억지로 왜곡하거나 조작하지 않기 때문에 무위(無爲)이다. 노자는 무위, 소박(素樸) 등과 같은 자연스러운 덕을 상덕(上德), 인간의 의도가 개입된 유교의 덕을 하덕(下德)으로 구분하였다.

(3) 이상적인 삶과 이상 사회

① 이상적인 삶의 원리
  • **무위자연(無爲自然)**: 사람의 인위적 힘이 더해지지 않은 스스로 그러한 상태

○ **노자가 바라본 사회 혼란의 원인**

"큰 도(道)가 사라지자 인(仁)과 의(義)가 생겨났고, 인위적인 지혜가 나타나자 커다란 거짓이 생겨났다."   – "도덕경" –

○ **노자가 생각하는 도(道)**

노자에게 있어 도는 우주 만물의 근원으로서 인간의 언어로 표현할 수 없는 것이자 항상 저절로 그러한 것[自然]임

개념 체크

1. 도가 사상은 노자와 장자에 의해 구체화되어 발전하였기에 (   )(이)라고도 한다.

2. 노자는 (   )이/가 우주 만물의 근원이자 변화 법칙을 의미한다고 보았다.

3. 노자는 무위, 소박 등과 같은 자연스러운 덕을 (   )(으)로, 인간의 의도가 개입된 유교의 덕을 (   )(으)로 구분하였다.

정답
1. 노장사상
2. 도(道)
3. 상덕, 하덕

- 무위의 삶을 살기 위해 무지(無知), 무욕(無欲)의 덕을 갖추어야 함
- 상선약수(上善若水): 으뜸이 되는 선(善)은 물과 같다. → 물은 낮은 곳에 머물면서 만물을 이롭게 하고 남들과 다투지 않기 때문에 도에 가장 가까운 것임. 물이 갖고 있는 겸허(謙虛)와 부쟁(不爭) 그리고 만물을 이롭게 하는[利萬物] 덕을 중시함
- 성인(聖人): 겸허와 부쟁 등의 덕을 지니고 무위자연의 삶을 사는 이상적 인간
② 이상적인 사회의 모습: 소국 과민(小國寡民) → 나라(영토)가 작고 인구가 적은 나라. 인위적 문명의 발달이 없는 무위와 무욕의 사회
③ 이상적인 정치: 무위의 다스림[無爲之治(무위지치)] → 인위적인 다스림이 없는 정치로 통치자의 인위적인 조작이 없으면 백성은 스스로 자신의 일을 해 나갈 수 있다고 봄

> **자료 플러스** **노자가 바라보는 이상적 삶과 이상적 사회의 모습**
>
> - 최상의 선은 물과 같다[上善若水]. 물은 만물을 이롭게 하면서도 다투지 않고 모든 사람이 싫어하는 곳에 머문다. 그러므로 도(道)에 가깝다.
> - 세상에 규제가 많을수록 백성은 더욱 가난해지고, 백성에게 날카로운 도구가 많을수록 나라는 더욱 혼란에 빠지며, 사람들이 기교를 부리면 부릴수록 기이한 물건이 더욱 많아지고, 법령이 선포되면 될수록 도둑이 더욱 들끓는다. 그러므로 성인은 다음과 같이 말한다. 내가 무위(無爲)하니 백성은 저절로 감화되고, 내가 고요히 있는 것을 좋아하니 백성이 저절로 바르게 되며, 내가 일을 도모하지 않으니 백성은 저절로 부유해지고, 내가 욕심을 내지 않으니 백성은 저절로 다듬지 않은 통나무처럼 순박하게 된다. - "도덕경" -
>
> 노자는 상선약수를 주장하면서, 겸허와 부쟁의 덕을 지니고 무위자연의 삶을 사는 것이 이상적인 삶이라고 보았다. 또한 노자는 규제, 이기(利器), 기교, 법령 등을 백성을 가난하게 만들고 나라를 혼란에 빠뜨리며 도둑마저 들끓게 하는 불필요한 격식이나 도구로 보았다. 노자는 통치자가 세상을 자신의 의도대로 바꿔 보겠다는 욕심을 버릴 때 백성은 저절로 감화되어 바르게 되고 부유해지며 순박해질 것이라고 보았다.

✪ 장자가 생각하는 도
- "도로써 사물을 보면 만물 사이에 귀천이 없다."
- "인간을 포함한 모든 사물에는 도가 있으며, 도의 차원에서 보면 만물은 평등하다."
　　　　　　　- "장자" -

3. 장자의 윤리 사상

(1) **특징**: 도(道)의 관점에서 만물의 평등함과 정신의 자유로움을 강조함
(2) **도(道)**: 이 세상 어디에나 내재되어 있는 천지 만물의 근원

> **자료 플러스** **장자의 사상**
>
> 도(道)의 입장에서 보면 사물에는 귀하고 천한 것이 없다. 사물 자체의 입장에서 보면 자신은 귀하고 남은 천한 것이다. 세속적인 입장에서 보면 귀하고 천한 것은 자기에게 달려 있는 것이 아니라 남이 정해 주는 것이다. 상대적인 관점에서 볼 때, 그것에 비하여 크다는 입장에서 말하면 만물에는 크지 않은 것이 없게 되며 그것에 비하여 작다는 입장에서 보면 만물에는 작지 않은 것이 없게 된다. 하늘과 땅도 큰 것과 비교할 때는 곡식 한 알 정도로 생각될 수 있고, 터럭 끝도 작은 것과 비교할 때는 큰 산 정도로 생각될 수 있다는 것을 알면 그것은 상대적인 구별에서 그렇게 됨을 알 것이다. 쓰임의 관점에서 보면, 그 쓰임이 있다고 인정하는 입장에서 말하면 만물에는 쓰임이 없는 것이란 없게 되며 그 쓰임이 없다고 부정하는 입장에서 말하면 만물은 쓰임이 있는 것이란 없게 된다. 동쪽과 서쪽은 서로 반대가 되면서도 서로 어느 한편이 없어서도 안 되는 것임을 안다면 곧 쓰임의 규정도 상대적인 것임을 알 것이다. - "장자" -
>
> 장자는 인간의 자기중심적 편견에서 비롯된 분별, 즉 시비(是非), 귀천(貴賤), 미추(美醜) 등은 상대적이며 사회 혼란을 초래하는 것일 뿐이라고 보았다. 그러면서 그는 차별 의식에서 벗어나 도의 관점에서 만물을 평등하게 바라보아야 한다고 주장하였다.

개념 체크

1. 노자는 '상선약수'를 강조하면서 물이 가진 (　　　)와과 (　　　)의 덕을 중시하였다.
2. 노자는 인구가 적고 영토가 작은 국가에서 사람들이 가식 없이 자신의 본성에 따라 살아가는 (　　　)을/를 이상 사회의 모습으로 제시하였다.
3. 장자는 (　　　)에서 벗어나 도의 관점에서 만물을 평등하게 바라보아야 한다고 주장하였다.

정답
1. 겸허, 부쟁
2. 소국 과민
3. 차별 의식

(3) 이상적인 삶과 이상적 인간상

이상적인 삶	모든 분별과 차별에서 벗어나 만물을 평등한 것으로 보며, 주위 환경에 의해 본심을 어지럽히지 않고 도(道)와 일치하는 삶
수양 방법	• 좌망(坐忘): 조용히 앉아서 우리를 구속하는 일체의 것들을 잊어버림 • 심재(心齋): 마음을 비워서 깨끗이 함 → 마음을 비운 허(虛)의 상태에서 도가 드러난다는 의미
이상적 인간상	• 수양을 통해 절대적 자유의 경지에 오른 인간 • 지인(至人), 진인(眞人), 신인(神人), 천인(天人), 성인(聖人) 등

(4) 이상적인 경지

① 소요유(逍遙遊): 세속을 초월하여 무엇에도 얽매이지 않는 정신적 자유의 경지. 일체의 분별과 차별을 없앰으로써 도달하게 되는 경지

② 제물(齊物): 도의 관점에서 만물을 평등하게 인식함. 도의 관점에서 사물을 보면 선악, 미추, 자타, 빈부의 분별은 상대적인 것에 불과하며 그런 모든 차별이 의미 없음

③ 물아일체(物我一體): 세속의 모든 구속에서 해방되어 자연의 섭리에 자신을 맡기고, 자연과 자신이 하나가 되는 경지

자료 플러스 | **장자의 수양 방법과 이상적 인간상**

• 자기의 신체나 손발의 존재를 잊어버리고, 눈이나 귀의 움직임을 멈추고, 형체가 있는 육체를 떠나 분별 작용을 버린다면 도와 한 몸을 이루어 두루 통하게 된다. 이것을 좌망이라고 한다. 도는 오로지 텅 빈 곳에 모이는 법이다. 이처럼 텅 비우는 경지에 이르는 것을 심재라고 한다.

• 어떤 사람이 하늘땅의 바름[正]을 타고, 여섯 가지 기(氣)의 변화를 부려, 무한한 경지에서 노닐 수 있다고 생각해 보라. 그런 사람이 무엇에 더 기대겠는가? 그러므로 지인은 자신에 집착하지 않으며, 신인은 공적에 마음을 두지 않고, 성인은 명예를 탐내지 않는다.
　　　 － "장자" －

장자는 이상적 인간상으로 지인, 신인, 성인, 진인 등을 제시하였다. 그리고 이러한 이상적 인간이 되기 위한 수양 방법으로 자기를 구속하는 일체의 것을 잊어버리는 좌망과, 마음을 비워 깨끗이 하는 심재를 제시하였다.

도가 · 도교 사상의 영향

1. 도가 · 도교의 성립과 전개

(1) 도가와 도교

구분	도가	도교
공통점	우주 자연의 근원인 도(道)를 중심으로 그 이론과 실천 방법을 전개함	
차이점	• 노자와 장자로 대표되는 철학 사상 • 세속적 가치를 초월하면서 동시에 그 안에 내재하는 삶의 자세를 강조한 철학 사상	• 도가 사상에 민간 신앙을 비롯한 다양한 요소가 결합되어 종교화한 것 • 현세적인 길(吉)과 복(福)을 추구하면서 불로장생과 신선술을 믿는 종교

(2) 도교 사상의 전개

① 황로학파(黃老學派): 전한(前漢) 시대

• 전설상의 제왕인 황제(黃帝)와 도가의 창시자인 노자(老子)를 숭상하고, 무위(無爲)로써 백성을 다스리는 제왕의 통치술을 주장함

• 도가를 중심으로 유가, 묵가, 법가 등 제자백가의 여러 사상을 수용함

소요유
자유롭게 거닐며 노닌다는 뜻. 장자는 세속을 초월하여 무엇에도 얽매이지 않는 정신적 자유의 경지를 소요유라고 봄

황로학
고대 중국의 전설적 임금인 황제(黃帝)와 도가의 창시자인 노자(老子)의 앞 글자를 따서 이름 지음

개념 체크

1. 장자는 도를 체득하기 위한 방법으로 (　　　)와/과 (　　　)을/를 제시하였다.

2. 장자는 절대적인 시비의 기준이 존재하지 않는다고 보아 시비에 얽매이지 않는 자유, 즉 (　　　)을/를 주장하였다.

3. 장자는 (　　　)의 관점에서 사물을 바라보면 선악, 미추, 빈부의 분별은 상대적인 것에 불과하며 그런 모든 차별이 의미가 없게 된다는 제물론(齊物論)을 제시하였다.

정답
1. 좌망, 심재
2. 소요유
3. 도

🔸 **태평도**

모두가 잘 사는 태평한 세상을 건설하고자 하여 붙여진 이름

🔸 **삼관수서**

하늘, 땅, 물을 관장하는 신에게 자신의 죄를 고백하고 다시 죄를 짓지 않을 것을 맹세하는 글을 써서 바치게 한 것

🔸 **죽림칠현**

어지러운 정치와 세속의 가치에 등을 돌리고 자연에 묻혀 예술과 철학에 대한 대화를 나누었던 일곱 명의 현인

🔸 **양생**

인간의 건강을 증진하고 수명을 연장하는 것을 말함

② 교단 종교: 후한(後漢) 시대
- 태평도(太平道): 천하태평의 이상 사회를 현실에 실현시키고자 하였고, 죄를 고백하고 참회할 것을 강조함
- 오두미교(五斗米敎): "도덕경"을 기본 경전으로 삼았으며, 도덕적 선행을 권장하면서 삼관수서(三官手書)를 행함
③ 현학(玄學): 위진(魏晉) 시대
- 도가 사상을 계승하여 종교로 발전시킨 태평도나 오두미교와 달리, 위진 시대의 현학자(玄學者)들은 도가 사상을 철학적으로 계승함
- 세속적 가치를 초월하여 예술적이고 형이상학적 담론인 청담(淸談)을 즐김. 이를 통해 인간의 고정 관념을 초월한 무(無)의 세계를 진실한 세계로 보면서 정신적 자유를 추구함. 대표적으로 죽림칠현(竹林七賢)과 같은 사상가들이 있음

> **📋 자료 플러스** | **태평도와 오두미교**
>
> - 사람이 지상에서 선을 행하면 천상에서 그에 응하여 선을 행한다. 사람이 지상에서 악을 행하면 천상에서 그에 응하여 악을 행하니, 그 기(氣)가 위로 통한다. 오기(五氣)가 서로 이어져 위아래가 같고, 육갑(六甲)이 서로 속하여 위아래가 같으며, 십이자(十二子)가 위아래로 합하는 것은 서로 통하기 때문이다. 그 아래가 선하면 그 위가 밝다. 그 아래가 악하면 그 위가 흉하다. 그러므로 오행(五行)이 아래에서 흥하면 오상(五常)이 위에서 밝아진다. – "태평경" –
> - 도(道)는 삶을 베풀어 선행을 장려하고 죽음을 설정하여 악행에 압력을 가한다. 죽음은 사람이 두려워하는 것이다. 수행인과 속인은 모두가 죽음을 무서워하고 삶을 좋아하지만, 그 행동은 다르다. 속인들은 많지만 죽음에서 벗어난 이는 없다. 수행인은 죽음을 두려워하지만, 도를 믿고 계율을 지킨다. 따라서 삶과 잘 어울린다. – "노자상이주" –
>
> 교단 종교인 태평도는 종교적 이상을 실현하기 위해 도덕적 선행을 권장하였고, 현실적인 복을 추구하면서 민간을 중심으로 교세를 확장하려고 하였다. 또한 초기 오두미교의 경전 "노자상이주"에 따르면, 선행을 많이 하면 도가 사람을 살릴 뿐만 아니라 장수해서 신선이 되게 한다고 보았다. 따라서 세상 사람들이 죽음을 면하려면 선행을 많이 해야 한다고 보았다.

개념 체크

1. ( )은/는 도덕적 선행을 권장하면서 삼관수서를 행하였다.

2. 위진 시대의 일부 학자들은 현실에 등을 돌리고 세속적인 가치를 초월하여 예술적이며 형이상학적 담론, 이른바 맑고 깨끗한 담론을 즐겼는데, 이를 ( )(이)라고 한다.

3. 도교는 불로장생하는 ( )을/를 추구하며, 이를 위해 외단과 내단을 통한 양생을 중시한다.

정답

1. 오두미교
2. 청담
3. 신선

(3) 도교 사상의 특징

① 생명 중시: 불로장생(不老長生)하는 신선(神仙)을 추구하며, 이를 위해 외단(外丹)과 내단(內丹)을 통한 양생(養生)을 중시함 → 의학의 발전에 기여함
② 이상 사회의 방향 제시: 종교적 구원을 내세워 핍박받는 백성들을 위로하고, 이상적인 사회상을 제시하고자 함
③ 예술 정신: 자연스럽고 소박한 아름다움인 천진(天眞), 소박(素樸) 등을 중시하거나 소요유 같은 이상적인 경지에 대한 동경을 담은 예술이 나타남 → 위진 시대 이후 동양의 예술 발전에 큰 영향을 미침

2. 한국의 도교 사상

(1) 도교의 국가적 수용

① 도교의 원류를 찾을 수 있는 한국 고유 사상: 우리나라의 산신 사상과 신선설, 최치원의 '난랑비서(鸞郎碑序)'에 기록된 풍류도(風流道) 등
② 도교의 수용: 국가 차원의 신앙 체계를 갖출 필요성 때문에 수용됨

(2) 도교의 전개

① 고려 시대에 국가 차원에서 재앙을 물리치고 복을 빌기 위해 하늘에 제사를 올리는 재초(齋醮)라는 도교 의례를 거행함
② 재초는 삼국 시대부터 시작되어 고려 시대에 성행하였으며, 조선 초까지 명맥이 이어짐
③ 고려 시대에는 국가적인 차원에서 도교를 장려했고, 도관(道觀)을 건립하여 각종 재초를 수행하였음
④ 조선 시대에 수련 도교가 행해짐

자료 플러스 재초

> 엎드려 바라옵건대, 신령스러운 빛으로 아래를 구제하여 주시고, 그 음덕(陰德)으로 도와주셔서 재앙의 싹이 돋지 않게 하여 주시고, 아름다움과 조화를 내려 주시어, 나뭇가지에 소리가 나지 않도록 순한 바람을 불게 하여 주시고, 흙덩이가 부서지지 않도록 비를 내려 주셔서, 흡족하게 농사를 지을 수 있도록 하여 사해(四海) 안에 복을 고루 베풀어 주시옵소서.
> – 최유청, "건덕전초례청사" –

고려 시대에는 재초를 실시하였다. 재초란 도사가 하늘을 비롯한 여러 신에게 재앙을 물리치고 복을 내리도록 비는 도교 제례를 말한다. 재초는 도교 사찰인 도관에서 이루어졌으며, 각 지방의 명산에 제단을 설치하고 거행하기도 하였다.

(3) 한국 도교의 특징

① 수련 도교의 수용: 불로장생을 추구하는 신선 사상의 영향에 따라 수련 도교의 전통이 자리 잡았고, 조선 시대에는 신선 사상에 심취한 사람들이 배출됨 → 마음의 수련과 기의 단련을 함께 수행하는 "활인심방(活人心方)"이 유행함
② 의학의 발전: 도교의 양생법은 의학의 사상적 기반으로 작용함 → 조선 시대에 간행된 허준이 저술한 "동의보감(東醫寶鑑)"에 영향을 미침
③ 도교와 다른 사상의 융합
• 민간 신앙에서의 도교 수용: 옥황상제, 성황(城隍), 칠성(七星), 조왕 등 여러 신 숭배
• 유교·불교 사상의 흡수: 유교의 인의나 충효 사상, 불교의 인과응보(因果應報) 사상을 수용함 → "공과격(功過格)"을 제시하면서 윤리적 덕행을 신선의 경지에 도달하는 방법으로 강조함
• 풍수지리(風水地理) 사상 수용: 땅이 지닌 생기를 찾아 사람이 거주하는 공간을 정함으로써 자연과 조화를 이루려는 신앙의 측면을 보임

도가 사상의 현대적 의의

1. 진정한 행복의 의미 제시

(1) 행복은 세속적 가치에 있는 것이 아니라 마음의 자유에 있음
(2) 부, 명예, 아름다움 등 세속적 가치는 상대적이며 그것에 얽매이는 것은 불행해질 수 있음
(3) 세속적 가치에 얽매이지 말고 몸과 마음을 수련하여 자유로운 삶을 살아야 함

2. 환경 오염과 생태계 파괴 문제 해결에 시사점 제공

(1) 환경 오염과 생태계 파괴 문제의 근본적인 원인: 인간을 자연의 일부로 보지 않는 이분법적 사고와 인간 중심적이고 인간 우월적인 사고에 있음
(2) 시사점: 인간은 자연의 일부이고 그 질서에 순응해서 살아가야 하는 존재임

활인심방
조선 시대의 성리학자인 이황이 중국의 "활인심"을 필사하여 펴낸 책

성황, 칠성, 조왕
성황은 신수(神樹)에 잡석을 쌓아 놓은 마을의 수호신을 말하고, 칠성은 북두칠성을 신격화한 것으로 인간의 수명, 재복, 강우를 관장하는 신을 말하며, 조왕은 불과 부엌을 관장하는 신을 말함

공과격
금전 출납부처럼 선악의 행위를 적어 계산하고 반성하고자 만들어진 책을 말함

풍수지리
땅에 관한 이치를 체계화한 전통적 사유로, 좋은 곳에 자리를 잡아야 자손이 복을 받을 수 있다고 믿음

개념 체크

1. (   )은/는 도교 의례로 삼국 시대에 시작되어 고려 시대에 성행하였다.
2. 도교의 양생술에 관한 관심은 (   )의 발전에 기여하였으며, 허준이 지은 "동의보감"이 그 예이다.
3. 조선 후기에 민간에서 권선서(勸善書)가 유행하면서 자신의 선행과 악행을 구분해 기록하는 (   )이/가 보급되었다.

정답
1. 재초
2. 의학
3. 공과격

[24014-0067]

01 다음을 주장한 고대 동양 사상가가 강조하는 삶의 태도로 가장 적절한 것은?

> 성인(聖人)은 '어느 것도 억지로 함이 없음[無爲]'이라는 일에 머물러 있고, 말 없는 교화를 행한다. 만물이 어떤 것을 일으켜도 말하지 않고, 무엇인가 내놓아도 있다고 하지 않으며, 무엇을 시행해도 그것에 의지하지 않고, 공(功)을 이루어도 그것에 머물러 있지 않는다. 이 때문에 공이 떠나가지 않는다.

① 인의(仁義)의 실천을 통해 덕(德)을 실현해야 한다.
② 무지와 무욕에서 벗어나 본성의 변화를 추구해야 한다.
③ 성인의 가르침에 따라서 분별적 지식을 쌓아가야 한다.
④ 인위를 가하지 않은 자연 그대로의 질서를 따라야 한다.
⑤ 반복된 윤회를 끊고 해탈에 이르는 삶을 추구해야 한다.

[24014-0068]

02 다음을 주장한 고대 사상가의 입장으로 가장 적절한 것은?

> 덕을 지니고 조화된 마음을 기르면서 천하에 순응하는 사람을 진인(眞人)이라 부른다. 개미라면 양고기를 추구하는 지혜를 버리고, 물고기라면 넓은 강물에서처럼 서로의 관계를 잊으며, 양이라면 개미를 모여들게 하는 노린내를 버린다. 눈에 보이는 대로 물건을 보고, 귀에 들리는 대로 소리를 들으며, 마음은 본성으로 되돌아가 자연스럽게 움직인다. 이러한 사람의 마음은 먹줄을 친 듯이 평평하며, 그의 변화는 자연을 따르기만 한다. 이러한 사람이 옛날의 진인이다. 자연스러움으로써 인간을 대하지, 인위적인 것으로 자연의 변화에 참견하지 않는다.

① 인간의 본성은 학습을 통해 변화시켜야 한다.
② 인간의 본성은 도덕적 주체인 하늘에서 기인한다.
③ 인간의 본성을 현명한 이의 가르침으로 이끌어야 한다.
④ 만물의 본성을 무위의 도로써 평등하게 인식해야 한다.
⑤ 만물의 본성은 작위(作爲)를 통해야 자연스럽게 드러난다.

[24014-0069]

03 다음을 주장한 고대 동양 사상가의 입장으로 옳은 것만을 〈보기〉에서 고른 것은?

> 최상의 선(善)은 물과 같다. 물은 만물을 이롭게 하면서도 다투지 않고, 뭇사람들이 싫어하는 곳에 머물러 있다. 그러므로 물은 도(道)에 가깝다. (물을 닮은 사람은) 머무는 곳으로는 땅을 최상으로 여기고, 마음가짐으로는 연못처럼 잔잔함을 최상으로 여기며, 함께하는 것으로는 어짊을 최상으로 여기고, 말에서는 신용을 최상으로 여기며, 바르게 함에서는 다스려짐을 최상으로 여기고, 일에서는 능수능란한 것을 최상으로 여기며, 그리고 움직임에서는 시기적절한 것을 최상으로 여기지만, 다투지 않을 뿐이다. 그러므로 허물이 없다.

● 보기 ●

ㄱ. 도는 자연 만물의 법칙으로서 움직임과 작용이 없다.
ㄴ. 자연의 이치를 바탕으로 만물의 우열을 구분해야 한다.
ㄷ. 예의(禮義)를 멀리할 때 오히려 백성은 도와 덕에 가까워진다.
ㄹ. 백성을 무지(無知)의 상태에 있게 하는 정치를 추구해야 한다.

① ㄱ, ㄴ ② ㄱ, ㄷ ③ ㄴ, ㄷ ④ ㄴ, ㄹ ⑤ ㄷ, ㄹ

[24014-0070]

04 다음을 주장한 고대 동양 사상가의 입장으로 옳은 것은?

> 덕(德)을 지니고 있는 사람은 자기가 덕을 지닌 것을 알지 못한다. 하물며 도(道)를 터득한 사람이야 어떻겠는가? 옛날에는 자연의 공로는 잊고 자기 능력만을 믿는 것을 '자연으로부터 도망쳐 형벌을 받는 자'라 말했다. 성인(聖人)은 그가 편안히 지낼 곳에 편안히 지내며, 편안치 않은 곳에는 편안치 않게 지내는 법이다. 하지만 사람들은 편안치 않은 곳에 편안히 지내고, 편안한 곳에서는 편안치 않게 지내려 하고 있다. 도를 알기는 쉽지만, 그것을 말하지 않기는 어렵다. 알면서도 말하지 않는 것이 자연으로 나아가는 방법이다.

① 수양을 통해 절대적 자유의 경지에 이를 수 있다.
② 지식을 말하고 표현할수록 자연의 도에 가까워진다.
③ 만물은 도의 측면에서 보면 모두 다르고 차별적이다.
④ 사람의 관점에서 만물을 인식하여 덕을 갖추어야 한다.
⑤ 사회적 안정은 인위적 관습과 제도의 정비로 이루어진다.

05 그림은 서술형 평가 문제와 학생 답안이다. ㉠~㉤ 중 옳지 않은 것은? [24014-0071]

서술형 평가

◎ **문제** : 동양 사상 (가), (나)의 특징을 비교하여 서술하시오.

(가) 도(道)라고 말할 수 있는 도는 참된 도가 아니고 무엇으로 불려지는 이름은 참된 이름이 아니다. 도는 현묘하여 온갖 미묘한 것이 들고 나오는 문이다.

(나) 도를 따라 실천하면 마음은 마치 하늘처럼 밝고 깨끗해진다. 도를 얻은 사람은 하늘로 올라가 신선이 되고, 하늘에서 신직(神職)을 하사할 것이다.

◎ **학생 답안**

동양 사상 (가), (나)의 입장을 비교해 보면, (가)는 ㉠ 세속적 가치를 초월하면서 동시에 그 안에 내재하는 삶의 자세를 강조한 철학 사상이며, ㉡ 인간의 그릇된 인식과 가치관이나 인위적인 규범과 제도가 사회 혼란의 원인이라고 보았다. (나)는 ㉢ 도가 사상을 각각의 입장에 맞게 수용하는 과정에서 전문적 기술이나 기예는 배제한 종교이며, ㉣ 현세적 길(吉)과 복(福)을 추구하면서 불로장생과 신선술을 믿었다. (가)와 (나)는 공통적으로 ㉤ 우주 자연의 근원인 도(道)를 중심으로 그 이론과 실천 방법을 전개하였다.

① ㉠   ② ㉡   ③ ㉢   ④ ㉣   ⑤ ㉤

06 다음을 주장한 고대 동양 사상가의 입장으로 가장 적절한 것은? [24014-0072]

다스림이 어수룩할수록 백성은 더욱 순박해진다. 다스림이 꼼꼼할수록 백성은 더욱 결점이 많아진다. 화(禍)에는 복(福)이 깃들어 있으며, 복에는 화가 숨어 있다. 누가 그 궁극을 알겠는가? 일정하게 정해진 바가 없다. 이 때문에 성인(聖人)은 반듯하여도 남을 재단하지 않고 예리하여도 남을 찌르지 않으며 올곧아도 남에게 거만하게 굴지 않고 빛이 있어도 남을 눈부시게 하지 않는 것이다.

① 나라를 다스리는 목표는 부국강병을 이루는 것이다.
② 무위의 다스림은 분별적 지혜를 버릴 때 가능하다.
③ 문명의 이기(利器)는 사람이 추구해야 할 가치이다.
④ 사람의 경험과 상식이 도(道)를 파악하는 근본이다.
⑤ 사람이 만든 규범과 제도는 사회적 풍요의 기반이다.

07 고대 동양 사상가 갑, 을의 입장으로 옳지 않은 것은? [24014-0073]

갑 : 군자가 부득이 천하를 다스리게 되었다면 무위(無爲)한 것보다 더 좋은 방법은 없다. 무위해야만 사람의 본성과 운명의 진실함에 편안할 수가 있는 것이다. 군자는 신묘(神妙)하게 움직이면서 자연의 변화를 따르고, 조용히 무위하게 지내지만 만물은 저절로 잘 다스려진다.

을 : 나라를 다스리는 사람은 백성이나 토지가 적은 것보다 분배가 고르지 못함을 걱정해야 하며, 가난보다 평안하지 못함을 걱정해야 한다. 사람들이 복종하지 않으면 문화와 덕망[文德]을 닦아서 그들이 따라오도록 하고, 평안하게 해 주어야 한다.

① 갑 : 통치자는 백성이 타고난 덕에 어긋나지 않도록 해야 한다.
② 갑 : 통치자는 예악을 기준으로 백성의 지위를 구분해야 한다.
③ 을 : 통치자는 도덕적 자격을 갖추고 백성을 이끌어야 한다.
④ 을 : 통치자는 재화의 고른 분배를 통해 사회적 화합을 이루어야 한다.
⑤ 갑과 을 : 통치자는 이상적 세상을 실현하기 위해 도에 기반하여 다스려야 한다.

08 동양 사상 (가), (나), (다)에 대한 설명으로 옳은 것만을 〈보기〉에서 고른 것은? [24014-0074]

(가) 한나라 초기, 전설상의 제왕인 황제와 노자를 숭상함, 무위로써 백성을 다스리는 제왕의 통치술을 주장함

(나) 한나라 후기, 노자를 신격화하여 교조로 받들고 "도덕경"을 경전으로 삼음, 도덕적 선행의 실천을 권장함

(다) 위진(魏晉) 시대, 도가 사상을 철학적으로 계승함, 정신적 자유를 추구하는 청담(淸談) 사상을 제시함

● 보기 ●

ㄱ. (가)는 유가, 묵가, 법가 사상을 모두 배제해야 한다고 본다.
ㄴ. (나)는 교리를 믿고 규정된 규율과 의식을 따르면 질병이 낫는다고 본다.
ㄷ. (다)는 고정 관념을 초월한 무(無)의 세계가 진실한 세계라고 본다.
ㄹ. (나)와 (다)는 적극적 정치 참여를 통해 사회 변화를 추구해야 한다고 본다.

① ㄱ, ㄴ   ② ㄱ, ㄷ   ③ ㄴ, ㄷ   ④ ㄴ, ㄹ   ⑤ ㄷ, ㄹ

[24014-0075]

1 다음을 주장한 고대 동양 사상가의 입장으로 옳은 것만을 〈보기〉에서 있는 대로 고른 것은?

> 성인(聖人)은 아무것도 시행함이 없으므로 그르침이 없고, 백성들은 일을 함에 항상 빌미가 이루어졌을 때 하기 때문에 그르친다. 나중을 처음같이 염려한다면 일을 그르침이 없다. 이 때문에 성인은 (남들이) 하지 않고자 하는 것을 하고자 하고, 얻기 힘든 재화를 귀하게 여기지 않으며, (남들이) 배우지 않는 것을 배워서, 뭇사람들이 잘못한 바를 회복시킨다. 그렇게 함으로써 만물이 저절로 그렇게 됨을 도와주지만 감히 어떤 것도 시행하지 않는다.

● 보기 ●
ㄱ. 인(仁)과 예(禮)를 강조하면 자연의 덕은 회복될 수 없다.
ㄴ. 통치자가 인위적으로 교화하면 백성이 본성대로 살아갈 수 없다.
ㄷ. 비움과 고요함을 바탕으로 늘 그러한 도[常道]를 깨달아야 한다.
ㄹ. 지식의 유무에 따라 사회적 지위를 정하는 제도를 확립해야 한다.

① ㄱ, ㄷ   ② ㄱ, ㄹ   ③ ㄴ, ㄹ
④ ㄱ, ㄴ, ㄷ   ⑤ ㄴ, ㄷ, ㄹ

[24014-0076]

2 고대 동양 사상가 갑, 을의 입장으로 옳은 것만을 〈보기〉에서 있는 대로 고른 것은?

> 갑: 저것은 이것에서 나오고, 이것 역시 저것에 말미암게 된다. 이는 저것과 이것이 함께 생겨난다는 말인 것이다. 그뿐만 아니라 삶이 있으면 죽음도 있고 죽음이 있으면 삶도 있다. 가능한 것이 있으면 가능하지 않은 것이 있고, 가능하지 않은 것이 있으면 가능한 것이 있다. 그래서 성인(聖人)은 이런 것에 의거하지 않고 그런 것을 자연(自然)에 비추어 생각하는 것이다. 저것과 이것이라는 상대적인 개념이 없는 것, 그것을 일컬어 도의 중심[道樞]이라 한다.
> 을: 원인[因]이 발생하기 때문에 괴로움이 발생하고, 원인이 소멸하기 때문에 괴로움이 소멸한다. 모든 경로를 끊고 서로 이어 가는 것을 없애고, 서로 이어 가는 것을 소멸하는 것마저 다 소멸하여 없애면 이것을 괴로움의 끝[苦邊]이라고 한다. 어떤 것을 소멸해야 하는가? 말하자면 아직 남아 있는 괴로움이니, 그것이 만일 소멸하고 그쳐 맑고 시원해지며 사라지면, 일체의 취착(取着)이 소멸하여 갈애(渴愛)가 다하고 탐욕이 없어져서 열반(涅槃)에 들게 된다.

● 보기 ●
ㄱ. 갑: 만물 중 사려 능력을 갖춘 인간만이 자신의 덕을 지니고 태어난다.
ㄴ. 갑: 시비 판단의 분별을 넘어선 정신적 절대 자유의 경지를 추구해야 한다.
ㄷ. 을: 중생이 겪는 괴로움을 제거하기 위해 팔정도(八正道)를 실천해야 한다.
ㄹ. 갑과 을: 삶은 기쁨이고 죽음은 슬픔임을 깨닫고 현실의 삶에 충실해야 한다.

① ㄱ, ㄹ   ② ㄴ, ㄷ   ③ ㄴ, ㄹ
④ ㄱ, ㄴ, ㄷ   ⑤ ㄱ, ㄷ, ㄹ

[3~4] 갑, 을은 고대 동양 사상가들이다. 물음에 답하시오.

> 갑: 지극한 사람[至人]이 세상을 다스린다면 역시 위대한 일이 아니겠는가? 천하가 권세를 두고 다툰 다 하더라도 그는 거기에 끼어들지 않는다. 도란 의지하는 것이 없음을 잘 알고 있으므로 이익을 따라 움직이지 않는다. 만물의 참됨을 추구하며 그 근본을 잘 지킨다. 도에 통하고, 덕에 합쳐지 며, 인과 의를 물리치고, 예악을 멀리한다. 그래서 지극한 사람의 마음은 안정됨이 있게 된다.
> 을: 하늘과 땅이 있으니 위아래 차등이 있고, 밝은 임금이 서야 나라를 다스리는 제도가 있게 된다. 귀한 자가 둘이면 서로 섬길 수 없고 천한 자가 둘이면 서로 부릴 수 없음은 자연의 도리이다. 세 력과 차등이 같고 구하는 바와 싫어하는 바가 같으면 물자의 부족으로 서로 싸우고 혼란해진다. 이에 선왕은 예의를 제정하여 분별하였고, 빈부귀천의 차이를 두어 서로 부리게 함으로써 겸양으 로 서로 임하게 하였으니 이것이 천하를 다스리고 기르는 근본이다.

[24014-0077]

3 갑, 을의 입장을 다음 그림으로 탐구하고자 할 때, A~C에 들어갈 옳은 질문만을 〈보기〉에서 있는 대 로 고른 것은?

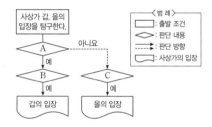

- 〈범 례〉
  - ▭ : 출발 조건
  - ◇ : 판단 내용
  - ┈▶ : 판단 방향
  - ▱ : 사상가의 입장

● **보 기** ●
ㄱ. A: 하늘은 인간에게 도덕규범을 부여하는 실체인가?
ㄴ. B: 도의 관점에서 바라보면 만물은 절대적으로 평등한가?
ㄷ. B: 분별적 지식을 버리고 정신적 자유를 추구해야 하는가?
ㄹ. C: 타고난 신분보다 덕과 능력을 갖춘 사람을 등용해야 하는가?

① ㄱ, ㄷ   ② ㄱ, ㄹ   ③ ㄴ, ㄹ   ④ ㄱ, ㄴ, ㄷ   ⑤ ㄴ, ㄷ, ㄹ

[24014-0078]

4 다음을 주장한 고대 동양 사상가가 을에게 제기할 수 있는 비판만을 〈보기〉에서 있는 대로 고른 것은?

> 성스러움을 끊고 지혜로움을 버리면 백성들의 이익이 백 배로 되고, 어짊[仁]을 끊고 의로움 [義]을 버리면 백성들이 효성과 자애를 회복하며, 교묘함을 끊고 이로움을 버리면 도적이 없어 진다. 그런데 이 세 가지를 글[文]로 그 뜻을 표현하기에는 충분하지 못하므로 소박함을 알고 유지하며, 사사로움을 줄이고 무엇인가 하고자 하는 마음을 적게 하도록 해야 한다.

● **보 기** ●
ㄱ. 예로써 나라를 다스리면 사회 혼란을 줄일 수 있음을 간과한다.
ㄴ. 덕이 지극한 곳에서는 현명한 사람을 숭상하지 않음을 간과한다.
ㄷ. 후천적 노력을 통해 인위적으로 형성된 덕은 참된 덕이 아님을 간과한다.
ㄹ. 백성이 타고난 자연적 덕은 성인이 타고난 자연적 덕과 다름을 간과한다.

① ㄱ, ㄴ   ② ㄱ, ㄹ   ③ ㄴ, ㄷ   ④ ㄱ, ㄷ, ㄹ   ⑤ ㄴ, ㄷ, ㄹ

[24014-0079]

5 다음 동양 사상의 입장에만 모두 'V'를 표시한 학생은?

> 신선이 되고자 하는 자는 마땅히 충효(忠孝), 화순(和順), 인신(仁信)을 근본으로 삼아야 한다. 만약 덕행을 닦지 않고 다만 방술(方術)에만 힘쓰면 장생(長生)을 얻지 못할 것이다. 선한 일을 쌓기를 아직 다하지 못한 채 비록 선약(仙藥)을 복용하더라도 이 또한 무익하다. 만약 선약을 복용하지 않고 좋은 일을 하면 비록 신선이 되지는 못할지라도 또한 돌연사하는 재앙은 없게 된다.

입장 \ 학생	갑	을	병	정	무
도덕적 선행을 실천하여 장생을 추구해야 한다.	V			V	V
신선이 되기 위해서 외단(外丹)의 수련을 활용해야 한다.	V	V		V	
현세보다 내세에서의 구원을 위해 수행에 집중해야 한다.			V	V	V
유교의 가르침은 배제하고 노자의 가르침을 계승해야 한다.		V	V		V

① 갑   ② 을   ③ 병   ④ 정   ⑤ 무

[24014-0080]

6 고대 동양 사상가 갑, 을의 입장으로 옳은 것만을 〈보기〉에서 있는 대로 고른 것은?

> 갑: 뒤섞여 이루어져 분화되지 않은 어떤 것이 있는데, 천지가 나온 것보다 앞서 생겨났다. 적막하고 쓸쓸하게 홀로 있어도 바뀌지 않고, 두루 운행하여도 위태롭지 않으니 천하의 어미가 될 수 있다. 나는 그것의 이름을 알지 못하여 임시로 도(道)라고 이름 붙이고, 억지로 크다[大]고 이름 붙였다. 크다는 것은 떠난다는 것을 말하고, 떠난다는 것은 멀어진다는 것을 말하며, 멀어진다는 것은 되돌아온다는 것을 말한다. 그러므로 도가 크고 하늘이 크며 땅이 크다. 사람은 땅을 본받고 땅은 하늘을 본받고 하늘은 도를 본받고 도는 자연(自然)을 본받는다.
> 을: 덕(德)이란 도로써 통일되어 있는 곳에 총합되고, 이론[言]이란 지혜로써 알 수 없는 경지에 머물러야만 지극한 것이다. 사람이 말을 잘한다고 현명한 사람이 되는 것은 아니다. 하물며 위대함이야 말과 상관이 있겠는가? 스스로 위대하다고 하는 것은 정말로 위대할 수가 없는 것이다. 위대함이 갖추어진 것에 대하여 아는 사람은 추구하는 것이 없고, 잃는 것도 없고, 버리는 것도 없어야 하며, 외적 일이나 물건으로 말미암아 자기의 본성을 바꾸는 일이 없어야 한다. 자기 본성으로 되돌아옴으로써 자연스럽게 막히는 일이 없고, 옛 방법을 따르되 옛 방법에 합치시키려 들지 않는 것이 위대한 사람[大人]의 진실한 모습이다.

● 보기 ●
> ㄱ. 갑: 성인의 도는 하늘과 땅이 어질지 않음[不仁]과 다르지 않다.
> ㄴ. 을: 타고난 본성을 닦아서 덕으로 돌아가면 도에 이르게 된다.
> ㄷ. 갑과 을: 도는 언어를 바탕으로 표현될 때 참모습이 드러난다.
> ㄹ. 갑과 을: 도는 만물의 근원이자 변화의 법칙이며 만물에 내재한다.

① ㄱ, ㄴ   ② ㄴ, ㄷ   ③ ㄷ, ㄹ
④ ㄱ, ㄴ, ㄹ   ⑤ ㄱ, ㄷ, ㄹ

06 한국과 동양 윤리 사상의 의의

◉ 한국 전통 윤리 사상의 근대적 지향성: 조선 후기의 사상

1. 조선 후기의 유교 사상

(1) 실학

① 특징
- 공리공론(空理空論)이나 허학(虛學, 공허한 학문)을 반대하면서 실용적인 학문을 추구함
- 청나라의 고증학과 서양의 과학 및 종교 사상을 비판적으로 수용하여 성리학과 다른 세계관과 인간관 및 도덕관을 제시함
- 우리의 역사, 지리, 풍속 등에 대한 독자적인 탐구를 전개함

② 주요 경향

경세치용(經世致用)	세상을 다스리는 일과 실제 생활에 도움이 되는 학문을 추구함
이용후생(利用厚生)	생활에 이롭게 쓰이고 삶을 풍요롭게 하는 학문을 추구함
실사구시(實事求是)	사실에 입각해서 옳음을 구함

> **자료 플러스** | **박지원의 실학사상**
>
> 이용(利用)을 이룬 뒤라야 후생(厚生)을 할 수 있고 후생을 이룬 뒤라야 덕이 바르게 된다. 기물(器物)의 사용을 편리하게 하지 않고서 그 생활을 윤택하게 하는 것은 드물 것이니, 생활이 이미 윤택하지 못하다면 어찌 덕을 바르게 할 수 있겠는가?
> – "연암집" –
>
> 박지원은 실용성이 있는 학문을 추구해야 한다고 주장하였다. 그에 따르면 이용과 후생이 이루어져야 정덕(正德)을 실현할 수 있다.

(2) 강화학파

① 정제두에 의해 독자적인 조선 양명학 체계가 수립되었으며, 하나의 학파[江華學派(강화학파)]를 이루게 됨
② 왕수인의 양명학을 새롭게 해석하고 발전시킴 → 인간이 도덕적 주체임을 자각하고 사욕을 극복하여 양지를 실천할 것을 강조함
③ 불교, 도교에도 관심을 갖는 등 개방적인 학문 태도를 취하였으며, 일제 강점기의 국학 운동과 애국 계몽 운동에 영향을 줌

> **자료 플러스** | **정제두의 양명학**
>
> 사람의 마음에서 생생하게 활동하는 이치[生理(생리)]는 능히 밝게 깨달을 수 있으며 만사에 두루 통하여 어둡지 않게 된다. 그렇기 때문에 측은(惻隱)·수오(羞惡)·사양(辭讓)·시비(是非) 어느 것이나 능히 못하는 것이 없게 된다. 이것이 그 고유한 덕(德)으로서 이른바 양지(良知)란 것이고 또 인(仁)이란 것이다.
> – "하곡집" –
>
> 정제두는 왕수인의 심즉리설, 치양지설 등을 새롭게 해석하고 발전시켜 조선 양명학을 수립하였다. 특히 그는 양지를 마음에서 생생하게 활동하는 참된 이치로 보았다.

◆ 공리공론
실천이 따르지 않는 헛된 이론이나 논의

☆ 강화학파
조선 후기 정제두(鄭齊斗)를 비롯한 일군의 양명학자들이 강화도를 중심으로 형성한 학파

개념 체크
1. 실학의 한 가지 중요한 경향인 (　　　)은/는 세상을 다스리는 일과 실제 생활에 도움이 된다는 뜻이다.
2. 실학자 박지원은 이용을 이룬 뒤라야 후생을 할 수 있고, 후생을 이룬 뒤라야 (　　　)을/를 실현할 수 있다고 주장하였다.
3. 정제두는 인간이 도덕적 주체임을 자각하고 마음에서 생생하게 활동하는 이치인 (　　　)을/를 실천할 것을 강조하였다.

정답 _____
1. 경세치용
2. 정덕
3. 양지

2. 근대 격변기의 사상과 신흥 민족 종교

(1) 위정척사(衛正斥邪) 사상

① 위정척사의 의미: 올바른 것[正, 유교적 가치 체계와 질서]은 지키고 사악한 것[邪, 서양의 종교와 문물]은 배척해야 함

② 대표적인 학자: 이항로, 기정진, 최익현 등

③ 의의: 민족의 주체성을 지키고자 하는 의식과 절의(節義)를 강조하는 선비 정신의 표출로 볼 수 있음 → 훗날 항일 의병 운동으로 이어지기도 함

> **자료 플러스** **이항로와 최익현의 위정척사 사상**
>
> • 양적(洋賊, 서양 도적)을 공격해야 한다는 것은 내 나라 쪽 사람의 주장이고, 양적과 화친해야 한다는 것은 적국 쪽 사람의 주장입니다. 전자를 따르면 기존의 문화 전통을 보전할 수 있지만, 후자를 따르면 인류가 금수(禽獸)의 지경에 빠지고 말 것입니다.
> – 이항로, "화서집" –
> • 강화(講和)가 한번 이루어지면 사학(邪學, 천주교)의 서적과 천주(天主)의 초상화가 교역 과정에서 들어올 것입니다. 그렇게 되면 얼마 안 가서 사학이 온 나라에 퍼질 것입니다. 이를 그냥 그대로 내버려 둔다면 예의는 시궁창에 빠지고 인간들은 금수가 될 것입니다.
> – 최익현, "면암집" –
>
> 이항로와 최익현은 대표적인 위정척사 사상가들이다. 이들은 올바른 것, 즉 유교적 가치 체계와 문물을 지키고 사악한 것, 즉 천주교와 서양 문물을 배척할 것을 주장하였다.

(2) 개화사상

① 개화의 의미: 개발하여 변화시키고, 새로운 것에 나아가 자립하며, 장점을 기르고 단점을 버림

② 유형: 유교적 가치 체계와 질서에 대한 태도에 따라 온건 개화론과 급진 개화론으로 나뉨

③ 의의: 서구 문명을 능동적으로 수용하여 부국강병과 사회 개혁을 도모하려는 근대 지향적인 사상의 면모를 보여 줌 → 훗날 애국 계몽 운동으로 이어짐

④ 온건 개화론[동도서기론]: 유교적 가치와 질서[東道(동도)]를 지키면서 서양의 우수한 과학 기술[西器(서기)]을 수용하자는 입장 → 유교를 중심으로 삼고 근대화된 서양 문물을 주체적으로 수용하여 시대적 과제를 해결하고자 함

> **자료 플러스** **신기선의 동도서기론**
>
> 동서고금을 막론하고 바꿀 수 없는 것은 도(道)이고 수시로 바뀌어 고정적일 수 없는 것은 기(器)이다. 무엇을 도라고 하는가? 삼강(三綱), 오상(五常), 효제충신(孝悌忠信)이다. 무엇을 기라고 하는가? 예약(禮樂), 형정(刑政), 복식(服飾), 기용(器用)이 이것이다. 대개 동양인들은 형이상(形而上)에 밝기 때문에 그 도가 천하에 홀로 우뚝하며, 서양인들은 형이하(形而下)에 밝기 때문에 그 기는 천하에 대적할 자가 없다. 동양의 도로써 서양의 기를 행한다면 지구의 오대주는 평정할 것도 없다. 진실로 때에 맞고 백성에게 이로운 것이라면 비록 오랑캐의 법이라도 행할 수 있다. "서경(書經)"에서는 "정덕(正德)과 이용후생(利用厚生)을 조화시켜라."라고 하였다. 우리의 도를 행하는 것은 정덕을 위한 것이요, 저들의 기를 본받는 것은 이용후생을 위한 것이니, 이것이 이른바 "병행하여 서로 어긋나지 않는다."라는 것이다.
> – 신기선, "농정신편" –
>
> 동도서기론은 동양의 도, 즉 유교적 가치와 질서를 기반으로 서양의 기, 즉 서양의 발달된 과학 기술을 수용하자는 입장이다. 신기선에 따르면 동도는 정덕을 실현하기 위한 것이고 서기는 이용후생을 위해 필요한 것이다.

⊕ 형정, 복식, 기용
• 형정: 형벌에 관한 행정
• 복식: 옷의 꾸밈새
• 기용: 각종 도구의 사용

개념 체크

1. 위정척사 사상에서는 올바른 것, 즉 (　　)적 가치 체계와 질서는 지키고 사악한 것, 즉 서양의 문물을 배척해야 한다고 주장한다.

2. (　　)(이)란 개발하여 변화시키고, 새로운 것에 나아가 자립하며, 장점을 기르고 단점을 버린다는 의미이다.

3. (　　)은/는 유교적 가치와 질서를 기반으로 서양의 발달된 과학 기술을 수용하자는 입장이다.

정답
1. 유교
2. 개화
3. 동도서기론

⑤ 급진 개화론[변법적 개화론]: 유교적 질서를 근본적으로 변혁해야 한다는 입장 → 전통적 정치 체제를 혁파하고 서구식 정부를 수립할 것을 주장함

(3) 신흥 민족 종교 사상

① 신흥 민족 종교의 등장 배경
- 대내적 배경: 신분 차별, 지배 계층의 수탈, 유교 사상의 지배력 상실 등 조선 후기 사회의 내부적 모순 심화
- 대외적 배경: 서학[천주교]의 침투, 서양의 통상 요구로 인한 위기의식의 고조

② 신흥 민족 종교의 공통점
- 우리 겨레의 고유 사상을 바탕으로 유·불·도 사상을 주체적으로 수용함
- 사회 변혁을 주장하며 혼란을 극복하고 새로운 세계를 열고자 하는 백성의 열망을 반영함 → 후천 개벽 사상
- 내세보다 현세에서 이상 세계를 이룰 수 있다고 봄

③ 대표적 신흥 종교

신흥 종교	특징	중심 사상
동학	• 최제우가 제창한 민족 종교 • 서구 열강의 침략에 대항하여 '보국안민(輔國安民)'을 주장함 • 인본주의, 사해 평등주의를 표방함 • 신분, 남녀, 노소의 차별이 심했던 당시의 사회 질서를 거부하는 운동을 전개함	• 시천주(侍天主): 모든 사람은 자기 안에 한울님을 모시고 있음 • 인내천(人乃天): 사람이 곧 하늘임 • 오심즉여심(吾心卽汝心): 내 마음이 곧 네 마음임 • 사인여천(事人如天): 사람 대하기를 하늘 섬기듯 함 • 성(誠), 경(敬), 신(信)의 수양을 강조함
증산교	• 강일순에 의하여 만들어진 민족 종교 • 고유 사상을 바탕으로 무속과 도가의 사상을 나름대로 해석하여 사상적 기초를 닦음	• 해원상생: 원한을 풀고 서로 살리며 함께 살아감 • 현세에서의 지상 낙원 실현을 주장함. 사랑과 정의가 넘쳐흐르는 사회를 실현하고자 함
원불교	• 박중빈이 창립한 민족 종교 • 기존의 불교 사상을 개혁하여 한국형 생활 불교를 표방함. 일상생활 속에서 수행할 수 있는 여러 방법을 제시하면서 윤리적인 삶의 모습을 제시함	• 일원상(一圓相)의 진리: 우주의 근본 원리를 일원상[○]으로 표현 • 영육쌍전(靈肉雙全): 정신과 육체를 균형 있게 발전시켜 나감

⊙ **보국안민**

나랏일을 돕고 백성을 편안하게 함

⊙ **사해 평등주의**

모든 사람이 평등하다는 사상

⊙ **천지도수**

천지(天地)의 운행 법칙을 나타내는 증산교의 용어

▤ 자료 플러스 — 신흥 민족 종교 사상

- 내가 동(東)에서 나서 동에서 받았으니 도는 비록 천도(天道)이나 학은 동학(東學)이다. 하물며 땅이 동서로 나뉘었으니 서(西)를 어찌 동이라 이르며 동을 어찌 서라고 이르겠는가? – "동경대전" –
- 내가 천지도수(天地度數)를 정리하고 신명을 조화하여 만고의 원한을 풀고 상생(相生)의 도로써 후천(後天)의 선경(仙境)을 세워서 세계의 민생을 건지려 하노라. – "대순전경" –
- 우리는 일원상의 진리와 수양, 연구, 취사의 삼학(三學)으로써 의식주를 얻고 의식주와 삼학으로써 그 진리를 얻어서 영육(靈肉)을 쌍전(雙全)하여 개인, 가정, 사회, 국가에 도움이 되게 하자는 것이니라. – "정전" –

"동경대전"은 동학의 대표적 경전이다. 동학은 보국안민과 포덕천하(布德天下, 덕을 세상에 펼침)의 기치 아래 반외세·반봉건적 이념을 강조하였다. "대순전경"은 증산교의 기본 경전이다. 증산교에서는 원한을 풀고[解冤(해원)], 하늘과 땅의 운행 질서를 조정할 것을 강조하였다. "정전"은 원불교의 기본 경전이다. 원불교는 우주의 근본 원리인 일원상의 진리를 신앙의 대상과 수행의 표본으로 삼았다.

개념 체크

1. 동학에서는 모든 사람이 자기 안에 한울님을 모시고 있다는 (   )을/를 강조하였다.
2. 증산교는 고유 사상을 바탕으로 무속과 (   )의 사상을 재해석하여 사상적 기초를 닦았다.
3. 원불교에서는 정신과 육체를 균형 있게 발전시켜 나간다는 뜻의 (   )을/를 주장하였다.

정답

1. 시천주
2. 도가
3. 영육쌍전

◉ 동양의 이상적 인간상과 시민: 유·불·도 사상에서 추구한 이상적 인간상과 그 의의

1. 유교의 이상적 인간상과 그 의의
(1) **군자의 특징**: 인의(仁義)를 실현하기 위해 지속적인 노력을 기울임 → 인격 완성을 위해 도덕적 수양에 힘쓰고 사회적 책무를 충실히 이행함
(2) **군자의 현대적 의의**: 사랑의 정신과 정의감을 갖추고 자신의 역할을 충실히 수행하는 군자의 태도는 현대 사회의 시민도 갖추어야 할 삶의 자세라고 할 수 있음

2. 불교의 이상적 인간상과 그 의의
(1) **보살의 특징**: 위로는 깨달음을 구하고[上求菩提(상구보리)] 아래로는 중생 구제에 힘씀[下化衆生(하화중생)] → 남과 더불어 깨달음을 얻고자 함
(2) **보살의 현대적 의의**: 모든 사람과 생명에게 조건 없는 사랑을 베푸는 보살의 모습은 현대의 시민에게 이웃 사랑 및 생명 존중과 관련된 지혜를 제공해 줄 수 있음

3. 도가의 이상적 인간상과 그 의의
(1) **지인(진인, 신인, 천인, 성인)의 특징**: 자연의 도를 따름 → 겸허한 자세로 자연의 흐름에 따라 살아가며, 만물을 평등하게 보면서 정신적 자유를 누림
(2) **지인의 현대적 의의**: 자연의 흐름을 따르고 만물을 차별하지 않는 지인의 태도는 현대의 시민에게 자연 및 다양성 존중과 관련된 지혜를 제공해 줄 수 있음

◉ 한국과 동양 사상의 특징과 현대적 의의

1. 한국 사상의 특징과 현대적 의의
(1) **한국 사상의 연원과 특징**
① 한국 사상의 연원: 건국 신화와 무속 신앙
• 건국 신화: 고조선의 단군 신화, 고구려의 주몽 신화, 신라의 박혁거세 신화 등
• 무속 신앙: 주술사인 무(巫, 샤먼)를 통해 앞날을 예언하고, 복을 빌고, 병을 물리치며, 죽은 자의 영혼을 불러냄 → 굿을 통해 풍성한 수확과 공동체의 안녕을 빌면서 현실에서 오는 불안과 공포를 이겨 내고, 삶에 대한 의지를 북돋우는 역할을 함
② 한국 사상의 특징

인본주의 정신	• 환웅이 인간 세상을 동경하고[貪求人世(탐구인세)], 곰과 호랑이가 인간이 되기를 원함[願化爲人(원화위인)] • 널리 인간을 이롭게 하려는 홍익인간(弘益人間)의 정신
현세 지향적 가치관과 평화 애호 정신	• 사회 정의와 도덕 중시: 환웅이 인간의 질병, 형벌과 선악의 문제 등 여러 가지 일을 맡아 세상을 다스림 • 굿을 통해 풍성한 수확과 공동체의 안녕 기원 • 건국 신화 속의 신과 인간, 동물들의 평화로운 공존
화합과 조화의 정신	• 환웅과 웅녀의 만남 그리고 단군의 탄생: 천(天)·지(地)·인(人)의 화합과 조화 • 원효의 화쟁(和諍) 사상, 의천과 지눌의 교선(敎禪) 일치 사상 • 근대 신흥 종교들의 유·불·도 조화 추구
자연 친화와 생명 존중 정신	• 하늘에 대한 공경[敬天(경천)] 및 자연과 합일하려는 의식 • 신화 속 동물들은 생명 공동체의 한 구성원으로 존재

✪ 도가의 이상적 인간상
• "지인(至人)은 자신에게 집착하지 않고, 신인(神人)은 인위적으로 공을 세우려고 하지 않으며, 성인(聖人)은 명예에 얽매이지 않는다."
• "진인(眞人)은 삶을 즐겁다 하지 않고 죽음을 싫다 하지도 않는다. 태어남을 기뻐하지 않고 죽음을 거역하지도 않는다."　－ "장자" －

개념 체크

1. 유교에서 추구하는 이상적 인간상인 (　　)은/는 인의(仁義)의 실현을 추구하는 사람이라고 할 수 있다.

2. 대승 불교에서 추구하는 이상적 인간상인 (　　)은/는 위로는 깨달음을 구하고 아래로는 중생 구제에 힘쓰는 사람이다.

3. 도가에서 추구하는 이상적 인간상인 (　　)은/는 겸허한 자세로 자연의 흐름에 따라 살아가며, 만물을 평등하게 보면서 정신적 자유를 누리는 사람이다.

정답
1. 군자
2. 보살
3. 지인(진인, 신인, 천인, 성인)

자료 플러스 단군 신화에 나타난 사상적 특징

옛날, 하느님인 환인(桓因)의 아들 환웅(桓雄)이 인간 세상을 다스리기를 원하였다. 아버지가 아들의 뜻을 알고서 인간 세상을 내려다보니 삼위태백(三危太伯)이 인간을 널리 이롭게[弘益人間(홍익인간)] 할 만한 곳으로 여겨졌다. 이에 천부인(天符印) 세 개를 주며 세상에 내려가 다스리게 하였다. 그러자 환웅이 풍백(風伯)·우사(雨師)·운사(雲師)를 비롯한 삼천 명의 수하를 이끌고 태백산 정상의 신단수(神壇樹) 아래로 내려와 그곳을 신시(神市)라고 일컬었다. 그는 곡식, 생명, 질병, 형벌, 선악 등 360여 가지 일을 맡아 인간 세상을 다스렸다. 그때 곰과 호랑이가 환웅에게 인간이 되게 해 달라고 간청하였다. 환웅은 쑥과 마늘을 주면서 그것을 먹고 100일간 햇빛을 보지 않으면 사람이 될 수 있다고 하였다. 곰은 시키는 대로 하여 삼칠일 만에 여자로 변하였으나, 호랑이는 참지 못하고 뛰쳐나가 사람이 되지 못하였다. 곰 여인[熊女(웅녀)]이 신단수 아래에서 아이 갖기를 기원하였다. 그러자 환웅이 잠시 인간으로 변해 웅녀와 혼인하여 아들을 낳았으니, 그가 단군왕검이다.

－ "삼국유사" －

단군 신화는 크게 세 부분, 즉 하늘[天], 땅[地], 인간[人]에 관한 이야기로 구성되어 있다. 그러나 하늘에 살던 환웅도 인간 세상을 탐하고, 땅에 살던 곰도 인간이 되기를 원한다는 점에서 단군 신화의 인본주의적 성격을 확인할 수 있다. 또한 하늘, 땅, 인간이 모두 등장하면서도 서로 갈등하지 않는다거나, 천신인 환웅과 땅의 웅녀가 결합하여 단군이 태어난다는 내용을 통해 조화의 세계관을 엿볼 수 있다. 이외에도 단군 신화에는 경천(敬天)사상과 평화 애호 사상, 현세 중심적 세계관, 홍익인간의 이념 등이 담겨 있다.

(2) 한국 사상의 현대적 의의
① 물질만능주의 극복과 인간 존중 실현의 정신적 기반이 될 수 있음
② 사회적 갈등이나 대립 극복의 사상적 기반이 될 수 있음
③ 우리 사회가 직면한 환경 문제 해결의 사상적 기반이 될 수 있음

2. 동양 사상의 특징과 현대적 의의

(1) 동양 사상의 연원과 특징
① 동양 사상의 연원: 제자백가 사상과 초기 불교 사상
 • 제자백가: 춘추 전국 시대에 등장한 공자, 노자, 묵자, 한비자 등의 사상가들과 그들이 일으킨 유가, 도가, 묵가, 법가 등의 사상들 → 특히 유가와 도가가 후대까지 지속적으로 큰 영향을 끼침
 • 초기 불교: 석가모니가 창시한 불교 사상 → 연기설에 기반을 둔 자비의 윤리를 강조함
② 동양 사상의 특징

유기적 세계관	세계를 분리된 부분들의 단순한 집합체가 아니라 하나의 유기체처럼 통합된 전체로 여김
공존과 공생의 추구	인간과 자연, 인간과 인간의 상호 의존성을 중시하고 인간과 자연, 인간과 인간이 공존하면서 더불어 살아갈 것을 강조함
도덕적 수양 중시	이상적인 인간과 사회를 실현하기 위해 각 개인이 도덕적 수양에 힘쓸 것을 강조함

(2) 동양 사상의 현대적 의의
① 개인주의의 한계를 극복할 수 있는 방안 마련에 도움을 줄 수 있음
② 현대 생태계 문제 해결의 사상적 기반이 될 수 있음
③ 세계 평화와 인류 공영 실현의 사상적 기반이 될 수 있음

개념 체크

1. 하늘, 땅, 인간이 모두 등장하면서도 서로 갈등하지 않는다거나, 천신인 환웅과 땅의 웅녀가 결합하여 단군이 태어난다는 단군 신화의 내용에서 (　　)의 세계관을 엿볼 수 있다.
2. 동양 사상은 세계를 하나의 통합된 전체로 여기는 (　　)적 세계관을 지니고 있다.

정답

1. 조화
2. 유기체

[24014-0081]

01 다음을 주장한 근대 한국 사상가의 입장으로 가장 적절한 것은?

> 무릇 오행(五行)이란 하늘이 부여한 것이요 땅이 소장한 것으로, 사람들이 이에 힘입어 살아가는 것이다. 이 오행은 정덕(正德), 이용(利用), 후생(厚生)의 도구에 지나지 않는다. 그런데 이용을 이룬 뒤라야 후생을 할 수 있고 후생을 이룬 뒤라야 덕이 바르게 된다.

① 타고난 도덕성을 보존하고 모든 욕구를 제거해야 한다.
② 사회 복지보다 백성의 유덕함이 먼저 실현되어야 한다.
③ 통치의 최종 목표는 백성의 경제적 풍요가 되어야 한다.
④ 백성의 삶에 실질적 이익을 가져오는 학문을 해야 한다.
⑤ 경험적 방법이 아니라 사변적 방법으로 자연을 탐구해야 한다.

[24014-0082]

02 다음을 주장한 한국 사상가의 입장으로 옳은 것만을 〈보기〉에서 있는 대로 고른 것은?

> 양명이 양지(良知)라고 말하는 것은 사람의 마음에서 생생하게 활동하는 이치[生理]를 가지는 마음의 본체 전부를 말하는 것이다. 사람의 생리는 능히 밝게 깨달을 수 있으며, 만사에 두루 통하여 어둡지 않게 된다. 그렇기 때문에 측은·수오·사양·시비 어느 것이나 능히 못 하는 것이 없게 된다. 이것이 그 고유한 덕으로서 양지란 것이고 또 인(仁)이란 것이다.

• 보기 •
ㄱ. 양지는 마음에서 활동하는 참된 이치[眞理]이다.
ㄴ. 사람은 도덕적 앎과 실천의 주체가 되어야 한다.
ㄷ. 타고난 본성을 도덕규범으로써 변화시켜야 한다.
ㄹ. 참된 도덕의 기준은 마음 밖에 객관적으로 존재한다.

① ㄱ, ㄴ   ② ㄱ, ㄷ   ③ ㄷ, ㄹ
④ ㄱ, ㄴ, ㄹ   ⑤ ㄴ, ㄷ, ㄹ

[24014-0083]

03 근대 한국 사상가 갑, 을의 입장으로 옳은 것은?

> 갑: 서양 오랑캐의 재앙이 홍수나 맹수보다도 더 심하다. 안으로는 관리로 하여금 사학(邪學)의 무리를 잡아 처벌하게 하고 밖으로는 무관으로 하여금 바다에 들어간 도적들을 정벌하게 해야 한다. 이는 조금도 늦출 수 없다.
> 을: 동서고금을 막론하고 바뀔 수 없는 것은 도(道)이고, 수시로 바뀌는 것은 기(器)이다. 삼강, 오상, 효제충신은 도이며 예악, 형정, 복식, 기용(器用)은 기이다. 때에 맞고 백성에 이롭다면 오랑캐의 법도 행할 수 있다.

① 갑: 부국강병을 위해 우리의 도(道)를 바꿔야 한다.
② 갑: 서양에 맞서기 위해 유, 불, 도를 통합해야 한다.
③ 을: 기존 통치 기구를 없애고 서구식 정부를 세워야 한다.
④ 을: 유교적 질서를 지키며 서양의 기술을 수용해야 한다.
⑤ 갑과 을: 만민 평등을 위해 신분 질서를 철폐해야 한다.

[24014-0084]

04 다음을 주장한 근대 한국 사상가의 입장으로 옳은 것만을 〈보기〉에서 고른 것은?

> 마음이 기쁘고 즐겁지 않으면 한울이 감응치 아니하고, 마음이 언제나 기쁘고 즐거워야 한울이 언제나 감응한다. 내 마음을 내가 공경하면 한울이 또한 즐거워한다. 수심정기(守心正氣)는 바로 천지를 내 마음에 가까이하는 것이니, 참된 마음은 한울이 반드시 좋아하고 한울이 반드시 즐거워한다.

• 보기 •
ㄱ. 인류 평화를 위해 서양 종교를 수용해야 한다.
ㄴ. 천지 만물은 모두 한울을 모시고 있다[侍天主].
ㄷ. 사람을 한울처럼 섬기며 새로운 세상을 열어야 한다.
ㄹ. 모든 규범을 버리고 자연의 질서에 순응해야 한다.

① ㄱ, ㄴ   ② ㄱ, ㄷ   ③ ㄴ, ㄷ   ④ ㄴ, ㄹ   ⑤ ㄷ, ㄹ

[24014-0085]

05 근대 한국 사상 (가), (나)의 입장으로 옳지 <u>않은</u> 것은?

> (가) 우리는 유불선 교리를 통합하여 수양·연구·취사의 일원화(一圓化)와 영육쌍전(靈肉雙全), 이사병행(理事竝行) 등으로 과정을 정했으니, 이를 공부한다면 큰 도(道)를 얻을 것이다.
> (나) 우리는 천지의 도수(度數)를 정리하고 신명(神明)을 조화하여 만고의 원한을 풀고 상생(相生)의 도로써 후천의 선경(仙境)을 세워서 세계의 민생을 건지려 한다.

① (가): 도학(道學)과 과학을 함께 발전시켜야 한다.
② (가): 종교적 수행과 일상생활을 분리해서는 안 된다.
③ (나): 천지공사(天地公事)로 사람들의 원한을 풀어야 한다.
④ (나): 무속과 도가를 재해석하여 사회 혼란에 대처해야 한다.
⑤ (가)와 (나): 성리학적 질서를 유지하면서 서양의 기(器)를 수용해야 한다.

[24014-0086]

06 동양 사상 (가)~(다)의 이상적 인간상에 대한 설명으로 적절하지 <u>않은</u> 것은?

> (가) 보살(菩薩)은 자신의 마음이 색(色)에 머무름 없이 보시해야 한다. 보살은 일체중생을 이롭게 하기 위해 마땅히 자신의 마음이 색에 머무름 없이 보시해야 한다.
> (나) 진인(眞人)은 삶을 즐거워할 줄도 모르고 죽음을 싫어할 줄도 모른다. 태어남을 기뻐하지도 않고 죽음을 거부하지도 않는다. 의연히 갔다가 의연히 돌아올 뿐이다.
> (다) 군자(君子)는 자기 수양을 통하여 백성을 편안하게 해 주어야 한다. 자기 수양을 통하여 백성을 편안하게 해 주는 것은 요임금과 순임금도 어렵게 여겼던 일이다.

① (가): 진리를 추구하고 중생 구제에 힘쓰는 사람이다.
② (나): 자연 만물과 하나가 되는 경지에 이른 사람이다.
③ (나): 도(道)의 관점에서 만물을 평등하게 보는 사람이다.
④ (다): 인(仁)을 갖추고 공익과 의로움을 중시하는 사람이다.
⑤ (다): 존비친소(尊卑親疏)를 구별하지 않고 만인을 똑같이 사랑하는 사람이다.

[24014-0087]

07 다음에 담겨 있는 사상적 입장에 대한 설명으로 적절한 것만을 〈보기〉에서 고른 것은?

> 옛날에 환인의 아들 환웅이 인간 세상을 다스리기를 원했다. 아버지가 아들의 뜻을 알고, 삼위태백(三危太伯)을 내려다보니 널리 인간을 이롭게 할 만하여 아들에게 천부인(天符印) 세 개를 주어 다스리게 하였다. …(중략)… 여자가 된 곰은 혼인할 상대가 없어 신단수 아래에서 아이 갖기를 빌었다. 이에 환웅은 잠시 인간으로 변해 웅녀와 혼인하여 아들을 낳았으니 그가 단군왕검이다.

● 보기 ●
ㄱ. 하늘에 대한 공경과 자연과의 조화를 중시한다.
ㄴ. 세계를 지배하기 위해 평화보다 투쟁을 중시한다.
ㄷ. 형벌과 선악을 다루는 사회 정의와 도덕을 중시한다.
ㄹ. 인간의 이익을 도외시하고 충실한 신앙생활을 중시한다.

① ㄱ, ㄴ ② ㄱ, ㄷ ③ ㄴ, ㄷ ④ ㄴ, ㄹ ⑤ ㄷ, ㄹ

[24014-0088]

08 동양 사상 (가), (나)의 입장에 대한 설명으로 옳은 것만을 〈보기〉에서 있는 대로 고른 것은?

> (가) 백성을 행정 명령[政]으로써 인도하고 형벌로 다스리면 백성은 규정된 죄만 짓지 않으려 할 뿐 부끄러워하지 않는다. 그러나 덕으로써 인도하고 예로써 다스리면 부끄러워할 줄 알고 잘못을 바로잡는다.
> (나) 가장 좋은 통치자는 백성에게 그 존재 정도만 알려지는 사람이다. 그다음은 백성이 가까이하고 칭찬하는 통치자이고, 그다음은 백성이 두려워하는 통치자이다. 가장 나쁜 통치자는 백성의 업신여김을 받는 사람이다.

● 보기 ●
ㄱ. (가)는 사람들이 인(仁)을 실천하고 조화를 이룰 것을 강조한다.
ㄴ. (나)는 소박하고 무욕(無欲)하며 자연스러운 삶을 중시한다.
ㄷ. (나)는 분별적 지식을 쌓으며 자유롭게 살아갈 것을 강조한다.
ㄹ. (가)와 (나)는 백성에 대한 통치자의 도덕적 교화를 중시한다.

① ㄱ, ㄴ ② ㄱ, ㄷ ③ ㄷ, ㄹ
④ ㄱ, ㄴ, ㄹ ⑤ ㄴ, ㄷ, ㄹ

[1~2] 갑, 을은 근대 한국 사상가들이다. 물음에 답하시오.

> 갑: 양지(良知)가 없다면 완연히 목석(木石)과 같아서 아무런 지각도 없을 터이니 누가 측은할 수 있겠는가. 그 측은한 마음이 곧 양지이며 심체(心體)의 지(知)가 곧 사람의 마음에서 생생하게 활동하는 이치[生理]이다. 부모를 사랑하고 형을 공경하는 것이 인(仁)이고 측은한 마음이며 그것이 곧 양지이다.
> 을: 맹자는 사단을 논할 때 성선(性善)을 근본으로 삼고, 인의예지를 논할 때 행사(行事)를 주로 하였다. 사람의 성은 선을 즐기고 악을 부끄러워하는 것뿐이다. 선을 즐기기에 측은과 사양의 마음이 있고, 악을 부끄러워하기에 수오와 시비의 마음이 있다. 이 네 마음이 있기 때문에 인의예지의 덕을 이룰 수 있다.

[24014-0089]

1 갑, 을의 입장을 다음 그림으로 표현할 때 A~C에 해당하는 적절한 진술만을 〈보기〉에서 있는 대로 고른 것은?

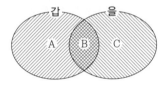

〈범 례〉
A: 갑만의 입장
B: 갑, 을의 공통 입장
C: 을만의 입장

● 보 기 ●
ㄱ. A: 사단은 선행의 실천으로 형성되는 양지이다.
ㄴ. B: 인간은 선행을 할 수 있는 도덕적 주체이다.
ㄷ. B: 선한 본성을 보존하기 위해 모든 욕구를 제거해야 한다.
ㄹ. C: 인간의 본성은 선을 좋아하고 악을 싫어하는 기호(嗜好)이다.

① ㄱ, ㄴ   ② ㄱ, ㄷ   ③ ㄴ, ㄹ
④ ㄱ, ㄷ, ㄹ   ⑤ ㄴ, ㄷ, ㄹ

[24014-0090]

2 갑이 다음을 주장한 중국 유교 사상가에게 제기할 수 있는 비판으로 가장 적절한 것은?

> 마음은 성(性)과 정(情)을 통괄한다. 성은 마음의 이치이고 정은 마음의 작용이다. 인의예지(仁義禮智)는 성인데, 성은 만질 수 있는 모습이나 그림자가 없고 오직 그 이치가 있을 뿐이다. 오직 정만 직접 발견할 수 있는데 측은, 수오, 사양, 시비가 그 정이다.

① 사덕은 인간의 본성에 내재한 하늘의 이치임을 모르고 있다.
② 도덕적 실천이 도덕적 지식보다 더 중요한 것임을 모르고 있다.
③ 사람은 누구나 태어날 때부터 양지를 갖고 있음을 모르고 있다.
④ 이치를 사람의 마음 바깥[外]에서 찾아서는 안 됨을 모르고 있다.
⑤ 사물에 나아가 이치를 탐구하여 지식을 극진히 해야 함을 모르고 있다.

[24014-0091]

3 다음을 주장한 근대 한국 사상가가 강조한 삶의 태도로 가장 적절한 것은?

> • 내 마음을 공경치 않는 것은 천지를 공경치 않는 것이요, 내 마음이 편안치 않은 것은 천지가 편안치 않은 것이니라.
> • 누가 나에게 어른이 아니며 누가 나에게 스승이 아니리오. 나는 비록 부인과 어린아이의 말이라도 배울 만한 것은 배우고 스승으로 모실 만한 것은 스승으로 모시노라.
> • 우리의 도(道)는 다만 성경신(誠敬信) 세 글자에 있느니라. 만일 큰 덕이 아니면 실로 실천하고 행하기 어려운 것이요, 과연 성경신에 능하면 성인 되기가 손바닥 뒤집기 같으니라.

① 사람 섬기기를 한울 섬기듯이 하며 인간 존중을 실천한다.
② 사성제(四聖諦)를 깨닫고 열반의 경지에 이르고자 노력한다.
③ 일원상(一圓相)을 진리로 여기고 일상생활에서 자비를 실천한다.
④ 세속을 초월하여 절대 자유의 경지에서 노니는[逍遙遊] 삶을 산다.
⑤ 서양의 과학 기술을 적극 수용하여 생활을 편리하게 하는 데 힘쓴다.

[24014-0092]

4 근대 한국 사상가 갑, 을, 병의 입장으로 옳은 것은?

> 갑: 사람은 한울을 공경(恭敬)함으로써 자기의 영원한 생명을 알게 될 것이고, 만인과 만물이 나의 동포라는 진리를 깨달을 것이며, 남을 위하여 희생하는 마음과 세상을 위하여 의무를 다할 마음이 생길 수 있다.
> 을: 일원(一圓)은 우주 만유의 본원(本源)이고, 제불제성(諸佛諸聖)의 심인(心印)이며 일체중생의 본성이고, 대소유무(大小有無)에 분별이 없는 자리며, 생멸 거래에 변함이 없는 자리며, 선악 업보가 끊어진 자리다.
> 병: 지기(地氣)가 통일되지 못했기에 그 속에 살고 있는 인류는 제각기 생각하여 반목 쟁투한다. 이를 없애려면 해원(解冤)으로써 만고의 신명을 조화하고 천지의 도수를 조정해야 하고, 이것이 이룩되면 천지는 개벽되고 선경이 세워질 것이다.

① 갑: 사람의 마음 안이 아니라 자연에 존재하는 한울을 숭배해야 한다.
② 을: 깨달음을 얻기 위해 종교적 수행과 일상생활을 엄격히 분리해야 한다.
③ 병: 사람들의 원한을 해소하기 위해 무속은 중시하되 도가는 배척해야 한다.
④ 갑과 병: 인간을 중시하는 새 세상을 만들기 위해 서양 종교를 수용해야 한다.
⑤ 갑과 을과 병: 신분의 차별이 없는 평등한 사회를 실현하기 위해 노력해야 한다.

[5~6] 갑, 을은 근대 한국 사상가들이다. 물음에 답하시오.

> 갑: 우리의 도(道)는 무위이화(無爲而化)이다. 그 마음을 지키고 그 기운을 바르게 하고 한울님 성품을 거느리고 한울님의 가르침을 받으면 자연한 가운데 조화가 이루어진다. 서양 사람은 말에 차례가 없고 글에 순서가 없으며 도무지 한울님을 위하는 단서가 없고 다만 제 몸만을 위하여 빌 따름이다.
>
> 을: 오늘날 국론(國論)은 두 가지 설이 다투고 있다. 서양 적과 싸우자는 것이 나라의 입장에 선 사람의 말이고 서양 적과 강화하자는 것이 적의 입장에 선 사람의 말이다. 앞의 말을 따르면 나라 안에 전해 내려온 문물제도를 보전할 수 있지만 뒤의 말을 따르면 사람이 짐승과 같은 지경에 빠지게 된다.

[24014-0093]

5 갑, 을의 입장으로 옳은 것만을 〈보기〉에서 있는 대로 고른 것은?

> • 보기 •
> ㄱ. 갑: 모든 사람은 자신의 마음속에 한울님을 모시고 있다.
> ㄴ. 을: 유교의 인륜과 서양의 과학 기술은 조화를 이룰 수 있다.
> ㄷ. 을: 유, 불, 도를 통합하여 사회 질서의 근본으로 삼아야 한다.
> ㄹ. 갑과 을: 서양 종교를 받아들이지 말고 서양 세력을 물리쳐야 한다.

① ㄱ, ㄴ   ② ㄱ, ㄹ   ③ ㄴ, ㄷ
④ ㄱ, ㄷ, ㄹ   ⑤ ㄴ, ㄷ, ㄹ

[24014-0094]

6 다음을 주장한 근대 한국 사상가와 갑, 을 모두가 부정의 대답을 할 질문으로 옳은 것은?

> 동양인은 형이상(形而上)에 밝기 때문에 그 도(道)가 천하에 홀로 우뚝하며, 서양인은 형이하(形而下)에 밝기 때문에 그 기(器)는 천하에 대적할 자가 없다. 동양의 도를 가지고 서양의 기를 행한다면 지구의 오대주(五大洲)는 평정할 것도 못 된다. 진실로 우리의 도를 잘 시행한다면 서양의 기를 행하는 것은 매우 쉬울 것이다.

① 나라를 부강하게 만들기 위해 서양의 기술을 받아들여야 하는가?
② 시대 혼란을 바로잡기 위해 유교적 가치를 모두 부정해야 하는가?
③ 성리학적 신분 질서에서 벗어나 만인을 평등하게 대우해야 하는가?
④ 내세가 아니라 현세에서 후천 개벽을 이루기 위해 노력해야 하는가?
⑤ 서양식 정부를 세우는 것과 서양 도덕을 수용하는 것에 반대해야 하는가?

[24014-0095]

7 (가)의 동양 사상가 갑, 을의 입장을 (나) 그림으로 탐구하고자 할 때, A~C에 들어갈 옳은 질문만을 〈보기〉에서 있는 대로 고른 것은?

(가)	갑: 통치자가 선해지고자 하면 백성도 선해진다. 군자(君子)의 덕은 바람과 같고 소인의 덕은 풀과 같은 것이라 바람이 불면 풀은 반드시 눕게 마련이다. 을: 진인(眞人)은 모자란다고 억지 부리지 않고, 이루어도 우쭐대지 않으며, 무엇을 하려고 꾀하지 않는다. 그의 앎이 높이 올라 도(道)에 이르렀기 때문이다.
(나)	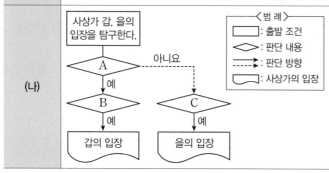

● 보기 ●

ㄱ. A: 인(仁)과 예(禮)를 실현하기 위해 노력해야 하는가?
ㄴ. B: 친소(親疏)를 구별하지 않고 겸애(兼愛)를 실천해야 하는가?
ㄷ. C: 물아일체를 위해 좌망(坐忘)과 심재(心齋)로 본성을 변화시켜야 하는가?
ㄹ. C: 도(道)의 관점에서 만물을 평등하게 바라보고 정신적 자유를 누려야 하는가?

① ㄱ, ㄹ   ② ㄴ, ㄷ   ③ ㄴ, ㄹ
④ ㄱ, ㄴ, ㄷ   ⑤ ㄱ, ㄷ, ㄹ

[24014-0096]

8 다음을 주장한 고대 동양 사상가의 입장에만 모두 'V'를 표시한 학생은?

> 많이 아는 거룩한 제자는 눈·귀·코·혀·몸·의지의 여섯 가지 감각 기관에 대해서 '나'도 아니요 '내 것'도 아니라고 관찰한다. 관찰한 뒤에는 모든 세간(世間)에 대해서 도무지 취할 것이 없고, 취할 것이 없기 때문에 집착할 것이 없으며, 집착할 것이 없기 때문에 스스로 열반을 깨닫는다.

입장 \ 학생	갑	을	병	정	무
무명(無明)의 경지에 이르러야 윤회에서 벗어날 수 있다.	V	V		V	
만물의 상호 의존성을 깨닫고 자비(慈悲)를 베풀어야 한다.	V		V		V
감각 기관보다는 불변의 실체로서의 '나'에 의존해야 한다.		V		V	V
진리를 깨닫고 집착을 버림으로써 고통에서 벗어날 수 있다.			V	V	V

① 갑   ② 을   ③ 병   ④ 정   ⑤ 무

서양 윤리 사상의 연원

1. 고대 그리스 사상과 헤브라이즘

(1) 고대 그리스 사상의 특징과 영향

① 인간 중심의 윤리 사상
- 자연 철학자들의 등장 → 신화적 세계관에서 벗어나 인간의 경험과 이성을 바탕으로 세계를 탐구하고 설명하고자 함
- 아테네의 직접 민주주의 발달 → 인간의 삶과 사회에서 선(善)과 옳음에 관한 관심과 토론이 활발하게 일어남
- 소피스트와 소크라테스는 자연에서 인간으로 학문적 관심을 옮기고, 윤리적 문제를 본격적으로 제기함

② 인간의 이성, 선한 삶, 행복 등의 탐구에 영향을 줌

(2) 헤브라이즘의 특징과 영향

① 신과 신앙 중심의 윤리 사상
- 유일무이한 신의 은총과 신앙 강조 → 인간의 힘만으로는 구원과 행복에 이를 수 없다고 봄
- 이웃 사랑과 정의 실현 등 보편적인 윤리가 신의 명령으로서 강조됨

② 신과 인간의 관계에 기초한 인간 삶의 원리 탐구에 영향을 줌

2. 소피스트와 윤리적 상대주의

(1) 소피스트의 사상

① 특징
- 윤리적 상대주의: 보편타당한 윤리의 존재를 부정함
- 인간의 감각적 경험을 지식과 도덕의 근원으로 봄
- 부와 명예 등 세속적 가치를 중시하고, 그런 것들을 얻기 위한 수사학(수사술) 등을 가르침

② 대표적인 사상가
- 프로타고라스: 각 개인을 진위 판단의 기준으로 봄 → "인간은 모든 것의 척도이다."
- 고르기아스: 회의주의적 관점에서 절대적 존재와 진리, 그것들에 대한 객관적 인식을 부정함
- 트라시마코스: 강자들은 자신들의 이익을 위해 법률을 제정함 → 정의는 강자의 이익에 불과하다고 봄

헤브라이즘
고대 유대 민족의 유대교로부터 이후 전개된 그리스도교에 이르기까지 그 사상과 문화 및 전통을 아울러 이르는 말

소피스트
고대 아테네에서 민주 정치가 이루어지던 기원전 5세기경 말과 글을 더욱 설득력 있게 만드는 기술인 수사학 등을 가르쳤던 직업적 교사들

개념 체크

1. 고대 아테네에서 말과 글을 더욱 설득력 있게 만드는 기술인 수사학 등을 가르쳤던 직업적 교사들을 (   )(이)라고 불렀다.

2. 소피스트인 (   )은/는 회의주의적 관점에서 절대적 존재와 진리, 그에 대한 객관적 인식을 부정하였다.

3. 트라시마코스는 (   )은/는 강자의 이익에 불과하며 강자들은 자신들의 이익을 위해 법률을 제정한다고 주장하였다.

정답
1. 소피스트
2. 고르기아스
3. 정의

자료 플러스 | 소피스트의 윤리 사상

- 인간은 모든 것의 척도이다. 존재하는 것에 대해서는 그것이 존재한다는 것의 척도이며, 존재하지 않는 것에 대해서는 그것이 존재하지 않는다는 것의 척도이다.
— 프로타고라스 —
- 아무것도 존재하지 않는다. 비록 어떤 것이 존재한다 해도 우리는 그것을 알 수 없다. 우리가 그것을 알 수 있다고 해도 다른 사람에게 그것을 전할 수 없다.
— 고르기아스 —
- 각각의 정체(政體)는 자기의 이익을 위해 법을 제정한다. 법을 제정하고 나면 그들은 자기들에게 이익이 되는 것이 피치자에게 정의롭다고 선언하고, 법을 어긴 자를 처벌한다. 그러므로 수립된 정체의 이익이 곧 정의이다.
— 트라시마코스 —

소피스트는 다양한 도덕규범이 존재한다는 사실을 바탕으로 도덕규범 중에서 어느 것이 옳은지 혹은 더 우월한지를 가려 줄 보편타당한 기준은 존재하지 않는다고 주장하였다.

(2) 윤리적 상대주의의 의의와 한계

① 의의: 서로 다른 사회의 상이한 도덕규범을 이해하고 관용을 베푸는 데 도움을 줌

② 한계: 비도덕적 행위를 정당화할 수 있고, 그에 따른 윤리적 타락과 혼란, 윤리적 회의주의를 초래할 수 있음

📋 자료 플러스   윤리적 상대주의에 대한 아리스토텔레스의 비판

프로타고라스는 인간이 모든 것의 척도라고 말하였는데, 이것이 의미한 바는 단순하고도 분명하게 각자에게 나타난 것이 또한 그에게는 사실상 그렇게 존재한다는 점이다. 그렇다면 이로부터 같은 것이 존재하는 동시에 존재하지 않을 수도 있으며 나쁜 동시에 좋을 수도 있고, 또 다른 모든 같은 것에 대해서도 정반대되는 주장이 제기될 수 있다.   – 아리스토텔레스, "형이상학" –

프로타고라스처럼 도덕 판단의 기준을 상대적인 것으로 볼 경우 보편적인 도덕 판단의 기준이 존재하지 않게 된다. 이렇게 되면 어떤 행위에 대해 도덕적 평가를 하기 어려워지며 같은 도덕 문제에 대해 어떤 사람은 옳다고, 어떤 사람은 옳지 않다고 판단하는 상황이 발생할 수 있다. 아리스토텔레스는 이러한 맥락에서 윤리적 상대주의를 비판하였다.

---

3. 소크라테스와 윤리적 보편주의

(1) 소크라테스의 사상

윤리적 보편주의	보편타당한 윤리가 존재하며 이성을 통해 이를 파악할 수 있음
주지주의	• 참된 앎이 곧 덕임 → 유덕하게 행동하기 위해서는 덕이 무엇인지 알아야 하며, 덕이 무엇인지 알면 유덕하게 행동할 수 있음 • 참된 앎에 이르기 위한 무지의 자각을 강조함 • '너 자신을 알라.'라는 말을 '너 자신의 무지를 자각하라.'라는 의미로 이해함
지행합일설	• 인간은 본성상 선이 무엇인지 알면서 자발적으로 악을 행할 수 없음 • 모든 악행의 원인은 무지임
지덕복 합일설	참된 앎이 곧 덕이며, 유덕한 사람은 행복한 삶을 살게 됨 → 앎과 덕과 행복은 하나로 합치됨
대화법(문답법) 강조	대화를 통해 상대방이 자신이 알고 있다고 생각하는 것에 대해 의문을 갖게 하고 스스로 진리를 찾도록 하는 방법 → '산파술'이라고도 함
영혼의 돌봄 강조	• 인간에게 가장 중요한 일은 각자의 영혼을 최상의 상태로 가꾸는 것임 • 이성을 바탕으로 한 도덕적 성찰과 선한 삶을 강조함

📋 자료 플러스   소크라테스의 윤리 사상

• 덕이 영혼 속에 있는 것들 가운데 하나이고 필연적으로 유익하다면 그것은 지식이어야 하네. 왜냐하면 영혼에 관련된 모든 것들은 그 자체로는 유익하지도 유해하지도 않지만, 지식이 더해지느냐 무지가 더해지느냐에 따라 유익하게도 유해하게도 되기 때문이네.   – 플라톤, "메논" –

• 자신이 모르면서도 알고 있다고 믿는 것이 인간이 가진 무지 중에서 가장 큰 무지입니다. 내가 대다수 사람과 다른 점이 있다면, 그것은 바로 나는 내가 무지하다는 것을 알고 있다는 것입니다. …(중략)… 나는 아테네 시민들을 찾아다니면서 신체나 재산이 아니라 각자의 영혼을 최상의 상태로 가꾸라고 설득할 것입니다.   – 플라톤, "변론" –

소크라테스는 무지를 악행의 원인으로 보았다. 그는 참된 앎을 추구할 것과 끊임없이 자신을 성찰할 것을 강조하였다. 소크라테스에 따르면 자신의 영혼을 돌보지 않는 삶은 살 가치가 없다.

❂ 덕
고대 그리스에서 '탁월함', '훌륭함'을 의미함

❂ 산파술
소크라테스의 대화 방법. 즉 산모가 아이를 낳는 것을 돕는 산파(産婆)처럼, 상대방과 묻고 답하는 비판적 사고 과정을 통해 상대방이 스스로 지혜를 얻도록 돕는 방법을 의미함

개념 체크

1. 소크라테스는 참된 (   )이/가 곧 덕이며 유덕한 사람은 (   )한 삶을 살게 된다고 보았다.

2. 소크라테스는 '너 자신을 알라.'라는 말을 통해 참된 앎에 이르기 위한 (   )의 자각을 강조하였다.

3. 소크라테스는 자신의 (   )을/를 돌보지 않는 삶은 살 가치가 없다고 주장하며 이성을 바탕으로 한 도덕적 성찰과 선한 삶을 강조하였다.

정답
1. 앎, 행복
2. 무지
3. 영혼

(2) 윤리적 보편주의의 의의와 한계

① 의의: 다원화된 사회에서 발생할 수 있는 가치관의 혼란을 극복하는 데 도움이 됨

② 한계: 특정한 가치를 절대적인 것으로 내세울 경우, 자율적 삶을 훼손할 우려가 있음

⊙ 덕 있는 삶

1. 플라톤과 영혼의 행복, 그리고 정의

(1) 이데아론

① 세계는 이데아계와 현상계로 구분됨 → '동굴의 비유'를 통해 설명함

② 이데아계는 완전한 세계이며 오직 이성에 의해 파악되는 반면, 현상계는 이데아계를 모방한 불완전한 세계이며 감각적 경험으로 파악됨

③ 이데아(Idea)란 사물의 완전하고 이상적인 원형임

④ 이데아 중에서 최고의 이데아는 선(좋음)의 이데아임

⑤ 선의 이데아를 인식하는 것은 이상적인 삶을 위해 필요함

○ 이데아계와 현상계 비교

이데아계	현상계
원형(原形)	모형(模形)
실재	그림자
완전함	불완전함
불변적	가변적

📋 자료 플러스 플라톤의 이데아론

> 동굴 모양을 한 거처에서 태어날 때부터 온몸이 묶인 채로 살아가는 죄수들을 상상해 보게. 이들은 이곳에서 앞만 볼 수 있고 머리를 돌릴 수도 없다네. 이들의 뒤쪽에서는 불이 타오르고 있네. 또한 이 불과 사람들 사이에는 담이 세워져 있고 담 위로 사람들과 여러 동물상이 지나가면, 죄수들은 벽면의 그림자 외에는 어떤 것도 보지 못하게 되네. 이처럼 그림자 외에는 아무것도 보지 못하고 그림자가 비치게 되는 이유를 알지 못하는 죄수들은 벽면의 그림자가 진정한 사람이나 동물이라고 믿을 걸세. …(중략)… 동굴 밖으로 나가게 된 사람은 동굴 밖에는 실제 사람들과 사물들이 있으며, 지금까지 보고 들은 것은 그것들을 본떠서 만든 인형의 그림자에 불과하다는 것을 알게 될 걸세. 그리고 모든 것의 원인이 태양이라는 사실도 알게 될 걸세.
>
> – 플라톤, "국가" –

플라톤은 이데아를 지향하는 삶을 이상적인 삶으로 보았다. 그는 현상계로부터 이데아계로 눈길을 돌려 선의 이데아를 인식한 철학자가 통치할 때 정의로운 국가가 실현된다고 보았다. 플라톤은 이를 동굴의 비유로 설명하였는데, 비유에서 동굴 속은 현상계이고, 동굴 바깥은 이데아계를 가리킨다. 동굴 속의 죄수들은 그림자를 참된 존재로 믿으며 사는 현실 세계의 사람들이며, 동굴 바깥의 사물들은 여러 가지 이데아들이고, 태양은 선의 이데아를 상징한다. 또한, 동굴 바깥으로 나가 실제 사물들과 태양을 본 사람은 철학자를 상징한다. 플라톤에 따르면 선의 이데아는 인식되는 것들의 인식됨을 가능하게 하고 그것들을 존재하게 하는 근거이다.

---

(2) 영혼론과 덕론

① 영혼은 이성, 기개, 욕구 세 부분으로 이루어져 있음 → 이성은 배우고 헤아리는 부분, 기개는 격정을 느끼는 부분, 욕구는 육체적 만족이나 쾌락과 관련된 탐하는 부분임

② 영혼의 각 부분에 해당하는 덕은 지혜, 용기, 절제임

• 지혜란 각 부분뿐만 아니라 세 부분으로 이루어진 전체를 위해 무엇이 유익한 것인지 아는 덕임

• 용기란 이성이 지시하는 대로 두려워할 것과 두려워하지 않을 것을 끝까지 보전하는 덕임

• 절제는 지배하는 부분과 지배받는 두 부분 사이에 반목하지 않는 덕임 → 영혼의 세 부분이 모두 갖추어야 할 덕임

③ 영혼의 정의(正義)란 영혼의 각 부분이 각자의 덕을 갖추어 전체적으로 조화를 이룬 상태임

플라톤의 영혼론과 덕론

정의로운 사람은 자기 안에 있는 각각의 것이 다른 부분의 일을 하지 않게 하고, 영혼의 부분들 – 이성, 기개, 욕구 – 이 서로 참견하지 않도록 하며, 진정으로 자기에게 고유한 일들을 잘 정하고, 자신을 스스로 다스리고 질서 지우며 자신과 친구가 된다네. 또 영혼의 세 부분을 저음과 중간음 그리고 고음과 같이 화음을 이루는 절대적인 세 음처럼 조화시키고, 혹여 이들 사이에서 어떤 다른 것이 생겨나면 그 모든 것을 함께 연결해서 여럿에서 하나가 되도록 절제 있고 조화된 상태로 만드네. 그가 재물의 획득이나 몸을 돌보는 일이나 정치 및 개인적인 계약과 관련된 어떤 것을 행한다면, 저런 상태로 만들고 나서야 그는 행동하네. 그리고 그는 이러한 상태를 보존시키고 실현되도록 도와주는 모든 것들을 정의롭고 훌륭한 행동이라고, 또 이러한 행동을 담당하는 지식을 지혜라고 생각하고 또 그렇게 부르네. 반면 이 상태를 무너뜨리는 것을 부정의한 행동이라고, 또 이런 행동을 담당하는 의견을 무지라고 생각하고 또 그렇게 부르네.
— 플라톤, "국가" —

플라톤은 영혼에서 이성이 지혜의 덕으로 기개와 욕구를 다스리고, 영혼의 세 부분이 각자 훌륭하게 자신의 역할을 수행하여 조화를 이룰 때 정의로운 사람이 되고 행복한 삶을 살 수 있다고 보았다.

(3) 이상 국가론

① 영혼이 이성, 기개, 욕구 세 부분으로 구성되듯이 국가도 통치자, 방위자, 생산자 계층으로 구성됨
② 이상 국가는 통치자, 방위자, 생산자 세 계층의 사람들이 각각 다른 계층의 일에 간섭하지 않고 각자의 직분을 충실히 수행하여 전체적으로 조화를 이룬 상태임
③ 선의 이데아를 인식하여 지혜의 덕을 갖추고 인격과 실무적 경험을 갖춘 철학자가 통치하지 않는 한, 악은 사라지지 않음

플라톤의 이상 국가론

- 모든 것에 빛을 제공하는 것을 수호자들 중 가장 훌륭한 자들이 영혼의 눈으로 바라보게 만들어야 하네. 그리하여 '좋음 자체'를 일단 보게 되면, 이들은 그것을 본(本)으로 삼아서 나라와 개개인들 그리고 자신들을 다스리지 않을 수 없게 되네. …(중략)… 참으로 지혜를 사랑하는 사람들, 즉 철학자들이 한 나라에서 최고 지배자들이 되어 세속적인 명예들을 저속하며 아무런 가치도 없는 것들이라 생각하는 한편, 올바른 것을 가장 중대하고 가장 필요한 것으로 보고, 이를 받들고 증대하여 자신들의 나라를 질서 잡히게 할 때만이 올바름[正義]이 가능하네.
- 정의는 각자가 자기의 성향에 맞는 일 한 가지에 종사하며 타인에게 참견하지 않는 것이네. 이렇게 해야 지혜, 용기, 절제가 국가 안에 생기고 이것들이 잘 보전될 수 있기 때문이라네. 정의는 곧 제 것을 소유하고 제 일을 하는 것이네. 만약 성향상 장인이거나 상인이 전사 계층으로 옮기려 하거나 전사들 가운데 어떤 사람이 자격도 없으면서 통치자 계층으로 옮기려 해서 사람들이 서로 도구나 직분을 교환하거나 한 사람이 모든 일을 동시에 하려고 한다면 국가는 파멸의 길로 가게 될 것이라네.
— 플라톤, "국가" —

플라톤은 국가를 인간의 영혼이 확대된 것으로 보았으며, 국가의 정의도 영혼의 정의가 실현되는 방식과 마찬가지로 국가를 이루는 세 부분, 즉 세 계층이 조화를 이룰 때 실현된다고 보았다. 또한, 플라톤은 오랜 교육을 통해 지혜의 덕을 갖춘 철학자가 통치해야 이상 국가인 정의로운 국가가 실현될 수 있다고 보았다.

✪ 이상 국가의 수호자
나라를 지키고 보존하는 일에 관련된 사람들로, 통치자와 방위자를 아울러 일컫는 말. 수호자들 가운데 통치자가 될 수 있는 자격은 50세 이상이면서 이데아를 인식할 수 있으며, 어떠한 덕에서도 뒤떨어지지 않아야 함

개념 체크

1. 플라톤은 ( )을/를 인간의 영혼이 확대된 것으로 보았으며, ( )의 정의도 영혼의 정의가 실현되는 것과 같은 방식으로 이루어진다고 보았다.
2. 플라톤에 따르면 국가는 ( ), ( ), ( )의 세 계층으로 구성된다.
3. 플라톤은 선의 이데아를 인식하여 ( )의 덕을 갖춘 철학자가 통치하지 않는 한, 악은 사라지지 않는다고 보았다.

정답
1. 국가, 국가
2. 통치자, 방위자, 생산자
3. 지혜

2. 아리스토텔레스와 탁월성, 그리고 행복

(1) 현실주의
① 플라톤의 이원론적 세계관을 비판함 → 이 세상을 개별적인 실체들로 이루어진 하나의 세계로 봄
② 선(좋음)은 이데아의 세계가 아니라 현실 세계에 존재하며 현실 세계에서 실현되어야 함

자료 플러스 이데아론에 대한 아리스토텔레스의 비판

- '인간 자체'에 있어서나 '인간'에 있어서나 하나의 같은 설명, 즉 인간에 대한 설명이 적용되는 한, '무엇 자체'를 가지고 도대체 무엇을 의미하는지에 대해 의문을 제기할 수도 있을 것이다. 왜냐하면 '인간 자체'나 '인간' 모두 인간인 한에서는 아무 차이가 없을 것이기 때문이다. 만약 그렇다고 한다면 '좋음 자체'나 '좋음' 역시 좋음인 한에서 아무 차이가 없을 것이다.
- 좋음은 존재가 이야기되는 방식만큼이나 많은 방식으로 이야기된다. 좋음은 신과 지성이 좋다고 이야기될 때처럼 무엇임에서 좋다고 이야기되기도 하고, 탁월성이 좋다고 이야기될 때처럼 성질에 있어서 이야기되기도 하며, 적당량이 좋다고 할 때처럼 양에 있어서, 무엇에 대해 유용하다고 할 때처럼 관계에 있어서, 적절한 시기를 이야기할 때처럼 시간에 있어서, 적절한 거처를 이야기할 때처럼 장소에 있어서, 그리고 그 밖에 다른 것들에 대해서도 다른 방식으로 이야기된다. 그렇기에 좋음이 어떤 공통적이며 단일한 보편자로 존재하지 않을 것이라는 점은 분명하다.
  – 아리스토텔레스, "니코마코스 윤리학" –

아리스토텔레스는 현실 세계의 '좋음' 혹은 '좋은 것'이라고 말해지는 개별적인 것들로부터 분리되어 존재하는, '공통적으로 서술될 수 있는 어떤 단일한 좋음' 혹은 '그 자체로 떨어져서 존재하는 어떤 좋음'은 없다고 보았다.

---

(2) 행복론
① 인간의 모든 행위는 선(좋음)을 목적으로 추구함
② 인간 행위의 궁극적인 목적, 즉 최고선(最高善)은 행복임
③ 행복(eudaimonia)이란 덕에 따르는 정신(영혼)의 활동임

자료 플러스 아리스토텔레스의 행복론

- 행복은 모든 것 중에서 가장 바람직하고, 여러 선 중에서 최고의 선이다. 따라서 행복은 궁극적이고 자족적이며, 모든 행동의 목적이라고 할 수 있다. 무엇이 행복인지를 알려면 인간의 기능에 대해서 생각해 보아야 한다. 인간만이 지닌 특별한 기능은 정신의 이성적 활동 능력이다. 인간의 기능을 훌륭하게 수행하는 것은 바로 이성적 활동을 잘 수행하는 것이다. 어떠한 활동이 잘 수행되는 것은 그것에 알맞은 덕을 가지고 수행될 때이다. 그러므로 행복이란 덕에 따르는 정신의 활동이라고 할 수 있다.
- 행복이 덕에 따르는 활동이라면, 그것은 당연히 최고의 덕을 따라야 할 것이다. 우리 안에 있는 것들 중 지성이 최고이며, 지성이 상대하는 대상 또한 앎의 대상들 중 최고이므로 인간의 고유한 덕에 따르는 최고의 활동은 곧 관조적 활동이다. 관조적 활동으로부터는 관조한다는 사실 이외에 아무것도 생겨나지 않으므로 관조적 활동은 그 자체로서 사랑받는다.
  – 아리스토텔레스, "니코마코스 윤리학" –

아리스토텔레스에 따르면 우주의 모든 존재는 고유한 목적을 향해 움직인다. 인간의 행위도 목적이 있는데, 그 궁극적인 목적은 행복이다. 아리스토텔레스는 행복을 덕에 따르는 영혼(정신)의 활동으로 보았다. 그는 최고의 행복을 실현하는 데 필요한 최고의 덕은 신이나 자연과 같이 고귀한 대상들을 이성적으로 관조하는 활동의 덕(철학적 지혜)이라고 주장하였다.

---

(3) 덕론

① 덕(탁월성): 인간의 고유한 기능인 이성이 탁월하게 발휘되는 영혼의 상태

② 덕의 두 가지 유형

유형	지성적 덕(지적 덕)	품성적 덕(도덕적 덕)
특징	• 영혼의 이성적인 부분과 관련된 덕임 • 교육을 통해 얻어지고 길러짐 • 좋음에 대한 숙고와 진리를 파악하는 것을 가능하게 함	• 영혼의 감정이나 욕구 부분과 관련된 덕임 • 중용에 해당하는 행동들을 반복적으로 실천할 때 형성됨 • 일상생활에서 올바른 행위를 하게 함
예	철학적 지혜, 실천적 지혜 등	용기, 절제, 온화 등

③ 중용

• 지나침과 모자람의 중간 상태 → 산술적 중간이 아니라 각각의 상황에서 가장 적절한 상태임

• 그 자체로 나쁜 감정이나 행동(예 질투, 절도)에는 중용이 없음

• 실천적 지혜를 통해 파악할 수 있음 → 중용에 해당하는 행동들을 반복적으로 실천할 때 품성적 덕을 갖출 수 있음

> ☰ **자료 플러스** 　**아리스토텔레스의 덕론**
>
> • 덕에는 두 종류가 있다. 하나는 지성적 덕이며, 다른 하나는 품성적 덕이다. 지성적 덕은 그 기원과 성장을 주로 교육에 두고 있다. 그런 까닭에 그것은 경험과 시간이 필요하다. 반면 품성적 덕은 습관의 결과로 생겨난다. 품성적 덕은 어떤 것도 본성적으로 우리에게 생기는 것은 아니다. 본성적으로 생기는 것이라면, 본성과 다르게 습관을 들일 수 없기 때문이다. 예를 들어, 돌은 본성적으로 아래로 움직이게 되어 있으므로 위로 움직일 수 있도록 습관을 들일 수는 없을 것이다. 그러므로 품성적 덕은 본성적으로 생겨나는 것도 아니요, 본성에 반하여 생겨나는 것도 아니다. 우리는 품성적 덕을 본성적으로 받아들일 수 있으며 습관을 통해 완성한다.
> • 품성적 덕은 감정과 행동에 관계하고, 이 감정과 행동 속에 과도와 부족 및 중용이 있다. 예를 들어 두려움과 대담함, 분노나 연민, 쾌락과 고통을 느끼는 일을 너무 많이 또는 너무 적게 할 수 있는데, 양쪽 모두 잘하는 것이 아니다. 반면, 이것들을 마땅한 때에, 마땅한 일에 대해, 마땅한 사람들에 대해, 마땅히 추구해야 할 목적을 위해, 그리고 마땅한 방식으로 느끼는 것이 바로 중용이자 최선이고, 이것이 덕의 특징이다.
>
> — 아리스토텔레스, "니코마코스 윤리학" —

아리스토텔레스는 인간의 영혼을 이성적인 부분과 비이성적인 부분으로 구분하였다. 그는 이성적인 부분에서 발휘되는 탁월함을 지성적 덕으로, 비이성적인 부분에서 발휘되는 탁월함을 품성적 덕으로 보았다. 지성적 덕에는 철학적 지혜, 실천적 지혜 등이 있고, 품성적 덕에는 용기, 절제, 온화 등이 있다.

(4) 아리스토텔레스 사상과 현대 덕 윤리

① 현대 덕 윤리의 특징: 행위자의 품성과 덕을 중시하고 공동체를 인간 본성에 따라 형성된 것으로 본 아리스토텔레스의 사상 계승 → 행위자 중심의 윤리를 전개하고 공동체적 삶을 중시함

② 매킨타이어의 덕 윤리

• 공동체가 공유하는 덕은 개인의 행동을 지도하고 판단하는 기준이자 공동선을 위한 토대임

• 개인의 자유와 선택보다는 공동체의 전통과 역사를 더 중시함 → 개인의 행위를 공동체의 구체적 맥락에서 평가함(공동체주의)

❋ 소크라테스의 주지주의에 대한 아리스토텔레스의 비판

아리스토텔레스는 소크라테스와 달리 앎이 반드시 덕행으로 나타나는 것은 아니라고 봄. 자제력이 없는 사람은 자신의 앎과 다르게 행동할 수 있기 때문임

개념 체크

1. 아리스토텔레스는 덕을 인간의 고유한 기능인 (　　　)이/가 탁월하게 발휘되는 상태라고 정의하였다.

2. 아리스토텔레스는 (　　　)적 덕은 교육을 통해 얻어지고 길러지며, (　　　)적 덕은 중용에 해당하는 행동들을 반복적으로 실천할 때 형성된다고 주장하였다.

3. 아리스토텔레스에 따르면 중용은 (　　　)을/를 통해 파악할 수 있다.

정답

1. 이성
2. 지성, 품성
3. 실천적 지혜

01 [24014-0097]
다음은 고대 서양 사상가의 주장이다. 밑줄 친 '이 사상가'의 입장으로 가장 적절한 것은?

> 이 사상가의 말처럼, 지각을 통해 판단하는 바가 각자에게 진실이라면, 그래서 어떤 사람의 느낌 상태를 다른 누구도 더 잘 판별할 수 없으며, 어떤 사람의 판단을 다른 누구도 평가하는 데 더 자격이 있는 것이 아니라면 도대체 이 사상가는 어떤 점에서 지혜로워서 남들의 교사가 되는 게 정당하고 우리는 그에게 배우러 가야 하는가?

① 인간은 모든 것의 척도이다.
② 정의는 강자의 이익에 불과하다.
③ 진리는 상대적이지 않고 절대적인 것이다.
④ 감각을 버리고 이성에 의지해야 진리를 알 수 있다.
⑤ 아무것도 없으며, 무엇이 있다 해도 그것을 알 수 없다.

02 [24014-0098]
다음을 주장한 고대 서양 사상가의 입장으로 옳은 것만을 〈보기〉에서 있는 대로 고른 것은?

> 나라의 세 계층이 저마다 '제 일을 함'에 의해서 나라가 정의롭게 되듯이, 개인도 자신 안의 세 부분, 즉 이성, 기개, 욕구가 각각 제 일을 함에 의해서 정의로운 사람이 된다. 정의는 '자신에게 맞는 자신의 일을 함'이다.

• 보기 •
ㄱ. 지혜로운 사람은 영혼을 위해 무엇이 유익한지 안다.
ㄴ. 용기 있는 사람은 어떠한 것도 두려워하지 않는다.
ㄷ. 절제 있는 사람은 반드시 생산자 계층에만 속한다.
ㄹ. 정의로운 사람은 영혼의 세 부분이 조화를 이룬다.

① ㄱ, ㄴ   ② ㄱ, ㄹ   ③ ㄴ, ㄷ
④ ㄱ, ㄷ, ㄹ   ⑤ ㄴ, ㄷ, ㄹ

03 [24014-0099]
(가)를 주장한 고대 서양 사상가의 입장에서 볼 때, (나)의 ㉠에 들어갈 진술로 가장 적절한 것은?

(가)	올바르고 진실하게 철학을 하는 사람들이 권좌에 오르거나 아니면 각 나라의 권력자들이 신적 도움을 받아 진정으로 철학을 하기 전에는, 인류에게 재앙이 그치지 않을 것이다.
(나)	기자: 이상 국가의 모습은 어떠합니까? 사상가: _____㉠_____

① 국가 구성원 모두가 정치에 직접적으로 참여합니다.
② 국가 구성원 모두에게 사유 재산이 허용되지 않습니다.
③ 국가 구성원 모두에게 직업 선택의 자유가 보장됩니다.
④ 국가의 세 계층이 철학에 정통하여 번갈아 통치합니다.
⑤ 국가의 세 계층이 모두 절제의 덕을 갖추고 화합합니다.

04 [24014-0100]
다음은 고대 서양 사상가의 주장이다. 밑줄 친 '이 사상가'의 입장으로 옳은 것만을 〈보기〉에서 고른 것은?

> • 이 사상가는 덕에 대한 보편적 정의(定義)를 최초로 내리고자 하였다. 그의 공적으로서 인정해야 할 두 가지가 있는데, 귀납적 논증과 보편적 정의가 그것이다. 이 둘은 실로 학문의 출발점과 관련된다.
> • 이 사상가는 모든 덕이 지혜라고 생각한 점에서 잘못을 저질렀다. 그러나 모든 덕이 지혜 없이는 있을 수 없다고 생각한 점에서 옳았다.

• 보기 •
ㄱ. 덕을 갖추어야 행복을 누릴 수 있다.
ㄴ. 덕을 갖추려면 덕이 무엇인지 알아야 한다.
ㄷ. 덕은 지성적 덕과 품성적 덕으로 나누어진다.
ㄹ. 덕을 알아도 자제력이 없으면 악덕을 행할 수 있다.

① ㄱ, ㄴ   ② ㄱ, ㄷ   ③ ㄴ, ㄷ   ④ ㄴ, ㄹ   ⑤ ㄷ, ㄹ

[24014-0101]

05 다음을 주장한 고대 서양 사상가의 입장으로 옳은 것만을 〈보기〉에서 있는 대로 고른 것은?

> 태양은 보이는 것들에게 보일 수 있는 힘만을 제공하는 것이 아니라 보이는 것들이 생겨나고 성장하도록 한다. 마찬가지로 선(善)의 이데아는 인식되는 것들에게 인식될 수 있는 힘만을 제공하는 것이 아니라 인식되는 것들이 존재하고 본질을 갖도록 한다.

● 보 기 ●
ㄱ. 선의 이데아 자체는 이성으로 인식할 수 없다.
ㄴ. 모든 이데아 중 최고의 이데아는 선의 이데아이다.
ㄷ. 선의 이데아는 모든 옳고 아름다운 것의 원인이다.
ㄹ. 통치자가 되려는 사람은 선의 이데아를 탐구해야 한다.

① ㄱ, ㄴ   ② ㄱ, ㄷ   ③ ㄴ, ㄹ
④ ㄱ, ㄷ, ㄹ   ⑤ ㄴ, ㄷ, ㄹ

[24014-0102]

06 다음을 주장한 고대 서양 사상가의 입장으로 옳은 것만을 〈보기〉에서 고른 것은?

> 덕에는 두 종류가 있다. 하나는 지성적 덕이고, 다른 하나는 품성적 덕이다. 지성적 덕은 대체로 교육에 의해 생겨나고 성장하며, 품성적 덕은 습관의 결과로 생겨난다. 품성적 덕은 본성적으로 생겨나는 것이 아니며 본성에 반하여 생겨나는 것도 아니다. 우리는 품성적 덕을 본성적으로 받아들일 수 있고 습관을 통해 완성시킨다.

● 보 기 ●
ㄱ. 품성적 덕은 감정이나 행위와 관련되는 덕이다.
ㄴ. 품성적 덕은 어떠한 지성적 덕 없이도 습관으로 갖추어진다.
ㄷ. 철학적 지혜는 최고의 행복을 얻기 위해 필요한 지성적 덕이다.
ㄹ. 실천적 지혜는 구체적인 상황에서 좋음을 파악할 수 있는 품성적 덕이다.

① ㄱ, ㄴ   ② ㄱ, ㄷ   ③ ㄴ, ㄷ   ④ ㄴ, ㄹ   ⑤ ㄷ, ㄹ

[24014-0103]

07 다음을 주장한 고대 서양 사상가의 입장으로 옳은 것은?

> 모든 탁월성은 그것이 무엇의 탁월성이건 간에 그 무엇을 좋은 상태에 있게 하고, 그 무엇의 기능을 잘 수행하도록 한다. 가령 눈의 탁월성은 눈과 눈의 기능을 좋은 것으로 만든다. 왜냐하면 눈의 탁월성으로 해서 우리가 잘 보기 때문이다. 인간의 탁월성도 그 탁월성으로 해서 좋은 인간이 되고 인간의 기능을 잘 수행할 수 있게 한다. 인간의 행복이란 인간의 탁월성에 따르는 영혼의 활동이다.

① 유덕하지 않아도 행복을 누리는 것은 가능하다.
② 유덕한 사람은 이성을 잘 발휘할 수 있는 사람이다.
③ 행복은 그 자체 때문에 선택되지만 최고선은 아니다.
④ 성취할 수 있는 좋음보다 좋음 자체를 추구해야 한다.
⑤ 인간은 오직 도덕적 행위를 통해서만 좋음을 추구한다.

[24014-0104]

08 다음을 주장한 고대 서양 사상가가 긍정의 대답을 할 질문으로 옳은 것은?

> 감정이나 행위에서 악덕의 한편은 마땅히 있어야 할 것에 모자라고 다른 한편은 지나치다. 그러나 덕은 중간을 발견하고 선택하기에 중용이다. 덕은 그 본질을 말하는 정의(定義)를 따르자면 중용이지만, 최선이라든가 잘함의 측면에서는 극단이다.

① 중용은 이성의 도움 없이 습관에 의해 생겨나는가?
② 중용은 대상의 산술적 중간이므로 만인에게 동일한가?
③ 중용이 모든 행동에 있는 것은 아니라고 보아야 하는가?
④ 중용은 어떤 경우에도 화내거나 슬퍼하지 않는 것인가?
⑤ 중용은 품성적 덕의 특징이 아니라 지성적 덕의 특징인가?

[24014-0105]

1 갑, 을은 고대 서양 사상가들이다. 갑에 비해 을이 강조할 내용으로 옳은 것만을 〈보기〉에서 있는 대로 고른 것은?

> 갑: 각각의 것은 나에게는 나에게 나타나는 대로이고, 너에게는 너에게 나타나는 대로이다. 바람은 차다고 느끼는 사람에게는 차지만, 차다고 느끼지 않는 사람에게는 차지 않다. 만물의 척도는 인간이다.
> 을: 우리는 자신의 무지(無知)를 깨닫고 영혼을 수련함으로써 진리를 추구해야 한다. 또한 보편적으로 정의된 말을 중시하며 존재하는 것의 진리를 이성에 의지하여 고찰해야 한다.

> ● 보기 ●
> ㄱ. 보편적이고 절대적인 진리를 찾기 위해서 노력해야 한다.
> ㄴ. 참된 지식을 얻으려면 감각적 경험보다 이성을 중시해야 한다.
> ㄷ. 가치 판단의 상대성을 인정하고 각 개인의 의견을 존중해야 한다.
> ㄹ. 사회의 관습을 준수하는 것이 사회적 성공에 유용함을 알아야 한다.

① ㄱ, ㄴ   ② ㄴ, ㄹ   ③ ㄷ, ㄹ
④ ㄱ, ㄴ, ㄷ   ⑤ ㄱ, ㄷ, ㄹ

[24014-0106]

2 다음을 주장한 고대 서양 사상가가 강조한 삶의 태도로 가장 적절한 것은?

> 가장 뛰어난 사람들이여, 여러분은 최고로 강력한 도시이자 지혜와 힘에 있어서 최고의 평판을 듣고 있는 아테네의 시민입니다. 그런 여러분이 지혜와 진리 그리고 자신의 영혼이 최선의 상태에 있도록 돌보는 일에는 마음을 쓰지 않으면서 부와 명성과 명예를 쌓는 일에만 관심을 기울인다면, 그것이야말로 부끄러워해야 할 일이 아니겠습니까? 만일 여러분 중 누군가가 반박하며 자기는 마음을 쓰고 있다고 주장하면, 저는 이 사람에게 캐물을 것입니다. 그리하여 만약 그가 덕을 지니고 있지 않으면서도 지니고 있다고 주장하는 것으로 여겨지면, 저는 그가 가장 가치 있는 것을 경시하고 하찮은 것을 중시한다고 나무랄 것입니다.

① 행복과 지식이 무관함을 알고 소박하고 겸허하게 살아간다.
② 공적인 삶을 멀리하고 은둔의 생활을 하며 자신의 영혼을 돌본다.
③ 덕은 곧 지식임을 깨닫고 진리를 탐구하며 덕을 갖추도록 힘쓴다.
④ 진리가 상대적인 것임을 알고 서로 다른 입장들을 동등하게 존중한다.
⑤ 자신의 무지를 깨닫고 인간보다는 자연의 질서를 연구하는 데 전념한다.

[24014-0107]

3 (가)의 고대 서양 사상가 갑, 을의 입장을 (나) 그림으로 표현할 때, A~C에 해당하는 적절한 진술만을 〈보기〉에서 있는 대로 고른 것은?

(가)	갑: 좋은 것과 나쁜 것을 알기만 하면, 우리는 어떤 것에도 지지 않고 그러한 앎이 지시하는 것 이외의 다른 어떤 것도 행하지 않을 것이다. 우리가 좋은 것에 어긋나는 행위를 한다면, 그것은 오직 무엇이 좋은 것인지를 모르기 때문이다. 을: 자제력 없는 사람은 이성으로 헤아린 것을 쉽게 포기하는 사람처럼 보이며, 자신의 행위가 나쁘다는 것을 알면서도 감정 때문에 그것을 할 수 있다. 그러나 자제력 없는 사람은 방종한 사람과 달리 자신의 행위에 대해 후회할 줄 아는 사람이다.
(나)	 〈범 례〉 A: 갑만의 입장 B: 갑, 을의 공통 입장 C: 을만의 입장

● 보기 ●

ㄱ. A: 선이 무엇인지 알면서도 악을 행하는 것은 있을 수 없다.
ㄴ. A: 덕은 곧 지식이며, 덕이 무엇인지 알면 덕 있는 사람이 된다.
ㄷ. B: 이성의 능력을 탁월하게 발휘해야 행복을 누릴 수 있다.
ㄹ. C: 모든 악행은 무지가 아니라 자제력 없음에서 비롯된다.

① ㄱ, ㄴ   ② ㄴ, ㄹ   ③ ㄷ, ㄹ
④ ㄱ, ㄴ, ㄷ   ⑤ ㄱ, ㄷ, ㄹ

[24014-0108]

4 다음을 주장한 고대 서양 사상가의 입장으로 옳은 것만을 〈보기〉에서 있는 대로 고른 것은?

수호자들이 50세가 되면, 모든 시험을 무사히 통과했고 실무와 학식에서 가장 훌륭한 자들을 최종 목적지로 인도하여 이들로 하여금 영혼의 눈을 위쪽으로 향하게 하고 만물에 빛을 제공하는 것을 직접 바라보게 해야 한다. 그리하여 이들이 좋음[善] 자체를 보면 그것을 본보기로 삼아 여생 동안 번갈아 가며 나라와 사람들과 자기 자신을 다스리게 해야 한다. 물론 그들은 여생의 대부분을 철학으로 소일하지만 자기 차례가 오면 나랏일로 수고하고 통치자가 되어야 한다. 그들이 이렇게 하는 것은 통치하는 일이 대단해서가 아니라 불가피한 것이기 때문이다.

● 보기 ●

ㄱ. 통치자 계층과 피치자 계층은 모두 절제의 덕을 갖추어야 한다.
ㄴ. 통치자는 올바름의 원형을 이성에 의해 파악할 수 있어야 한다.
ㄷ. 통치자는 지혜의 덕을 갖추어야 하지만 사유 재산은 갖지 말아야 한다.
ㄹ. 통치자는 각 사물에 내재한 이데아를 파악하기 위해 선의 이데아를 인식하고 있어야 한다.

① ㄱ, ㄴ   ② ㄴ, ㄹ   ③ ㄷ, ㄹ
④ ㄱ, ㄴ, ㄷ   ⑤ ㄱ, ㄷ, ㄹ

[5~6] 갑, 을은 고대 서양 사상가들이다. 물음에 답하시오.

각 정권은 법률을 제정할 때 자기의 이익을 목적으로 합니다. 자기에게 이익이 되는 것을 정의로운 것으로서 공표하고, 이를 위반하는 자를 범법자나 불의를 저지른 자로 처벌합니다. 강자의 이익이 곧 정의입니다.

나라를 구성하는 세 계층, 즉 통치하는 계층과 보조하는 계층, 그리고 생산하는 계층 각각이 다른 계층의 일에 참견하지 않고 저마다 자신의 일을 할 때 이 '자신에게 맞는 자신의 일을 함'이 곧 정의입니다.

갑

을

[24014-0109]

5 갑, 을의 입장으로 옳은 것만을 〈보기〉에서 고른 것은?

● 보기 ●
ㄱ. 갑: 정의는 치자와 피치자 모두에게 최대 이익을 보장한다.
ㄴ. 을: 정의로운 나라에서 철학과 정치권력은 하나로 결합된다.
ㄷ. 을: 정의의 완전한 원형은 현실 세계가 아니라 이상 세계에 있다.
ㄹ. 갑과 을: 정의는 이성이 아니라 감각적 경험을 통해 파악되어야 한다.

① ㄱ, ㄴ ② ㄱ, ㄷ ③ ㄴ, ㄷ ④ ㄴ, ㄹ ⑤ ㄷ, ㄹ

[24014-0110]

6 다음을 주장한 고대 동양 사상가와 을이 모두 긍정의 대답을 할 질문으로 옳은 것은?

나라를 다스릴 때는 먼저 반드시 이름[名]을 바로잡아야 한다. 이름이 바르지 않으면 말이 순조롭지 않게 되고, 말이 순조롭지 않게 되면 일이 이루어지지 않으며 일이 이루어지지 않으면 예악(禮樂)이 세워지지 않는다. 예악이 세워지지 않으면 형벌의 집행이 공정하게 되지 않고 형벌의 집행이 공정하게 되지 않으면 백성은 손발을 둘 곳이 없게 된다. 그러므로 군자가 이름을 정하면 반드시 그에 대해 말할 수 있으며 말할 수 있으면 반드시 행할 수 있는 것이다.

① 통치자 계층은 공평무사한 통치를 위해 사유 재산을 갖지 말아야 하는가?
② 통치자는 반드시 덕을 갖추고 사회 구성원은 자신의 직분을 다해야 하는가?
③ 사회 구성원들의 화목을 위해 모든 재화의 균등 분배가 이루어져야 하는가?
④ 사회 구성원 각자가 원하는 일을 하도록 계층 이동의 자유가 보장되어야 하는가?
⑤ 모든 사람들이 타고난 본성대로 살아가기 위해 사회적 신분 질서를 없애야 하는가?

[24014-0111]

7 (가)의 고대 서양 사상가 갑, 을의 입장을 (나) 그림으로 탐구하고자 할 때, A~C에 들어갈 옳은 질문만을 〈보기〉에서 있는 대로 고른 것은?

(가)	갑: 선의 이데아는 가장 중요한 배움이며, 선의 이데아 덕분에 정의와 그 밖의 다른 것들도 유익해진다. 선의 이데아를 모른다면, 다른 것들을 아무리 많이 안다고 하더라도 우리에게 조금도 유익하지 않다. 마치 어떤 것의 좋음[善]을 빠뜨린 채 그것을 소유한들 아무 소용이 없듯이 말이다. 을: 모든 선에 공통적으로 서술되는 하나의 선, 혹은 다른 선들로부터 떨어져 존재하는 하나의 선이 있다고 하더라도, 그 선은 인간의 행위로 성취할 수도 없고 소유할 수도 없다. 선의 이데아를 안다고 해서 직물을 짜는 사람이나 목수가 자신의 기술과 관련하여 무슨 이득을 보게 될 것인지는 모를 일이다.
(나)	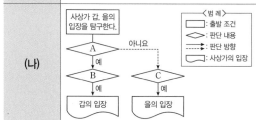

● 보기 ●
ㄱ. A: 통치자는 선의 이데아를 본보기로 삼아 통치해야 하는가?
ㄴ. B: 선의 이데아는 인식의 원인이 아니라 인식의 대상일 뿐인가?
ㄷ. C: 선 자체보다 현실 세계에서 실현 가능한 선이 더 중요한가?
ㄹ. C: 모든 선에 공통된 하나의 선 자체가 모든 선을 낳는 원천인가?

① ㄱ, ㄷ ② ㄱ, ㄹ ③ ㄴ, ㄹ ④ ㄱ, ㄴ, ㄷ ⑤ ㄴ, ㄷ, ㄹ

[24014-0112]

8 다음을 주장한 고대 서양 사상가가 지지할 입장에만 모두 'V'를 표시한 학생은?

> 인간의 기능이 무엇인지 파악한다면 최고선인 행복이 무엇인지 보다 명료하게 말할 수 있다. 왜냐하면 인간의 행복은 인간의 기능 안에 있을 것이기 때문이다. 인간의 기능은 이성을 동반하는 영혼의 활동이고, 훌륭한 사람의 기능은 이러한 활동을 훌륭하게 수행하는 것이며, 각각의 기능은 자신의 고유한 탁월성에 따라 수행될 때 완성된다. 따라서 인간의 행복은 탁월성에 따르는 영혼의 활동이다.

입장 　　　　　　　　　　　 학생	갑	을	병	정	무
행복은 덕 있는 사람이 지닌 영혼의 탁월한 품성 상태이다.	V			V	V
행복은 그 자체를 위해 선택되지 다른 것을 위해 선택되지 않는다.		V	V	V	
덕은 좋은 인간이 되고 인간의 기능을 훌륭하게 수행하는 데 기여한다.		V		V	V
영혼 가운데 이성을 가진 부분의 덕은 모두 교육이 아니라 습관에 의해 형성된다.	V		V		V

① 갑 ② 을 ③ 병 ④ 정 ⑤ 무

08 행복 추구와 신앙

🎯 행복 추구의 방법

1. 헬레니즘 시대의 윤리 사상

(1) 시대적 상황
① 기원전 4세기경 알렉산드로스 대왕의 정복 전쟁 → 도시 국가(polis)의 붕괴와 대제국의 출현
② 도시 국가의 시민에서 제국의 신민으로 전락 → 시민 간 일체감 상실, 정치적 무기력에 빠짐

(2) 사상의 경향
① 더 나은 국가의 실현보다는 개인의 평온한 삶이 주요 탐구 주제로 부각됨
② 대표 사상: 쾌락을 추구하는 에피쿠로스학파와 금욕을 추구하는 스토아학파

2. 에피쿠로스학파의 쾌락주의

(1) 쾌락의 추구
① 쾌락은 모든 가치를 평가하는 최고선이요, 행복한 삶의 시작이자 끝임
② 감각적이고 순간적인 쾌락이 아니라 정신적이고 지속적인 쾌락을 추구함
③ 모든 욕구를 적극적으로 충족하는 데서 오는 쾌락이 아니라 고통을 제거함으로써 주어지는 쾌락을 추구함 → 참된 쾌락은 몸의 고통과 마음의 불안이 모두 소멸된 상태, 즉 평정심(ataraxia)임

> **자료 플러스 | 에피쿠로스의 쾌락주의**
>
> • 모든 쾌락은 우리의 본성에 일차적으로 좋은 것이지만 모든 쾌락이 추구할 만한 가치를 지니는 것은 아니다. 반대로 모든 고통은 나쁜 것이지만 그렇다고 해서 반드시 회피되어야만 하는 것은 아니다. 우리는 쾌락과 고통을 비교하여 우리에게 이익이 되는 것과 해로운 것을 올바르게 판단해야 한다.
> • 결핍으로 인한 고통이 제거된다면, 단순한 음식도 우리에게 사치스러운 음식과 같은 쾌락을 준다. 빵과 물은 그것을 필요로 하는 사람에게 가장 큰 쾌락을 제공한다. — 에피쿠로스, "메노이케우스에게 보내는 편지" —

에피쿠로스는 어떠한 쾌락도 그 자체로 나쁘지는 않다고 보았다. 그러나 모든 욕구를 적극적으로 충족하는 데서 오는 쾌락이 아니라 고통의 부재로서의 쾌락을 추구하였으며, 궁극적으로는 모든 고통이 제거된 상태가 지속됨으로써 주어지는 쾌락을 추구하였다.

(2) 평정심에 이르는 방법
① 자연적이고 필수적인 욕구만을 최소한으로 충족하는 소박한 삶, 이성으로써 욕구를 분별하고 절제하는 검소한 삶을 살아야 함 → 자연적이고 필수적인 욕구를 충족하지 못하거나 필수적이지 않은 욕구를 충족하려면 고통과 불안이 발생함
② 신, 운명, 죽음 등에 대한 잘못된 믿음을 제거하여 두려움에서 벗어나야 함 → 신은 다른 존재에게 고통을 주지 않으며, 운명은 존재하지 않고, 살아 있는 동안은 죽지 않았으며 죽으면 어떤 것들도 감각할 수 없음
③ 은둔적 생활 속에서 친구와 우정을 나누며 살아야 함
  • 공적인 삶과 인간관계는 집착과 다툼, 좌절과 분노 등 고통과 불안을 일으킴
  • 친구와 친밀한 관계를 맺는 것은 행복한 삶의 필수 요소임
④ 정의로운 삶을 통해 안전을 도모하며 살아야 함

⭐ 에피쿠로스의 욕구 구분
• 자연적이고 필수적인 욕구: 의식주에 대한 기본적인 욕구
• 자연적이지만 필수적이지 않은 욕구: 성적인 욕구
• 자연적이지도 필수적이지도 않은 욕구: 부, 명예, 권력 등에 대한 욕구

⭐ 에피쿠로스의 정의(正義)
정의란 사람들이 서로를 해치지 않고 해침을 당하지 않도록 지켜 주려는 상호 이득을 위한 협정임

개념 체크

1. 에피쿠로스는 (　　　)을/를 모든 가치를 평가하는 최고선이요, 행복한 삶의 시작이자 끝으로 보았다.
2. 에피쿠로스는 모든 욕구를 적극적으로 충족하는 데서 오는 쾌락이 아니라 (　　　)을/를 제거함으로써 주어지는 쾌락을 추구하였다.
3. 에피쿠로스에 따르면 (　　　)(이)란 사람들이 서로를 해치지 않고 해침을 당하지 않도록 지켜 주려는 상호 이득을 위한 협정이다.

정답
1. 쾌락
2. 고통
3. 정의

(3) 에피쿠로스학파 윤리 사상의 한계와 영향

① 한계: 개인적 쾌락을 중시한 나머지 공적 삶을 경시함

② 영향: 감각적 경험을 중시한 근대 경험론과 쾌락을 중시한 공리주의에 영향을 줌

3. 스토아학파의 금욕주의

(1) 금욕의 추구

① 어떠한 상황에서도 동요하지 않는 정신 상태, 즉 정념의 지배로부터 벗어난 상태인 부동심 (apatheia)을 추구함

② 자식에 대한 부모의 사랑, 인류에 대한 사랑 등과 같은 자연스러운 감정은 인정함

(2) 부동심에 이르는 방법

① 이성에 따른 삶을 살아야 함

- 이성(logos): 우주 만물의 본질, 만물의 생성과 변화를 이끌어 가는 힘 → 신, 자연 등으로 표현됨
- 자연의 일부인 인간은 신적 이성을 나누어 가지고 있음 → 이성은 신과 자연과 인간에게 공통되며, 인간은 이성으로써 자연의 필연적 질서를 파악하고 따를 수 있음

② 운명을 받아들이는 삶을 살아야 함

- 자연 안에서 일어나는 모든 일은 신에 의해 운명 지어진 것으로 바꿀 수도 없고, 바꿀 필요도 없음
- 인간이 바꿀 수 있는 것은 생각, 충동, 욕구, 감정 등 마음과 관련된 것뿐임

③ 자연법에 따른 삶을 살아야 함

- 자연법이란 우주를 지배하는 이성의 명령이자 자연법칙임
- 이성을 가진 모든 인간은 평등하다는 세계 시민주의 사상으로 발전됨
- 사회적 역할뿐만 아니라 인류의 공동선 실현에 기여해야 함

> **자료 플러스 　스토아학파의 자연에 따른 삶**
>
> - 빵을 구울 때 표면의 갈라진 부분들은 빵을 굽는 사람의 의도와 기술에 어긋나기는 해도, 그 나름대로의 아름다움을 지니며 먹고 싶은 욕망을 자극한다. 이와 같이 자연의 순리에 따른 것이라면 아무것도 나쁘지 않다. 우주에서 생성되는 사건과 사물에 대해 깊은 통찰력을 지닌 사람에게는, 어떤 결과로서 일어나는 사건과 사물들 중 그 어떤 것도 기쁨을 제공하지 않도록 창조된 것은 하나도 없다.　– 아우렐리우스, "명상록" –
> - 인간의 정신을 방해하는 것은 사건들 자체가 아니라 사건들에 대한 인간의 판단이다. 예를 들어 죽음을 두려운 것으로 만드는 유일한 것은 그것이 두렵다는 사람들의 판단이다. 만약 우리가 마음의 동요와 슬픔 때문에 방해를 받는다면, 그 책임을 다른 사람이 아니라 우리의 의견과 판단에 돌리도록 하자.
>   　– 에픽테토스, "엥케이리디온" –

아우렐리우스는 이성에 따른 삶을 살 때 평온한 삶을 살 수 있다고 보았다. 그에 의하면 이성에 따른 삶이란 자연에 따른 삶이자 신의 예정과 섭리에 따른 삶이며, 덕에 따른 삶이다. 에픽테토스에 의하면 이 세계의 모든 일은 일어나게 되어 있는 일들이 일어나는 것이다.

(3) 스토아학파 윤리 사상의 한계와 영향

① 한계: 주어진 운명에 순응할 것을 지나치게 강조하여 도덕적 행위에서 인간의 의지와 감정의 역할을 간과했다는 비판을 받기도 함

② 영향: 중세와 근대의 자연법 사상가들, 정념의 예속으로부터의 자유를 강조한 스피노자, 이성에 부합한 삶을 강조한 칸트에게 영향을 줌

✪ 스토아학파의 정념(pathos)
외부의 자극으로 일어나는 마음의 모든 격렬한 움직임과 충동. 비이성적이고 자연스럽지 않은 특성을 지니고 있으므로 이성에 따른 삶을 어렵게 만드는 원인임

개념 체크

1. 스토아학파 사상가들은 (　　　)의 지배로부터 벗어난 부동심을 추구하였다.

2. 스토아학파 사상에 따르면 (　　　)은/는 신과 자연과 인간에게 공통되며, 인간은 (　　　)(으)로써 자연의 필연적 질서를 파악하고 따를 수 있다.

3. 스토아학파 사상가들은 이성을 가진 모든 인간은 평등하다는 (　　　) 사상을 주장하였다.

정답
1. 정념
2. 이성, 이성
3. 세계 시민주의

⊙ 신앙

1. 그리스도교의 기원과 발전

(1) 그리스도교의 기원

① 유대교
- 여호와를 유일신이자 창조주로 믿으며 메시아의 도래와 심판을 믿는 이스라엘의 민족 종교
- 인간은 신의 형상에 따라 창조되었으며 신의 명령에 따라야 함을 강조함
- 유대인만이 신에게 선택받았다는 선민(選民)사상과 율법의 엄격한 준수를 강조하는 율법주의를 특징으로 함

② 예수의 사상
- 사랑의 윤리: 유대교의 선민사상과 율법주의 비판 → 모든 인간은 신 앞에 존귀하고 평등하며, 율법의 참된 정신은 신을 온 마음으로 사랑하고 이웃을 자기 몸처럼 사랑하는 것임
- 보편 윤리: '남에게 대접받고자 하는 대로 너희도 남을 대접하라.'(황금률) → 보편적이고 도덕적인 의무로서의 이웃 사랑 강조
- 그리스도교가 민족 종교를 넘어 세계 종교로 발전할 수 있는 기틀을 마련함

(2) 그리스도교의 발전

① 그리스 사상과의 만남: 그리스도교가 헬레니즘 문화권으로 전파되는 과정에서 이성 중심의 그리스 사상과 만나게 됨 → 교리를 체계화함으로써 그리스도교가 세계 종교로 발전하게 됨

② 교부 철학
- 중세 초기 그리스도교 교리를 체계화하는 데 공헌한 교부(敎父)들의 사상 및 철학
- 대표 사상가: 아우구스티누스 → 플라톤 철학으로 신앙과 사랑의 윤리를 체계화함

③ 스콜라 철학
- 중세 후기 수도원 부속 학교(schola)를 중심으로 그리스도교의 교리를 철학적으로 논증하려고 한 사상 및 철학
- 대표 사상가: 아퀴나스 → 아리스토텔레스 철학으로 신앙과 이성을 조화시키고자 함

2. 아우구스티누스와 사랑의 윤리

(1) 고대 그리스 사상의 수용

① 플라톤 사상 수용
- 이데아론에 맞추어 완전하고 영원한 천상의 나라와 불완전하고 유한한 지상의 나라를 구분함
- 신을 이데아와 같이 인간이 추구해야 할 최고선으로 봄

② 플라톤 사상과의 차이점
- 신을 이성적 인식을 넘어 실존적으로 만나야 할 인격적 존재로 봄
- 참된 행복의 실현은 계시를 통해 신의 은총을 받아야만 가능하다고 봄

(2) 사랑의 윤리

① 행복론과 덕론
- 신은 최고선이며, 신을 사랑하는 사람만이 선을 실현하며 참된 행복에 이르게 됨
- 종교적 덕(믿음, 소망, 사랑) 중 최고의 덕은 사랑임
- 플라톤의 사주덕(지혜, 용기, 절제, 정의)도 신에 대한 사랑의 다른 표현임

⊕ 그리스도

'머리에 기름 부음을 받은 자', '거룩한 자'라는 뜻으로 그리스어로는 '크리스토스(Christos)', 히브리어로는 '메시아(Messiah)'라고 함

개념 체크

1. 아우구스티누스는 플라톤의 (   )론에 맞추어 완전하고 영원한 천상의 나라와 불완전하고 유한한 지상의 나라를 구분하였다.

2. 아우구스티누스는 믿음, 소망, 사랑의 종교적 덕 중 최고의 덕은 (   )(이)라고 보았다.

3. 아우구스티누스는 플라톤의 사주덕을 (   )에 대한 사랑의 다른 표현이라고 보았다.

정답
1. 이데아
2. 사랑
3. 신

② 원죄론
- 모든 인간은 자유 의지의 남용으로 인한 원죄(原罪)를 갖고 불완전한 상태로 태어남 → 인간의 노력만으로 신과 이웃을 온전히 사랑할 수 없음
- 악은 실체로서 존재하는 것이 아니라 선이 결여된 상태임 → 악은 신의 창조물이 아니라 인간 행위의 결과임
③ 구원론
- 원죄로부터의 구원은 오직 신의 은총에 의해서만 가능함
- 신앙으로써 신에게 귀의하여 신과 하나가 될 때, 신과 이웃을 온전히 사랑할 수 있게 됨
- 신을 사랑하는 자들에 의해 천상의 나라가, 자신을 사랑하는 자들에 의해 지상의 나라가 이루어짐

자료 플러스 아우구스티누스의 사랑의 윤리

- 더 선한 것이 없는 선인 최고선을 누리는 데 행복이 있다면, 최고선에 도달하지 못한 사람을 어떻게 행복하다고 말할 수 있는가? 우리가 지닌 모든 선한 것들의 완전함, 그리고 우리의 완전한 선은 바로 신이다. 이제 우리는 무엇을 얼마나 사랑해야 하는지 들었다. 우리는 반드시 이것을 추구해야만 할 것이며, 이것에 맞추어 우리의 모든 계획을 세워 나가야 한다. — 아우구스티누스, "마니교와 도나투스파에 대한 반박" —
- 절제란 온전한 사랑의 대상이 되는 존재에게 드려야 할 사랑을 드리는 사랑이다. 용기란 사랑해야 할 존재를 위해 모든 것을 기꺼이 참아 내는 사랑이다. 정의는 사랑받아야 할 존재만을 사랑함으로써 바른 다스림을 구현하고자 하는 사랑이다. 지혜란 온전한 사랑의 대상에 대한 사랑을 방해하는 것과 도움이 되는 것을 지혜롭게 분별해 내는 사랑이다. 이러한 사랑을 받을 존재는 최고선이며 최고의 지혜이며 완전함 그 자체인 신뿐이다. — 아우구스티누스, "가톨릭교회의 도덕에 관하여"

아우구스티누스는 신은 최고선이며, 신을 사랑하는 사람은 악에 빠지지 않고 선을 실현하며 참된 행복에 이를 수 있다고 보았다. 그는 '바른 사랑', 즉 '질서 잡힌 사랑'을 강조하였다. 이것은 물질보다는 인간을, 육체보다는 영혼을, 인간의 영혼보다는 신을 사랑하는 것이며, 향유할 대상을 향유하고 사용해야 할 대상을 사용하는 것을 의미한다. 아우구스티누스가 말하는 향유란 대상 그 자체를 사랑하는 것이며, 사용은 어떤 대상을 어떤 목적을 위해 사랑하는 것이다. 그는 인간보다 상위의 것들, 즉 정신적인 것들은 향유해야 하고, 인간보다 하위에 있는 것들, 즉 동식물, 무생물 등은 사용해야 한다고 보았다.

(3) 아우구스티누스 사상의 의의
① 플라톤 사상을 수용하면서도 인간의 이성과 의지의 한계를 밝히고, 신과 사랑을 중심으로 한 윤리 사상을 정립함 → 이성에 대한 신앙의 우위 강조
② 고대 그리스 사상과 그리스도교 사상을 융합하여 그리스도교가 유럽으로 확산되는 데 기여함

3. 아퀴나스와 자연법 윤리

(1) 고대 그리스 사상의 수용
① 아리스토텔레스 사상 수용
- 아리스토텔레스와 같이 인간의 궁극적인 목적은 행복이며, 행복은 덕에 의해 실현된다고 봄
- 아리스토텔레스의 주요 개념들을 활용하여 신의 존재를 이성적으로 증명하려고 함
② 아리스토텔레스 사상과의 차이점
- 자연적 덕(지성적 덕과 품성적 덕)을 최고의 행복으로 나아가는 예비적 단계의 덕으로 봄 → 신에게로 인도해 주는 종교적 덕(믿음, 소망, 사랑)이 필요함
- 최고의 행복은 신과 하나가 되는 것이며, 이것은 신의 은총에 의해 내세에서 가능하다고 봄

● 원죄

최초의 인간인 아담이 자유 의지를 남용함으로써, 즉 신의 계율을 어기고 선악과를 따 먹으면서 생겨난 죄로, 그리스도교에서는 모든 인간이 태어날 때부터 가진 것으로 봄

개념 체크

1. 아우구스티누스에 따르면 모든 인간은 자유 의지의 남용으로 인한 (　　)을/를 가지고 불완전한 상태로 태어난다.
2. 아우구스티누스는 (　　)은/는 선에 반대되는 실체가 아니라 선의 결여이며, 신의 창조물이 아니라 인간 행위의 결과라고 주장하였다.
3. 아퀴나스는 지성적 덕, 품성적 덕과 같은 (　　)적 덕은 최고의 행복으로 나아가는 예비적 단계의 덕이며 믿음, 소망, 사랑 등 신에게로 인도해 주는 (　　)적 덕을 통해 최고의 행복에 이를 수 있다고 보았다.

정답
1. 원죄
2. 악
3. 자연, 종교

(2) 자연법 윤리

① 영원법
- 신의 예지와 의지로 정립된 영원불변하는 질서와 법칙
- 모든 사물의 본성뿐만 아니라 인간의 자연적 성향에 반영되어 있음 → 인간은 이성을 통해 자연적 성향을 인식하고 따름으로써 신의 뜻을 깨닫고 행복한 삶을 살 수 있음

② 자연법
- 인간의 이성에 의해 인식된 영원법
- 이성을 가진 인간이라면 동의할 수밖에 없고 지켜야 하는 보편적인 도덕 법칙
- 제1원리는 '선을 행하고 악을 피하라.'이며, 이는 인간의 자연적 성향, 즉 자기 생명을 보존하려는 성향, 종족을 보존하려는 성향, 신에 대해 알고자 하는 성향, 사회적 삶을 살고자 하는 성향 등에 의해 구체화됨

③ 실정법(인간법)
- 인간 사회의 질서를 유지하기 위해 인간에 의해 만들어진 구체적인 법
- 자연법이 영원법에 기초하듯 실정법은 자연법에 기초해야 함 → 자연법을 위반할 경우 실정법은 정당성을 상실하게 됨

> **자료 플러스 | 아퀴나스의 자연법 윤리**
>
> - 인간에게는 모든 다른 실체들과 공유하는 성향, 즉 자신의 존재를 유지하고자 하는 자연적 성향과 다른 동물들과 공유하는 자연적 성향이 내재해 있다. 그뿐만 아니라 인간에게 고유한 자연적 성향이 있는데, 이는 이성이라는 자연적 본성을 따르는 것으로, 신에 관한 진리를 인식하고자 하는 자연적 성향과 사회적 공동체에서 삶을 살고자 하는 자연적 성향이다.
> - 이성적 피조물은 영원한 이성 안에 참여한다. 이를 통해 이성적 피조물은 적절한 행동과 목적에 대한 자연적 성향을 지닌다. 이성적 피조물 안에서 영원법의 참여가 바로 자연법이다. — 아퀴나스, "신학대전" —
>
> 아퀴나스에 따르면 영원법은 인간의 자연적 성향에 반영되어 있으며, 인간은 이성을 통해 자연적 성향을 인식하고 따름으로써 영원법에 참여할 수 있다.

(3) 아퀴나스 사상의 의의
① 신앙과 이성의 영역을 구분하면서도 신앙과 이성이 상호 보완적 관계임을 강조함
② 그리스도교의 지배 아래에서 철학이 발달하고 근대 윤리 사상이 싹틀 수 있는 발판이 됨

4. 프로테스탄티즘

(1) 루터의 사상
① '오직 믿음, 오직 은총, 오직 성서': 구원은 교회 의식이나 선행이 아니라 신앙과 신의 은총에 의해 가능하며, 그리스도교의 진리는 교회나 교황이 아니라 성서에 있음
② 만인 사제주의: 모든 신앙인은 성직자이자 사제로서 신과 직접 대화할 수 있음

(2) 칼뱅의 사상
① 예정설: 구원은 신의 선택에 의해 미리 정해져 있음
② 직업 소명설: 직업은 신이 각 개인에게 내린 소명(召命)이며 지상에서 이웃 사랑과 신의 영광을 실현하는 수단임

(3) 의의: 신의 뜻에 맞게 살아가는 삶이 종교적으로나 윤리적으로 중요함을 강조 → 그리스도교 사상이 현세에서의 삶을 중시하는 특색을 띠게 됨

프로테스탄티즘
16세기 루터와 칼뱅에 의해 주도된 종교 개혁의 중심 사상. 당시 교회의 부패와 타락, 교리에 항의했던 사람들이 기존의 교황 중심의 교회와 구분하여 형성한 그리스도교 사상

소명
어떤 특별한 목적을 위한 신의 부름을 일컫는 말

개념 체크
1. 아퀴나스에 따르면 (　　)은/는 인간의 이성에 의해 인식된 영원법이다.
2. 아퀴나스는 '(　　　　)'을/를 자연법의 제1원리로 제시하였다.
3. 칼뱅은 구원은 신의 선택에 의해 미리 정해져 있다는 (　　)을/를 주장하였다.

정답
1. 자연법
2. 선을 행하고 악을 피하라.
3. 예정설

[24014-0113]

01 (가)를 주장한 고대 서양 사상가의 입장에서 볼 때, (나)의 ㉠에 들어갈 진술로 가장 적절한 것은?

(가)	우리는 쾌락을 첫 번째 선이자 타고난 선으로 인식하고, 쾌락을 출발점으로 삼아 모든 선택과 기피를 행하며, 쾌락으로 다시 돌아가 쾌락을 기준으로 모든 선을 판정한다. 쾌락은 행복한 삶의 처음이자 끝이다.
(나)	기자: 우리가 추구해야 할 쾌락은 어떤 것입니까? 사상가: _____㉠_____

① 순간적이고 감각적인 즐거움을 누리는 상태입니다.
② 몸에 고통이 없고 마음에 불안이 없는 상태입니다.
③ 정당하게 얻은 부와 명예를 최대한 누리는 상태입니다.
④ 지극히 행복하고 불멸하는 신과 하나가 되는 상태입니다.
⑤ 모든 것을 운명으로 받아들이는 평정한 마음 상태입니다.

[24014-0114]

02 다음을 주장한 고대 서양 사상가의 입장으로 옳은 것만을 〈보기〉에서 있는 대로 고른 것은?

> 욕구들 가운데 어떤 것은 자연적인 것이자 필수적인 것이지만, 어떤 것은 자연적인 것이면서도 필수적인 것은 아니다. 또 어떤 것은 자연적인 것도 아니고 필수적인 것도 아니며 근거 없는 의견으로 인해서 생겨난 것이다.

● 보기 ●
ㄱ. 헛된 생각을 버리면 사라지는 욕구가 존재한다.
ㄴ. 모든 자연적인 욕구를 충족하기 위해 힘써야 한다.
ㄷ. 행복을 위해 충족해야 할 욕구는 존재하지 않는다.
ㄹ. 필수적이지 않은 욕구를 추구하면 고통이 따를 수 있다.

① ㄱ, ㄷ   ② ㄱ, ㄹ   ③ ㄴ, ㄷ
④ ㄱ, ㄴ, ㄹ   ⑤ ㄴ, ㄷ, ㄹ

[24014-0115]

03 다음을 주장한 고대 서양 사상가가 강조한 삶의 태도로 가장 적절한 것은?

> 지금 당신이 괴로워한다면 당신은 만물이 보편적 본성에 따라 생겼다는 사실을 잊고 있으며, 남의 잘못은 당신과 관계가 없다는 것을 잊고 있다. 또한 이 세상에서 일어나는 일은 항상 이와 같이 일어난다는 것을 잊고 있다. 그리고 당신은 자신의 소유물이 하나도 없고 모든 것은 신성으로부터 나왔다는 것을 잊고 있다.

① 주체적 선택과 결단으로 자신의 운명을 개척한다.
② 부동심을 갖기 위해 초자연적 인격신에 귀의한다.
③ 공동체의 행복보다 개인으로서의 행복을 중시한다.
④ 심신의 고통이 부재한 상태를 행복으로서 추구한다.
⑤ 세상사를 필연적인 것으로 보고 이성을 충실히 따른다.

[24014-0116]

04 다음을 주장한 고대 서양 사상가가 긍정의 대답을 할 질문으로 옳은 것은?

> • 모든 것에서 이성 이외의 다른 어떤 것에도 주목하지 않고 자신을 이끌어 갔기에 소크라테스는 완전하게 되었다. 당신이 아직은 소크라테스가 아니라 할지라도 소크라테스가 되고자 하는 듯이 살아야 한다.
> • 신과 인간이 친족이라는 철학자들의 말이 참이라면 소크라테스가 했던 답변 외에 어떤 말을 할 수 있겠는가. 소크라테스는 어느 나라 사람이냐는 질문에, '나는 아테네 사람이다.' 혹은 '나는 코린트 사람이다.'라고 하지 않고 '나는 세계의 시민이다.'라고 말했다.

① 덕이 쾌락을 주지 못하면 그 덕을 버려야 하는가?
② 공적인 삶을 떠나서 은둔자의 삶을 살아야 하는가?
③ 정념의 속박에서 벗어나려면 자연을 따라야 하는가?
④ 지혜를 발휘하여 자연의 필연성에서 벗어나야 하는가?
⑤ 이성에 따르는 삶을 위해 모든 감정을 부정해야 하는가?

[24014-0117]

05 다음을 주장한 중세 서양 사상가의 입장으로 옳은 것은?

> 두 사랑이 두 나라를 만들었다. 신을 멸시하면서까지 이르는 자기 사랑은 지상의 나라를 만들었고, 자기를 멸시하면서까지 이르는 신에 대한 사랑은 천상의 나라를 만들었다. 지상의 나라는 스스로 자랑하고 사람들에게서 영광을 찾으며, 천상의 나라는 신 안에서 자랑하고 신이 가장 큰 영광이 된다.

① 사랑은 종교적 덕이 아니라 도덕적 덕에 해당한다.
② 인간은 인간의 노력만으로 원죄에서 벗어날 수 있다.
③ 신은 만물의 초월적 원인이 아니라 내재적 원인이다.
④ 신이 선악을 창조했지만 인간은 선악을 선택할 수 있다.
⑤ 신은 최고선이며 실존적으로 만나야 할 인격적 존재이다.

[24014-0118]

06 다음을 주장한 중세 서양 사상가의 입장으로 옳은 것만을 〈보기〉에서 고른 것은?

> 영원법은 인간의 자연적 성향에 반영되어 있고, 인간은 이성으로 자연적 성향을 인식하고 따를 수 있다. 자연법은 이성적 피조물이 영원법에 참여하는 것이다.

● 보기 ●
ㄱ. 자연법은 신의 계시로만 인간에게 알려진 영원법이다.
ㄴ. 자연법에 근거한 영원법이 실정법의 근거가 되어야 한다.
ㄷ. 자연법의 첫 번째 명령은 선을 행하고 악을 피하라는 것이다.
ㄹ. 자연적 성향에 대한 성찰로 우리는 신이 원하는 바를 알 수 있다.

① ㄱ, ㄴ ② ㄱ, ㄷ ③ ㄴ, ㄷ ④ ㄴ, ㄹ ⑤ ㄷ, ㄹ

[24014-0119]

07 다음을 주장한 고대 서양 사상가의 입장으로 옳은 것만을 〈보기〉에서 고른 것은?

> 우주가 원자의 집합이든, 질서 있는 체계이든 우선, 나는 자연이 지배하는 만물의 한 부분이라고 확신하라. 내가 만물의 한 부분인 한, 우주로부터 나에게 할당되는 일에 불만을 품어서는 안 된다. 다음으로, 나는 나와 같은 사람들과 밀접한 관계를 맺고 있다고 확신하라. 내가 사람들과 그러한 관계를 맺고 있는 한 반사회적인 행동을 하지 않고 공공의 이익을 위해 노력해야 한다. 그러면 삶은 행복해질 것이다.

● 보기 ●
ㄱ. 바람직한 행위는 자연에 일치하는 행위이다.
ㄴ. 은둔의 삶을 살아야 마음의 평온을 찾을 수 있다.
ㄷ. 이성을 가진 인간은 모두 평등한 세계 시민이다.
ㄹ. 행복은 자신의 운명을 이성으로 극복하는 데 있다.

① ㄱ, ㄴ ② ㄱ, ㄷ ③ ㄴ, ㄷ ④ ㄴ, ㄹ ⑤ ㄷ, ㄹ

[24014-0120]

08 다음을 주장한 근대 서양 사상가의 입장으로 옳은 것만을 〈보기〉에서 고른 것은?

> • 교황은 자신의 직권으로 부과된 형벌 또는 교회법으로 부과된 형벌 이외의 어떤 형벌도 용서할 힘이나 바람을 가지지 못한다.
> • 어떠한 그리스도인이든 진심으로 뉘우치고 회개하는 사람은 면죄부 없이도 형벌과 죄책에서 완전한 사함을 받을 수 있다.
> • 교회의 참된 보배는 신의 영광과 은혜의 복음이다.

● 보기 ●
ㄱ. 신앙인은 모두 성직자이자 사제가 될 수 있다.
ㄴ. 그리스도교의 진리는 교황이 아니라 성서에 있다.
ㄷ. 신앙인은 교회 성직자를 통해서만 신과 대화할 수 있다.
ㄹ. 교회의 예배 의식(儀式)은 개인의 신앙보다 더 중요하다.

① ㄱ, ㄴ ② ㄱ, ㄷ ③ ㄴ, ㄷ ④ ㄴ, ㄹ ⑤ ㄷ, ㄹ

[1~2] 갑, 을은 고대 서양 사상가들이다. 물음에 답하시오.

> 갑: 사려 깊고 아름답고 정의롭게 살지 않고서는 즐겁게 살 수 없으며, 즐겁게 살지 않고서는 사려 깊고 아름답고 정의롭게 살 수 없다. 덕은 본성적으로 즐거운 삶과 연결되어 있으며 즐거운 삶은 덕과 떨어질 수 없다.
> 을: 나는 이성적 인간에게서 정의에 반대되는 덕을 찾지 못했지만 쾌락에 반대되는 덕은 찾았다. 절제가 그것이다. 우리는 신과 인간에 공통된 이성에 따라 행동할 때 두려워할 것이 없다. 이성에 따른 행동에는 해로움이 없기 때문이다.

[24014-0121]

1 갑, 을의 입장을 그림으로 표현할 때, A~C에 해당하는 적절한 진술만을 〈보기〉에서 있는 대로 고른 것은?

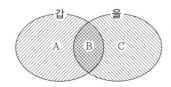

〈범 례〉
A: 갑만의 입장
B: 갑, 을의 공통 입장
C: 을만의 입장

• 보기 •
ㄱ. A: 덕은 우리에게 쾌락을 제공할 때 가치를 지닌다.
ㄴ. B: 행복을 누리려면 이성을 발휘하고 절제 있게 살아야 한다.
ㄷ. B: 운명을 사랑하고 수용하는 태도가 유덕한 사람의 태도이다.
ㄹ. C: 우주 자연에 대한 탐구는 평온한 삶을 실현하는 데 기여한다.

① ㄱ, ㄴ
② ㄴ, ㄷ
③ ㄷ, ㄹ
④ ㄱ, ㄴ, ㄹ
⑤ ㄱ, ㄷ, ㄹ

[24014-0122]

2 다음을 주장한 고대 서양 사상가의 입장에서 갑, 을에게 제시할 견해로 가장 적절한 것은?

> • 각자에게 고유한 것이 본성적으로 각자에게 가장 좋고 가장 즐거운 것이다. 따라서 무엇보다도 이성이 인간을 인간답게 하기 때문에 인간에게는 이성을 따르는 삶이 가장 좋고 가장 즐거운 것이다. 이러한 삶이 또한 가장 행복한 삶이다.
> • 행복은 덕에 따르는 영혼의 활동이다. 만약 덕이 여럿이라면 그중 최상이며 가장 완전한 덕에 따르는 영혼의 활동이 행복이다.

① 갑에게: 쾌락이 최고의 선이며 행복한 삶의 본질임을 바르게 알고 있다.
② 갑에게: 사회적 존재인 인간이 공적 활동에 헌신해야 함을 바르게 알고 있다.
③ 을에게: 절제는 타고나는 덕이지 습관으로 완성되는 덕이 아님을 모르고 있다.
④ 을에게: 이성은 모든 행위들에서 최선의 상태를 발견할 수 있음을 모르고 있다.
⑤ 갑과 을에게: 행복한 삶을 누리기 위해서는 이성을 발휘해야 함을 바르게 알고 있다.

[24014-0123]

3 다음을 주장한 고대 서양 사상가의 입장으로 가장 적절한 것은?

> • 지극히 행복하고 불멸하는 신은 자신이 문젯거리를 갖지도 않고 다른 것에 문젯거리를 제공하지도 않는다. 그러므로 신은 분노에 사로잡히지도 않고 호의에 이끌리지도 않는다. 그런 일은 나약한 존재에게 있는 것이기 때문이다.
> • 죽음은 우리에게 아무것도 아니다. 왜냐하면 분해된 것은 감각이 없고, 감각이 없는 것은 우리에게 아무것도 아니기 때문이다.
> • 우주의 본성을 알지 못하고 신화가 말해 주는 것을 무서워하는 사람은 가장 중요한 문제에 대한 두려움을 해소할 수 없다. 자연에 대한 연구 없이는 순수한 쾌락을 얻을 수 없다.

① 죽음은 윤회의 한 과정이므로 두려워할 필요가 없다.
② 고통이 모두 제거될 때 쾌락은 더 이상 필요하지 않다.
③ 인간의 모든 행동은 자연의 필연성에 의해 결정되어 있다.
④ 신의 분노를 사지 않기 위해 신을 경건하게 숭배해야 한다.
⑤ 몸과 마음의 쾌락을 누리는 일에는 이성적 숙고가 불필요하다.

[24014-0124]

4 다음을 주장한 중세 서양 사상가의 입장으로 옳은 것만을 〈보기〉에서 있는 대로 고른 것은?

> 인간이 자연적 성향을 가지고 있는 모든 것을 이성은 선으로 파악하고, 이것과 반대되는 것을 악으로 파악한다. 따라서 자연법의 명령은 자연적 성향의 질서를 따른다. 첫째, 인간은 모든 사물과 공유하는 본성에 따라 선을 추구하는 성향이 있다. 가령 모든 사물은 자신의 존재가 보존되기를 갈망한다. 인간의 생명을 유지하고 그 반대를 막는 것은 그러한 성향에 따라 자연법과 관련된다. 둘째, 인간은 동물과 공유하는 본성에 따라 선을 추구하는 성향이 있다. 남녀의 결합이나 자식의 양육 등과 같이 자연이 모든 동물에게 명령한 것은 그러한 성향에 따라 자연법과 관련된다. 셋째, 인간은 자신의 고유한 이성이라는 본성에 따라 선을 추구하는 성향이 있다. 인간은 신에 관한 진리를 알고자 하고 사회에서 살고자 하는 성향을 가진다. 무지를 피해야 한다는 것, 함께 살아야 하는 다른 사람들을 해쳐서는 안 된다는 것 등은 그러한 성향에 따라 자연법과 관련된다.

● 보기 ●
ㄱ. 신과 자연과 인간은 공통적으로 이성을 본성으로 가진다.
ㄴ. 인간은 신이 부여한 이성에 의해 자연법을 파악할 수 있다.
ㄷ. 인간은 자연법을 지키며 자연과 하나 될 때 최고의 행복을 누린다.
ㄹ. 인간은 생명을 유지할 의무와 신에 대해 알아야 할 의무를 지닌다.

① ㄱ, ㄷ
② ㄱ, ㄹ
③ ㄴ, ㄹ
④ ㄱ, ㄴ, ㄷ
⑤ ㄴ, ㄷ, ㄹ

[5~6] 갑, 을은 중세 서양 사상가들이다. 물음에 답하시오.

탐욕은 황금 자체의 부패가 아니라 정의를 어기면서 황금을 사랑하는 인간의 부패이다. 어떤 것이든 그것의 선을 그릇되게 사랑하는 사람은 악한 자가 된다. 모든 선한 것의 이데아인 신은 어떤 부분에서도 결손되지 않지만, 무(無)로부터 창조된 것들은 결손될 수 있다.

모든 것은 완성을 향한 욕구를 지니고 있기에 모든 것이 움직이며 향하는 최종 목적은 자신의 완전한 선, 자신을 충족하는 선이라 할 수 있다. 인간의 경우 궁극적 목적은 창조되지 않은 선, 즉 신이며 오직 신만이 신의 무한한 선 때문에 인간의 의지를 넘칠 만큼 채울 수 있다.

갑

을

[24014-0125]

5 갑, 을의 입장으로 옳은 것은?

① 갑: 선과 악은 실제로 존재하는 것이며 신이 창조한 것이다.
② 갑: 인간이 자유 의지를 발휘하여 악을 행하는 것은 불가능하다.
③ 을: 신이 존재한다는 것은 이성적인 방법으로써 증명될 수 없다.
④ 을: 인간이 자신의 자연적 성향을 따르는 것은 선행이 될 수 없다.
⑤ 갑과 을: 진정한 행복은 신의 은총을 통해 내세에서 실현될 수 있다.

[24014-0126]

6 갑, 을 모두가 다음 고대 서양 사상의 입장에 대해 제기할 수 있는 비판으로 가장 적절한 것은?

인생의 목적은 자연에 일치하여 사는 것이다. 이렇게 사는 것은 인간이 자신의 본성에 따르고 우주의 본성에 따르는 것이며, 공통의 법이 금지하는 어떤 것도 하지 않는 것이다. 여기서 공통의 법이란 만물에 편재하는 올바른 이성이며, 존재하는 모든 것을 질서 정연하게 하는 신과 동일한 것이다.

① 덕에 따르는 영혼의 활동이 진정한 행복임을 간과한다.
② 신은 우주 자연과 구분되는 초월적 존재임을 간과한다.
③ 신은 만물이 존재하도록 하는 궁극적 원인임을 간과한다.
④ 자연을 따르고 이성을 따라야 행복해질 수 있음을 간과한다.
⑤ 신은 인격적 존재가 아니라 이성적 관조의 대상임을 간과한다.

[24014-0127]

7 고대 서양 사상가 갑, 중세 서양 사상가 을의 입장으로 옳은 것만을 〈보기〉에서 있는 대로 고른 것은?

> 갑: 지혜는 영혼의 각 부분을 위해서뿐만 아니라 전체를 위해서 무엇이 좋은지를 아는 것이다. 용기는 두려워할 것과 두려워하지 않을 것에 대한 이성의 지시를 끝까지 보전하는 것이다. 절제는 영혼의 지배하는 부분과 지배받는 두 부분들 사이에 반목하지 않는 것이다. 정의는 영혼의 각 부분이 서로 간섭하지 않고 제 할 일을 하는 것이다.
> 을: 절제는 신을 위해 자신을 건전하게 지키고 타락하지 않도록 하는 사랑이다. 용기는 신을 위해 모든 것을 기꺼이 감수하는 사랑이다. 정의는 오직 신만을 섬기고 이것 때문에 인간에게 복속된 다른 모든 것을 잘 다스리는 사랑이다. 지혜는 신에게 도움이 되는 것과 방해가 되는 것을 잘 분별하는 사랑이다.

● 보기 ●
ㄱ. 갑: 정의의 덕을 갖춘 사람은 결코 불행해질 수 없다.
ㄴ. 을: 진정한 행복은 신의 은총을 통해서만 얻을 수 있다.
ㄷ. 을: 지혜, 용기, 절제, 정의는 신에 대한 사랑의 다른 측면이다.
ㄹ. 갑과 을: 덕 있는 사람은 신이 창조한 선악 가운데 선만을 취한다.

① ㄱ, ㄴ   ② ㄱ, ㄹ   ③ ㄷ, ㄹ
④ ㄱ, ㄴ, ㄷ   ⑤ ㄴ, ㄷ, ㄹ

[24014-0128]

8 다음을 주장한 중세 서양 사상가가 지지할 입장에만 모두 'V'를 표시한 학생은?

> 인간은 신에 의해 이성이 파악할 수 없는 어떤 목적을 향해 질서 지어졌다. 그런데 인간은 자신의 의도나 행위를 목적을 향해 질서 지어야 하기 때문에 그 목적을 미리 알고 있어야 한다. 따라서 그 목적이 신의 계시로 인간에게 알려져야 하기 때문에 신학이 필요하다. 신학과 철학은 서로 구별되지만 어떤 대립도 있을 수 없다.

입장 \ 학생	갑	을	병	정	무
신앙과 이성은 모순되지 않고 조화를 이룰 수 있다.	V			V	V
지복(至福)은 이성을 탁월하게 발휘하는 것만으로 도달된다.		V	V	V	
자연적 덕과 종교적 덕을 갖추는 것은 행복 실현에 기여한다.	V	V			V
신이 존재한다는 것은 계시로 알려질 뿐 이성으로 증명할 수 없다.			V	V	V

① 갑   ② 을   ③ 병   ④ 정   ⑤ 무

09 도덕적 판단과 행동의 근거: 이성과 감정

1. 근대 서양 윤리 사상의 등장 배경

(1) **르네상스**: 개성을 존중하고 현실을 중시하며, 합리적 사고와 경험을 중시하는 사고방식을 확산시킴

(2) **종교 개혁**: 가톨릭의 권위주의적 전통을 무너뜨리고 개인의 신앙의 자유를 중시하는 분위기를 형성함

(3) **자연 과학의 발달**: 기존의 형이상학적이거나 신학적인 세계관을 대체하는 과학적 세계관을 제공함

> **≡ 개념 플러스   르네상스**
>
> 14~16세기에 유럽에서 나타난 문예 부흥 운동. 르네상스(Renaissance)는 '부활', '부흥'이라는 의미를 가지고 있는 말로서, 일차적으로는 고대 그리스·로마의 문헌과 미술을 중심으로 하는 고전 문화의 부활을, 이차적으로는 중세 가톨릭적 세계관과 인간관의 속박으로부터 벗어난 자연적 인간성의 부흥을 의미한다. 이런 점에서 인문주의(Humanism)는 르네상스 정신을 상징하는 말로 사용되기도 한다. 인문주의는 스콜라 철학에 물들지 않은 고대 철학의 연구에 영향을 미쳤고, 결과적으로 스콜라 철학의 몰락을 초래하였다. 르네상스는 자연과 개인에 대한 관심을 높여 주었고, 어느 정도 사상의 자유를 확보하게 해 줌으로써 종교 개혁과 과학 혁명이 발생하고 근대 철학이 형성될 수 있는 토대를 마련하였다고 할 수 있다.

2. 근대 서양 사상의 두 유형

(1) **이성주의와 경험주의**

구분	이성주의	경험주의
지식의 근원	이성	경험
진리 탐구 방법	연역법	귀납법
대표자	데카르트, 스피노자	베이컨, 흄

> **≡ 개념 플러스   연역법과 귀납법**
>
> | 구분 | 연역법 | 귀납법 |
> |---|---|---|
> | 의미 | 일반적인 사실이나 원리로부터 논리적 추론을 통해 개별적인 사실이나 원리를 이끌어 내는 방법 | 개별적인 사실이나 원리에 대한 관찰과 실험을 통해 일반적인 사실이나 원리를 찾아내는 방법 |
> | 한계 | 새로운 지식을 가져다주지 않으며, 경험으로 검증되지 않을 경우 공허하거나 사변적인 추론이 될 수 있음 | 성급한 일반화의 오류에 빠질 수 있고, 높은 개연성을 지닌 지식은 제공할 수 있으나 필연적 진리를 정립할 수 없음 |

(2) **데카르트와 베이컨**

① **데카르트**: 근대 이성주의의 기초를 닦은 철학자

• **방법적 회의(懷疑)**: 확실한 지식을 연역해 내기 위해서는 절대로 의심할 수 없는 명제를 그 출발점으로 삼아야 하며, 이러한 명제를 찾기 위해서는 의심할 수 있는 모든 것을 의심해 보아야 함

개념 체크

1. (   )은/는 14~16세기 유럽에서 나타난 문예 부흥 운동으로, 중세 가톨릭적 세계관과 인간관의 속박으로부터 벗어나 자연적 인간성의 부흥을 추구하였다.

2. (   )주의는 진리 탐구의 방법으로 연역법을 중시하였고, (   )주의는 진리 탐구의 방법으로 귀납법을 중시하였다.

3. 데카르트는 의심할 수 있는 모든 것을 의심해 보는 (   )을/를 통해 확실한 지식을 연역하고자 하였다.

정답
1. 르네상스
2. 이성, 경험
3. 방법적 회의

- 철학의 제1원리: "나는 생각한다. 그러므로 나는 존재한다." → 모든 것을 의심할 수 있지만 생각(의심)하고 있는 내가 존재한다는 사실은 의심할 수 없는 확고부동한 진리임
② 베이컨: 근대 경험주의의 선구자
- 자연 과학적 지식의 유용성 강조: "아는 것이 힘이다." → 자연 과학적 지식을 참된 지식으로 보고, 이러한 지식을 통해 자연을 지배하고 인간의 생활 방식을 개선할 수 있다고 믿음
- 새로운 진리 탐구 방법 주창: 실험과 지성을 중시하는 귀납법을 제시함
- 우상론: 자연에 대한 참된 인식을 방해하는 선입견과 편견을 우상(偶像)에 비유하고 이를 타파할 것을 역설함

자료 플러스 | 데카르트의 '방법적 회의'와 '철학의 제1원리'

나는 진리 탐구를 위해 조금이라도 의심의 여지가 있다고 생각되는 것을 모두 버림으로써 전혀 의심할 수 없는 어떤 것이 내 생각 속에 남아 있을 수 있는지를 보기로 했다. …(중략)… 그러나 이 모든 것이 거짓이라고 내가 생각하고 있는 바로 그 순간에도, 그렇게 의심하기 위해서는 의심하고 있는 나 자신은 있어야 한다는 것을 깨달았다. "나는 생각한다. 그러므로 나는 존재한다."라는 진리는 아주 확고부동하기 때문에 회의론자들의 모든 가정에 의해서도 흔들릴 수 없는 것임을 인식하고 나는 주저 없이 내가 찾고 있던 철학의 제1원리로 받아들일 수 있다고 판단하였다.
— 데카르트, "방법 서설" —

데카르트는 확실한 지식을 찾고자 했다. 그래서 그는 의심할 수 있는 모든 것을 의심해 보았다. 이것이 '방법적 회의'이다. 그 결과 그는 더 이상 의심할 수 없는 한 가지 사실에 이르게 되는데, 그것은 '생각(의심)하고 있는 내가 있다.'라는 것이다. 그래서 데카르트는 "나는 생각한다. 그러므로 나는 존재한다."라는 확실한 명제를 얻을 수 있었다. 그는 이 명제를 출발점으로 삼고 이성적 추론을 통해 다른 진리들을 연역하고자 하였다.

자료 플러스 | 베이컨의 새로운 학문 방법론

지금까지 학문에 종사하는 사람들은 경험에만 의존하거나 독단을 휘둘렀다. 경험에만 의존하는 사람들은 개미처럼 오로지 자료를 모아서 사용하고, 독단을 휘두르는 사람들은 거미처럼 자신의 속을 풀어내서 집을 짓는다. 그러나 꿀벌은 중용을 취한다. 즉 들에 핀 꽃에서 재료를 구해다가 자신의 힘으로 변화시켜 소화한다. 참된 학문의 임무는 이와 비슷하다. 참된 학문은 경험이나 실험을 통해 얻은 재료를 지성의 힘으로 변화시켜 소화해야 하는 것이다.
— 베이컨, "신기관" —

베이컨은 학문의 당면 과제가 자연을 지배하고 있는 법칙을 설명하는 것이라고 보았다. 그는 전통적인 삼단 논법과 같은 연역적 방법(거미의 방법)과 단순한 경험적 방법(개미의 방법)은 이러한 목표를 이루는 데 한계가 있음을 지적하고, 자연을 바르게 이해하고 지배하기 위해서는 체계적인 관찰과 실험을 통해 얻은 원리를 토대로 또 다른 실험을 행하여 새로운 지식을 얻어 내야 한다고 주장하였다. 요컨대 참된 귀납법(꿀벌의 방법)이 올바른 학문 방법이라는 것이다.

개념 체크

1. (   )은/는 '나는 생각한다. 그러므로 나는 존재한다.'를 철학의 제1원리로 삼았다.
2. 베이컨은 실험과 지성을 중시하는 참된 (   )을/를 새로운 진리 탐구의 방법으로 주창하였다.
3. 스피노자는 신, 즉 자연이 존재하는 유일한 (   )(이)라고 주장하였다.

정답
1. 데카르트
2. 귀납법
3. 실체

3. 스피노자의 이성 중심 윤리 사상

(1) 신에 대한 견해

① 신은 자연 바깥에 존재하는 초월적 창조자가 아니라 자연 그 자체라고 봄
② '신, 즉 자연'은 존재하는 유일한 실체(實體, substance)이고, 자연의 개별 사물은 하나의 실체가 보여 주는 여러 가지 모습인 양태(樣態, mode)라고 주장함. 인간 역시 양태의 지위를 가짐

(2) 필연론

① 자연에서 일어나는 모든 일은 원인과 결과로 필연적으로 연결되어 있다고 봄
② 필연성에서 벗어나 자유 의지를 가지는 것은 불가능하다고 봄

스피노자가 중시하는 인식 방법

스피노자는 모든 사물의 궁극적 원인인 신, 즉 자연을 인식하고 이로부터 만물이 발생하는 필연적 인과 질서를 파악할 것을 주장함. 그는 '참된 학문은 원인에서 결과로 나아간다.'는 아리스토텔레스의 입장을 받아들여, 참이라고 인정된 명제로부터 필연적으로 따라 나오는 결과로 나아가는 인식 방법을 중시함

📋 자료 플러스 | 스피노자의 세계관

- 나는 실체를 자신 안에 있고 자신을 통해 생각되는 것, 곧 그것의 개념을 형성하기 위해 다른 것의 개념을 필요로 하지 않는 것으로 이해한다.
- 나는 양태를 실체의 변용(變容, 변화된 모습)으로, 바꾸어 말하면 다른 것 안에 있고 다른 것을 통해 생각되는 것으로 이해한다.
- 신 이외에는 어떤 실체도 존재할 수 없고 생각될 수 없다. 존재하는 모든 것은 신 안에 있으며, 어떤 것도 신 없이는 존재할 수 없고 생각될 수 없다.
- 인간은 신 안에 있으며, 신 없이는 존재할 수도 생각될 수도 없는 어떤 것이다. 인간은 신의 본성을 일정한 방식으로 표현하는 양태이다.
- 자연 안에는 어떤 것도 우연한 것은 없으며, 모든 것은 신의 본성의 필연성에 의해 어떤 방식으로 존재하고 작용하게끔 결정되어 있다.

— 스피노자, "윤리학" —

스피노자는 범신론적이고 필연론적인 세계관과 이성주의에 기반을 둔 윤리 사상을 제시하였다. 그에 따르면 신, 즉 자연은 유일한 실체이고, 인간은 실체가 변한 모습, 즉 양태의 지위를 갖는다. 세계는 필연적 질서에 따라 움직이며, 세상의 모든 일은 원인과 결과로 필연적으로 연결되어 있다. 그러므로 세계에 우연성과 자유 의지가 들어설 곳은 없다.

(3) 정념의 속박과 최고의 행복

① 정념에 속박된 사람은 외부 원인에 휘둘리고 수동적인 삶을 살게 되며, 자신에게 좋은 것을 알더라도 그것을 하지 못할 수 있다고 봄
② 정념의 속박에서 벗어나 자유로운 삶을 살기 위해서는 이성을 계발하고 이성이 인도하는 삶을 살아야 한다고 주장함
③ 최고의 행복: 이성을 온전히 사용하여 만물의 궁극적 원인인 신, 즉 자연과 이 원인으로부터 사물들이 발생하는 필연적인 인과 질서를 인식함으로써 도달하게 되는 마음의 안정과 평화
  → 최고의 행복은 신에 대한 직관적 인식에서 생기는 정신적 만족임

📋 개념 플러스 | 정념의 속박

정념의 속박은 스피노자가 해결하려는 인간의 근본적인 문제 상황이라고 할 수 있다. 스피노자는 정념의 속박은 정념(수동적 감정)을 다스리지 못하는 인간의 무력함이라고 말했다. 스피노자에 따르면 정념에 속박된 인간은 자신이 자신을 다스리는 것이 아니며, 종종 자신에게 무엇이 더 좋은지 알더라도 더 나쁜 것을 좇는다.

개념 체크

1. 스피노자에 따르면 인간은 유일한 실체인 (   )이/가 보여 주는 여러 가지 모습인 양태의 지위를 가진다.

2. 스피노자는 (   )에 속박된 사람은 외부 원인에 휘둘리는 수동적인 삶을 살게 된다고 보고, (   )이/가 인도하는 삶을 살아야 한다고 주장하였다.

3. 스피노자에 따르면 최고의 (   )은/는 신에 대한 직관적 인식에서 생기는 정신적 만족이다.

정답
1. 신(자연)
2. 정념, 이성
3. 행복

- 우리가 이성에 의해 추구하는 모든 것은 단지 인식하는 것이다. 정신은 이성을 사용하는 한에서 인식에 도움이 되지 않는 것은 결코 자기에게 유익하다고 판단하지 않는다. …(중략)… 정신의 최고의 덕은 신을 인식하는 것이다.
- 삶에서 무엇보다 유익한 것은 가능한 한 지성을 완전하게 하는 것이며, 오로지 이것에 인간의 최고의 행복이 있다. 진실로 최고의 행복은 신에 대한 인식으로부터 나오는 정신의 만족일 뿐이다. 그런데 지성을 완전하게 하는 것은 다름 아니라 신과 신의 본성의 필연성에서 따라 나오는 활동을 인식하는 것이다. 그러므로 이성에 의해 인도되는 사람이 품고 있는 최고의 욕망은 인식의 대상이 될 수 있는 모든 것을 온전하게 인식하려는 욕망이다.
- 무지한 사람은 외부 원인에 의해 여러 가지 방식으로 시달림을 받아 참된 마음의 평화를 결코 갖지 못할 뿐만 아니라 자신과 신과 사물을 거의 의식하지 않고 살며, 작용받는 것을 멈추자마자 존재하는 것도 멈춘다. 이에 반해, 현명한 사람은 거의 영혼이 흔들리지 않고, 어떤 영원한 필연성에 의해 자신과 신과 사물을 인식하며, 존재하기를 결코 멈추지 않고, 항상 영혼의 참다운 만족을 소유한다. 여기에 이르는 길은 매우 어렵게 보일지라도 발견될 수는 있다. 또한 드물게 발견되는 것은 물론 험준한 일임에 분명하다. 모든 고귀한 것은 힘들 뿐만 아니라 드물다.

                                                            – 스피노자, "윤리학" –

스피노자에 따르면 유한한 인간은 불충분한 지식밖에 갖고 있지 못하기 때문에 늘 불안하다. 그러나 우리가 진정으로 이성적인 존재가 되어 신, 즉 자연을 인식하게 되면 마음의 참된 평화를 얻을 수 있다. 신, 즉 자연을 인식한다는 것은 곧 모든 사물의 궁극적 원인과 이 원인으로부터 사물들이 발생하는 질서를 인식한다는 것을 뜻한다. 스피노자는 신, 즉 자연을 직관적으로 인식하는 데서 최고의 행복을 누릴 수 있다고 보았다. 다시 말해 스피노자가 추구한 최고의 행복은 모든 존재자를 생산한 근원인 신, 즉 자연을 통해서만 성취될 수 있다. 우주 만물을 생산한 신, 즉 자연을 인식하고, 이 신, 즉 자연으로부터 우리 자신과 사물들이 발생한 필연적인 인과 질서를 인식할 때, 우리는 우주의 다른 존재자들과 진정한 유대를 형성하며 최고의 행복을 누릴 수 있다는 것이다.

4. 흄의 감정 중심 윤리 사상

(1) 감정 중시

① 도덕적 가치: 선악은 이성적으로 판단되는 것이 아니라, 어떤 사람의 행위나 품성을 바라볼 때 느끼는 시인(是認)의 감정이나 부인(否認)의 감정을 표현한 것임 → 도덕적으로 시인하고 부인하는 감정은 개인의 주관적 감정이 아니라 사람들이 공통으로 느끼는 사회적 감정임

② 도덕적 실천의 동기: 감정(정념)은 도덕적 실천의 직접적 동기가 될 수 있지만 이성은 그렇지 못함 → 도덕적 구별과 행위에서 더 중요한 것은 이성이 아니라 감정임. 이성의 역할은 감정으로부터 도출된 목적에 도달하기 위한 최선의 수단이 무엇인가에 대한 지식과 정보를 제공하고, 감정들이 근거로 삼고 있는 믿음의 타당성과 진실성을 밝혀 주는 등 정념에 봉사하는 것임

③ 도덕성의 기초: 다른 사람의 행복과 불행을 함께 느낄 수 있는 공감(共感)의 능력이 도덕성의 기초임 → 사회적으로 유익한 것에 시인의 감정을 갖는 것은 공감의 능력 때문임

개념 플러스   흄의 공감

공감은 우리가 서로 감정을 교류할 수 있게 해 주고, 서로를 이해할 수 있게 해 주며, 그리하여 자신의 편협하고 개인적인 관점을 극복할 수 있게 해 주는 자연적 성향이다. 흄은 이 공감이 상상에 의해 일어난다고 보았다. 무언가를 느끼는 다른 사람을 볼 때 우리는 그 느낌과 관련된 어떤 관념을 갖게 되며, 이 관념이 내 안에서 생생한 느낌을 낳는다는 것이다.

(2) **회의주의적 인식론:** 인과 관계는 우리가 반복적으로 관찰함으로써 알게 된 것일 뿐, 우리는 원인과 결과의 실제적 결합을 알 수 없음. 자아에 대한 인식도 감각적 지각일 뿐, 우리는 자아 그 자체를 알 수 없음

(3) **영향:** 사회적 차원의 이익을 부각시키는 계기를 제공함으로써 공리주의 윤리의 모태가 됨

자료 플러스 흄의 감정 중심 윤리 사상

- 이성 혼자서는 그 어떤 의지 작용의 동기가 될 수 없으며, 이성은 의지를 지도함에 있어서 감정에 대립할 수 없다. …(중략)… 사람들이 감정과 이성의 싸움을 이야기할 때, 사람들이 말하는 것은 엄밀하지도 않고 철학적이지도 않다. 이성은 감정의 노예이고 또한 그래야만 한다. 이성은 감정에 봉사하고 복종하는 것 말고 다른 어떤 임무도 요구할 수 없다.
- 우리의 추론이 다양해짐에 따라 우리의 행동도 다양해질 것이다. …(중략)… 그러나 행동은 이성에서 오는 것이 아니며, 다만 이성에 의해 지도될 뿐이다. 혐오나 선호가 어떤 대상을 향해 일어나는 것은 고통이나 쾌락에 대한 전망 때문이다.
- 악덕과 덕은 단순히 관념들의 비교 혹은 이성에 의해 발견될 수 없기 때문에 우리가 악덕과 덕의 차이를 구분할 수 있는 것은 그것들이 일으키는 어떤 인상 또는 감정에 의해서임이 틀림없다. 도덕적 올바름과 악함에 관한 우리의 결정은 명백히 지각이다. …(중략)… 그러므로 보다 정확히 말해서 도덕성은 판단된다기보다는 오히려 느껴진다.
- 사람의 품성과 행위에서 발생하는 쾌락 또는 고통의 모든 감정이 우리가 칭찬하거나 비난하게 되는 특별한 종류의 감정은 아니다. 적의 훌륭한 품성은 우리에게 해롭지만 우리의 존경심을 유발할 수 있다. 어떤 품성이 도덕적으로 선하다거나 악하다고 말할 수 있는 느낌이나 감정을 일으키는 경우는 오직 그 품성을 우리의 개별적 이익과 무관하게 일반적으로 고려할 때뿐이다.
- 만약 유용성이 도덕적 감정의 근원이라면 그리고 이 유용성이 항상 자기 자신과 관련해서만 고려되는 것이 아니라면, 이로부터 사회 전체의 행복에 기여하는 모든 것은 그 자체로 곧바로 우리의 시인(是認)을 받으며 선한 의지가 그것을 추천한다는 사실이 도출된다. – 흄, "인간 본성에 관한 논고" –

흄은 이성주의적 윤리설에 대해 비판적 입장을 취하였다. 그가 보기에 이성은 그 자체만으로는 어떤 의지 활동의 동기가 될 수 없기 때문이다. 흄은 우리의 도덕성이 일종의 감정, 즉 도덕감으로서 발생한다고 보았다. 그래서 도덕성은 판단된다기보다는 느껴지는 것이다. 이때의 감정은 개인이 주관적으로 느끼는 감정이 아니라, 우리가 공통적으로 느끼는 사회적 차원의 시인과 부인의 감정을 말한다. 그리고 흄은 모든 사람들이 공감의 능력을 갖고 있기 때문에 사회적 행복에 유용한 행위에 대해 시인의 감정을 느낄 수 있다고 보았다.

---

5. 이성주의와 경험주의의 영향

(1) **이성주의의 영향:** 인간의 이성을 도덕과 행복의 기반으로 봄 → 실천 이성에 근거해서 보편적인 도덕 법칙을 수립하고자 노력한 칸트의 윤리 사상에 큰 영향을 줌

(2) **경험주의의 영향:** 도덕의 불변성이나 이상의 추구보다는 현실적 문제의 해결과 사회적 이익의 극대화를 추구하는 사상에 영향을 줌

개념 체크

1. (   )은/는 사람들이 공감 능력을 가지고 있기 때문에 사회적 행복에 유용한 행위에 대해 시인의 감정을 느낄 수 있다고 주장하였다.

2. 흄의 윤리 사상은 사회적 차원의 이익을 부각시키는 계기를 제공함으로써 (   ) 윤리의 모태가 되었다는 평가를 받는다.

정답
1. 흄
2. 공리주의

[24014-0129]

01 다음 가상 편지를 쓴 근대 서양 사상가가 강조하는 삶의 태도로 가장 적절한 것은?

> ○○에게
> 정신이 인식할 수 있는 최고의 선(善)이 무엇인지에 대해 고민하는 자네의 편지를 잘 읽었네. 우리는 정신의 인식에 도움이 되는 것을 선으로 알며, 반대로 정신의 인식에 방해되는 것을 악으로 안다네. 내 생각에 우리의 정신이 인식할 수 있는 최고의 것은, 그것 없이는 아무것도 있을 수 없으며 절대적으로 무한한 존재, 즉 신이라네. 그러므로 정신의 최고의 이익, 즉 정신의 최고의 선은 신에 대한 인식이라네.

① 진정한 자유를 위해서 창조주인 신에게 귀의해야 한다.
② 덕 있는 삶을 위해서 자기 보존의 욕망을 버려야 한다.
③ 모든 감정을 제거하여 정념의 속박에서 벗어나야 한다.
④ 자연의 필연성에서 벗어나기 위해 신을 사랑해야 한다.
⑤ 만물의 궁극적 원인이자 유일한 실체를 인식해야 한다.

[24014-0130]

02 다음을 주장한 근대 서양 사상가의 입장으로 옳은 것만을 〈보기〉에서 있는 대로 고른 것은?

> • 정념과 이성의 싸움을 말하는 것은 엄밀하지도 않고 철학적이지도 않다. 이성은 정념에게 봉사하고 복종하는 것 외에 결코 어떤 직무도 탐낼 수 없다.
> • 이성은 어떤 정념에 어울리는 대상의 존재를 우리에게 일깨워 줌으로써 해당 정념을 유발할 수 있고, 어떤 정념을 드러낼 계기를 우리에게 제공할 정도로 원인과 결과의 연관을 드러낸다.

─● 보기 ●─
ㄱ. 인간의 도덕성은 오직 이성에 토대하여 형성된다.
ㄴ. 인간의 이성은 이타적인 행위에 영향을 줄 수 있다.
ㄷ. 도덕적 선은 인간의 정서와 독립하여 존재하는 것이 아니다.
ㄹ. 개인의 이익과 무관한 시인(是認)의 감정은 존재하지 않는다.

① ㄱ, ㄷ   ② ㄱ, ㄹ   ③ ㄴ, ㄷ
④ ㄱ, ㄴ, ㄹ   ⑤ ㄴ, ㄷ, ㄹ

[24014-0131]

03 다음을 주장한 근대 서양 사상가의 입장에서 볼 때, ㉠에 대한 설명으로 가장 적절한 것은?

> 이제 오직 진리 탐구에만 몰두하고자 했으므로 조금이라도 의심할 수 있는 것은 모두 절대로 거짓된 것으로 팽개치고, 그런 다음에 전혀 의심할 수 없는 무엇이 내 신념 속에 남는지 보아야 한다고 생각했다. 그리고 나는 깨달았다. 내가 이와 같이 모든 것이 거짓이라고 생각하고 싶은 동안에도 그렇게 생각하는 나는 반드시 그 무엇이어야 한다는 것을. 그리하여 나는 ㉠ 철학의 제1원리를 발견할 수 있게 되었다.

① 개별 사물에 대한 관찰과 실험을 통해 확립할 수 있다.
② 절대적 진리에 대한 객관적 인식이 불가함을 의미한다.
③ 방법적 회의(懷疑)를 통해서는 도출 불가능한 원리이다.
④ 수학의 공리(公理)를 바탕으로 인식될 수 있는 원리이다.
⑤ 다른 모든 지식을 연역해 내는 출발점으로서의 원리이다.

[24014-0132]

04 (가)를 주장한 근대 서양 사상가의 입장에서 볼 때, (나)의 ㉠에 들어갈 진술로 가장 적절한 것은?

(가)	삶에서 무엇보다 유익한 것은 가능한 한 지성이나 이성을 완전하게 하는 것이며, 오로지 이것에 인간의 최상의 행복, 즉 지복(至福)이 존재한다. 물론 지복이란 신에 대한 직관적 인식에서 생기는 정신의 만족에 불과하다.
(나)	어떤 사람들은 모든 자연물이 필연성이 아니라 어떤 목적을 위하여 움직인다고 생각하며, 더욱이 그들은 신이 모든 것을 특정한 목적에 따라 이끈다고 확신한다. 그들은 신이 인간을 위하여 모든 것을 만들었으며 신을 숭배하도록 하기 위하여 인간을 만들었다고 말한다. 그러나 이것은 편견이다. 왜냐하면 ㉠ 때문이다.

① 신은 자유 의지를 지니고 활동하는 유일한 존재이기
② 신은 영원한 존재이긴 하지만 무한한 존재는 아니기
③ 신은 만물의 내재적 원인이 아니라 초월적 원인이기
④ 자연의 모든 존재는 신의 본성에 의거하여 움직이기
⑤ 인간은 신 바깥에서 존재할 수 있는 유일한 존재이기

05 다음을 주장한 근대 서양 사상가의 입장으로 가장 적절한 것은?

[24014-0133]

> 이성은 어떤 행동에 대해 부인하거나 찬동함으로써 직접 그 행동을 중단시키거나 유발할 수 없으므로, 그 행동을 중단시키거나 유발하는 영향력을 가진 것으로 밝혀진 도덕적 선악을 구별하는 원천일 수 없다. 덕과 부덕의 구별은 어떤 행동과 소감 또는 성격을 보고 심사숙고함으로써 우리에게 나타나는 쾌락과 고통을 통해 구별된다. 도덕성은 판단된다기보다는 느껴진다.

① 모든 시인과 부인의 감정은 덕을 판별하는 근거이다.
② 자신에게 이익이 되지 않는 행위도 덕이 될 수 있다.
③ 행위의 도덕성은 행위 자체의 옳고 그름이 결정한다.
④ 자연적 경향성을 극복해야만 도덕적 실천이 가능하다.
⑤ 유용성은 도덕적 선악을 판별하는 근거가 될 수 없다.

06 다음을 주장한 근대 서양 사상가가 긍정의 대답을 할 질문만을 〈보기〉에서 고른 것은?

[24014-0134]

> 우리들은 생산하는 자연을 그 자체 안에 존재하며 그 자신에 의하여 파악되는 것, 아니면 영원하고 무한한 본질을 표현하는 실체의 속성, 곧 자유로운 원인으로 고찰되는 신으로 이해해야 한다. 그리고 생산된 자연을 신의 본성이나 신의 각 속성의 필연성에서 생기는 모든 것, 즉 신 안에 존재하며 신 없이는 존재할 수도 없고 파악될 수도 없는 그러한 것으로 고찰되는 신의 속성의 모든 양태로 이해한다.

• 보기 •
ㄱ. 자연은 수학적 질서에 따라 움직이는 거대한 기계와 같은 존재인가?
ㄴ. 자연에 대한 직관적 인식에서 나오는 만족이 인간의 최고 행복인가?
ㄷ. 인간은 만물의 필연적 질서를 인식할 때 실체로서 존재할 수 있는가?
ㄹ. 인간의 자유로운 삶은 초월적 존재자의 도움이 있을 때만 가능한가?

① ㄱ, ㄴ ② ㄱ, ㄷ ③ ㄴ, ㄷ ④ ㄴ, ㄹ ⑤ ㄷ, ㄹ

07 다음을 주장한 근대 서양 사상가의 입장으로 적절하지 <u>않은</u> 것은?

[24014-0135]

> 적의 훌륭한 품성은 우리에게 해롭지만 존경심을 유발할 수 있다. 어떤 품성이 도덕적으로 선하다거나 악하다고 말할 수 있는 느낌이나 감정을 일으키는 경우는 오직 그 품성을 우리의 개별적 이익과 무관하게 일반적으로 고려할 때뿐이다. 낯선 사람의 행복 또한 오직 공감을 통해 우리에게 영향을 미친다. 사회나 당사자에게 유용한 모든 덕을 바라봄으로써 발생하는 찬성과 동의의 소감이 도덕성의 주요 부분을 형성한다.

① 이성만으로는 도덕적 행위의 동기를 유발하지 못한다.
② 주관적 감정은 사회적 승인을 거쳐 도덕 감정이 된다.
③ 덕은 이성의 힘으로 발견되고 감정의 힘으로 실천된다.
④ 개인의 행복 증진에 기여하는 행위는 덕이 될 수 있다.
⑤ 공감은 덕의 판별에 보편성을 부여하는 인간 능력이다.

08 다음을 주장한 근대 서양 사상가의 입장으로 옳은 것만을 〈보기〉에서 있는 대로 고른 것은?

[24014-0136]

> 현재의 학문은 성과를 얻는 데 전혀 쓸모가 없고, 현재의 논리학은 학문을 인도하는 데 전혀 도움이 되지 않는다. 삼단 논법은 학문의 원칙으로 적합하지 않으며, 자연의 심오함을 따라갈 수 없다. 학문과 기술의 발견 및 증명에 유용한 방법은 참된 귀납법이다. 이 방법은 적절한 배제와 제외로 자연을 분해한 다음, 부정적 사례를 필요한 만큼 수집하고 나서 긍정적 사례에 대해 결론을 내리는 것이다. 참된 귀납법의 도움을 받으면 공리를 발견하기도 쉽고 개념을 규정하기도 쉽다. 이러한 귀납법이야말로 우리가 희망을 품어도 좋은 하나의 근거가 된다.

• 보기 •
ㄱ. 자연 과학적 지식을 활용하여 인간의 생활 방식을 진보시킬 수 있다.
ㄴ. 참된 지식에 이르기 위해서는 전통과 권위를 의심할 수 있어야 한다.
ㄷ. 감각적 경험은 우상의 원인이므로 객관적 지식의 토대가 되지 못한다.
ㄹ. 올바른 학문의 방법은 지식 탐구의 과정에서 지성을 배제할 것을 요구한다.

① ㄱ, ㄴ ② ㄱ, ㄷ ③ ㄷ, ㄹ
④ ㄱ, ㄴ, ㄹ ⑤ ㄴ, ㄷ, ㄹ

[24014-0137]

1 가상 대담을 하는 근대 서양 사상가의 입장에서 볼 때, ⊙에 들어갈 진술로 가장 적절한 것은?

선생님께서는 도덕적 행위의 동기에 대한 이성과 감정의 관계에 대해 어떻게 생각하십니까?

기존의 도덕 철학은 이성의 영원불변성을 강조하며 인간이 이성을 통해 자신의 행동을 통제해야 한다고 하였는데 이는 잘못된 생각입니다. 이성은 감정의 노예이고 또한 그래야만 합니다.

그 근거는 무엇입니까?

이성에 근거한 추상적이거나 논증적인 추론은 오직 원인과 결과에 관한 우리의 판단을 지배할 뿐입니다. 결국, ⊙

① 이성적 판단은 인간의 도덕적 행위에 어떠한 영향도 주지 못합니다.
② 인간의 정신 안에서 생겨나는 관념이 도덕적 판단의 직접적 근거가 됩니다.
③ 도덕적 판단은 물론 도덕적 행위도 모두 인간의 감정에 근거하여 이루어집니다.
④ 의지의 방향에 관한 이성과 감정의 대립을 극복해야 도덕적 행위가 가능합니다.
⑤ 이성은 선악 판별의 원천은 될 수 있지만 도덕적 행위의 동기는 될 수 없습니다.

[24014-0138]

2 고대 서양 사상가 갑, 근대 서양 사상가 을의 입장에 대한 설명으로 가장 적절한 것은?

> 갑: 자연에서 일어나는 모든 일은 정당하게 일어난다. 그것은 순리에 맞을 뿐만 아니라 정의롭다. 비유하자면 업적에 따라 정당한 몫을 분배받는 것과 같다. 사물들을 사실 그대로 보면 '내가 피해를 입었다'는 느낌이 사라질 것이고, '내가 피해를 입었다'는 느낌이 사라지면 피해도 사라질 것이다. 너에게 무슨 일이 일어나든 그것은 태초부터 너에게 미리 정해져 온 것이다.
> 을: 신의 최고 능력 또는 신의 무한한 본성에서 무한한 것이 무한한 방식으로, 곧 모든 것이 필연적으로 유출되었고, 또한 항상 동일한 필연성을 가지고 생겼으며, 이것은 마치 삼각형의 본성상 세 각의 합은 두 직각과 같다는 것이 영원에서부터 영원에 이르기까지 생기는 것과 동일하다.

① 갑은 인간이 느끼는 어떤 종류의 감정은 부동심의 유지를 방해하지 않는다고 본다.
② 을은 정념에 지배되지 않는 삶은 인간의 자유 의지가 전제될 때 가능하다고 본다.
③ 갑은 을과 달리 자연의 필연적 질서를 인식할 때 행복한 삶이 가능하다고 본다.
④ 을은 갑과 달리 인간은 자신의 노력만으로 최고의 행복에 이를 수 있다고 본다.
⑤ 갑과 을은 모두 자연과 다르게 신은 무한하고 영원한 속성을 지닌다고 본다.

[24014-0139]

3 (가)의 중세 서양 사상가 갑, 근대 서양 사상가 을의 입장을 (나) 그림으로 표현할 때, A~C에 해당하는 적절한 진술만을 〈보기〉에서 고른 것은?

(가)	갑: 절제란 온전한 사랑의 대상이 되는 존재에게 드려야 할 사랑을 드리는 사랑이며, 용기란 사랑해야 할 존재를 위해 모든 것을 기꺼이 참아 내는 사랑이다. 정의는 사랑받아야 할 존재만을 사랑함으로써 바른 다스림을 구현하고자 하는 사랑이며, 지혜란 온전한 사랑의 대상에 대한 사랑을 방해하는 것과 도움이 되는 것을 지혜롭게 분별해 내는 사랑이다. 이러한 사랑을 받을 존재는 최고선이며 최고의 지혜이며 완전함 그 자체인 신뿐이다. 을: 존재하는 모든 것은 신 안에 있으며 또한 신에 의하여 파악되지 않으면 안 된다. 그러므로 신은 자신 안에 있는 것들의 원인이다. 이러한 신에 대한 사랑은 우리가 이성의 명령에 따라 욕구할 수 있는 최고의 선이고, 모든 사람에게 공통되며, 우리는 모든 사람이 그것을 기뻐하기를 바란다. 그러므로 신에 대한 이 사랑은 질투의 정서로 더럽혀질 수 없으며, 또한 시기심의 정서로도 더럽혀질 수 없다.
(나)	 〈범 례〉 A: 갑만의 입장 B: 갑, 을의 공통 입장 C: 을만의 입장

● 보기 ●
ㄱ. A: 선과 악은 모두 전능한 존재인 신이 창조한 결과물이다.
ㄴ. B: 인간은 신의 변화된 모습이 아니라 신의 창조물이다.
ㄷ. B: 행복에 이르기 위해서는 신을 인식하는 것이 필요하다.
ㄹ. C: 신과 인간은 모두 자유 의지를 지니고 있지 않다.

① ㄱ, ㄴ　　　② ㄱ, ㄷ　　　③ ㄴ, ㄷ　　　④ ㄴ, ㄹ　　　⑤ ㄷ, ㄹ

[24014-0140]

4 다음을 주장한 근대 서양 사상가의 입장으로 옳은 것만을 〈보기〉에서 있는 대로 고른 것은?

모든 사람의 정신은 그 느낌이나 작용에서 유사하며, 다른 사람이 어느 정도 느낄 수 없는 감정 때문에 행동하게 되는 사람은 있을 수 없다. 다른 사람의 목소리와 몸짓에서 정념의 결과를 지각할 때, 나의 정신은 곧장 이 결과에서 그 원인으로 옮겨 가서 당장 그 정념 자체로 전환될 정도로 그 정념에 대해 생생한 관념을 형성한다. 마찬가지로 내가 어떤 정념의 원인을 지각할 때, 정신은 그 결과로 옮겨져서 그 결과 때문에 움직인다. 정신은 정념의 원인이나 결과를 감지할 뿐이다. 우리는 이 원인이나 결과로부터 정념을 추정하며, 결과적으로 이 원인이나 결과가 우리의 공감을 유발한다. 바로 이 공감의 원리가 도덕에 대한 우리의 소감을 산출한다.

● 보기 ●
ㄱ. 개인적 감정은 공감 능력을 통하여 덕과 부덕을 구별하는 근거가 될 수 있다.
ㄴ. 공감 능력은 사회적 유용성에 대해 시인(是認)의 감정을 느낄 수 있게 해 준다.
ㄷ. 인간은 공감 능력을 통해 선험적 인식 대상으로서의 도덕성을 판별할 수 있다.
ㄹ. 감정은 필연적 인과 질서에 따라 발생하므로 인간은 공감 능력을 지닐 수 있다.

① ㄱ, ㄴ　　　　　② ㄱ, ㄹ　　　　　③ ㄷ, ㄹ
④ ㄱ, ㄴ, ㄷ　　　⑤ ㄴ, ㄷ, ㄹ

[24014-0141]

5 (가)의 근대 서양 사상가 갑, 고대 서양 사상가 을의 입장을 (나) 그림으로 탐구하고자 할 때, A∼C에 들어갈 옳은 질문만을 〈보기〉에서 고른 것은?

(가)	갑: 오직 감정이나 편견에만 이끌리는 사람을 노예, 이성에 인도되는 사람을 자유인이라고 부른다. 자유인, 즉 이성의 명령에만 따라서 생활하는 사람은 자기 자신의 이익을 추구하는 기초에 따라 행동하고 생활하며 또한 자기를 보존하기를 욕구한다. 그러므로 그는 죽음의 공포에 이끌리지 않는다. 그의 지혜는 삶에 대한 성찰이다. 을: 모든 좋고 나쁨은 감각에 있는데 죽으면 감각을 잃게 된다. 따라서 죽음이 우리에게 아무것도 아니라는 사실을 제대로 알게 되면 죽음의 가능성도 두려운 일이 되지 않는다. 가장 두려운 악이라고 생각되는 죽음은 우리에게 아무것도 아니다. 우리가 존재하는 한 죽음은 우리와 함께 있지 않으며, 죽음이 오면 우리는 이미 존재하지 않기 때문이다.

(나)

```
        ┌──────────────┐
        │ 사상가 갑, 을의 │            ┌──── 〈 범 례 〉 ────┐
        │ 입장을 탐구한다. │            │ □ : 출발 조건       │
        └──────┬───────┘            │ ◇ : 판단 내용       │
               │                    │ ┄┄▶ : 판단 방향      │
          ◇ A ◇ ┄┄┄┄┄ 아니요        │ ⌐ : 사상가의 입장    │
               │예            │      └──────────────────┘
          ◇ B ◇              ◇ C ◇
               │예                 │예
         ┌─────────┐         ┌─────────┐
         │ 갑의 입장 │         │ 을의 입장 │
         └─────────┘         └─────────┘
```

● 보 기 ●
ㄱ. A: 행복한 삶을 살기 위해서는 신에 대한 올바른 인식이 요구되는가?
ㄴ. A: 이상적 삶의 경지에 이르는 데 있어 이성의 역할이 반드시 필요한가?
ㄷ. B: 신의 본성에서 벗어나려는 의지는 인간의 참된 자유 실현을 방해하는가?
ㄹ. C: 그 자체로 나쁘지는 않지만 추구할 만한 가치가 없는 쾌락이 존재하는가?

① ㄱ, ㄴ   ② ㄱ, ㄷ   ③ ㄴ, ㄷ   ④ ㄴ, ㄹ   ⑤ ㄷ, ㄹ

[24014-0142]

6 고대 서양 사상가 갑, 근대 서양 사상가 을의 입장에 대한 설명으로 가장 적절한 것은?

> 갑: 행복이 덕에 따르는 활동이라면, 그것은 당연히 최고의 덕을 따라야 한다. 우리 안에 있는 것들 중 지성이 최고이며, 지성이 상대하는 대상 또한 앎의 대상들 중 최고이므로 인간의 고유한 덕에 따른 최고의 활동은 관조적 활동이다. 관조적 활동은 그 자체로 사랑받는다.
> 을: 공감은 인간 본성의 가장 강력한 원리이고, 또 아름다움에 대한 우리의 취향에 지대한 영향을 끼치며 우리가 모든 인위적 덕을 평가하는 원천이다. 이런 사실에서 공감은 그 밖의 많은 덕을 유발하며, 이 성질들은 인간의 복리를 위한 그 경향 때문에 우리의 지지를 얻는다.

① 갑은 최고의 행복을 실현하는 데 필요한 최고의 덕은 실천적 지혜라고 본다.
② 을은 관념들의 비교를 통해서는 덕과 부덕의 차이를 확정할 수 없다고 본다.
③ 갑은 을과 달리 인간의 감정은 그 어떤 덕의 형성에도 관여할 수 없다고 본다.
④ 을은 갑과 달리 인간의 도덕적 실천에서 이성이 기여하는 역할은 없다고 본다.
⑤ 갑과 을은 도덕적 선악은 쾌락과 고통의 감정을 유발하는 객관적 실재라고 본다.

[7~8] 갑은 고대 서양 사상가, 을은 근대 서양 사상가이다. 물음에 답하시오.

> 갑: 정의로운 사람은 자기 안에 있는 각각의 것이 다른 부분의 일을 하지 않게 하고, 영혼의 각 부분들이 서로에 관해 참견하지 않도록 한다. 이러한 상태를 보존시키고 실현되도록 도와주는 모든 것을 정의롭고 훌륭한 행동이라고 하며, 반면 이 상태를 무너뜨리는 것을 부정의한 행동이라고 한다. 정의로운 국가는 각자가 자기의 성향에 맞는 일 한 가지에 종사하며 타인에게 참견하지 않는다. 만약 한 사람이 모든 일을 동시에 하려고 한다면 국가는 파멸의 길로 가게 될 것이다.
>
> 을: 정의는 인류의 복리를 추구하는 경향이 있다는 이유만으로 도덕적 덕이며, 사회의 복리는 오직 공감을 통해서만 쾌락을 준다. 이처럼 정의의 법칙들은 우리 자신과 공공의 이익에 대한 관심 때문에 제정되었다. 우리에게 이런 관심을 유발하는 것은 관념들의 관계가 아니라 우리의 인상과 소감이며, 이 인상과 소감이 없다면 우리는 자연의 만물에 대해 전혀 무관심하고, 전혀 영향을 받지도 않는다는 점이 더할 나위 없이 확실하다.

[24014-0143]

7 갑, 을의 입장으로 적절하지 <u>않은</u> 것은?

① 갑: 영혼의 비이성적 부분은 이성의 다스림을 따라야 한다.
② 갑: 정의로운 인간의 완전한 원형은 현실에서는 존재할 수 없다.
③ 을: 정의는 인간에게 쾌락을 주기 때문에 덕이 될 수 있다.
④ 을: 덕은 인간의 품성에 대한 감정이 아닌 사물에 내재한 속성이다.
⑤ 갑과 을: 선악의 구별이 주관성을 넘어 보편성을 띠는 것이 가능하다.

[24014-0144]

8 다음을 주장한 근대 서양 사상가가 갑, 을에게 제시할 수 있는 견해로 가장 적절한 것은?

> • 나는 명백한 증거로써 참이라고 인식하는 것이 아니면 그 어떤 것도 참으로 인정하지 말 것을 규칙으로 삼는다. 바꾸어 말하면 속단과 편견을 피하고, 내가 의심할 어떠한 이유도 갖지 않을 만큼 명석하고 판명하게 내 정신에 나타나는 것 말고는 그 무엇도 내 판단 속에 들여놓지 말 것을 규칙으로 삼는다.
> • '나는 생각한다. 그러므로 나는 존재한다.'라는 명제에서 내가 진리를 말하고 있음을 확신하게 되는 이유는, 생각하려면 존재해야 한다는 것을 내가 매우 명석하게 본다는 것 이외에 전혀 아무것도 없다는 것을 깨달았기 때문이다.

① 갑에게: 모든 인식되는 것들의 궁극적 존재 근거는 인간 이성임을 바르게 알고 있다.
② 갑에게: 인간은 이성을 바탕으로 참된 진리를 인식할 수 있음을 간과하고 있다.
③ 을에게: 철학의 제1원리는 관찰과 실험 등 인간 경험의 산물임을 바르게 알고 있다.
④ 을에게: 자아의 존재는 감각적 지각의 결과로 인식되는 것이 아닌 의심을 통해 연역한 진리임을 간과하고 있다.
⑤ 갑과 을에게: 인과 관계에 대한 이성적 추론을 통해 진리를 연역해 낼 수 있음을 바르게 알고 있다.

⊙ 의무론과 칸트주의

1. 의무론
(1) **의미**: 인간이 반드시 지켜야 할 도덕 법칙이나 의무가 있으며, 이 도덕 법칙이나 의무를 따르는 행위는 옳고 위반하는 행위는 그르다고 보는 이론
(2) **특징**
① 결과에 상관없이 도덕 법칙이나 의무를 따르는 행위를 중시함
② 옳고 그름의 기준은 시대와 장소를 초월하여 보편적인 것이라고 봄

2. 칸트의 윤리 사상
(1) **행복주의, 쾌락주의, 경험주의 비판**
① 행복주의 비판: 도덕은 행복이나 다른 무엇을 실현하기 위한 수단이 아니라 그 자체가 목적임
② 쾌락주의와 경험주의 비판: 쾌락을 추구하는 경향성이나 동정심 등은 도덕의 기반이 될 수 없음

❖ 경향성
자신의 이익을 추구하려는 욕구나 두려움, 동정심과 같이 인간이 자연스럽게 갖는 감정

📋 **자료 플러스** 행복주의, 쾌락주의, 경험주의를 비판한 칸트

• 도덕은 그 자체로 가치 있고 그 자체로 숭고하므로 다른 어떤 것의 수단이 될 수 없고 다른 무엇으로 환원될 수 없다.
• 행복의 이념을 위해 나의 현재와 모든 미래 상태에서의 안녕의 절대적 전체가 필요하다. 그러나 유한한 존재자는 여기에서 자신이 진정으로 의욕하는 것에 대한 명확한 개념을 가질 수 없다.
• 동정심은 감각에서 비롯된 것이고 하나의 수동적 감정이며 때로는 악을 옹호할 수도 있는 것이기 때문에 도덕성의 근본 원리가 될 수 없다.
　　－ 칸트, "윤리 형이상학 정초" –

행복주의는 삶의 궁극적 목적을 행복으로 보고 도덕을 행복 실현의 수단으로 삼는 입장이다. 그러나 칸트는 도덕은 그 자체가 목적이며 다른 어떤 것의 수단이 될 수 없다고 주장하였다. 또한 그는 쾌락을 추구하고 고통을 피하려는 인간의 경향성, 남의 어려운 처지를 안타깝게 여기는 동정심 등은 도덕의 근거가 될 수 없다고 보았다.

(2) **선의지**
① 동기 중시: 행위의 선악을 결정하는 것은 행위의 결과가 아니라 행위의 동기인 의지임
② 선의지: 오직 어떤 행위가 옳다는 이유만으로 그 행위를 실천하려는 의지이며, 도덕 법칙을 따르려는 의지임

📋 **자료 플러스** 칸트의 선의지

• 이 세상 안에서뿐만 아니라 이 세상 밖에서도 무제한적으로 선하다고 할 수 있는 것은 오직 선의지뿐이다.
• 선의지는 그것이 실현하거나 성취한 것 때문에, 또는 이미 주어진 어떤 목적을 달성하는 데 쓸모가 있기 때문에 선한 것이 아니라 오로지 그렇게 하기로 마음먹는 그 자체로 선한 것이다.
　　－ 칸트, "윤리 형이상학 정초" –

칸트는 선의지만이 무제한적으로 선하다고 보았다.

(3) 의무

① 의무: 도덕 법칙에 대한 존경심으로 인해 그 도덕 법칙이 명령하는 행위를 하지 않을 수 없는 필연성임

② 도덕 법칙은 유한한 인간에게 의무의 형태를 지니게 됨. 인간은 한편으로 선의지를, 다른 한편으로 경향성을 지니고 있는데, 경향성의 유혹이 있더라도 의무를 따라야 한다는 의식이 선의지임

(4) 도덕 법칙과 정언(定言) 명령

① 도덕 법칙: 이성적 존재가 따라야 할 절대적이고 보편타당한 실천 법칙. 우리 안의 실천 이성이 자율적으로 수립한 법칙으로, 정언 명령의 형식으로 나타남

자료 플러스   칸트의 도덕 법칙

- 내가 그것을 거듭 또 오랫동안 생각하면 생각할수록 더욱 새롭고 더욱 높아지는 감탄과 외경으로 나의 마음을 가득 채우는 것이 두 가지 있다. 그것은 내 위에 있는 별이 빛나는 하늘과 내 마음속에 있는 도덕 법칙이다.
- 도덕 법칙은 가장 완전한 존재의 의지에 대해서는 신성의 법칙이지만, 모든 유한한 이성적 존재에 대해서는 의무의 법칙이며, 이 법칙에 대한 존경심에 의해서 그리고 자신의 의무에 대한 외경에서 행위를 규정하는 도덕적 강제의 법칙이다.   – 칸트, "실천 이성 비판" –

칸트는 이성적 존재인 인간은 도덕 법칙을 가지고 있는 존엄한 존재라는 점을 강조하였다. 실천 이성이 우리 자신에게 부과한 자율적인 명령인 도덕 법칙은 인간이라면 누구나 어떤 상황에서도 예외 없이 따라야 하는 무조건적이고 절대적인 정언 명령이다. 그런데 이러한 도덕 법칙은 인간에게는 '의무'의 법칙으로 다가온다. 인간은 본능적 욕구와 이성을 함께 가지고 있으므로 인간의 의지가 도덕 법칙을 따르기 위해서는 본능적 욕구의 저항을 극복해야 하기 때문이다.

② 정언 명령의 예

네 의지의 준칙(격률)이 언제나 동시에 보편적 입법의 원리가 될 수 있도록 행위 하라.	보편 법칙의 정식(보편주의)
너 자신과 다른 모든 사람의 인격을 결코 단순히 수단으로만 대하지 말고 언제나 동시에 목적으로 대하도록 행위 하라.	목적의 정식(인격주의)

(5) 도덕적 행위: 선의지의 지배를 받는 행위 = 실천 이성의 명령을 따르는 행위 = 의무에서 비롯된 행위 또는 의무 의식이 동기가 된 행위 = 도덕 법칙에 대한 자발적 존중에서 비롯된 행위 = 정언 명령을 따르는 행위

(6) 도덕과 행복

① 도덕과 행복은 양립 가능하지만 행복을 도덕의 목적이라고 할 수는 없음

② 자신의 행복만을 증진하는 것은 우리의 직접적인 의무일 수 없음

자료 플러스   도덕과 행복에 대한 칸트의 견해

도덕의 원리와 행복의 원리를 구분하는 것이 이들 둘 사이의 대립을 의미하는 것은 아니다. 순수한 실천 이성은 우리가 행복에 대한 모든 요구를 포기할 것을 의욕하는 것이 아니다. 그것이 의욕하는 바는 오직 의무가 문제시될 때 행복을 전혀 고려하지 말아야 한다는 것이다.   – 칸트, "실천 이성 비판" –

칸트는 어떤 행위가 도덕적 가치를 지니기 위해서는 의무에 일치하기만 해서는 안 되고 의무로부터 비롯된 것이어야 한다고 주장하였다. 그리고 도덕적 의무의 이행은 행복을 위한 수단이 아니라고 보았다. 그러나 칸트에 따르면 도덕적 의무의 이행과 행복의 추구는 양립 가능하다. 다만 의무를 이행해야 할 때에는 자신의 행복을 고려하지 말아야 한다.

✪ 실천 이성

칸트 사상의 기본 개념으로, 도덕적인 실천의 의지를 규정하는 이성

✪ 가언(假言) 명령과 정언(定言) 명령

- 가언 명령: '만약 네가 A를 원한다면, 너는 B를 해야 한다.'라는 형식의 명령
- 정언 명령: '너는 무조건 ∼을/를 해야 한다.'라는 형식의 명령

✪ 준칙

개인의 주관적 행위 원리. '격률(格率)'이라고도 함

✪ 칸트의 '의무 의식'

자연적 경향성에 따라 생각할 때에는 하기 싫은 일이지만 어떤 도덕적 요구에 따라 그 일을 마땅히 수행해야만 한다고 생각하는 마음

개념 체크

1. 칸트에 따르면 도덕 법칙은 우리 안의 (   )이/가 자율적으로 수립한 법칙으로 정언 명령의 형식으로 나타난다.

2. 칸트는 개인의 주관적 행위 원리인 (   )이/가 언제나 동시에 보편적 입법의 원리가 될 수 있도록 행위해야 한다고 주장하였다.

3. 칸트는 어떤 행위가 도덕적 가치를 지니기 위해서는 (   )에 일치하기만 해서는 안 되고 (   )(으)로부터 비롯된 것이어야 한다고 주장하였다.

정답

1. 실천 이성
2. 준칙
3. 의무, 의무

(7) 칸트 윤리 사상에 대한 평가

① 긍정적 평가

도덕의 중요성을 강조함	• 도덕을 인간다움의 핵심 요소로 봄 • 경향성을 극복하고 도덕 법칙에 따를 때 인간다운 인간이 될 수 있음을 강조함
도덕의 기초를 다짐	• 모든 사람이 도덕적으로 동등하게 고려되어야 한다는 보편주의 정신을 강조함 • 인격을 지닌 인간을 그 자체로 존중할 것을 강조함 • 인간의 자율적 의지를 통해 도덕적 이상을 구현하려고 함

② 부정적 평가

형식적임	도덕적 결정을 내려야 하는 사람에게 구체적인 지침을 제공하지 못함
지나치게 엄격함	도덕 법칙의 적용에 어떤 예외도 허용하지 않음
의무 간의 상충 문제	두 가지 이상의 의무가 상충할 때 적절한 해결책을 제시하지 못함

3. 현대 칸트주의와 그 의의

(1) 현대 칸트주의: 로스의 조건부 의무론

① 칸트 윤리 사상의 난점인, 절대적인 도덕적 의무들이 상충하는 경우 어느 것을 우선시해야 하는지 알 수 없는 문제를 해결하고자 함

② 조건부 의무: 어떤 상황에서 우선적으로 머릿속에 떠오르는 '아무래도 ~하지 않을 수 없다.'라는 직관(直觀)적 의무. 정언 명령보다는 느슨한 도덕 원칙으로, 다른 도덕 원칙에 의해 유보될 수 있으며, 어떤 도덕 원칙이 우선하는지는 직관적으로 결정됨. 가령, '거짓말하지 마라.'라는 원칙은 '무고한 사람을 죽이지 마라.'라는 원칙에 의해 유보될 수 있음

③ 조건부 의무의 적용: 하나의 의무는 또 다른 의무와 갈등하기 전까지는 우리를 잠정적으로 구속함. 그러나 의무들 사이에 갈등이 발생할 경우 상대적으로 약한 의무는 유보되고 강한 의무가 우리의 실제적인 의무가 됨

> **≡ 개념 플러스** **로스가 제시한 조건부 의무들**
>
> 약속 지키기, 성실, 호의에 대한 감사, 선행, 정의, 자기 계발, 해악 금지
>
> 로스에 따르면 위의 일곱 가지 조건부 의무들은 서로 충돌하기 전까지는 우리에게 실제적 의무가 될 수 있다. 그러나 의무들끼리 충돌하게 되면 우리는 그 상황에서 직관적으로 더 중요한 의무를 따라야 한다. 로스는 언제 어디서나 지켜야 하는 절대적 의무는 없다고 본다.

(2) 현대 칸트주의의 의의

① 칸트 의무론의 핵심인 보편주의에 대한 신념을 공유하면서도 현실에 더 적합한 형태로 칸트 의무론을 계승함

② 인권 사상의 형성 및 민주주의 발전에 기여함: 개인의 자율성과 인격에 대한 존중을 강조함으로써 인권 사상의 형성에 기여하고, 이를 바탕으로 현대 민주주의가 발전하는 데 이바지함

✪ 로스(W. D. Ross)

영국의 현대 의무론적 윤리 사상가. 아리스토텔레스 연구의 권위자로도 알려져 있음

✪ 직관

사유 또는 추리를 통하지 않고, 즉각적이고 직접적으로 사물이나 사태를 인식함

개념 체크

1. 칸트는 모든 사람이 도덕적으로 동등하게 고려되어야 한다는 (　　　) 정신을 강조하였다.

2. (　　　)은/는 약속 지키기, 성실, 호의에 대한 감사, 선행, 정의, 자기 계발, 해악 금지의 일곱 가지 조건부 의무를 제시하였다.

3. 로스는 도덕적 의무들이 상충하는 경우 어느 의무를 더 우선시해야 하는지는 (　　　)적으로 결정된다고 주장하였다.

정답
1. 보편주의
2. 로스
3. 직관

◉ 결과론과 공리주의

1. 결과론

(1) 의미

① 행위의 옳고 그름을 행위의 결과에 의해 평가하려는 이론

② 행위의 드러난 결과가 좋다면 동기나 행위의 종류와 상관없이 그 행위를 옳다고 보는 이론

(2) 특징

① 행위 자체는 본질적 가치를 지니지 않으며, 좋은 결과를 얻기 위한 수단으로서의 가치를 가진다고 봄

② 대체로 행복을 좋은 결과로, 고통이나 불행을 나쁜 결과로 봄

(3) 결과론의 대표 사상: 공리주의

① '최대 다수의 최대 행복'을 도덕의 기본 원리로 봄

② 대표자: 벤담, 밀

③ 기본 입장

• 인간관: 인간은 누구나 쾌락을 추구하고 고통을 피하려는 존재임

• 윤리관: 쾌락은 선이고 고통은 악이며, 행복이 삶의 목적임

• 도덕의 원리: '공리의 원리' 또는 '최대 행복의 원리'

≡ 개념 플러스	공리주의의 특징
결과주의	행위의 옳고 그름은 그 행위의 결과에 의해서 판단될 수 있음
쾌락주의	결과를 평가하는 데 고려되는 유일한 요인은 행위에 의해 생겨날 쾌락과 고통임. 그렇지만 공리주의는 개인적·이기적 쾌락주의가 아닌 보편적 쾌락주의임
공평성 중시	쾌락과 고통의 양을 계산할 때 어떤 사람의 쾌락도 다른 사람의 쾌락보다 더 중요한 것으로 계산해서는 안 됨

2. 벤담의 양적 공리주의

(1) 기본 입장

① 개인적 차원의 행복주의를 사회적 차원으로 확대함: 행위의 옳고 그름을 판단할 때 관련된 이해 당사자들의 최대 행복을 가져오는 행위를 승인하는 공리의 원리를 기준으로 해야 함

② '최대 다수의 최대 행복'을 추구하는 공리의 원리를 도덕과 입법의 원리로 제시함

③ 양적 공리주의

• 모든 쾌락에는 질적인 차이가 없고 양적인 차이만 있음

• 쾌락의 양을 계산할 수 있고, 이때 고려해야 할 기준에는 강도, 지속성, 확실성, 근접성, 다산성, 순수성, 범위가 있음

(2) 벤담의 양적 공리주의의 의의 및 한계

① 도덕의 목적이 행복 증진에 있음을 분명히 하고, 관련된 이해 당사자들의 행복을 공평하게 고려하라고 요구함으로써 개인의 행복과 사회 전체의 행복을 조화하려고 함

② 노예 제도, 여성에 대한 불평등한 대우 등을 공리의 원리에 맞게 개혁할 것을 요구하고 동물 학대를 비판함

③ 쾌락의 질적 차이를 무시함으로써 '배부른 돼지의 철학'을 추구하는 천박한 철학이라는 비판을 받기도 함

✪ 벤담의 쾌락 계산 기준

• 강도: 얼마나 강한가?

• 지속성: 얼마나 오래가는가?

• 확실성: 얼마나 확실한가?

• 근접성: 얼마나 빨리 얻을 수 있는가?

• 다산성: 얼마나 다른 쾌락으로 이어질 수 있는가?

• 순수성: 얼마나 고통이나 부작용이 없이 순수한가?

• 범위: 얼마나 많은 사람들에게 영향을 미치는가?

개념 체크

1. 공리주의에 따르면 행위에 대한 도덕적 평가는 행위에 의해 생겨날 (   )와/과 고통에 의해 결정된다.

2. 벤담은 (   )을/를 추구하는 공리의 원리를 도덕과 입법의 원리로 제시하였다.

3. 벤담에 따르면 모든 쾌락에는 질적인 차이가 없고 (   )적인 차이만 존재한다.

정답

1. 쾌락
2. 최대 다수의 최대 행복
3. 양

자료 플러스 벤담의 양적 공리주의

- 자연은 인류를 고통과 쾌락이라는 두 군주의 지배하에 두었다. 우리가 무엇을 하게 될 것인지를 결정하는 것은 물론, 우리가 무엇을 해야 할까를 지시하는 것도 오로지 이 두 군주이다.
- 공리(utility)는 이해 당사자에게 쾌락을 산출하거나 고통의 발생을 막는 경향을 가진 어떤 대상의 속성이다. 이해 당사자가 공동체 전체라면 그 공동체의 행복을 의미하며, 이해 당사자가 특정 개인이라면 그 개인의 행복을 의미한다.
- 공리의 원리(principle of utility)는 관련된 이해 당사자들의 행복을 증가시키느냐 감소시키느냐에 따라, 다시 말해 행복을 촉진하느냐 저해하느냐에 따라 각각의 행위를 승인하거나 부인하는 원리를 말한다. 여기서 내가 말하는 각각의 행위는 개인의 사적인 모든 행위뿐만 아니라 정부의 모든 정책까지 포함한다.

– 벤담, "도덕과 입법의 원칙에 대한 서론" –

벤담은 쾌락은 선이고 고통은 악이라고 보고, 행복이란 고통이 없는 상태 또는 쾌락이라고 주장하였다. 벤담에 따르면 사회는 개인들의 집합체이므로 개개인의 행복은 사회 전체의 행복과 연결되며, 더 많은 사람이 행복을 누리는 것은 그만큼 더 좋은 일이다. 그래서 그는 '최대 다수의 최대 행복'을 추구하는 공리의 원리를 도덕과 입법의 기본 원리로 제시하였다.

3. 밀의 질적 공리주의

(1) 기본 입장

① 벤담의 입장(쾌락주의, 공리의 원리 강조 등)을 비판적으로 계승함

② 질적 공리주의

- 쾌락에는 질적인 차이가 있으며 쾌락의 양뿐만 아니라 질적 차이도 고려해야 함

질적으로 낮은 쾌락	단순한 감각적 쾌락
질적으로 높은 쾌락	지성, 감정과 상상력, 도덕 감정 등의 고등한 능력을 발휘하는 데서 얻는 정신적 쾌락

- 질적으로 높은 쾌락은 낮은 쾌락보다 양과 무관하게 더 가치 있으며, 정상적인 인간이라면 누구나 질적으로 높고 고상한 쾌락을 추구함
- 쾌락들의 질적 차이를 구분할 때는 그 쾌락들을 모두 경험한 사람들의 판단을 존중해야 함

자료 플러스 밀의 질적 공리주의

- 어떤 종류의 쾌락이 다른 종류의 쾌락보다 더 바람직하고 더 가치 있다는 사실을 인정하는 것은 공리의 원리와 양립할 수 있다. 다른 모든 것을 평가할 때는 양뿐만 아니라 질도 고려하면서 쾌락을 평가할 때에는 양에만 의존하는 것은 불합리하다.
- 두 가지 쾌락을 경험한 모든 사람들 또는 거의 모든 사람들이 그 둘 중 특정한 쾌락을 선호해야 한다는 도덕적 의무감과 상관없이 어느 한 쾌락을 확실히 선호한다면 그 쾌락이 더 바람직한 쾌락이다.
- 만족한 돼지보다 불만족한 인간이 되는 편이 낫고, 만족한 바보보다 불만족한 소크라테스가 되는 편이 낫다.

– 밀, "공리주의" –

밀은 벤담과 달리 쾌락에는 질적인 차이가 있으며 쾌락의 양만이 아니라 질적인 차이도 고려해야 한다는 질적 공리주의를 제시하였다. 밀은 여러 가지 쾌락을 경험한 사람이 선호하는 쾌락이 보다 바람직한 쾌락이라고 보았으며, 정상적인 사람이라면 누구나 질적으로 높고 고상한 쾌락을 선호할 것이라고 주장하였다.

❖ 개인의 희생에 대한 공리주의의 입장

"공리주의는 다른 사람들의 선을 위해서라면 자신의 최대 선까지도 희생할 수 있는 힘이 인간에게 있다고 본다. 다만 희생 그 자체가 곧 선이라고 인정하지 않을 뿐이다. 행복의 총량을 증가시키지 않는 희생은 무용지물로 간주된다."

– 밀, "공리주의" –

개념 체크

1. 벤담에 따르면 사회는 (　　)들의 집합체이므로 개개인의 행복은 사회 전체의 행복과 연결된다.

2. (　　)은/는 쾌락에는 질적 차이가 있으므로 행위의 옳고 그름을 평가할 때는 쾌락의 양뿐만 아니라 질도 고려해야 한다고 주장하였다.

3. 밀은 쾌락의 질적 차이를 구분할 때는 그 쾌락들을 모두 (　　)한 사람들이 더 선호하는 쾌락이 보다 바람직한 쾌락이라고 주장하였다.

정답

1. 개인
2. 밀
3. 경험

(2) 밀의 질적 공리주의의 의의 및 한계

① 공리주의를 사회 체제에 적용하여 자유 민주주의를 정당화하고자 함
- 타인에게 피해를 주지 않는 한 개인의 자유를 최대한 보장하는 자유 민주주의가 최대 다수의 최대 행복을 가져오는 데 가장 적합하다고 봄
- 자유 민주주의의 성공을 위해서 개인의 권리를 보호하고 다수의 횡포를 방지할 것을 강조함
- 여성의 종속을 비판하고 여성의 평등한 권리를 강조하였는데 여성을 종속하는 것은 본질적으로 옳지 않을 뿐만 아니라 인류의 발전을 저해하는 것이라고 주장함
② 공리주의의 뿌리인 쾌락주의 자체를 위협할 뿐만 아니라 지나치게 지적인 것을 선호하여 엘리트주의로 흐른다는 비판을 받기도 함

❖ 엘리트주의
소수의 엘리트들이 사회나 국가를 이끌어 나가야 한다고 보는 입장

4. 현대 공리주의

(1) 행위 공리주의의 의미와 문제점

① 의미: 공리의 원리를 개별 행위에 직접 적용하여 더 많은 공리를 산출하는 행위를 옳은 행위로 보는 입장
② 문제점
- 개별 행위의 공리를 계산하기 어려움
- 도덕적 상식에 어긋나는 행위를 정당화할 수 있음
  예 어떤 개별적인 약속 위반 행위가 더 큰 유용성을 지닌다는 이유로 정당화될 수 있음

❖ 규칙 공리주의의 입장
거짓말을 하는 것이 그렇지 않은 것보다 유용한 결과를 가져오는 경우가 종종 있지만, 일반적으로 거짓말을 하지 않는 것이 더 많은 공리를 지니고 있으므로, '거짓말해서는 안 된다.'라는 행위 규칙을 따르는 것이 바람직함

(2) 현대 규칙 공리주의

① 공리의 원리를 개별 행위가 아닌 행위의 규칙에 적용함
② 행위의 옳고 그름은 최대의 공리를 산출하는 규칙과의 일치 여부에 따라 결정된다고 봄
③ 주어진 상황에서 모든 행위의 공리를 계산해야 하는 행위 공리주의에 비해 훨씬 경제적임
④ 구체적인 상황에서 좋지 않은 결과를 산출할 수 있고, 규칙이 충돌할 때 어떻게 해야 하는지 분명한 기준을 제시하지 못한다는 비판을 받기도 함

❖ 싱어(P. Singer)
오스트레일리아 출신의 철학자로 실천 윤리학의 전문가이며 공리주의적 관점에서 윤리 문제를 논의함. "동물 해방", "실천 윤리학", "세계화의 윤리" 등을 저술함

(3) 현대 선호 공리주의

① 행복을 쾌락으로 한정한 고전적 공리주의와 달리 더 포괄적인 선호(選好)를 통해 행복을 설명함
② 행위의 영향을 받는 당사자들의 선호를 최대한 만족시키는 행위를 옳다고 봄

(4) 현대의 대표적 공리주의자: 싱어

① '이익 평등 고려의 원칙'을 제시함: 쾌락과 고통을 느낄 수 있는 모든 개체의 이익을 평등하게 고려해야 함
② 인간뿐만 아니라 쾌락과 고통을 느낄 수 있는 동물에게도 공리의 원리를 적용해야 한다고 주장함
③ 쾌락과 고통을 느낄 수 있는 동물의 이익 관심을 고려함으로써 도덕적 배려의 범위를 동물로 확대하는 데 중요한 지침을 제공함

개념 체크

1. 행위 공리주의는 공리의 원리를 개별 (   )에, 규칙 공리주의는 공리의 원리를 행위의 (   )에 적용한다.
2. (   )은/는 쾌락과 고통을 느낄 수 있는 모든 개체의 이익을 평등하게 고려해야 한다고 주장하였다.

정답
1. 행위, 규칙
2. 싱어

[24014-0145]

01 다음 가상 편지를 쓴 근대 서양 사상가가 강조하는 삶의 태도로 가장 적절한 것은?

> ○○에게
> 선의지와 이성과의 관계에 대해 고민하고 질문한 자네의 편지를 잘 읽었네. 이성의 진정한 사명은 '다른 의도를 위한 수단으로서가 아닌 그 자체로 선한 의지'를 만들어 내는 것이며, 선의지가 최고의 선이라네. 이성을 훈련하기 위해서는 행복의 달성이라는 항상 조건적이고 이차적인 의도를 적어도 현생에서는 여러 가지 방식으로 제한해야 한다는 것을 우리는 알아야 하며, 이것이 자연의 지혜에 부합하는 것이라네.

① 감정을 지닌 모든 존재를 목적 자체로 대우해야 한다.
② 행위의 도덕성은 행위의 결과와 무관함을 알아야 한다.
③ 선의지의 실천은 행복과 양립 불가함을 깨달아야 한다.
④ 자연적 경향성에 따른 무조건적 명령을 실천해야 한다.
⑤ 공동체의 덕목에 기반하여 도덕 법칙을 수립해야 한다.

[24014-0146]

02 다음을 주장한 근대 서양 사상가의 입장으로 가장 적절한 것은?

> 만일 쾌락에서 질의 차이가 무엇이냐고 묻는다면, 혹은 한 쾌락이 다른 쾌락보다 양이 많다는 것을 제외하고 단지 하나의 쾌락으로서 더 가치 있게 만드는 것이 무엇인지 묻는다면, 오직 하나의 답변만이 가능하다. 두 가지 쾌락 모두를 경험한 대부분의 사람들이 도덕적 의무에 대한 감정과는 독립적으로 두 가지 쾌락 중에서 어떤 한 종류의 쾌락을 확실하게 더 선호한다면 그것이 보다 바람직한 쾌락이다.

① 쾌락의 양 증대는 인간 행위의 목적이 될 수 없다.
② 쾌락의 양과 질은 언제나 반비례 관계에 놓여 있다.
③ 행복을 저해하더라도 질 높은 쾌락을 추구해야 한다.
④ 타인의 행복에서 느끼는 즐거움은 쾌락이라 볼 수 없다.
⑤ 자신의 존엄에 대한 선호는 행복을 희생시키지 않는다.

[24014-0147]

03 다음을 주장한 근대 서양 사상가의 입장에서 볼 때, ㉠에 들어갈 진술로 적절하지 않은 것은?

> 자연의 모든 것은 법칙에 따라 움직인다. 오직 이성적 존재만이 법칙에 대한 표상에, 즉 원칙에 따라 행위 하는 능력을 지니는데 이것이 의지이다. 행위의 도덕적 가치는 의지의 원칙 외에 다른 곳에 있을 수 없다. 선험적 원칙과 후험적 동기 사이의 갈림길에 서 있을 때, 도덕성을 경험적인 실제의 예에서 빌려 오는 것보다 도덕성에 더 해로운 것은 있을 수 없다. 따라서 ____㉠____ 행위는 도덕적 가치를 지니지 못한다.

① 자기애의 원칙에 근거하여 스스로 생(生)을 마감하는
② 자기 이익 실현을 목적으로 다른 사람을 속이지 않는
③ 생명 유지의 경향성에만 근거하여 삶을 지속해 가려는
④ 인격의 인간성 향상을 위해 자신의 소질을 계발하려는
⑤ 이기적 동기를 배제하고 동정심에 근거해 자선을 베푸는

[24014-0148]

04 근대 서양 사상가 갑, 을 중 적어도 한 사람이 부정의 대답을 할 질문으로 적절한 것만을 〈보기〉에서 고른 것은?

> 갑: 자연은 인류를 고통과 쾌락이라는 두 군주의 지배하에 두었다. 무엇을 하게 될 것인지를 결정하는 것은 물론, 무엇을 해야 할까를 지시하는 것도 오직 이 두 군주이다. 옳고 그름의 기준과 원인과 결과의 사슬은 이 두 군주에 매여 있다.
> 을: 어떤 종류의 쾌락이 다른 종류의 쾌락보다 더 바람직하고 더 가치 있다는 사실을 인정하는 것은 공리의 원리와 완전히 양립 가능하다. 다른 모든 것을 평가할 때는 양뿐만 아니라 질도 고려하면서, 쾌락을 평가할 때에는 오직 양에만 의존해야 한다고 가정하는 것은 부조리하다.

● 보기 ●
ㄱ. 개인의 행복 증진에 기여하는 행위는 선할 수도 악할 수도 있는가?
ㄴ. 쾌락의 가치를 양적인 차이로만 판단하는 것은 공리의 원리에 어긋나는가?
ㄷ. 행위의 옳고 그름 판단 시 모든 이해 당사자들의 쾌락을 고려해야 하는가?
ㄹ. 행위의 도덕적 가치는 행위의 유용성과는 무관한 객관적 원리에 따라 결정되는가?

① ㄱ, ㄴ ② ㄱ, ㄷ ③ ㄴ, ㄷ ④ ㄴ, ㄹ ⑤ ㄷ, ㄹ

05 다음을 주장한 근대 서양 사상가가 긍정의 대답을 할 질문만을 〈보기〉에서 고른 것은?

[24014-0149]

> 도덕의 원칙을 발견하려고 했던 지금까지의 모든 노력을 돌이켜 보면, 그러한 노력이 실패했다는 것이 전혀 놀랍지 않다. 인간이 자기의 의무를 통해 법칙에 구속되어 있다는 데는 생각이 미쳤지만, 인간은 오직 자기 자신이 주는 법칙이면서도 여전히 보편적인 법칙만을 따르며, 자기 자신의 의지이지만 본성적 목적인 자연적 목적에 따라 보편적으로 법칙을 주는 의지에 맞게 행위 하도록 구속되어 있을 뿐이라는 생각은 떠오르지 않았다.

● 보기 ●
> ㄱ. 행복을 증진하는 도덕적 행위는 존재 불가능한가?
> ㄴ. 인간이 준수해야 할 절대적인 의무가 존재 가능한가?
> ㄷ. 행복 추구의 경향성은 준칙의 근거가 될 수 있는가?
> ㄹ. 도덕적 의무의 이행은 의지의 자율성을 훼손하는가?

① ㄱ, ㄴ ② ㄱ, ㄷ ③ ㄴ, ㄷ ④ ㄴ, ㄹ ⑤ ㄷ, ㄹ

06 (가), (나)의 입장에 대한 설명으로 가장 적절한 것은?

[24014-0150]

> (가) 한 행위가 타당한 행위 규칙에 일치하면 옳고 위반하면 그르다. 행위에 대한 규칙의 타당성을 결정하는 척도는 모든 사람에게 더 많은 행복과 더 적은 불행을 일으키게 하는 규칙이다.
> (나) 유용성의 원리는 선택의 상황에서 각각의 행위에 직접적으로 적용된다. 그리고 옳은 행위란 다른 어떤 가능한 행위보다 더 큰 유용성을 갖는 것으로 정의된다.

① (가)는 쾌락과 고통은 선악 판단의 근거가 될 수 없다고 본다.
② (나)는 공리 증진이 동기가 된 행위는 항상 도덕적으로 옳다고 본다.
③ (가)는 (나)와 달리 행위의 도덕적 가치는 행위 자체에 내재해 있다고 본다.
④ (나)는 (가)와 달리 행위의 선악은 동기가 아닌 결과에 의해 판단된다고 본다.
⑤ (가)와 (나)는 행위의 도덕적 가치를 결정짓는 보편적인 기준이 존재한다고 본다.

07 중세 서양 사상가 갑, 근대 서양 사상가 을의 입장으로 적절한 것만을 〈보기〉에서 있는 대로 고른 것은?

[24014-0151]

> 갑: 신에 의해 통치되는 세상은 신의 영원한 이성에 의해 목적을 향해 질서 지어져 있다. 그러므로 세상에는 영원법이 있다. 영원법은 사물들의 본성에 새겨져 있고, 인간의 자연적 성향에도 반영되어 있다. 따라서 영원법은 이성의 자연적 빛을 통해 인식될 수 있다.
> 을: 신의 의지는 객관적인 법칙을 따르지만 그 의지는 자신의 주관적인 소질에 따라 선을 마음에 떠올려 스스로 결정하기 때문에 법칙에 맞는 행위를 하도록 강제되고 있다고 생각할 수는 없다. 그러나 인간의 의지는 완벽하지 못하므로 최소한의 의무 개념이 현실에 법칙을 주어야 한다면 이는 정언적 명령으로만 표현될 수 있을 뿐이다.

● 보기 ●
> ㄱ. 갑: 인간의 행복 실현에 있어 이성의 역할은 존재하지 않는다.
> ㄴ. 을: 도덕 법칙은 행위자 자신을 위한 예외를 허용하지 않는다.
> ㄷ. 을: 타인을 수단으로 대하는 행위 중 도덕적 가치를 지니는 행위도 있다.
> ㄹ. 갑과 을: 인간의 자연적인 성향을 극복해야만 보편적 의무를 실천할 수 있다.

① ㄱ, ㄷ ② ㄱ, ㄹ ③ ㄴ, ㄷ
④ ㄱ, ㄴ, ㄹ ⑤ ㄴ, ㄷ, ㄹ

[24014-0152]

08 다음을 주장한 근대 서양 사상가의 입장으로 적절하지 <u>않은</u> 것은?

> 쾌락을 추구하고 고통을 회피하는 일은 입법자가 주목하는 목적이다. 또한 쾌락과 고통은 입법자가 가지고 일해야 하는 수단이다. 한 개인과 관련하여 고려된 쾌락과 고통의 가치를 측정할 때 참작해야 할 상황들, 다른 쾌락이나 고통과 연결된 것으로 간주되는 쾌락과 고통의 가치를 측정할 때 참작해야 할 상황들, 다수의 사람들과 관련하여 고려되는 쾌락과 고통의 가치를 측정할 때 참작해야 할 상황들을 고려하여 쾌락과 고통의 가치를 이해해야 한다.

① 고통을 유발하는 행위가 선한 행위가 될 가능성은 없다.
② 쾌락과 고통의 가치를 수치로 측정하는 것이 가능하다.
③ 자기희생이 도덕적인 가치를 지니지 않는 경우도 있다.
④ 행위의 선악은 유용성의 원리에 의해 판단되어야 한다.
⑤ 공리의 원리에 어긋나는 도덕적인 삶은 가능하지 않다.

[24014-0153]

1 그림의 강연자가 지지할 입장만을 〈보기〉에서 고른 것은?

> 누구라도 고백할 수밖에 없는 것은 만약 법칙이 도덕적으로, 다시 말해 책무의 근거로서 타당해야 한다면 그 법칙은 절대적 필연성을 동반해야만 한다는 것입니다. 책무의 근거는 인간의 자연 본성이나 인간이 놓여 있는 세계 내의 정황에서 찾아서는 안 되고, 오로지 순수 이성의 개념들 안에서만 선험적으로 찾아야 합니다. 경험의 원리들에 기초하고 있는 다른 모든 훈계는, 심지어 어떤 관점에서는 보편적인 규정조차도, 그것이 최소한의 부분에 있어서라도, 아마도 오직 그 동인(動因)에 있어서만이라도 경험적 근거들에 의지하고 있는 한, 결코 도덕 법칙이라고 일컬을 수는 없습니다.

● 보기 ●
ㄱ. 의무를 동기로 삼지 않는 행위는 도덕 법칙에 맞는 행위가 될 수 없다.
ㄴ. 의무는 도덕 법칙에 대한 자발적 존경에서 기인하는 행위의 필연성이다.
ㄷ. 실천 이성은 행복을 위한 모든 요구를 포기해야 한다고 강요하지 않는다.
ㄹ. 준칙에 따르는 모든 명령은 무조건 따라야 할 명령의 형식으로 제시된다.

① ㄱ, ㄴ   ② ㄱ, ㄷ   ③ ㄴ, ㄷ   ④ ㄴ, ㄹ   ⑤ ㄷ, ㄹ

[24014-0154]

2 고대 서양 사상가 갑, 근대 서양 사상가 을의 입장에 대한 설명으로 가장 적절한 것은?

> 갑: 쾌락은 우리에게 첫 번째이자 타고난 선(善)이다. 하지만 우리가 모든 쾌락을 선택하는 것은 아니며, 고통이 비록 나쁜 것이지만 우리가 항상 고통을 피하는 것도 아니다. 우리는 양자를 비교함으로써 이득이 되는 것과 해가 되는 것을 고려해야 한다. 우리가 '쾌락이 목적이다.'라고 할 때 이 말은 방탕한 자들의 쾌락을 의미하는 것이 아니다. 우리가 말하는 쾌락은 몸의 고통이나 마음의 혼란으로부터의 자유이다.
> 을: 고통도 동질적이지 않고 쾌락도 동질적이지 않다. 그리고 고통은 언제나 쾌락과 이질적이다. 그렇다면 어떤 이유로 특정 고통을 감수하면서까지 특정 쾌락을 추구할 가치가 있다고 결정할까? 이는 고등 능력으로부터 도출된 쾌락이 그 강도의 문제와 무관하게 그 종류에 있어서 고등 능력과는 거리가 먼 동물적인 본성이 누릴 수 있는 쾌락보다 더 선호할 만하다고 판단되기 때문이다. 이 점은 인간 행위의 지도 규칙인 공리 또는 행복의 완전하고 적절한 개념의 필수적 부분이다.

① 갑은 진정한 행복을 저해하는 그 자체로 나쁜 쾌락이 존재한다고 본다.
② 을은 쾌락의 질 판단은 선험(先驗)적 인식의 영역에만 해당한다고 본다.
③ 갑은 을과 달리 누구의 행복도 증진하지 않는 선한 행위가 있다고 본다.
④ 을은 갑과 달리 고통의 부재로서의 쾌락 추구 자세가 바람직하다고 본다.
⑤ 갑과 을은 어떤 쾌락은 다른 쾌락보다 더 추구할 만한 가치가 있다고 본다.

[24014-0155]

3 (가)의 근대 서양 사상가 갑, 을, 병의 입장에서 서로에게 제기할 수 있는 비판을 (나) 그림으로 표현할 때, A~F에 해당하는 내용으로 가장 적절한 것은?

(가)	갑: 강도, 지속성, 확실성, 근접성, 다산성, 순수성, 범위를 기준으로 행위의 쾌락과 고통의 가치를 측정하여 쾌락 쪽으로 저울이 기울면 그 행위는 좋은 경향을 띤다고 말할 수 있다. 을: 어떤 행위가 도덕적이라면, 그것은 도덕 법칙에 알맞은 것으로는 충분하지 않고 도덕 법칙을 위하여 일어난 것이어야만 한다. 그렇지 않은 경우, 그 알맞음은 단지 우연적이고 불안정한 것이다. 병: 공감은 인간 본성의 가장 강력한 원리이고, 또 아름다움에 대한 우리의 취향에 지대한 영향을 미친다. 사회의 복리는 오직 공감을 통해서만 쾌락을 준다.
(나)	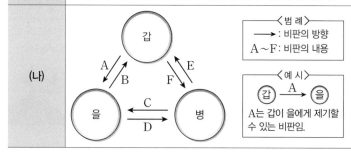

① A와 F: 사회 전체의 행복에 유용한 행위가 도덕적 가치를 지닌 행위임을 간과한다.
② B: 행위의 도덕적 가치를 평가할 수 있는 보편적 도덕 원리가 존재함을 간과한다.
③ C: 사회 구성원의 승인에 의해 행위의 도덕적 가치가 결정될 수 있음을 간과한다.
④ D: 선악의 구별이 자기중심적 관점에서 벗어나 보편성을 지닐 수 있음을 간과한다.
⑤ E: 쾌락과 고통의 감정은 행위의 선악을 구별하는 근거가 될 수 없음을 간과한다.

[24014-0156]

4 근대 서양 사상가 갑, 을의 입장으로 적절하지 <u>않은</u> 것은?

> 갑: 쾌락 간의 비교에서 쾌락의 양을 사소한 것으로 만들 만큼 더 선호된 쾌락은 그렇지 않은 쾌락에 비해 질적인 우월성을 지닌다. 두 종류의 쾌락을 즐길 수 있는 능력을 똑같이 가지고 있는 사람이라면, 누구라도 알면서 그리고 평온한 상태에서 저급한 쾌락을 선호하지는 않을 것이다.
> 을: 엄밀히 말해서, 어떤 것도 그 자체로는 좋다거나 나쁘다고 말할 수 없다. 그 자체로 좋다 나쁘다 말할 수 있는 것은 오직 고통이나 쾌락에 대한 것, 혹은 그것의 효과를 근거로 고통과 쾌락의 원인이나 방해물이 되는 것뿐이다. 쾌락 총량의 최대화를 도덕과 입법의 원리로 삼아야 한다.

① 갑: 고귀한 감정을 향유하는 지적인 취미는 공리의 증진에 기여할 수 있다.
② 갑: 인간이 쾌락을 원한다는 자연적 사실로부터 도덕 원리가 도출될 수 있다.
③ 을: 사회 구성원들의 이익의 총합을 넘어선 사회의 이익이란 존재하지 않는다.
④ 을: 이타적인 행동이 도덕적 가치를 지닌다면 그 이유는 쾌락을 주기 때문이다.
⑤ 갑과 을: 타인의 행복에서 얻는 쾌락은 자기 행복에서 얻는 쾌락보다 더 고귀하다.

[24014-0157]

5 가상 대담을 하는 근대 서양 사상가의 입장에서 볼 때, ㉠에 들어갈 진술로 가장 적절한 것은?

① 인간은 경향성의 저항을 극복할 수 있는 이성적인 존재이기 때문입니다.

② 인간은 쾌락의 양이 아닌 오직 쾌락의 질을 추구하는 존재이기 때문입니다.

③ 인간은 신적 이성에 근거하여 금욕적 삶을 살 수 있는 존재이기 때문입니다.

④ 인간은 행복을 위해 만족이 아닌 고통을 선택할 수도 있는 존재이기 때문입니다.

⑤ 인간은 행위의 선악을 결과가 아닌 동기에 의해 판단하는 존재이기 때문입니다.

[24014-0158]

6 (가)의 근대 서양 사상가 갑, 을의 입장을 (나) 그림으로 표현할 때, A~C에 해당하는 적절한 진술만을 〈보기〉에서 고른 것은?

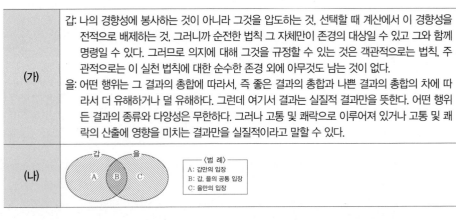

● 보 기 ●

ㄱ. A: 도덕적 의무 이행과 행복 추구를 모순 관계로 보는 것은 옳지 않다.

ㄴ. B: 행위의 도덕적 가치는 행위자의 품성과 무관하게 평가되어야 한다.

ㄷ. B: 도덕의 원리를 수립할 때 모든 인간은 평등하게 고려되어야 한다.

ㄹ. C: 행위의 도덕성을 평가할 때 행위의 의지와 결과 모두를 고려해야만 하는 것은 아니다.

① ㄱ, ㄴ   ② ㄱ, ㄷ   ③ ㄴ, ㄷ   ④ ㄴ, ㄹ   ⑤ ㄷ, ㄹ

[7~8] 갑은 고대 서양 사상가, 을은 근대 서양 사상가이다. 물음에 답하시오.

> 갑: 쾌락과 미덕이 분리될 수 없는 것이라면 어째서 어떤 것은 즐겁지만 품위가 없고 어떤 것은 매우 품위가 있지만 고통을 통해서만 힘겹게 얻을 수 있겠는가? 가장 수치스러운 삶에도 쾌락은 있으며 어떤 이들은 쾌락이 없어서가 아니라 다름 아닌 쾌락으로 인해 불행하다. 행복하게 살기 위해서는 자연의 법칙과 본보기에 따라 자신을 형성하는 것이 지혜임을 알아야 하며, 자신의 본성과 조화를 이루는 삶을 살아야 한다.
> 을: 금욕주의 원칙은 실제로는 공리의 원칙의 오용일 뿐이다. 어떤 상황에서 얻어진 어떤 쾌락이 장기적 안목으로 보면 더 많은 고통을 수반한다고 인식하거나 상상했던 이들은 자신의 출발점을 망각한 채 고통과 사랑에 빠지는 것을 칭찬할 만한 일이라고 여길 정도로까지 멀리 나아갔다. 우리가 무엇을 하게 될 것인지를 결정하는 것은 물론, 우리가 무엇을 해야 할까를 지시하는 것도 오로지 두 군주, 즉 고통과 쾌락뿐이다.

[24014-0159]

7 갑, 을의 입장으로 옳은 것은?

① 갑: 인간이 느끼는 그 어떤 감정도 이성에 따른 평온한 삶에 도움되지 않는다.
② 갑: 정념의 지배에서 벗어나기 위해서는 공적인 삶과 인간관계를 멀리해야 한다.
③ 을: 누군가의 고통을 증가시키는 정부 정책이 정당성을 지니는 경우가 존재한다.
④ 을: 공동체의 이익은 개인의 이익을 초월한 보편 의지에 의해서만 달성 가능하다.
⑤ 갑과 을: 행복은 삶에서 추구해야 할 목적이 될 수 없고 목적이 되어서도 안 된다.

[24014-0160]

8 다음을 주장한 고대 서양 사상가가 갑, 을에게 제시할 수 있는 견해로 가장 적절한 것은?

> 욕망들 중 어떤 것은 자연적이고 다른 것은 공허하며, 자연적인 욕망들 중 어떤 것은 필연적이고 다른 것은 단순히 자연적이며, 필연적인 욕망들 중 어떤 것은 행복을 위해, 어떤 것은 몸의 휴식을 위해, 어떤 것은 삶 자체를 위해 필요하다. 이런 사실을 잘 관찰하는 것은 우리가 어떤 것을 선택하거나 회피할 때 몸의 건강과 마음의 평안을 참고하도록 해 준다. 우리는 쾌락의 부재로 인해 고통을 느낄 때는 쾌락을 필요로 하지만, 고통을 느끼지 않는다면 더 이상 쾌락을 필요로 하지 않는다. 이런 이유 때문에 우리는 쾌락이 행복한 인생의 시작이자 끝이라고 말한다.

① 갑에게: 이성으로써 쾌락을 분별하고 욕구를 절제하며 살아야 함을 간과하고 있다.
② 갑에게: 자연적 욕구 충족을 통해 얻어지는 모든 쾌락은 그 자체로 추구할 만한 것임을 바르게 알고 있다.
③ 을에게: 쾌락을 추구하는 과정에서 고통이 발생할 수 있다는 사실을 간과하고 있다.
④ 을에게: 행위자 자신의 쾌락 증진에 도움이 되지 않는 도덕적 행위는 가능하지 않음을 바르게 알고 있다.
⑤ 갑과 을에게: 공적인 삶을 멀리하고 개인적 쾌락을 추구할 때 행복에 이를 수 있음을 간과하고 있다.

[24014-0161]

9 (가)의 근대 서양 사상가 갑, 을의 입장을 (나) 그림으로 탐구하고자 할 때, A~C에 들어갈 옳은 질문만을 〈보기〉에서 고른 것은?

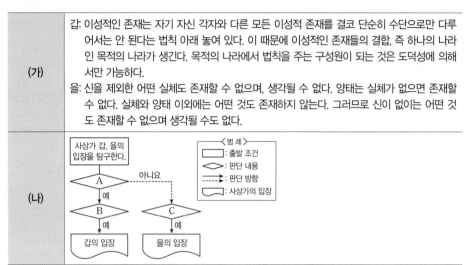

(가)	갑: 이성적인 존재는 자기 자신 각자와 다른 모든 이성적 존재를 결코 단순히 수단으로만 다루어서는 안 된다는 법칙 아래 놓여 있다. 이 때문에 이성적인 존재들의 결합, 즉 하나의 나라인 목적의 나라가 생긴다. 목적의 나라에서 법칙을 주는 구성원이 되는 것은 도덕성에 의해서만 가능하다. 을: 신을 제외한 어떤 실체도 존재할 수 없으며, 생각될 수 없다. 양태는 실체가 없으면 존재할 수 없다. 실체와 양태 이외에는 어떤 것도 존재하지 않는다. 그러므로 신이 없이는 어떤 것도 존재할 수 없으며 생각될 수도 없다.

보기

ㄱ. A: 인간의 감정 중에서 유덕한 삶의 실현에 도움되는 감정이 존재하는가?
ㄴ. A: 인간은 자연법칙의 지배를 받는 동시에 자유 의지를 지니고 있는 존재인가?
ㄷ. B: 모든 이성적 존재자는 그 어떤 경우에서도 목적으로만 대우받아야 하는가?
ㄹ. C: 신의 본성에 대한 직관적 인식을 통해 인간은 자유로운 삶을 살 수 있는가?

① ㄱ, ㄴ   ② ㄱ, ㄷ   ③ ㄴ, ㄷ   ④ ㄴ, ㄹ   ⑤ ㄷ, ㄹ

[24014-0162]

10 다음을 주장한 현대 서양 사상가의 입장에만 모두 'V'를 표시한 학생은?

- 옳은 행위는 일련의 여건 아래에서 가능한 한 최대의 선을 산출하며, 또한 최대의 적절성을 제시하는 행위로 정의될 수 있다.
- 조건부 의무들 간의 우선성을 결정해 줄 규칙은 다음의 세 가지이다. 첫째, 보다 작은 선보다는 보다 큰 선을 산출하는 행위가 의무가 될 수 있다. 둘째, 무심결에 혹은 서투르게 이루어진 행위보다 심사숙고해서 분명하게 행해지는 행위가 보다 우선적인 의무이다. 셋째, 불확실한 상황에서는 양심적인 사람들 다수의 견해가 우선해야 한다.

입장 \\ 학생	갑	을	병	정	무
조건부 의무들은 상충하기 전까지는 실제 의무로 기능한다.	V	V		V	
조건부 의무는 이성적 추론의 과정을 통해서만 도출될 수 있다.	V		V		V
모든 도덕 문제를 해결할 수 있는 단일한 도덕 원리는 없다.		V		V	V
의무는 도덕 판단에서 상황의 특수성을 배제할 것을 요구한다.			V	V	V

① 갑   ② 을   ③ 병   ④ 정   ⑤ 무

현대의 윤리적 삶: 실존주의와 실용주의

🎯 주체적 결단과 실존

1. 실존주의의 등장 배경

(1) 근대 이성주의와 과학 기술의 발전
① 근대 이성주의는 과학 기술을 발전시켜 인류가 물질적 풍요를 누릴 수 있게 함
② 사람들은 이성에 대한 무한한 신뢰를 바탕으로 인류의 성장과 진보를 낙관적으로 전망하게 됨
③ 윤리 영역에서도 객관적이고 보편적인 도덕 원리를 발견할 수 있다고 여김

(2) 근대 이성주의에 대한 비판과 과학 기술 문명의 역기능
① 근대의 이성 중심적 사고는 객관적이고 보편적인 지식이나 도덕을 강조한 나머지 개인이 겪는 구체적인 삶의 문제를 소홀히 함
② 근대 이성주의는 이성의 반성적 기능을 소홀히 하고 물질적 풍요와 편리함을 위한 도구적 기능을 강조함으로써 비인간화, 인간 소외와 같은 사회 문제를 초래함
③ 과학 기술 발전으로 인한 살상 무기의 개발과 두 차례의 세계 대전은 사람들에게 심각한 불안과 이성에 대한 불신을 갖게 함

(3) 실존주의의 등장
① 인간의 본질을 이성에서 찾았던 기존 사상과는 다르게 인간의 실존 문제를 중시하는 실존주의가 등장함
② 실존주의는 개인이 처한 구체적인 문제를 합리적 이성으로 해결하기 어렵다고 보고 개별적 인간의 선택과 결단을 통해 삶의 의미를 회복할 것을 강조함

2. 실존주의 사상

(1) 키르케고르의 실존주의
① 실존: '이것이냐 저것이냐'를 선택해야 하는 구체적 상황에 처한 개인
② 인간은 선택의 상황에서 늘 불안을 느끼는데, 이때 주체적 결정을 회피하면서 빠지게 되는 절망을 '죽음에 이르는 병'이라고 부름
③ 불안과 절망을 극복하고 참된 실존을 회복하기 위해 '신 앞에 선 단독자'로서 생각하고 행동할 것을 강조함
④ '주체성이 진리': 실존적 상황에서는 객관성이 아니라 오직 주체성만이 답을 줄 수 있으며, 진리는 개별적이고 주관적임
⑤ 참된 실존에 이르는 과정: 심미적 실존 단계 → 윤리적 실존 단계 → 종교적 실존 단계

심미적 실존 단계	• 끝없이 감각적 쾌락을 추구함 • 향락적인 삶 속에서 허망함을 느끼고 결국 절망하게 됨
윤리적 실존 단계	• 양심에 따라 보편적인 윤리 규범을 준수하며 살아감 • 윤리 규범을 어기고 죄를 지을 가능성을 벗어나지 못하는 자신의 유한성을 자각하면서 다시 절망에 빠짐
종교적 실존 단계	• 신 앞에 홀로 서서 모든 것을 초월적인 신에게 맡기고 살아가기로 주체적으로 결단함 • 신의 사랑에 의해 불안과 절망에서 벗어나 참된 실존을 회복할 수 있게 됨

◆ 실존
지금 여기에 있는 구체적인 개인 주체적이고 개별적인 인간 존재를 가리킴

✪ 인간 소외
사회 구조나 기계 등에 의해 오히려 인간이 지배당하면서 존엄성과 개성을 가진 인간의 본질이 상실되는 것을 말함

자료 플러스 | 키르케고르의 실존주의

- 감히 전체적으로 자신이 되고자 한다는 것, 한 개별적인 인간이 되고자 한다는 것, 신 앞에서 오직 혼자 된 다는 것, 이는 막대한 노력과 막대한 책임성 앞에 선다는 것이다. — 키르케고르, "공포와 전율" —
- 절망은 주성성 있는 단독의 인간을 규정하는 데 가장 결정적이다. 물론 절망한 사람을 생각하지 않고 절망을 생각하는 일은 가능하다. 절망은 비현실적인 개념이라서, 절망하는 단독자가 존재한다면 그 절망하는 사람이 비로소 현실적일 것이라고 사유를 통해서 인정하는 것이다. 따라서 절망은 단독자에게 관련된다. 그런 점에서, 그리스도교는 인간 각자를 단독자나 단독의 죄인으로 만드는 데서 시작되고, 천지가 찾아낼 수 있는 모든 절망의 가능성을 한곳에 집중시킨다. 그래서 그리스도교는 단독자 각자를 향해 "너는 믿음을 지어라. 즉 너는 절망하든지 믿든지 둘 중 하나를 택해야 한다."라고 말한다. 그밖에는 아무 말도 하지 않고, 덧붙일 말도 없다. — 키르케고르, "죽음에 이르는 병" —

키르케고르는 믿음을 가진다는 것은 절대자 앞에 홀로 선다는 것이며, 전체적으로 자신이 되고자 하는 것이라고 보았다. '전체적으로'라는 말은 인생 그 자체를 의미한다. 신 앞에 홀로 선다는 것은 자신의 모든 삶을 신의 뜻에 맡기는 것이다. 이는 자신의 모든 행위와 의지가 신 앞에 선 단독자로서 이루어짐을 의미한다. 또한 키르케고르는 믿음을 가장 내면적인 사건으로 보았다. 이는 보편성을 지향하는 이성이 아니라 절대자 그 자체를 인간 정신의 중심에 두는 것으로서 절대자와의 관계를 통해 실현된 내면성을 의미한다. 그러므로 문화, 규범, 학문 등 보편적인 것은 절대자와의 관계에 기초한 내면성인 개별적인 것보다 하위의 것이 된다. 이로써 개별자가 보편적인 것의 진정한 의미를 알게 된다.

✪ 실존은 본질에 앞선다
"가위는 '무엇을 자른다'는 목적이나 본질이 먼저 존재하고 장인에 의해 가위가 만들어진다. 즉 본질이 실존에 앞선다. 그러나 인간은 미리 정해진 목적이나 본질 없이 먼저 존재하며, 인간 스스로 자신의 본질이나 목적을 만들어 나간다."
– 사르트르, "실존주의는 휴머니즘이다" –

(2) 사르트르의 실존주의

① 인간의 본질이나 목적을 정해 줄 신은 존재하지 않는다고 주장함
② "실존은 본질에 앞선다.": 인간은 우연히 '이 세상에 내던져진 존재'로서 먼저 실존한 다음 자신의 주체적인 선택을 통해 자신을 스스로 형성해 가는 존재임
③ 인간은 자유롭도록 운명 지워진 존재: 인간은 무엇을 선택할 수 있는 자유가 있지만 자유 자체를 선택하거나 그것을 거부하고 자유롭지 않음을 선택할 수 없다고 봄
④ 주체성과 책임 강조: 인간은 신에게 의지하지 않고 스스로 자신의 모든 것을 선택하고 그에 대한 전적인 책임을 져야 하는 존재임
⑤ 불성실: 자유와 책임을 포함한 실존의 상황은 인간을 불안하게 하는데, 실존의 불안에 빠진 인간이 자유로운 선택으로부터 도망치는 것을 말함
⑥ 주체적인 결단을 내림으로써 불성실에서 벗어나 자신의 선택에 책임지는 삶을 살 것을 강조함

개념 체크

1. 사르트르는 인간의 본질이나 목적을 정해 줄 (　　) 은/는 존재하지 않는다고 주장하였다.

2. 사르트르는 인간은 우연히 이 세상에 내던져진 존재이며 (　　)이/가 (　　) 에 앞선다고 주장하였다.

3. 사르트르에 따르면 인간은 무엇을 선택할 (　　)은/는 있지만 (　　) 그 자체를 선택하거나 거부할 수는 없는 존재이다.

정답
1. 신
2. 실존, 본질
3. 자유, 자유

자료 플러스 | 사르트르의 실존주의

실존주의가 상상하는 인간이란 정의될 수 없는 존재이다. 왜냐하면, 인간은 처음에 아무것도 아닌 존재이기 때문이다. 그는 나중에야 비로소 무엇이 되어 스스로가 만들어 내는 것이 될 것이다. 이처럼 인간성이란 본래부터 있을 수가 없다. 그것을 상상할 신이 없기 때문이다. 인간은 존재 이후에 스스로를 원하는 것이기 때문에 인간은 스스로가 만들어 가는 것 이외에는 아무것도 아니다. 이것이 실존주의의 제1원리이다. 사람들은 이것을 주체성이라고 부른다. — 사르트르, "실존주의는 휴머니즘이다" —

사르트르는 인간은 신의 계획에 따라 만들어진 창조물이 아니라 이 세계에 우연히 내던져진 존재일 뿐이라고 보았다. 그러므로 인간에게는 미리 주어진 본질이나 실현해야 할 정해진 목적이 없다. 사르트르는 이러한 이유로 인간은 자유롭도록 운명 지워진 존재로서 매 순간 주체적인 선택을 통해 자신의 삶을 만들어 가야 한다고 보았다.

(3) 야스퍼스의 실존주의

① 한계 상황: 죽음, 고통, 투쟁, 죄책감 등 인간이 어떠한 수단을 동원해도 피하거나 변화시킬 수 없는 상황
② 인간은 이성에 기반을 둔 객관성과 보편성을 통해서는 해결할 수 없는 한계 상황에 직면하여 절망과 좌절을 경험하게 된다고 봄
③ 인간은 한계 상황을 직시하고 주체적 결단을 함으로써 참된 실존에 이를 수 있고, 초월자를 경험할 수 있다고 봄

> **≡ 개념 플러스   야스퍼스의 한계 상황**
>
> 야스퍼스는 죽음, 고통, 투쟁, 죄책감과 같은 상황을 실존성이 직접 실현되는 한계 상황이라고 불렀다. 야스퍼스는 한계 상황 속에서 좌절과 절망을 경험한 인간이 총체적인 실존의 참모습을 실현하게 된다고 보았다. 한계 상황을 직시하고 정면에서 받아들일 때 참다운 자아의 존재성을 체득한다는 것이다. 야스퍼스에 따르면 초월자가 전달하는 암호가 있는데 그중에서도 가장 중요한 뜻을 담고 있는 암호가 바로 좌절이다. 좌절은 존재의 참모습을 풀어 헤치는 암호인 것이다. 언제라도 마주칠 수 있는, 돌이킬 수 없는 궁극적 상황인 좌절의 심연 속에서 비로소 인간은 스스로의 상태를 자각하고 이를 과감하게 이겨 나가는 과단성을 통해 존재의 참뜻을 올바르게 깨우칠 수 있다.

(4) 하이데거의 실존주의

① 인간을 지금, 여기에 있는 현실적인 인간 존재인 '현존재'로 규정함
② 인간은 '죽음에 이르는 존재': 인간만이 자신의 죽음을 예견하고 존재의 의미를 물을 수 있음
③ 죽음의 가능성을 회피하기보다는 수용하는 주체적 결단을 내림으로써 참된 실존을 회복할 수 있다고 봄
④ 인간은 현존재의 의미와 실존에 대한 성찰을 통해 자신의 가능성을 파악하고 스스로 삶을 창조해 나가는 능동적 존재가 되어야 한다고 주장함

> **≡ 개념 플러스   하이데거의 현존재**
>
> 하이데거에 따르면 현존재는 자기의 존재를 문제로 삼는 특별한 존재로, 죽음에 대한 불안과 공포를 안고 살아간다. 하이데거는 이러한 불안과 공포를 부정적으로만 보지 않고 존재의 본질을 경험하기 위해 필수적인 것으로 보았다. 현존재가 자신이 죽음을 향해 나아가고 있다는 사실을 받아들이고 삶의 유한성과 일회성을 깨달음으로써 일상적이고 획일화된 삶의 방식에서 벗어나고자 할 때, 자신이 누구인지를 스스로 묻고 답함으로써 자신의 진정한 실존을 성찰하게 된다.

3. 실존주의의 현대적 의의

(1) 실존주의의 의의

① 대중 사회에서 주체성을 상실하고 획일화되어 가는 현대인의 삶을 반성하게 하고, 주체적이고 개성 있는 삶을 살아가는 데 도움을 줌
② 개개인을 결코 상대화할 수 없는 유일한 존재로 중시하며 인간의 존엄성 회복에 기여함
③ 다른 사람도 나와 같이 존엄한 존재임을 깨닫게 해 주어 상호 존중과 연대의 의미를 일깨워 줌

(2) 실존주의의 문제점

① 인간의 개별성을 지나치게 강조함으로써 보편적 도덕규범을 경시할 우려가 있음
② 개인의 주관적 의견이나 판단을 도덕의 기준으로 삼는 주관주의로 귀결될 가능성이 있음

개념 체크

1. 야스퍼스는 죽음, 고통, 투쟁, 죄책감 등 인간이 어떠한 수단을 동원해도 피하거나 변화시킬 수 없는 상황을 (   )(이)라고 하였다.

2. 하이데거는 인간을 지금, 여기에 있는 현실적인 인간 존재인 (   )(으)로 규정하였다.

3. 하이데거에 따르면 인간은 (   )에 이르는 존재로서 인간만이 자신의 (   )을/를 예견하고 존재의 의미를 물을 수 있다.

정답

1. 한계 상황
2. 현존재
3. 죽음, 죽음

○ 실용주의(Pragmatism)의 어원
'실제', '실천' 등의 의미를 갖는 그리스어 프라그마(pragma)에서 유래함. 실용주의라는 말은 퍼스가 자신의 논문에서 처음 사용함

○ 진화론과 실용주의
실용주의는 다윈의 진화론적 관점을 수용하여 인간을 자연에 적응해 나가는 생물종의 하나로 파악했으며, 환경 적응에 도움이 되는 지식을 추구하였음

⊙ 실용주의와 문제 해결의 유용성

1. 실용주의의 등장 배경

(1) 시대적 배경

① 19세기 말 미국은 농업 사회에서 산업 사회로 급격한 변화를 겪으며 다양한 사회 문제와 갈등에 직면하게 됨

② 종교에 바탕을 두었던 이전의 세계관과 새롭게 제시된 과학적 세계관이 갈등하는 상황이 전개됨

(2) 실용주의의 등장

① 시대의 변화에 따라 나타난 갈등을 해결할 수 있는 새로운 사상적 관점으로 경험론을 계승하고 진화론의 영향을 받은 실용주의가 등장함

② 실용주의는 옳고 그름의 절대적인 기준을 강조하는 기존의 사상으로는 산업화와 도시화로 인해 발생하는 다양한 사회 문제와 갈등을 해결할 수 없다고 보고 실생활에 유용한 지식을 강조함

> **≡ 개념 플러스　실용주의의 선구자, 퍼스**
>
> 퍼스는 '실용주의 격률'이라는 개념을 통해 과학적 탐구의 방법을 거친 지식의 중요성을 강조하였다. 실용주의 격률이란 어떤 것이 옳기 위해서는 그것이 반드시 쓸모 있는 실제적 성과를 만들어 내야 한다는 원칙을 말한다. 퍼스는 어떤 사상이 진리가 되기 위해서는 단순히 사실과 일치하거나 논리적으로 일관성이 있는 정도를 넘어서 반드시 쓸모가 있어야 한다고 보았고, 어떤 명제가 참인지 거짓인지는 그 명제를 실제로 실험해 본 결과 쓸모가 있다는 것이 입증되어야 한다고 주장하였다.

2. 실용주의 사상

(1) 제임스의 실용주의

① 현금 가치: 마치 현금처럼 우리가 실생활에서 사용할 수 있는 유용성을 지닌 가치

② 지식의 현금 가치: 지식의 유용성 강조 → 지식은 그 자체로서 가치를 지니는 것이 아니라, 문제를 해결하는 데 기여함으로써 우리의 삶을 향상하는 역할을 할 때 가치를 가짐

③ 실용적인 학문뿐만 아니라 문학이나 철학과 같은 학문도 사람들이 의미 있는 삶을 사는 데 기여하므로 현금 가치를 지닌다고 봄

④ 진리란 확고부동하고 절대적인 불변의 것이 아니라 현실 생활을 이롭게 하는 것이라고 봄

개념 체크

1. 퍼스는 (　　) 격률이라는 개념을 통해 과학적 탐구의 방법을 거친 지식의 중요성을 강조하였다.

2. 제임스는 지식의 (　　)을/를 강조하며 마치 현금처럼 우리가 실생활에서 사용할 수 있는 (　　)을/를 지닌 가치를 현금 가치라고 설명하였다.

3. 제임스는 (　　)(이)란 확고부동하고 절대적인 불변의 것이 아니라 현실 생활을 이롭게 하는 것이라고 주장하였다.

정답
1. 실용주의
2. 유용성, 유용성
3. 진리

> **☰ 자료 플러스　제임스의 실용주의**
>
> 진리의 소유는 그 자체가 목표이기는커녕 다른 필수적인 만족을 위한 예비 수단일 뿐이다. 만일 내가 숲에서 길을 잃고 굶주리다가 소가 다니는 길처럼 보이는 것을 발견한다면, 가장 중요한 것은 내가 그 길 끝에 있는 집을 생각해야 한다는 것이다. 왜냐하면, 내가 그렇게 해서 그 길을 따라간다면 살아날 수 있기 때문이다. 여기서 내 생각이 참인 이유는 그 대상인 집이 유용하기 때문이다. 따라서 참된 관념의 가치는 일차적으로 그 대상이 우리에게 실질적으로 중요하다는 데에서 나온다.　　　　－ 제임스, "실용주의" －
>
> 제임스는 우리가 지식이나 신념이라고 여기는 것도 실생활에 유용하지 않으면 참된 가치가 없다고 생각하였다. 소 발자국을 따라가면 집이 나타날 것이라는 생각, 즉 관념은 그 자체로는 의미가 없지만 실제로 그 발자국을 따라가서 집이 나타났을 때 검증이 되어 참된 관념이 되는 것이다.

(2) 듀이의 실용주의

① 도구주의

- 인간은 환경과 상호 작용하는 과정에서 끊임없이 문제 상황에 직면하며, 문제 상황을 해결하는 과정에서 습득한 경험이 축적되어 이론, 학문 등의 지식이 형성된다고 봄
- 지식은 그 자체가 목적이 아니라 인간이 직면한 문제를 해결하는 데 유용한 수단이나 도구가 된다고 봄

② 지성적 탐구

- 지성: 과학적 탐구 과정에서 얻은 실험적이며 실천적인 지적 태도, 문제 상황에서 올바른 선택을 할 수 있도록 안내하는 역할을 함
- 지성적 탐구를 통해 상황에 맞게 지식이나 이론을 수정하고 발전시켜 문제 상황을 교정하려고 노력할 때 개인의 삶이 개선되고 사회가 성장하고 진보할 수 있다고 봄
- 지성적인 방식의 문제 해결을 보장하는 정치 제도로서 민주주의를 강조하였으며, 창조적 지성을 갖춘 민주적 시민을 양성하는 것이 교육의 역할이라고 봄

③ 도덕

- 도덕이나 윤리도 시대나 상황에 따라 변화하고 성장하기 때문에, 고정적이고 절대적인 가치는 존재하지 않는다고 주장함
- 도덕적 인간: 도덕적으로 성장하는 과정에 있는 사람, 도덕적 문제 상황에서 지성을 발휘하여 자신의 삶을 개선하거나 사회를 진보시킬 수 있는 도덕 판단과 행위를 하는 사람

> **자료 플러스** **듀이의 실용주의**
>
> 어떤 개인이나 집단도 그들이 어떤 고정된 결과에 도달했는지 아니면 미치지 못했는지에 따라 판단되는 것이 아니라, 그들이 움직이고 있는 방향에 따라 판단해야 할 것이다. 악한 사람이란, 그가 지금까지 아무리 선했다 하더라도 현재 타락하기 시작하고 선을 상실해 가고 있는 사람이다. 선한 사람이란, 그가 지금까지 아무리 도덕적으로 무가치했었다 하더라도 현재 더 선해지기 시작하는 사람이다. — 듀이, "철학의 재구성" —
>
> 듀이는 도덕적 지식은 유용한 결과가 예상되는 일종의 가설이므로 언제든지 수정되고 재구성될 수 있으며, 불변하는 고정된 진리나 지식은 존재하지 않는다고 보았다. 듀이는 도덕적 인간도 고정불변하는 최고선을 지닌 사람이 아니라 더 나은 사람으로 성장해 가는 사람이라고 보았다.

3. 실용주의의 현대적 의의

(1) 실용주의의 의의

① 변화하는 문제 상황에 대처하는 지성적 탐구를 강조함으로써 현대 사회에서 발생하는 다양한 사회 문제 해결에 기여할 수 있음

② 가치의 다양성과 인간의 오류 가능성을 인정하고 관용을 강조함으로써 현대 사회의 다양한 도덕적 갈등 문제에 유연하게 대처하고 다원화된 현대 민주주의 사회가 정착하는 데 도움을 줌

(2) 실용주의의 문제점

① 지식과 가치의 유용성을 지나치게 강조하여, 지식 그 자체를 위한 지식과 본래적 가치의 존재를 간과할 수 있음

② 보편적인 도덕규범이나 원리의 존재와 가치를 부정함으로써 윤리적 상대주의에 빠질 수 있음

③ 유용성의 관점에서 비도덕적인 행위를 합리화할 수도 있음

❖ 창조적 지성

여러 가능성을 탐구하면서 미래를 전망하고 창조하는 지성

❖ 듀이의 실용주의

"정적인 성과나 결과보다 성장, 개선, 진보의 과정이 의미가 있다. 최종적으로 고정된 목적으로서의 건강이 아니라 필요한 건강의 개선이 목적이자 선이다. 목적은 더 이상 도달해야 할 종착점이 아니다. 그것은 현재 상황을 변화시키는 능동적 과정이다. 건강, 부, 학식과 마찬가지로 정직, 근면, 정의도 획득해야 할 고정된 목표를 표현하는 선은 아니다. 성장 자체가 도덕의 유일한 목적이다."

— 듀이, "철학의 재구성" —

개념 체크

1. 듀이는 지식은 그 자체가 목적이 아니라 인간이 직면한 문제를 해결하는 데 유용한 (   )(이)라고 주장하였다.

2. 듀이는 과학적 탐구 과정에서 얻은 실험적이고 실천적인 지적 태도인 (   )은/는 문제 상황에서 올바른 선택을 할 수 있도록 안내하는 역할을 수행한다고 보았다.

3. 듀이는 (   )적 인간은 고정불변하는 최고선을 지닌 사람이 아니라 더 나은 사람으로 성장해 가는 사람이라고 주장하였다.

정답

1. 수단(도구)
2. 지성
3. 도덕

[24014-0163]

01 다음 가상 편지를 쓴 현대 서양 사상가의 입장으로 가장 적절한 것은?

> ○○에게
> 오늘은 지난 편지에서 자네가 질문한 죽음의 의미에 대해 말해 보려 하네. 죽음이라는 말이 의미하는 끝남은 현존재가 종말에 이르는 존재라는 것이라네. 죽음은 현존재가 존재하자마자 넘겨받는 하나의 존재 방식이라네. 현존재의 종말로서의 죽음은 현존재의 가장 독자적이고, 확실하고, 건너뛸 수 없는 가능성이라네. 죽음이 가능성이 되도록 그렇게 죽음에 대한 태도를 취해야 한다네. 우리는 그러한 존재를 '가능성 속으로 앞질러 간다'고 표현한다네.

① 현존재의 실존적 삶의 가능성은 죽음에 의해 좌절된다.
② 현존재는 자신의 존재 의미에 대해 무관심한 존재이다.
③ 현존재의 불안은 보편적 규범의 준수를 통해 극복된다.
④ 현존재는 합리적 이성을 통해 불안에서 벗어나게 된다.
⑤ 현존재가 경험하는 불안은 고유성 자각의 계기가 된다.

[24014-0164]

02 다음을 주장한 현대 서양 사상가의 입장으로 옳은 것만을 〈보기〉에서 고른 것은?

> • 우리는 한계 상황 속으로 눈을 뜨고 들어감으로써 자기가 된다. 한계 상황을 경험하는 것과 실존하는 것은 동일하다.
> • 모든 현실 가운데 함께 파악될 수 있는 존재의 진리로서의 암호를 본다. 길가의 웅덩이에서, 일출에서, 풍경 속에서 단순한 현존재에 의해서는 다 퍼내어 올려질 수 없는 그 무엇이 존재하고 있다. 암호로서의 자연을 통해서 실존은 초월자를 경험한다.

• 보기 •
ㄱ. 삶의 유한성은 자각할 수 없고 극복할 수도 없다.
ㄴ. 한계 상황은 초월자를 수용하는 계기로 작용한다.
ㄷ. 참된 실존의 회복은 주체적 결단을 통해 가능하다.
ㄹ. 좌절은 신에 대한 인식을 가로막는 부정적 경험이다.

① ㄱ, ㄴ ② ㄱ, ㄷ ③ ㄴ, ㄷ ④ ㄴ, ㄹ ⑤ ㄷ, ㄹ

[24014-0165]

03 다음을 주장한 현대 서양 사상가의 입장으로 적절하지 <u>않은</u> 것은?

> 정적인 성과나 결과보다는 성장, 개선, 진보의 과정이 의미 있는 것이 된다. 목적은 더 이상 도달해야 할 종착점이나 한계가 아니다. 그것은 현존하는 상황을 변화시키는 능동적인 과정이다. 최종적인 목표로서의 완성이 아니라 완성해 나가고, 성숙해지고, 다듬어 가는 부단한 과정이 삶의 목표이다. 유일한 도덕적 목적은 성장 자체이다.

① 지성적 탐구의 목적은 삶의 개선과 진보에 있다.
② 행위의 가치는 행위 그 자체에 내재해 있지 않다.
③ 도덕적 선악은 시대나 장소에 따라 가변성을 띤다.
④ 문제 해결에 성공한 모든 가설은 고정된 진리가 된다.
⑤ 지식의 가치는 지식이 지니는 유용성에 의해 결정된다.

[24014-0166]

04 다음을 주장한 현대 서양 사상가의 입장에만 모두 'V'를 표시한 학생은?

> 실존은 본질에 앞선다. 인간이 스스로를 위하여 선택한다고 말할 때 우리는 각자가 스스로를 선택한다는 것을 의미한다. 그러나 또한 각자가 스스로를 선택함으로써 모든 사람들을 선택하는 것을 의미하기도 한다. 실존주의의 첫걸음은 모든 인간으로 하여금 자신의 존재에 대해 전적으로 책임을 지게 하는 것이다. 인간이 자기 자신에 대해서 책임이 있다고 말할 때 이것은 자신의 엄격한 개성에 대해서 책임이 있다는 말이 아니라, 모든 타인에 대해서 책임이 있다는 것을 말한다.

입장 \ 학생	갑	을	병	정	무
인간은 자신을 스스로 만들어 갈 수 있는 존재이다.	V	V		V	
인간은 선택의 자유와 책임의 의무를 모두 부여받은 존재이다.	V		V		V
인간은 주체성을 바탕으로 타고난 도덕성을 실현하는 존재이다.		V		V	V
인간은 자유 자체를 선택할 수 있는 자유를 부여받은 존재이다.			V	V	V

① 갑 ② 을 ③ 병 ④ 정 ⑤ 무

[24014-0167]

05 다음을 주장한 현대 서양 사상가의 입장에서 볼 때, ㉠에 들어갈 진술로 가장 적절한 것은?

> 진리에 대해 '그것이 참이기 때문에 유용하다.' 아니면 '그것이 유용하기 때문에 참이다.'라고 말할 수 있을 것이다. 이 두 구절은 정확히 같은 것이고, 말하자면 실현되고 검증될 수 있는 어떤 관념이 여기 있다는 것을 의미한다. 진리는 검증 과정을 시작하는 것을 가리키고, 유용성은 경험에서 그것의 완성된 기능을 일컫는다. 참된 관념은 만일 그 관념이 이런 방식으로 애초부터 유용하지 않았다면 결코 그렇게 선택되지 않았을 것이며, 결코 이름을, 더욱이 가치를 암시하는 이름을 얻지 못했을 것이다. 따라서 진리란 ㉠ 것이다.

① 모든 지식의 연역을 가능하게 하는 의심 불가능한
② 오류 가능성이 존재하지 않아 절대적 가치를 지니는
③ 언제 어디서나 보편타당하게 적용될 수 있는 원리인
④ 문제 해결에 도움을 주어 현실 생활을 이롭게 만드는
⑤ 다른 것의 수단이 아닌 그 자체로서 추구되는 목적인

[24014-0168]

06 근대 서양 사상가 갑, 현대 서양 사상가 을의 입장으로 적절한 것만을 〈보기〉에서 있는 대로 고른 것은?

> 갑: '나는 생각한다. 그러므로 나는 존재한다.'라는 명제로부터 나는 하나의 실체이고, 그 본질 혹은 본성은 오직 생각하는 것이며, 존재하기 위해 하등의 장소도 필요 없고 어떤 물질적 사물에도 의존하지 않는 것임을 알게 되었다.
> 을: 실수는 더 이상 슬퍼해야 할 불가피한 사건이나 속죄해야 할 도덕적 죄가 아니다. 그것은 지성을 사용하는 잘못된 방법에 대한 교훈이면서 개선, 발전, 재조정의 필요를 나타내는 것이다. 목적은 성장하며, 판단 기준은 개선된다.

● 보기 ●

ㄱ. 갑: 진리는 이성의 논리적 추론을 통해 확립된다.
ㄴ. 을: 문제를 해결한 가설도 가치가 없어질 수 있다.
ㄷ. 을: 의무로서의 법칙 준수가 선악 판별의 척도이다.
ㄹ. 갑과 을: 자명하고 고정불변한 진리가 존재한다.

① ㄱ, ㄴ   ② ㄱ, ㄹ   ③ ㄷ, ㄹ
④ ㄱ, ㄴ, ㄷ   ⑤ ㄴ, ㄷ, ㄹ

[24014-0169]

07 (가)의 현대 서양 사상가 갑, 을의 입장에서 볼 때, (나)의 ㉠에 들어갈 진술로 가장 적절한 것은?

(가)	갑: 한계 상황은 그 자체가 변하는 것이 아니고 그 현상만 변화한다. 한계 상황은 우리가 부딪쳐 좌절하는 벽과 같은 것이다. 진리는 파괴할 수 없는 희망으로서의 신뢰이다. 신앙 속에서 실현된 존재의 확실성은 초월자에 직면해 알 수 있다. 을: 한 권의 책은 책에 대한 개념이 먼저 떠오른 뒤 공장에서 제조되는 한정된 효용을 가진 물건이다. 그러므로 본질이 존재에 앞선다. 그러나 인간은 세상에 먼저 존재하고 그다음에 정의된다. 인간은 존재 이후에 스스로를 만들어 가는 존재이다. 이것이 실존주의의 제1원리이다.
(나)	제자: 불안에서 벗어나려면 어떻게 해야 할까요? 스승: ㉠

① 갑: 한계 상황을 맞이하지 않기 위해 노력해야 한다네.
② 갑: 초월자를 부정할 수 있는 합리성을 실천해야 한다네.
③ 을: 불변하는 완전한 인간 원형(原形)을 인식해야 한다네.
④ 을: 선택의 자유에 따르는 책임을 회피하지 않아야 한다네.
⑤ 갑과 을: 모든 것을 신에 맡기는 결단을 실천해야 한다네.

[24014-0170]

08 다음을 주장한 현대 서양 사상가가 긍정의 대답을 할 질문으로 가장 적절한 것은?

> 자아는 신 앞에서의 자아라는 새로운 사실에 의해 새로운 성질과 새로운 자격을 갖는다. 이 자아는 단순한 인간적인 자아가 아니라 '신 앞에서의 단독자'라고 불릴 수 있다. 자아가 신 앞에 현존하여 있다는 것을 의식하게 되고, 신을 기준으로 하는 인간적인 자아가 된다면, 자아는 무한한 실재성을 가지게 될 것이다.

① 절망은 신을 부정하는 주체적 결단을 통해 극복되는가?
② 인간은 윤리적 실존 단계에서 절망을 느낄 수 있는가?
③ 초월자의 존재는 이성적 추론을 거쳐야만 자각되는가?
④ 불안은 보편적 인간성을 획득할 때 극복될 수 있는가?
⑤ 자신을 신에게 맡기는 선택은 실존 회복을 가로막는가?

[24014-0171]

1 그림은 중세 서양 사상가 갑, 현대 서양 사상가 을의 가상 대화이다. 갑, 을의 입장으로 가장 적절한 것은?

사랑에는 올바른 순서가 있습니다. 우리가 지닌 모든 선한 것들의 완전함 그리고 우리의 완전한 선은 바로 신입니다. 따라서 우리가 신을 진정으로 사랑한다면 그 사랑은 악할 수가 없습니다. 반대로 신을 버리고 사람에게 매혹되었을 때 이는 올바른 사랑의 질서를 어지럽히게 되는 것입니다.

절망은 가능성으로서의 인간 속에 침잠해 있는 무엇입니다. 절망의 정도는 자아의식의 정도에 비례합니다. 자아는 자아를 재는 척도에 따라 강화되는데, 신이 그 척도가 될 경우 한없이 강화됩니다. 자아가 단독자로서 신 앞에 서 있음을 의식할 때 비로소 자아는 '무한한 자아'가 됩니다.

갑   을

① 갑: 선(善)은 의지의 남용에 따른 결과인 악에 대항하기 위하여 신이 창조하였다.
② 갑: 신을 이성적으로 인식하기만 하면 신과 이웃을 온전히 사랑할 수 있게 된다.
③ 을: 인간을 죽음에 이르게 하는 병은 절대자와의 관계를 통해서 극복될 수 있다.
④ 을: 절망을 극복한 참된 실존은 양심에 따른 도덕적 삶을 통하여 경험할 수 있다.
⑤ 갑과 을: 삶의 불완전성은 인간의 노력이 배제된 신의 의지에 의해서만 극복된다.

[24014-0172]

2 고대 서양 사상가 갑, 현대 서양 사상가 을의 입장으로 가장 적절한 것은?

> 갑: 선의 이데아는 인식되는 것에는 진리를 부여하고 인식하는 자에게는 인식 능력을 부여한다. 지식과 진리가 둘 다 아무리 아름답다 해도 선의 이데아는 그보다 더 아름다운 것이다. 선의 이데아는 온갖 올바른 것과 아름다운 것의 원인이 되며, 가시적 영역에서는 빛과 빛의 주인을 낳고, 지성에 의해 알 수 있는 영역에서는 스스로 주인이 되어 진리와 지성을 창조한다.
> 을: '최고의 실재는 참된 존재이며 열등하고 불완전한 실재는 거짓된 존재이다.'라는 주장은 실체화할 수 없는 실재에 대해 주장하는 것으로서 기만적이며, 믿을 만한 가치가 없는 것이다. 개념, 이론 등은 아무리 정교하고 사리에 맞다 하더라도 가설로 간주해야 한다. 도구주의 이론은 앎이 문제를 규정하는 특정한 관찰에서 시작해 그 문제를 해결하기 위한 가설을 검사하는 특정한 관찰로 끝난다고 말한다.

① 갑: 선의 이데아는 자기 스스로 끊임없이 발전하며 완전함을 지향한다.
② 갑: 만물의 존재를 가능하게 하는 궁극적인 원인은 현실 세계에 존재한다.
③ 을: 공동체의 관습이 도덕적 지식의 지위를 차지하는 경우가 있을 수 있다.
④ 을: 도덕적 지식은 과학적 지식과 달리 그 자체로 본래적 가치를 지니고 있다.
⑤ 갑과 을: 도덕적 인간은 진리의 근원이 되는 최고선을 인식하여 실천하는 사람이다.

[24014-0173]

3 (가)의 서양 사상가 갑, 을, 병의 입장에서 서로에게 제기할 수 있는 비판을 (나) 그림으로 표현할 때, A~F에 해당하는 내용으로 가장 적절한 것은?

(가)	갑: 모든 존재는 신 안에 있으며 또한 신에 의해 파악되지 않으면 안 된다. 그러므로 신은 자신 안에 있는 것들의 원인이다. 신 이외에는 어떠한 실체도 있을 수 없다. 을: 절망은 죽음에 이르는 병이다. 자기를 정신으로 의식하지 못하는, 즉 신 앞에서 자신을 개인적인 정신으로 인식하지 못하는 모든 인간 존재는 절망이다. 병: 인간성이란 있을 수가 없다. 그것을 상상할 신이 없기 때문이다. 인간은 그가 스스로 생각하는 그대로일 뿐만 아니라, 또한 그가 원하는 그대로이다. 인간은 주관적으로 자신의 삶을 이어 나가는 지향적 존재이다. 이것이 실존이 본질보다 앞선다는 것의 의미이다.
(나)	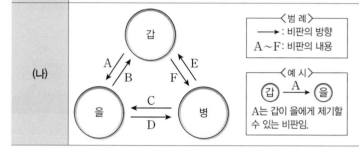

〈범례〉
⟶ : 비판의 방향
A~F: 비판의 내용

〈예시〉
갑 —A→ 을
A는 갑이 을에게 제기할 수 있는 비판임.

① A와 F: 인간이 자유 의지를 지니는 것은 불가능함을 간과한다.
② B: 신은 만물의 초월적 원인이 아닌 내재적 원인임을 간과한다.
③ C: 인간과 사물 모두 자신을 스스로 만들어 나가는 존재임을 간과한다.
④ D: 참된 실존의 회복은 유한성을 자각하는 그 순간 완성됨을 간과한다.
⑤ E: 최고의 행복은 자연에 대한 직관적 인식에서 비롯됨을 간과한다.

[24014-0174]

4 그림의 강연자가 지지할 입장만을 〈보기〉에서 있는 대로 고른 것은?

죽음은 항상 나의 죽음이며 죽음에서는 자신의 고유한 현존재의 존재가 절대적으로 문제가 됩니다. 죽음은 각자성과 실존에 의해 존재론적으로 구성되며 죽음이란 임의의 사건이 아니라 실존론적으로 이해되어야만 하는 특별한 현상입니다. 그러므로 우리는 죽음이 '죽음을 향한 존재'에게 은폐되거나 회피될 수 없는 가능성이 될 수 있도록 죽음의 가능성 속으로 앞질러 가야 합니다.

● 보기 ●
ㄱ. 죽음에 대한 불안을 계기로 모든 인간은 동일한 삶의 목적을 지향하게 된다.
ㄴ. 인간은 자기 존재의 의미를 성찰할 수 있다는 점에서 다른 존재자와 구분된다.
ㄷ. 삶의 일회성은 참된 실존 회복 가능성을 영구적으로 차단하는 한계 상황이다.
ㄹ. 삶의 유한성에 대한 불안은 인간을 능동적 존재로 만드는 계기가 될 수 있다.

① ㄱ, ㄷ
② ㄱ, ㄹ
③ ㄴ, ㄹ
④ ㄱ, ㄴ, ㄷ
⑤ ㄴ, ㄷ, ㄹ

[24014-0175]

5 가상 대담을 하는 현대 서양 사상가의 입장에서 볼 때, ㉠에 들어갈 진술로 가장 적절한 것은?

> ① 소유 그 자체가 목표가 되는 관념입니다.
> ② 유용성이 검증될 때 획득될 수 있는 관념입니다.
> ③ 관념 안에 내재하는 속성에 의해 참이 되는 관념입니다.
> ④ 철학에서는 발견되지 않고 오직 과학에서만 발견되는 관념입니다.
> ⑤ 확고부동하고 절대적인 불변성이 증명될 때 존재할 수 있는 관념입니다.

[24014-0176]

6 갑은 근대 서양 사상가, 을은 현대 서양 사상가이다. 갑, 을 중 적어도 한 사람이 부정의 대답을 할 질문으로 옳은 것만을 〈보기〉에서 있는 대로 고른 것은?

> 갑: 경험론자들은 개미처럼 오로지 모아서 사용하고, 독단론자들은 거미처럼 자기 속을 풀어서 집을 짓는다. 그러나 꿀벌은 중용을 취해 뜰이나 들에 핀 꽃에서 재료를 구해다가 자신의 힘으로 변화시켜 소화한다. 참된 철학의 임무는 바로 이와 비슷하다. 참된 철학은 오로지 혹은 주로 정신의 힘에만 기댈 것도 아니요, 자연지(自然智)나 기계적 실험을 통해 얻은 재료를 가공하지 않은 채로 기억 속에 비축할 것도 아니다. 그것을 지성의 힘으로 변화시켜 소화해야 하는 것이다.
> 을: 지성은 한꺼번에 소유할 수 있는 어떤 것이 아니다. 그것은 끊임없이 형성되는 과정에 있으며, 그것을 유지하기 위해서는 재조정을 통해 배우고 용기를 얻고자 하는 열린 마음이 필요하다. 진리는 작업과 결과 속에서 확증되는 현실적이고, 예견되며, 기대되는 사례들의 집합에 적용된 추상 명사이다. 이러한 지성과는 대조적으로 이성은 경솔함, 자만, 무책임, 완고함, 한마디로 말해서 절대주의를 향하는 경향이 있었다고 말할 수밖에 없다.

● 보기 ●
> ㄱ. 도덕은 시대와 장소를 초월한 보편성을 지니는 비관습적 법칙을 의미하는가?
> ㄴ. 전통과 권위에 대한 비판적 수용은 인류의 성장과 진보를 저해하는 요인인가?
> ㄷ. 과학적 탐구 과정을 통해 얻은 지식을 바탕으로 인간 삶을 개선할 수 있는가?
> ㄹ. 지성적 탐구란 참된 실재에 대한 관조적 지식을 획득하는 과정을 의미하는가?

① ㄱ, ㄴ   ② ㄱ, ㄷ   ③ ㄷ, ㄹ   ④ ㄱ, ㄴ, ㄹ   ⑤ ㄴ, ㄷ, ㄹ

[7~8] 갑은 현대 서양 사상가, 을은 중세 서양 사상가이다. 물음에 답하시오.

> 갑: 인간은 자유로우며 자유 그 자체이다. 인간은 자유를 선고받았다. 인간은 세상에 내던져져 그가 행동하는 모든 것에 대해서 책임이 있는 까닭에 자유로울 수밖에 없다. 인간은 매 순간 인간을 창조하도록 선고받았으며, "인간은 인간의 미래이다."라는 말은 전적으로 옳다.
>
> 을: 자연 만물은 목적에 따라 움직인다. 그런데 인식하지 못하는 것은 어떤 인식하고 이해하는 것에 의해 인도받지 않으면 목표를 향해 나갈 수 없다. 그러므로 자연 만물을 목적을 향해 질서 지어 주는 어떤 지성적인 것이 존재한다. 우리는 이것을 신이라고 부른다.

[24014-0177]

7 갑, 을의 입장을 그림으로 탐구하고자 할 때, A~C에 들어갈 옳은 질문만을 〈보기〉에서 고른 것은?

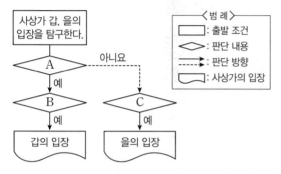

> ● 보기 ●
>
> ㄱ. A: 실존의 불안은 신앙이 아닌 이성을 통해서만 해소될 수 있는가?
> ㄴ. A: 인간은 존재 이후에 비로소 스스로 본질을 형성해 가는 존재인가?
> ㄷ. B: 선택에 따른 책임의 범위는 타인이 아닌 자신에게 한정되어야 하는가?
> ㄹ. C: 사물의 본성과 인간의 자연적 성향에는 공통된 질서가 내재해 있는가?

① ㄱ, ㄴ ② ㄱ, ㄷ ③ ㄴ, ㄷ ④ ㄴ, ㄹ ⑤ ㄷ, ㄹ

[24014-0178]

8 다음을 주장한 고대 서양 사상가가 갑, 을에게 제시할 수 있는 견해로 가장 적절한 것은?

> 최고선은 분명히 궁극적인 목적이므로 만일 여러 개의 목적이 있다고 하면 그중 가장 궁극적인 것이야말로 우리가 추구하는 선이다. 언제나 그 자체로 바라고 다른 어떤 것 때문에 바라는 일이 절대로 없는 것을 궁극적인 것이라고 한다. 우리는 언제나 행복을 그 자체 때문에 바라지 결코 다른 어떤 것 때문에 바라는 법이 없다. 또한, 우리는 자족이란 것을 그것만으로도 생활을 바람직하게 하며 아무 부족함이 없는 상태라고 정의한다. 행복이야말로 바로 이런 성질을 가진 것이다. 더 나아가 우리는 행복이 모든 선 가운데 가장 바람직한 것이라고 생각한다. 그렇기에 행복은 궁극적이고 자족적인 것이요, 우리가 행하는 모든 행동의 목적이다.

① 갑에게: 실존의 회복이 삶의 객관적 목적 실현을 통해 가능함을 바르게 알고 있다.
② 갑에게: 행복은 인간 이성의 기능을 탁월하게 발휘할 때 실현될 수 있음을 간과하고 있다.
③ 을에게: 최고의 행복은 초월적 존재를 통해서만 실현 가능함을 바르게 알고 있다.
④ 을에게: 이성으로 파악한 진리와 신의 계시가 양립할 수 있음을 간과하고 있다.
⑤ 갑과 을에게: 모든 인간에게는 삶의 궁극적 목적이 존재함을 간과하고 있다.

12 사회사상과 이상 사회

1. 인간의 삶과 사회사상의 지향

(1) 인간의 삶과 사회사상
① 인간은 사회적 존재로서 사회 속에서 다른 사람들과 교류하며 생존에 필요한 것을 얻을 뿐만 아니라 더 나은 삶을 추구하며 살아감
② 사회는 인간 삶의 바탕이 되기 때문에 인간은 사회에 관심을 가지고 사회를 개선하기 위해 노력해 왔으며 이러한 과정에서 다양한 사회사상이 형성됨

❉ 사회사상
사회 체제 내지 사회 제도의 바람직한 모습에 관한 체계적인 사상, 또는 사회에 관한 생각이나 태도

(2) 사회사상의 특징과 지향
① 사회사상의 특징
  • 사회에 대한 체계적인 사유를 바탕으로 사회 현상을 설명하고 평가할 수 있는 기준과 사상적 틀을 제공함
  • 현실의 부조리가 개선된 더 나은 사회의 모습을 설명하고 실현 방안을 제시함
② 사회사상의 지향
  • 바람직한 사회의 조건과 실현 방법을 제시함으로써 누구나 인간다운 삶을 살 수 있는 사회를 지향함
  • 이상 사회를 통해 갈등과 대립을 넘어선 바람직한 공동체를 지향함

2. 동서양의 이상 사회론

(1) 동양의 이상 사회론
① 공자의 대동 사회
  • 성인(聖人)이 다스리며 현명하고 유능한 사람이 등용됨
  • 구성원들이 가족과 같은 친밀한 관계를 맺고 조화롭게 어울려 살아감
  • 재화가 고르게 분배되고 사회적 약자가 보호되는 사회로서 사람들은 재물을 자기 이익만을 위해 사용하지 않음

개념 체크

1. ( )은/는 사회에 대한 체계적인 사유를 바탕으로 사회 현상을 설명하고 평가할 수 있는 기준과 사상적 틀을 제공한다.
2. ( )은/는 큰 도(道)가 행해지고 모든 사람이 조화롭게 어울려 살아가는 대동 사회를 이상 사회로 보았다.
3. 대동 사회는 ( )의 정신이 모든 사람에게 확대된 도덕 공동체이다.

정답
1. 사회사상
2. 공자
3. 인

자료 플러스 공자의 대동 사회

큰 도(道)가 행해지고 천하가 모두의 것이다. 현명하고 유능한 자를 뽑아 다스리게 하니, 사람들은 자기 부모만을 부모로 여기지 않고 자기 자식만을 자식으로 여기지 않는다. 노인은 여생을 잘 마치게 되고 장년은 일자리가 있으며, 어린이는 잘 양육되고 홀로된 자와 병든 자도 모두 부양받는다. 남녀에게는 각자의 직분이 따로 있고, 재화가 헛되이 버려지지 않지만 힘을 다해 일하면서도 결코 자신만을 위해 그 힘을 쓰지 않는다. 그러므로 음모가 일어나지 않고 도적이 생기지 않기 때문에 바깥문을 닫을 필요가 없다. 이를 대동(大同)이라고 한다.
– "예기" –

공자의 대동 사회는 성인(聖人)이 다스리는 사회이다. 대동 사회에서는 모든 사회 구성원이 자기 부모나 자식만을 위하는 가족 이기주의에서 벗어나 서로를 배려하며 살아간다. 대동 사회는 누구나 인간다운 생활을 영위할 수 있는 사회이며 인(仁)의 정신이 모든 사람에게 확대된 도덕 공동체이다.

② 노자의 소국 과민 사회

- 영토가 작고 구성원의 수가 적음
- 인간의 자유로운 삶을 제약하는 인위적인 규범과 문명의 이기(利器)에 무관심함
- 분별적 지식과 욕심이 없는 구성원들이 자연스러운 본성에 따라 소박하고 평화롭게 살아감

○ 분별적 지식, 분별지(分別智)
대상을 차별하여 사유하고 판
단하는 지혜. 모든 현상을 분별
하는 지혜

자료 플러스 노자의 소국 과민 사회

나라의 크기는 작고 백성의 수가 적다. 많은 도구가 있어도 쓸 일이 없다. 백성들은 생명을 중히 여겨 멀리 이사 가는 일이 없다. 배와 수레가 있어도 탈 일이 없고, 갑옷과 무기가 있어도 펼칠 일이 없다. 백성들은 다시 새끼를 꼬아서 글을 쓰고, 자기의 음식을 달게 여기며 자기 옷을 아름답게 여긴다. 또한 자기의 거처를 편안히 여기며 자기의 풍속을 즐긴다. 이웃 나라가 바라다보이고 닭 우는 소리와 개 짖는 소리가 들려도 백성들은 늙어 죽을 때까지 서로 왕래하지 않는다.

– "도덕경" –

노자는 작은 영토에 적은 수의 백성들이 소박하고 자연스러운 삶을 살아가는 소국 과민 사회를 이상 사회로 보았다. 소국 과민 사회는 예(禮)와 같이 인간의 자연스러운 삶을 제약하는 인위를 거부하고 구성원들이 분별적 지혜와 차별에서 벗어나 본래의 자연스러움에 따라 살아가는 사회이다. 소국 과민 사회에서는 사람들이 자연의 순리에 따라 물과 같은 삶을 살아가는 무위자연의 삶이 실현된다.

(2) 서양의 이상 사회론

① 플라톤의 정의로운 국가

- 국가를 구성하는 세 부류인 통치자, 방위자, 생산자가 각각에 어울리는 덕을 갖추고 각자의 역할을 잘 수행하여 전체적으로 조화를 이룸
- 오랜 교육과 훈련을 통해 선(善)의 이데아에 대한 지식을 갖춘 철학자가 통치자가 되어 다스림

자료 플러스 플라톤의 정의로운 국가

철학자들이 이 나라를 다스리지 않거나 현재의 최고 권력자들이 진정으로 철학을 하지 않는 한, 그리하여 정치권력과 철학 중 어느 하나만을 추구하면서 나머지 한쪽은 거들떠보지 않는 오늘날의 수많은 사람이 벌이는 작태를 철저하게 금지하고 그 두 가지를 하나로 결합하지 않는 한, 나라의 악은 사라지지 않을 것이다.

– 플라톤, "국가" –

플라톤은 지혜의 덕을 갖춘 철학자가 통치자가 되어 나라를 다스릴 때 이상 국가가 실현될 수 있다고 보았다. 플라톤이 추구한 이상 국가는 세 계층의 사람들이 각자의 직분을 충실하게 수행하여 조화를 이룬 국가이다.

개념 플러스 플라톤의 이상 국가와 공유제

플라톤은 이상 국가를 만드는 데 수호자에 대한 교육이 특히 중요하다고 보았다. 수호자는 국가의 지배자가 되어 국가를 위해 헌신하며 국민 전체의 행복을 자기 행복으로 여기는 사람으로서 공공 정신이 투철하도록 양성되어야 하기 때문이다. 플라톤은 이렇게 양성된 수호자는 공적 생활을 위해 재산을 공유하고, 공동 식사, 공동생활 등 생활 방식도 공유해야 한다고 보았다. 플라톤은 사적 소유로 인해 발생하는 분쟁과 불화는 철저한 공유제를 통해서 없앨 수 있으므로 배우자와 자식도 공유할 것을 주장하였다.

개념 체크

1. (   )은/는 구성원들이 작은 영토에서 자연스러운 본성에 따라 소박하게 살아가는 소국 과민 사회를 이상 사회로 제시하였다.

2. 플라톤은 국가를 구성하는 세 부류의 사람들 각자가 다른 부류의 일에 참견하지 않고 역할을 충실히 이행하여 전체적으로 조화를 이룰 때 (   )이/가 된다고 보았다.

3. 플라톤은 선의 이데아를 인식하고 실현할 수 있는 (   )이/가 통치자가 되어야 한다고 보았다.

정답
1. 노자
2. 정의로운 국가
3. 철학자(철인)

✪ 유토피아(Utopia)
'u'와 'topos(장소)'를 결합한 말. 그리스어에서 'u'는 '없다(ou)'는 뜻과 '좋다(eu)'는 뜻을 함께 가지고 있음. 따라서 유토피아는 '없는 곳'이라는 의미와 '좋은 곳'이라는 이중적 의미를 지님

② 모어의 유토피아
• 생산과 소유의 평등이 실현된 사회
• 경제적으로 풍요롭고, 도덕적으로 타락하지 않은 사회
• 누구나 가치 있는 일에 종사하여 불필요한 노동을 강요받지 않음

자료 플러스 | 모어의 유토피아

초승달 모양의 섬 유토피아에는 같은 말과 비슷한 풍습, 시설, 법률을 가진 54개의 마을이 있다. 이곳의 시민들에게는 빈곤도 없고 사치나 낭비도 없다. 성인들은 남녀를 가리지 않고 생산적 노동에 종사한다. 노동은 매일 6시간으로 제한되고, 8시간 잠자고 남은 시간은 정신적 오락이나 교육, 연구에 사용된다. 집마다 자물쇠를 채우거나 빗장을 거는 일이 절대로 없다. 왜냐하면 집 안에 들어가도 어느 개인의 소유라는 것이 없기 때문이다. 그곳의 시민들은 10년마다 제비를 뽑아서 집을 교환한다.   – 모어, "유토피아" –

모어는 당시 영국 사회의 심각한 사회적 불평등과 빈곤과 같은 부조리한 현실을 고발하며 유토피아를 이상 사회로 제시하였다. 유토피아는 생산과 소유에서 평등이 실현되고 도덕적으로 타락하지 않은 사회이다. 유토피아에서는 사유 재산을 인정하지 않기 때문에 사람들은 잉여 생산에 대한 욕망을 가질 필요가 없다. 그리고 필요 이상의 노동을 하지 않으므로 정신적 자유와 문화생활을 누리며 행복을 영위할 수 있다.

③ 베이컨의 뉴 아틀란티스
• 과학 기술이 발달하여 인간 생활이 풍요로워지고 복지가 증진되는 사회
• 인간의 지식과 기술, 과학 문명에 대해 무한한 신뢰를 갖는 사회

자료 플러스 | 베이컨의 과학 기술 사회

우리 솔로몬 학술원이 목적으로 하는 바는 사물의 여러 원인과 숨겨진 운동에 관한 지식이고, 인간 제국의 영역을 확대하여 가능한 모든 것을 성취하는 데 있습니다. 우리는 거대한 규모의 깊은 동굴을 여러 개 가지고 있습니다. 사물을 응고하거나 경화, 냉동시키며 다양하게 보존하는 데 이 동굴이 사용됩니다. 우리는 천연 광산을 본떠서 동굴을 만들었습니다. 여기서 다양한 재료를 혼합해서 새로운 인조 금속과 물질을 만들며 그곳에 오랫동안 보관하기도 합니다. 이상하게 들릴지 모르지만, 이 물질을 가지고 우리는 병을 고치며 생명을 연장하기도 합니다. 필요한 물자를 풍족하게 갖추고 지하 세계에서 사는 사람들은 실제로 매우 오래 삽니다.   – 베이컨, "뉴 아틀란티스" –

베이컨은 근대 자연 과학의 발달을 신뢰하였다. 그래서 그는 과학 기술자가 사회의 성장과 발전을 주도하는 신비의 섬인 뉴 아틀란티스를 이상 사회로 제시하였다. 그는 자연 과학적 지식을 바탕으로 인간의 생활 방식을 개선할 수 있고, 자연에 대한 지배력을 확대함으로써 인류의 진보를 이룰 수 있다고 보았다.

개념 체크

1. 모어는 생산과 소유에서 (   )이/가 실현되어 누구나 풍족하게 살아가는 유토피아를 이상 사회로 제시하였다.

2. (   )은/는 과학 기술의 발달로 물질적 풍요를 누리고 복지가 증진되는 뉴 아틀란티스를 이상 사회로 제시하였다.

3. 마르크스는 사람들이 경제적 예속에서 벗어나 누구나 자아를 실현하며 살아가는 (   ) 사회를 이상 사회로 제시하였다.

정답
1. 평등
2. 베이컨
3. 공산

④ 마르크스의 공산 사회
• 생산력이 고도로 발전하여 경제적으로 안정된 사회
• 구성원들이 능력에 따라 일하고 필요에 따라 분배받는 사회
• 생산 수단이 공유되고 노동이 사유 재산에 예속되지 않는 사회
• 계급과 국가가 사라지고 어떠한 억압과 착취, 소외도 발생하지 않는 사회
• 각자의 자유로운 발전이 모든 사람의 자유로운 발전이 되는 조건이 형성되어 누구나 자아를 실현하며 살아갈 수 있는 사회

- 공산 사회에서는 노동 분업에 예속된 개인의 노예 상태가 사라지고, 노동이 생활을 위한 수단일 뿐만 아니라 삶의 기본적 욕구가 된다. 생산력 또한 인간의 전면적 발전과 함께 증가하고 부가 풍요로워진다. 각자는 능력에 따라 일하고 자신의 필요에 따라 분배받는다. – 마르크스, '고타 강령 비판' –
- 정치적 권력이란 다른 계급을 억압하기 위해서 한 계급에 의해 조직된 폭력이다. 그러나 혁명을 통해 프롤레타리아 계급이 부르주아 계급과의 투쟁에서 필연적으로 지배 계급이 된다. 그리고 지배 계급으로서 낡은 생산관계를 폐지하면, 프롤레타리아 계급은 계급 대립의 존재 조건과 계급 일반 또한 폐지하게 된다. 따라서 자기 자신의 계급적 지배까지도 폐지하게 될 것이다. 계급과 계급 대립으로 얼룩진 낡은 부르주아 사회 대신에 하나의 연합체가 나타난다. 이 연합체에서는 각자의 자유로운 발전이 모든 사람의 자유로운 발전을 위한 조건이 된다. – 마르크스 · 엥겔스, "공산당 선언" –

😊 **부르주아**
근대 사회에서 자본가 계급에 속하는 사람

마르크스는 자본주의 사회의 모순을 비판하면서 공산 사회를 이상 사회로 제시하였다. 그는 자본주의 사회의 경제적 불평등이 생산 수단의 사유화에 기인한 착취 구조 때문에 발생한다고 지적하였다. 마르크스는 생산 수단의 공유를 통해 착취 구조를 극복한 공산 사회에서는 계급이 소멸되고 경제적 착취와 억압이 존재하지 않는 평등이 실현된다고 주장하였다.

⑤ 롤스의 정의로운 사회
- 구성원들의 선을 증진하면서도 공공의 정의관에 의해 효율적으로 규제되는 사회
- 구성원의 기본적 자유와 권리를 보장하면서 최소 수혜자의 이익이 극대화되도록 하는 사회

롤스는 정의로운 사회를 추구하였다. 그는 정의로운 사회의 조건으로 모두가 같은 정의의 원칙을 받아들이고, 사회의 기본 제도가 일반적으로 이러한 원칙을 충족하고 있으며, 그 사실이 널리 알려져 있어야 한다고 주장하였다. 롤스가 제시한 정의의 두 원칙은 다음과 같다.
- 제1원칙: 모든 사람은 동등한 기본적 자유를 최대한 누려야 한다(평등한 자유의 원칙).
- 제2원칙: 사회적 · 경제적 불평등은 다음 두 가지 조건이 충족될 때 허용된다. 먼저, 그 불평등이 최소 수혜자에게 최대의 이익을 보장해야 하며(차등의 원칙), 불평등의 계기가 되는 직책이나 지위는 공정한 기회균등의 원칙에 따라 모든 사람에게 개방되어야 한다(기회균등의 원칙).

(3) **동서양의 이상 사회론의 현대적 의의**

① 이상 사회론의 의의
- 사회가 더 바람직한 모습으로 나아가기 위해 갖추어야 할 규범적 기준이 될 수 있음
- 이상 사회론을 통해 사회의 문제점을 이해하고 비판할 수 있으며 사회를 더 나은 방향으로 이끌기 위한 실천 지침을 얻을 수 있음

② 다양한 이상 사회론의 현대적 의의
- 자유와 평등이 보장되고 분배 정의가 실현되어 모든 개인이 부당한 차별을 받지 않고 공정한 삶의 기회를 누릴 수 있는 정의로운 사회의 조건을 탐구할 수 있음
- 현대 사회의 물질만능주의와 비인간화 현상을 극복하고 물질적 풍요를 누리면서도 인격적 가치가 존중되는 인간다운 사회를 꿈꿀 수 있음
- 현대 사회의 이기주의 풍토를 극복하고 더불어 살아가는 자세를 배울 수 있음

개념 체크

1. 마르크스가 제시한 이상 사회에서는 구성원들이 (　　　)에 따라 일하고 (　　　)에 따라 분배받는다.

2. 롤스가 이상적으로 생각한 정의로운 사회는 구성원들의 선을 증진하면서 (　　　)에 의해 효율적으로 규제되는 사회이다.

3. 롤스는 최소 수혜자에게 최대의 이익을 보장하기 위한 정의의 원칙으로 (　　　)의 원칙을 제시하였다.

정답
1. 능력, 필요
2. 공공의 정의관
3. 차등

[24014-0179]

01 다음을 주장한 고대 중국 사상가가 추구한 이상 사회의 모습으로 가장 적절한 것은?

> • 군자의 덕(德)은 바람이고 소인의 덕은 풀이다. 풀 위에 바람이 불면 풀은 반드시 눕기 마련이다.
> • 군자는 자신을 수양하여 경건해져야 하고, 자신을 수양하여 다른 사람을 편안하게 해 주어야 하고, 자신을 수양하여 백성들을 편안하게 해 주어야 한다.

① 통치자는 힘을 바탕으로 나라의 질서를 유지한다.
② 모든 사람이 경제적으로 궁핍하지 않게 살아간다.
③ 계층의 구별 없이 자신이 원하는 일을 할 수 있다.
④ 인륜(人倫)과 같은 규범에 얽매이지 않고 자유롭다.
⑤ 사람을 대할 때 존비친소(尊卑親疏)를 가리지 않는다.

[24014-0180]

02 다음을 주장한 고대 중국 사상가의 입장으로 옳은 것만을 〈보기〉에서 고른 것은?

> 천하를 차지하여 그것을 인위로 다스리려 하는 것은 불가능한 일이다. 천하란 신묘한 그릇과 같은 것이어서 인위로 다스릴 수 없는 것이다. 인위로 다스리려는 사람은 천하를 망치고, 거기에 집착하는 사람은 천하를 잃는다. 그러므로 성인은 지나친 일을 하지 않으며, 사치한 일을 하지 않으며, 교만한 일을 하지 않는다.

● 보기 ●
ㄱ. 본성에 따라 소박하게 사는 것이 이상적이다.
ㄴ. 분별적 지식에 얽매이지 않는 자유를 추구해야 한다.
ㄷ. 사회적 혼란은 백성들이 무지(無知)해서 발생하는 것이다.
ㄹ. 성인은 백성들이 인의(仁義)의 도덕에 따라 살도록 모범을 보여야 한다.

① ㄱ, ㄴ   ② ㄱ, ㄷ   ③ ㄴ, ㄷ   ④ ㄴ, ㄹ   ⑤ ㄷ, ㄹ

[24014-0181]

03 갑, 을은 고대 중국 사상가들이다. 갑의 입장에서 을에게 제기할 수 있는 비판으로 가장 적절한 것은?

> 갑: 도(道)를 잘 닦은 사람은 백성들을 총명하게 만들지 않고 그들을 어리석게 만들어 다스렸다. 지혜로 나라를 다스리는 것은 나라를 해치는 것이고, 지혜로 나라를 다스리지 않는 것이 나라의 행복이 되는 것이다.
> 을: 도(道)가 행해지면 세상에 모습을 드러내고 도가 행해지지 않으면 숨어 살아야 한다. 도가 행해지는데 가난하고 천하게 살면 부끄러운 일이며, 도가 행해지지 않는데 부귀를 누리는 것 역시 부끄러운 일이다.

① 덕이 있는 사람이 통치자가 되어야 함을 간과한다.
② 지속적으로 수양하여 인(仁)을 실현해야 함을 간과한다.
③ 누구나 신분과 지위에 맞는 역할을 해야 함을 간과한다.
④ 행복하게 살기 위해서는 도덕규범을 따라야 함을 간과한다.
⑤ 유덕한 삶을 살기 위해 분별적 지식을 버려야 함을 간과한다.

[24014-0182]

04 다음을 주장한 고대 서양 사상가가 추구한 이상 사회의 모습으로 적절한 것만을 〈보기〉에서 고른 것은?

> 한 나라가 올바른 나라인 것으로 생각되는 것은 그 나라 안에 있는 성향이 다른 세 부류가 각각이 자신에게 맞는 자신의 일을 하기 때문이다. 그리고 그 나라가 절제 있고 용기 있으며 또한 지혜로운 나라인 것도 바로 이 세 부류가 처한 상이한 처지와 상이한 습성이 조화를 이루기 때문이다.

● 보기 ●
ㄱ. 지혜를 지닌 철학자가 국가 통치권을 지닌다.
ㄴ. 모든 계층의 사적 소유가 제한되어 평등이 실현된다.
ㄷ. 각 계층이 자신의 일을 수행함으로써 정의가 구현된다.
ㄹ. 모든 사람이 선의 이데아를 인식하여 조화롭게 살아간다.

① ㄱ, ㄴ   ② ㄱ, ㄷ   ③ ㄴ, ㄷ   ④ ㄴ, ㄹ   ⑤ ㄷ, ㄹ

[24014-0183]

05 다음 근대 서양 사상가의 이상 사회에 대한 입장으로 적절한 것만을 〈보기〉에서 고른 것은?

> • 초승달 모양의 섬에서 성인들은 생산적 노동을 한다. 오전에 세 시간 일하고 점심 식사 후에 다시 세 시간 일한다. 모든 상품을 구비한 시장에서 가장은 자신과 가족에게 필요한 물품을 자유롭게 가져간다.
> • 집집마다 열쇠를 채우거나 빗장을 거는 일이 없다. 왜냐하면 집 안에 들어간들 어느 개인의 소유란 없기 때문이다. 그리고 시민들은 10년마다 제비를 뽑아 집을 교환한다.

● 보기 ●
ㄱ. 사람들은 평등하게 경제적 풍요로움을 누린다.
ㄴ. 사회 활동에 남녀가 차별 없이 참여할 수 있다.
ㄷ. 노동하지 않고 여가를 즐기는 것이 바람직하다.
ㄹ. 사회에 기여한 정도에 비례하여 분배가 이루어진다.

① ㄱ, ㄴ ② ㄱ, ㄷ ③ ㄴ, ㄷ ④ ㄴ, ㄹ ⑤ ㄷ, ㄹ

[24014-0184]

06 이상 사회에 대한 서양 사상가 갑, 을의 입장에 대한 설명으로 옳은 것은?

> 갑: 정의로운 국가의 사람들은 자기 나라와 관련된 일들 중에서 자신의 성향에 가장 적합한 그런 한 가지 일에 종사한다. 즉 지혜로운 자는 다스리고 용기 있는 자는 나라를 수호하고 절제를 지닌 자는 생산에 힘쓴다.
> 을: 유토피아 섬의 사람들은 일정하게 정해진 시간만큼만 일하고 더 이상의 노동을 강요받지 않는다. 사람들은 노동 시간 이외에는 자유롭게 여가를 즐기며 교양을 함양하고, 시장에서 필요한 물건을 무료로 가져다 쓸 수 있다.

① 갑은 사회적 역할의 자유로운 교환이 정의롭다고 본다.
② 갑은 사회의 세 계층이 소유에 있어서 동등해야 한다고 본다.
③ 을은 사회의 구성원들이 생산에 평등하게 참여해야 한다고 본다.
④ 을은 갑과 달리 사적 소유권을 기본권으로 보장해야 한다고 본다.
⑤ 갑과 을은 육체노동에서 벗어난 상태를 이상적으로 본다.

[24014-0185]

07 다음을 주장한 근대 사회사상가의 입장만을 〈보기〉에서 있는 대로 고른 것은?

> 노동자는 공업이 발달할수록 자신의 계급적 생존 조건 이하로 떨어져 빈민이 된다. 공산주의자들의 당면 목적은 이러한 노동자를 계급으로 형성시키고 자본가의 지배를 뒤엎으며, 노동자의 손으로 정치권력을 장악하는 것이다. 현재의 문제는 근본적으로 소유의 문제이므로 사적 소유를 근간으로 하는 사회 질서를 타도함으로써 노동자는 노예보다 못한 생활에서 벗어날 수 있다.

● 보기 ●
ㄱ. 생산 수단의 사적 소유가 금지되어야 한다.
ㄴ. 인간은 누구나 원하는 일을 할 수 있어야 한다.
ㄷ. 사회적 재화를 구성원들의 필요에 따라 분배해야 한다.
ㄹ. 공정한 분배는 국가의 적극적 개입을 통해 이룰 수 있다.

① ㄱ, ㄴ   ② ㄱ, ㄹ   ③ ㄷ, ㄹ
④ ㄱ, ㄴ, ㄷ   ⑤ ㄴ, ㄷ, ㄹ

[24014-0186]

08 다음 가상 편지를 쓴 현대 서양 사상가의 입장으로 옳지 않은 것은?

> ○○에게
> 지난 수업 시간에 자네는 정의로운 사회에 대한 나의 견해를 듣고 싶다고 했었지? 나는 정의로운 사회는 구성원들의 선을 증진하기 위해 세워지고 공적인 정의관에 의해 규제되는 사회라고 본다네. 그러한 사회는 기본 제도가 원초적 상황에서 합의될 수 있는 정의의 두 원칙을 충족하고 있으며, 그 사실이 누구나 알 수 있도록 널리 알려져 있다네.

① 기본적인 권리와 의무는 정의의 원칙에 따라 할당해야 한다.
② 공적 정의관은 동료 시민들 간의 유대감을 공고하게 해 준다.
③ 사회적 효용 증진을 위해 소수의 손해를 인정하는 것은 정의롭다.
④ 이익의 분배는 사회 구성원 모두의 협력이 가능하도록 이루어져야 한다.
⑤ 사회적 약자의 처지가 개선된다면 천부적 재능으로 이익을 얻는 것은 공정하다.

[24014-0187]

1 다음 가상 대화의 '스승'은 고대 중국 사상가이다. 이 스승의 입장으로 가장 적절한 것은?

> 제자: 스승님, 스승님은 어떤 사회가 이상적이라고 생각하십니까?
> 스승: 큰 도(道)가 행해져 천하가 모두의 것이 되고, 어질고 능력 있는 사람을 선출하여 다스리게 하는 사회일세.
> 제자: 그런 사회에서 사람들은 어떤 모습으로 살아가게 되나요?
> 스승: 사람들은 각자의 부모만을 부모로 여기지 않고 각자의 자식만을 자식으로 여기지 않을 것일세. 노인은 생애를 편히 마치고 장년은 충분히 일을 하며 외롭거나 어려운 사람들은 부양을 받으며 살게 될 것일세. 또한 재화를 사사로이 독점하지 않아 도둑이나 난적이 일어나지 않으니 대문을 열어 두고 살겠지.

① 누구나 인간다운 삶을 살 수 있도록 모든 재화를 공유해야 한다.
② 인위적 규범은 멀리하고 자연의 도(道)를 따르는 삶을 살아야 한다.
③ 사회 질서 유지를 위해 형벌을 위주로 하는 통치가 이루어져야 한다.
④ 평등한 사회를 구현하기 위해 신분에 따른 사회적 구별을 없애야 한다.
⑤ 인륜(人倫)을 실현하기 위해서는 가족 윤리를 사회적으로 확장해야 한다.

[24014-0188]

2 고대 중국 사상가 갑, 근대 서양 사상가 을의 입장에 대한 설명으로 옳은 것만을 〈보기〉에서 있는 대로 고른 것은?

> 갑: 나라는 작고 백성은 적어야 한다. 많은 종류의 기구가 있다 하더라도 쓰지 않게 하고, 백성들은 멀리 이사 다니지 않게 한다. 비록 배와 수레가 있다 하더라도 탈 일이 없고 갑옷과 무기가 있다 하더라도 그것을 벌여 놓고 쓸 곳이 없어야 한다.
> 을: 나라를 번영시키기 위해 솔로몬이라는 학술원을 설립한다. 학술원은 사물의 숨겨진 원인과 작용을 탐구하여 인간 활동의 영역을 넓히며 인간의 목적에 맞게 사물을 변화시킨다. 이러한 목적을 실현하기 위해 새로운 물질을 만들어 병을 치유하며 생명을 연장하기도 한다.

● 보기 ●
ㄱ. 갑은 문명의 발달을 멀리하고 소박한 삶을 살아야 한다고 본다.
ㄴ. 을은 근대 과학 기술의 발달을 통해 인간의 삶이 진보한다고 본다.
ㄷ. 을은 갑과 달리 자연을 문명 발달을 위한 수단으로 이용해야 한다고 본다.
ㄹ. 갑과 을은 인위적인 제도가 인간의 자유로운 삶을 구속한다고 본다.

① ㄱ, ㄴ   ② ㄱ, ㄹ   ③ ㄷ, ㄹ
④ ㄱ, ㄴ, ㄷ   ⑤ ㄴ, ㄷ, ㄹ

[24014-0189]

3 고대 서양 사상가 갑, 근대 서양 사상가 을의 입장에 대한 설명으로 옳지 <u>않은</u> 것은?

> 갑: 이상 국가는 생산자, 방위자, 통치자의 세 계층으로 구성되어 이 세 계층이 조화를 이룰 때 실현할 수 있다. 이들 중 수호자는 나라와 재산을 지키는 사람들이므로 날렵하고 용감하며 지혜를 사랑하는 사람이어야 한다. 통치자는 수호자들 가운데 연장자이면서 가장 슬기롭고 유능하며 나라에 마음을 쓰는 사람이어야 한다.
> 을: 이상 사회에서는 생산 수단에 대한 사적 소유가 사라지고 사회 구성원들은 능력에 따라 일을 하되 필요에 따라 분배받으므로 누구나 인간다운 삶을 살 수 있다. 그러나 자본주의 사회에서는 노동자들이 자본가들에 의해 끊임없이 착취당하고 소외된다. 따라서 프롤레타리아 혁명을 통해 사적 소유를 철폐하고 계급과 국가를 소멸시켜야 한다.

① 갑은 세 계층이 각자의 역할에서 최선을 다해야 한다고 본다.
② 갑은 시민들의 지지를 얻은 사람이 통치자가 되어야 한다고 본다.
③ 을은 이상 사회 실현의 과정에서 노동자 계급의 독재가 필요하다고 본다.
④ 을은 갑과 달리 사람들이 자신이 원하는 일을 선택할 수 있어야 한다고 본다.
⑤ 갑과 을은 정의 구현을 위해서는 사적 소유에 대한 제한이 필요하다고 본다.

[24014-0190]

4 (가)의 고대 서양 사상가 갑, 근대 서양 사상가 을의 입장을 (나) 그림으로 표현할 때, A~C에 해당하는 적절한 진술만을 〈보기〉에서 있는 대로 고른 것은?

(가)	갑: 사람들이 타고난 성향에 맞게 저마다 제 일을 하는, 즉 '자신에게 맞는 자신의 일을 함'이 올바른 상태이다. 이러한 상태에서는 다스리는 부류와 다스림을 받는 부류 그리고 나라를 수호하는 부류가 서로 조화를 이루게 된다. 을: 사람들은 성인이 되면 누구나 하루 6시간 생산적인 일을 하고 나머지 시간에 잠을 자거나 여가를 즐긴다. 사유 재산이 인정되지 않으므로 빈곤도 없고 사치나 낭비도 없다. 대신에 사람들은 생활에 필요한 물건을 시장에서 무료로 가져다 쓸 수 있다.
(나)	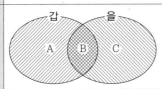 〈범 례〉 A: 갑만의 입장 B: 갑, 을의 공통 입장 C: 을만의 입장

● 보 기 ●

ㄱ. A: 자신이 맡은 일을 수행함으로써 사회 질서 유지에 기여한다.
ㄴ. A: 사회 구성원들은 타고난 성향에 따라 계층이 결정되어야 한다.
ㄷ. B: 누구나 일정 시간 육체노동을 하고 나머지 시간에 문화생활을 한다.
ㄹ. C: 사회적 안정을 위해 모든 사람의 재산 소유에 대해 제한을 둔다.

① ㄱ, ㄴ
② ㄱ, ㄷ
③ ㄴ, ㄹ
④ ㄱ, ㄷ, ㄹ
⑤ ㄴ, ㄷ, ㄹ

[5~6] 다음을 읽고 물음에 답하시오.

> 정의로운 사회에서는 구성원들이 원초적 상황에서 합의한 동일한 정의의 원칙을 받아들인다. 사회의 기본 제도는 일반적으로 이러한 원칙을 충족하고 있으며, 누구나 그러한 원칙들을 받아들이리라는 것을 서로 인정한다. 이러한 사회의 구성원들은 그에 상응하는 정의감과 그 체제를 유지하기 위해 그들의 본분을 다하려는 욕구를 갖게 된다. 그럼으로써 사람들은 기본적 자유와 권리를 보장받고 사회적 약자의 이익은 극대화될 수 있다.

[24014-0191]

5 위 내용을 주장한 현대 서양 사상가의 입장으로 가장 적절한 것은?

① 정의의 원칙은 사회 전체의 이익 총량 극대화를 추구한다.
② 정의로운 사회에서는 계층 간의 경제적 불평등이 완전히 사라진다.
③ 천부적 재능에 따라 사회적 지위와 재화를 분배하는 것이 정의롭다.
④ 구성원들의 선을 증진하고 공유된 정의관에 의해 규제되는 사회가 정의롭다.
⑤ 사회적 약자의 이익 극대화를 위해서는 구성원들의 기본적 권리를 제한할 수 있다.

[24014-0192]

6 다음을 주장한 근대 서양 사상가의 입장에서 위 사상가에게 제기할 수 있는 비판의 내용으로 적절한 것만을 〈보기〉에서 있는 대로 고른 것은?

> 이상 사회에서는 개인이 분업에 복종하는 예속적 상태가 사라지고 이와 함께 정신노동과 육체노동의 대립이 사라진다. 노동은 생활을 위한 수단일 뿐 아니라 생활의 일차적인 욕구가 되며, 개인들의 전면적 발전과 더불어 생산력도 성장하고 공동의 부가 더욱 풍부하게 흘러넘친다. 비로소 부르주아적 권리의 편협한 한계가 완전히 극복되는 것이다. 이때 우리는 각자 능력에 따라 일하고 필요에 따라 분배받는다.

```
• 보 기 •
ㄱ. 사회는 공공의 정의감을 기초로 유지되는 협동 체제라는 점을 간과한다.
ㄴ. 사유 재산권의 보장이 사회적 약자의 처지를 악화한다는 점을 간과한다.
ㄷ. 사회가 개인들 간 이해관계의 상충을 조정하고 제한해야 함을 간과한다.
ㄹ. 모두가 인간답게 살기 위해 필요에 따른 분배가 이루어져야 함을 간과한다.
```

① ㄱ, ㄴ   ② ㄱ, ㄷ   ③ ㄴ, ㄹ
④ ㄱ, ㄷ, ㄹ   ⑤ ㄴ, ㄷ, ㄹ

13 국가와 시민

⊙ 국가와 윤리

1. 국가의 기원과 본질에 대한 관점

(1) 유교
① 국가는 가족의 질서가 확장된 공동체임
- 효제(孝悌)라는 가족 윤리를 국가적 차원으로 확대하여 인의(仁義)를 실현하고자 함
- 자식과 부모의 관계처럼 백성은 군주를 따르고 군주는 백성을 사랑으로 대해야 함
② 백성이 국가의 근본이 됨
- 인륜을 강조한 민본주의 사상을 바탕으로 국가관이 형성됨
- 군주는 백성의 마음을 하늘의 마음으로 여기고, 백성의 목소리에 귀를 기울여야 함

> **자료 플러스** 유교의 국가관
>
> 어떤 사람이 공자에게 물었다. "선생님은 왜 정치에 참여하지 않습니까?" 공자께서 말씀하셨다. "서경에 이르길 '효도하라, 오직 효도하라. 형제간에 우애하여 정치에 이르게 하라.'라고 하였다. 이것도 정치에 참여하는 것이니, 어찌 벼슬자리에 앉아야만 정치하는 것이겠는가." – "논어" –
>
> 유교는 효제와 같은 가족 윤리가 국가를 다스리는 토대가 된다고 보았고, 군주는 효제의 인륜을 실현하여 백성들이 도덕적인 삶을 살 수 있도록 해야 한다고 강조하였다.

(2) 아리스토텔레스
① 국가는 인간의 사회적 · 정치적 본성에 의해 자연스럽게 형성된 공동체임
② 국가는 구성원의 인간다운 삶을 실현할 수 있는 최고의 공동체임
③ 국가는 개인의 자아실현과 도덕적 능력 계발을 가능하게 하는 도덕 공동체임

> **자료 플러스** 국가의 기원에 관한 아리스토텔레스의 입장
>
> 국가는 자연의 산물이며, 인간은 본성적으로 국가 공동체를 구성하는 동물임이 분명하다. 따라서 국가가 없는 자는 인간 이하거나 인간 이상이다. …(중략)… 인간과 다른 동물들의 차이점은 인간만이 선과 악, 옳고 그름 등을 인식할 수 있다는 것이다. 이러한 인식의 공유에서 가정과 국가가 생긴다. – 아리스토텔레스, "정치학" –
>
> 아리스토텔레스는 사회적 · 정치적 동물인 인간의 본성에 따라 국가 공동체가 생겨났다고 보았다.

(3) 공화주의
① 국가는 공동선에 동의하고 이를 구현하는 시민이 모인 공동체임
② 국가는 시민들이 공공의 일에 관심을 가지고 법을 지키며 정치에 참여할 때 유지될 수 있음

> **자료 플러스** 키케로의 공화주의
>
> 국가는 인민의 것이다. 인민은 무작정 모인 사람들의 집합이 아니라 정의와 공동선을 위해 협력한다고 동의한 다수의 결사이다. – 키케로, "국가론" –
>
> 키케로는 정치 공동체로서의 국가는 공동의 이익을 구현하는 공화국이어야 한다고 보았고, 공화국은 '공공의 것'이며 '인민의 것'이라고 규정하였다.

✪ 인륜
인간으로서 지켜야 할 도리. 주로 군신 · 부자 · 부부 · 형제와 같은 인간관계에서 지켜야 할 도리를 의미함

✪ 민본주의
민본(民本)은 "백성은 나라의 근본이니, 근본이 튼튼해야 나라가 평안하다."라는 "서경"의 말에서 유래함

✪ 공화국(republic)
공화국은 '공공의(publica) 것(res)'을 뜻하는 라틴어 '레스 푸블리카(res publica)'에서 유래함

개념 체크

1. 유교는 백성을 국가의 근본으로 여기는 (　　) 사상을 중시한다.
2. 아리스토텔레스는 국가를 인간의 (　　) 본성에 의해 자연스럽게 형성된 공동체로 보았다.
3. 키케로는 공동의 이익을 구현하는 (　　)을/를 이상적인 국가로 보았다.

정답
1. 민본주의
2. 사회적 · 정치적
3. 공화국

(4) 사회 계약론

① 국가는 자연 상태에서 살던 인간이 합의를 통해 만든 것임
- 홉스: 만인에 대한 만인의 투쟁 상태인 자연 상태에서 벗어나기 위해 사회 계약을 맺으면서 국가가 발생함
- 로크: 자연 상태에서 비교적 평화로운 삶을 누리지만 개인의 기본권을 더 확실하게 보장받기 위해 사회 계약을 통해 국가를 구성함

② 국가는 인간이 자신의 생명과 평화로운 삶 등을 보장받기 위해 만든 수단임

③ 국가에 대한 복종은 개인의 동의로부터 비롯한다는 근대 자유주의 사상에 영향을 줌

자료 플러스 · 국가의 기원에 대한 사회 계약론의 입장

- 원래 자유를 사랑하고 타인을 지배하기를 좋아하는 존재인 인간이 국가의 틀 안에서 살기로 한 궁극적인 이유는 자기 보존과 그에 따른 만족스러운 생활에 대한 전망이나 예상에 기인한다. 즉 인간은 자연 상태의 비참한 상황에서 빠져나오고 싶다고 생각했기 때문이다. — 홉스, "리바이어던" —
- 개인과 개인이 연합하여 공동의 힘으로 각자의 생명과 재산을 보호하고 보존하는 일종의 연합 형태를 발견하는 것이 사회 계약으로 이루어야 할 근본적인 과제이다. 이러한 연합 형태에 따라 각 개인은 전체와 결합하지만 자기 자신에게만 복종하고 이전처럼 자유를 잃지 않는다. — 루소, "사회 계약론" —

홉스, 로크, 루소와 같은 사회 계약론자들은 국가의 기원이 자신의 권리를 보장받기 위해 개인이 동의한 계약에 있다고 보았다. 각 개인은 자연 상태에서 자신의 권리를 제대로 보장받지 못하기 때문에 계약을 통해 국가를 만들게 되었다는 것이다.

(5) 마르크스

① 국가는 지배 계급이 피지배 계급을 통제할 목적으로 만든 것임
- 사유 재산이 생겨나고 계급이 분화하기 시작하면서 지배 계급의 수단으로 국가가 등장함
- 국가는 지배 계급이 피지배 계급을 억압하고 착취하기 위한 수단이자 지배 계급의 이익을 대변하는 도구임

② 역사의 필연적인 발전 단계에 따라 국가는 소멸할 것임
- 프롤레타리아 혁명을 거쳐 계급과 국가가 사라지고 모두가 평등한 공산주의 사회가 도래할 것임
- 국가 소멸 후 각자의 자유로운 발전이 만인의 자유로운 발전을 위한 조건이 되는 연합체가 국가를 대체할 것임

자료 플러스 · 마르크스의 국가관

매뉴팩처 시대에서 부르주아 계급은 귀족과 맞먹는 계급으로 성장하여 군주 국가를 지탱하는 중요한 세력이 되었다. 그리하여 부르주아 계급은 마침내 대규모 공업과 세계 시장이 형성된 이후로 지금의 대의제 국가에서 독점적인 정치적 지배권을 쟁취하였다. 지금의 국가 권력은 부르주아 계급 전체의 공통된 사업을 관장하는 하나의 위원회에 지나지 않는다. — 마르크스·엥겔스, "공산당 선언" —

마르크스는 국가를 지배 계급의 지배를 정당화하는 수단에 불과하다고 보고, 자본주의 사회에서 국가는 지배 계급인 자본가 계급의 재산과 이익을 보호하는 역할을 할 뿐이라고 주장하였다.

❂ 프롤레타리아

자본주의 사회에서 생산 수단을 소유하고 있지 않은 사람들을 의미함. 무산 계급 또는 노동 계급이라고도 함

개념 체크

1. ( )은/는 '만인의 만인에 대한 투쟁' 상태인 자연 상태에서 벗어나기 위해 사회 계약을 맺었다고 보았다.

2. ( )은/는 국가를 인간의 생명, 자유, 재산을 지키기 위해 만들어 낸 수단이라고 보았다.

3. 마르크스는 국가를 ( ) 계급의 이익을 위해 존재하는 도구라고 보았다.

정답
1. 홉스
2. 로크
3. 지배

2. 국가의 역할과 정당성에 대한 동서양 사상

(1) 유교

① 민본주의 사상에 근거하여 국가의 역할과 정당성을 설명함

- 백성의 뜻은 곧 하늘의 뜻이므로 군주는 위민(爲民) 정치를 펼쳐야 함
- 군주는 법이나 형벌보다는 덕에 따라 백성을 다스려야 함

② 국가는 백성들을 도덕적으로 교화하는 역할을 해야 함

- 덕치: 통치자가 덕으로 백성을 교화할 때 백성들도 덕을 쌓게 됨
- 덕치의 실현을 위해 민생의 안정을 도모해야 함
- 국가를 백성들의 도덕적인 삶을 위한 도덕 공동체로 인식함

③ 맹자: 군주가 제 역할을 못해서 통치의 정당성이 무너지면 군주가 교체될 수 있음

> **자료 플러스 유교의 민본주의**
>
> 하늘이 듣고 보는 것은 백성이 듣고 보는 것이다. 하늘이 밝히고 두렵게 하는 것 또한 백성을 통하여 밝히고 두렵게 하는 것이다. 이처럼 하늘과 백성은 서로 통하는 것이니 땅을 다스리는 사람은 백성을 공경해야 한다.
> – "서경" –
>
> 유교는 민본주의 사상을 바탕으로 백성을 위한 정치를 바른 정치라고 보았다. 따라서 군주가 해야 할 일은 민본 정치를 통해 위민을 실현하는 것이었다.

(2) 아리스토텔레스

① 시민이 행복한 삶을 살도록 이끌어 주는 것이 국가의 역할임

- 인간은 양질의 교육을 받고 좋은 습관을 길러 영혼의 탁월성을 온전히 발휘해야 행복을 실현할 수 있음
- 인간이 영혼의 탁월성을 발휘하려면 정치와 같은 공적 영역에 참여해야 함

② 국가는 시민이 영혼의 탁월성을 발휘하도록 정치에 참여할 수 있는 제도를 마련해야 함

> **자료 플러스 아리스토텔레스의 국가관**
>
> 모든 국가는 일종의 공동체이며, 모든 공동체는 어떤 선을 목적으로 하여 성립된다. 왜냐하면 인류는 항상 자신들이 좋다고 생각하는 것을 획득하고자 행동하기 때문이다. 만약 모든 공동체가 어떤 선을 목표로 한다면, 모든 공동체 가운데 가장 상위이며 나머지 공동체들을 모두 포함하는 국가나 정치적 공동체는 다른 공동체보다 더 나은 선 또는 최상위의 선을 목표로 해야 할 것이다.
> – 아리스토텔레스, "정치학" –
>
> 아리스토텔레스는 사람들이 국가를 구성하는 것은 단순히 먹고살기 위한 것이 아니라 궁극적으로 좋은 삶을 추구하기 위해서라고 보았다. 그는 규모가 큰 공동체일수록 더 좋은 선을 추구할 수 있다고 생각하였다. 아리스토텔레스에 따르면 국가는 모든 국민의 행복을 목적으로 한다.

(3) 공화주의

① 국가의 역할은 공동선을 실현하는 것임

- 국가는 구성원이 시민적 덕성을 기르도록 돕고 공적인 의사 결정에 적극적으로 참여할 수 있는 제도와 질서를 마련해야 함
- 소수가 국가 권력을 독점하고 사적 이익을 추구하는 것을 경계함

② 소수가 국가 권력을 독점할 때 국가는 정당성을 상실함

개념 체크

1. 유교는 천명사상에 근거하여 (   )의 뜻이 곧 하늘의 뜻이라고 본다.

2. 아리스토텔레스는 국가가 교육과 제도적 보완을 통해 시민들이 영혼의 탁월성을 발휘하여 (   )을/를 실현할 수 있도록 해야 한다고 보았다.

3. 공화주의는 국가가 (   )을/를 실현하는 공화국이 되어야 한다고 보며, 소수가 권력을 독점하는 것을 경계한다.

정답

1. 백성
2. 행복
3. 공동선

자료 플러스　마키아벨리의 공화주의

국가의 자유를 수호할 임무가 있는 자에게 국가의 자유를 위협할 시민을 탄핵할 수 있는 권능을 부여하는 것은 공화국에 두 가지 효과를 가져온다. 첫째는 시민들이 고발당할까 두려워서 국가에 반역을 꾀하지 않는 것이다. 둘째는 국가가 당파적 증오를 해소할 수 있는 배출구를 제공한다는 것이다. 이러한 증오는 합법적으로 표출될 수 있는 배출구를 갖지 못할 때 공화국 전체를 몰락시키는 불법적인 방식을 취하게 된다. 그러므로 당파적 증오를 표출할 수 있는 길을 법률을 통해 열어 놓는 조치만큼 나라를 견고하게 만드는 일은 없다.

– 마키아벨리, "로마사 논고" –

마키아벨리는 소수가 공화국의 권력을 독점하고 사적 이익을 추구하는 것을 경계해야 한다고 주장하였다. 이를 위해 공화국을 위협하는 당파나 사람이 있다면 탄핵되어야 한다고 보았다.

(4) 사회 계약론

① 개인의 생명과 자유 등을 보장하는 것이 국가의 역할이며, 이 역할을 제대로 수행했는지에 따라 국가의 정당성을 판단할 수 있음
② 로크: 정부가 개인의 권리를 심각하게 침해하거나 공동선을 해친다면 시민들이 정치적 저항권을 행사할 수 있음

자료 플러스　로크의 저항권

입법부가 인민의 생명, 자유 및 재산에 대한 절대적인 권력을 자신들의 수중에 장악하거나 아니면 그 밖의 다른 자들의 수중에 넘겨줌으로써 사회의 기본적인 규칙을 침해하게 되면 언제나 그들은 인민이 그것과는 상반된 목적으로 그들의 수중에 맡긴 권력을 신탁(信託) 위반으로 상실하게 된다. 그 권력은 인민에게 되돌아가며 인민은 그들의 원래의 자유를 회복할 권리와 새로운 입법부를 설립함으로써 바로 그들이 사회에 가입한 목적, 즉 자신의 안전과 안보를 강구할 권리를 가지게 된다.　– 로크, "통치론" –

로크는 국가가 시민의 생명, 자유, 재산을 보장하는 역할을 다해야 하는데, 이러한 역할을 제대로 수행하지 못하면 시민이 저항할 수 있다고 보았다. 로크는 입법권은 신탁된 권력이므로 입법부가 신탁에 반해서 행동하면 시민은 입법부를 폐지하거나 새로운 입법부를 세울 수 있다고 보았다.

(5) 마르크스

① 국가는 지배 계급의 이익을 대변하고, 피지배 계급을 억압하고 착취하는 수단임
② 사람들이 기존 계급 구조를 정당한 것으로 받아들이도록 국가가 사회 구조와 제도를 만듦
③ 정의로운 국가라는 관념도 종국에는 사라질 것임

자료 플러스　마르크스와 프롤레타리아 혁명

공산주의자들은 자신들의 목적이 현존하는 모든 사회 질서를 폭력적으로 타도함으로써만 달성될 수 있다는 것을 공공연하게 선언한다. 지배 계급들이 공산주의 혁명 앞에서 벌벌 떨게 하라. 프롤레타리아가 혁명 속에서 잃을 것이라고는 쇠사슬뿐이요, 얻을 것은 세계 전체이다. 전 세계의 프롤레타리아여, 단결하라!

– 마르크스 · 엥겔스, "공산당 선언" –

마르크스는 자본주의 체제가 붕괴되고 공산주의 사회가 실현되는 것을 역사적 필연이라고 주장하였다. 그는 프롤레타리아 혁명을 통해 자본주의 사회가 무너지고 사유 재산과 계급은 물론 국가도 사라진 공산주의 사회가 도래할 것이라고 보았다.

❂ 마르크스의 역사 발전 5단계설
- 원시 공산 사회(무계급)
- 고대 노예제 사회(자유민 ↔ 노예)
- 중세 봉건 사회(영주와 귀족 ↔ 농노)
- 근대 자본주의 사회(자본가 ↔ 노동자)
- 공산주의 사회(무계급)

개념 체크

1. 공화주의 사상가인 마키아벨리는 소수가 공화국의 권력을 독점하고 (　　　)을/를 추구하는 것을 방지해야 한다고 보았다.
2. (　　　)은/는 국가가 개인의 권리를 보호하는 역할을 다하지 못할 때 시민들은 저항권을 행사할 수 있다고 보았다.
3. 마르크스는 프롤레타리아 혁명을 통해 (　　　)와/과 계급, 국가가 사라질 것이라고 보았다.

정답
1. 사적 이익
2. 로크
3. 사유 재산

☉ 시민과 윤리

1. 시민적 자유와 권리의 근거

(1) 자유주의적 관점

① 자연권 사상을 바탕으로 발전하여 무엇보다 개인의 자유와 권리를 중시함 → 자연권은 시대나 장소에 상관없이 모든 인간에게 보편적으로 내재해 있으며 개인의 자유와 권리를 보장하는 근거임

② 개인주의를 바탕으로 하는 자유주의는 집단의 권위보다 개인의 자유와 권리를 중시함

③ 자유주의자들은 소극적 자유를 중시함 → 소극적 자유는 외부의 부당한 압력이나 강제에서 벗어난 상태로 국가와 타인에게 구속당하지 않고 행동할 수 있는 사적 영역을 보장함으로써 실현될 수 있음

> **자료 플러스 벌린의 소극적 자유**
>
> 내 활동에 어느 누구도 간섭하지 않는 상태를 자유롭다고 일컫는다. 이러한 의미에서 자유란 그저 한 사람이 타인에게 방해받지 않고 행동할 수 있는 영역을 의미한다. 그리고 타인 때문에 그 영역이 일정한 한도 이상으로 축소될 때 나는 강제당하거나 혹은 노예 상태에 처한 것이다. — 벌린, "자유의 두 개념" —
>
> 벌린은 자유를 소극적 자유와 적극적 자유로 구분하고, 국가의 개입을 정당화하고 개인의 권리를 침해할 여지가 있는 적극적 자유가 아닌 간섭의 부재를 의미하는 소극적 자유가 진정한 의미의 자유라고 주장하였다.

(2) 공화주의적 관점

① 인간의 상호 의존성을 중시하며 시민을 사익뿐 아니라 공동선도 추구하는 사회적 존재라고 봄

② 시민의 권리는 자연적으로 주어지는 것이 아니라 시민의 정치적 참여 및 공동체의 법과 제도적 노력을 통해 만들어진다고 봄

③ 시민 스스로 정치적 주체로서 공공의 일에 적극적으로 참여하는 것을 중시함

④ 현대 공화주의자들은 비지배로서의 자유를 강조함

- 비지배로서의 자유: 타인의 자의적인 지배가 없는 상태
- 자유의 실현은 법에 의한 지배로 인해 가능함: 누구에게나 적용되는 법에 복종함으로써 자유를 누릴 수 있음

> **자료 플러스 공화주의의 비지배로서의 자유**
>
> 공화주의 전통에서는 자유를 노예 상태의 반대라고 규정하고, 타인의 자의적 의지에 노출되고 타인의 처분에 따라 살아가는 것을 중대한 해악으로 간주하는 데 이견이 없다. 노예는 실질적 간섭에 의해서가 아니라 본질적으로 지배에 의해 특징되기 때문에 이러한 대조는 매우 중요하다. 노예의 주인이 전적으로 인자하고 관대한 사람이라고 밝혀지더라도 그 주인은 여전히 노예를 지배한다. 자유를 노예 상태와 대조하는 것은 자유가 불간섭이 아니라 비지배에 있다고 보는 명확한 근거가 된다. — 페팃, "신공화주의" —
>
> 현대 공화주의자인 페팃은 자유주의가 추구하는 외부의 간섭과 방해가 없는 '소극적 자유'만으로는 진정한 자유를 누릴 수 없다고 보고 자의적 지배가 없는 '비지배로서의 자유'를 실현할 것을 강조하였다.

☉ 자연권

인간이 태어나면서부터 가지는 자연적이고 본래적인 권리로서 천부 인권이라고도 함

☉ 개인의 자유와 권리에 대한 자유주의의 관점

- 개인의 자유는 타인이나 국가가 침해하거나 강제로 박탈할 수 없는 기본적 권리임
- 개인의 권리와 정치적 의무가 충돌할 때 개인의 권리를 우선시함
- 개인의 권리를 제약하거나 개인에게 의무를 부과할 때는 시민의 자발적 동의를 얻어야 함
- 국가는 개인의 자유와 권리를 보장하기 위한 수단임

개념 체크

1. 자유주의는 (   )을/를 바탕으로 하여 집단의 권위보다 개인의 자유와 권리를 중시한다.

2. (   )은/는 간섭으로부터 자유로운 소극적 자유를 진정한 자유로 보았다.

3. 공화주의는 (   )(으)로서의 자유가 아니라 비지배로서의 자유를 진정한 자유로 본다.

정답
1. 개인주의
2. 벌린
3. 불간섭

2. 공동체와 공동선 및 시민적 덕성

(1) 자유주의적 관점

① 공동선보다는 개인선의 추구를 중시함

② 법치의 목적: 국가가 개인에게 과도하게 간섭하거나 자유를 침해하는 것을 방지하는 것 → 국가는 중립을 지키며 법과 제도를 모든 시민에게 동등하게 적용해야 함

③ 타인이나 집단, 국가의 간섭을 배제하고 개인의 가치관과 취향을 존중하는 관용을 중시함
  • 개인의 가치관과 생각, 취향이 타인에게 해를 주지 않는 한 허용되고 존중되어야 함
  • 관용은 개인의 삶과 신념, 그가 누리는 사적 권리를 보호하기 위한 중요한 덕목임

④ 헌법적 애국심: 국가의 정치 체제를 규정하는 헌법의 기본 이념에 대한 국민적 동의와 충성을 의미함 → 애국을 과도하게 강조하는 것은 개인의 권리를 침해할 우려가 있음

✪ 공화주의의 애국심
• 시민의 자유와 행복을 지켜주는 조국에 대한 인위적인 열정임
• 구성원들 간의 주종적 지배 관계가 없는 자유로운 정치 체제를 지향하는 애국이 참된 애국임
• 자신이 태어난 나라와 소속된 민족에 대한 무조건적인 사랑을 의미하는 민족주의적 애국심이나 헌법의 기본 이념인 인류의 보편적 가치에 충성을 강조한 자유주의의 애국심과 차이가 있음 → 공화주의의 애국심은 특정 공화국에 대한 애정과 충성심을 뜻함

자료 플러스 | 밀의 자유주의

어떤 정부 형태를 가지고 있든지 내면적 의식의 영역에서의 자유, 결사의 자유, 그리고 각자가 개성에 맞게 자기 삶을 설계하고 자기 좋은 대로 살아갈 자유가 원칙적으로 존중되지 않는 사회라면, 결코 자유로운 사회라고 할 수 없다. 그리고 가장 소중하고 또 유일하게 자유라고 이름을 붙일 수 있는 것은 각자 자신이 원하는 대로 자기 삶을 꾸려 나가는 자유이다.
— 밀, "자유론" —

밀은 자기 자신에 대해서는 각자가 주권자이므로 다른 사람에게 영향을 미치는 행위에 대해서는 사회가 간섭할 수 있지만, 자신에게만 영향을 미치는 행위에 대해서는 개인이 절대적인 자유를 누려야 한다고 주장하였다.

---

(2) 공화주의적 관점

① 공공의 가치와 공동선을 존중하고 공적 책무에 적극적으로 참여하는 의식과 태도인 시민적 덕성을 강조함 → 정치 지도자들은 시민적 덕성을 모범적으로 실천해야 하고, 국가는 시민 교육을 바탕으로 시민들이 덕성을 함양하도록 도와야 함

② 법치의 목적: 권력자의 자의적 지배와 그로 인한 시민의 타락을 방지하는 것 → 법치를 통해 시민적 덕성과 법 앞의 평등을 바탕으로 공동선을 실현하고자 함

③ 다양한 구성원들의 협력과 통합을 바탕으로 공동체의 목적을 실현하기 위해서는 관용의 덕목이 필요함

④ 애국심: 정치 공동체와 시민 동료들을 향한 대승적 사랑, 시민의 덕성이자 기본적 책무임

개념 체크

1. 자유주의는 (   )이/가 개인의 가치관과 취향을 존중하며 중립적 태도를 보여야 한다고 본다.

2. (   )은/는 국가가 시민 교육을 바탕으로 시민들이 적극적인 정치 참여와 같은 시민적 덕성을 함양하도록 이끌어 주어야 한다고 본다.

3. 공화주의의 애국심은 시민적 덕성으로 정치 공동체와 시민 동료들을 향한 대승적이고 자발적인 (   )을/를 의미한다.

정답
1. 국가
2. 공화주의
3. 사랑

자료 플러스 | 비롤리의 공화주의

공화국은 기억과 기념이 무척이나 필요하다. 기억은 시민적 덕성을 키우는 강력한 수단이다. 우리는 독재에 대해 항거한 역사나 자유를 향해 투쟁한 역사를 기념함으로써, 우리가 모두 함께 고통받았던 역사의 한 페이지를 회고함으로써, 이러한 이야기를 듣는 모든 이들에게 자신들도 그러한 업적을 만들어야 한다는 도덕적 의무감을 가슴 깊이 일깨울 수 있다.
— 비롤리, "공화주의" —

현대 공화주의자인 비롤리는 자기들의 역사에 의미와 가치, 그리고 아름다움을 부여할 수 없는 국민은 시민적 문화에 꼭 필요한 전제 조건인 자긍심을 갖기 어려울 것이라고 보았다. 그는 공화국의 구성원이라면 그들 역사의 이야기 속에서 소중한 경험을 발견하고, 그러한 경험을 기억함으로써 자신들의 공화국을 진정한 시민 공동체로 만들겠다는 도덕적 의무감을 가져야 한다고 주장하였다.

[24014-0193]

01 다음을 주장한 고대 동양 사상가의 입장으로 옳은 것만을 〈보기〉에서 고른 것은?

> • 정치란 바르게 하는 것이니, 바른 도리로 이끈다면 누구나 바른 일을 할 것이다.
> • 진실로 자신을 바르게 한다면 정치를 하는 데 문제가 없을 것이다. 그 자신을 바르게 하지 못한다면 남을 바르게 할 수 없다.

━ 보기 ━
ㄱ. 국가는 가족 질서가 확장된 공동체이다.
ㄴ. 군주는 백성의 도덕적 모범이 되어야 한다.
ㄷ. 군주는 형벌을 정치의 근간으로 삼아야 한다.
ㄹ. 국가는 사람들의 필요에 따라 합의로 형성된다.

① ㄱ, ㄴ ② ㄱ, ㄷ ③ ㄴ, ㄷ ④ ㄴ, ㄹ ⑤ ㄷ, ㄹ

[24014-0194]

02 다음을 주장한 고대 서양 사상가가 부정의 대답을 할 질문으로 가장 적절한 것은?

> • 국가는 일종의 동등한 자들의 공동체이고, 그 목적은 가능한 최선의 삶이다. 그런데 최선의 것은 행복이고, 행복은 덕의 구현과 실천에 있다.
> • 국가는 자급자족이 가능한 최고 수준의 단계에 도달한 공동체이다. 달리 말해 국가는 단순한 생존을 위해 형성되지만 훌륭한 삶을 위해 존속하는 것이다.

① 국가는 다양한 공동체 중에서 최상의 공동체인가?
② 개인은 공동체에서 벗어날 때 행복하게 살 수 있는가?
③ 개인으로서의 선과 시민으로서의 선은 양립할 수 있는가?
④ 성숙한 국가는 완전히 자급자족을 이룬 최종 공동체인가?
⑤ 국가를 통해 구성원들은 자신들의 이익을 실현할 수 있는가?

[24014-0195]

03 고대 서양 사상가 갑, 근대 서양 사상가 을의 입장에 대한 설명으로 옳은 것은?

> 갑: 국가는 하나의 공동체이며 모든 공동체는 어떤 선을 위해 성립한다. 모든 것들 중 최고의 공동체이자 다른 모든 공동체를 포괄하는 공동체는 다른 어떤 공동체보다 최고의 선을 목표로 한다. 이것이 바로 국가이다.
> 을: 국가를 형성하고 국가에 복종해야 하는 의무의 근거는 계약이다. 계약은 개인이 자연적 권력을 포기하고, 공동체가 제정한 법에 따라 분쟁을 해결하고 보호를 호소할 수 있는 정치 공동체를 구성하는 조건이다.

① 갑은 국가의 최종 목적은 구성원의 생존 보장이라고 본다.
② 갑은 국가는 개인의 이익 실현을 위한 수단일 뿐이라고 본다.
③ 을은 국가는 사람들의 자발적 동의를 통해서만 성립 가능하다고 본다.
④ 을은 갑과 달리 국가가 사람들이 유덕한 삶을 살 수 있도록 교육해야 한다고 본다.
⑤ 갑과 을은 자연 상태에서 사람들은 분쟁 없이 평화로운 삶을 산다고 본다.

[24014-0196]

04 다음을 주장한 근대 서양 사상가의 입장으로 가장 적절한 것은?

> 모든 사람을 떨게 만드는 공통의 권력이 없는 상태에서 사는 한, 인간은 누구나 전쟁 상태에 놓이게 된다. 이러한 전쟁은 '만인의 만인에 대한 투쟁'이라고 할 수 있다. 공통의 권력을 수립하는 유일한 방법은 모든 사람이 자신의 권리와 힘을 한 사람 또는 하나의 합의체에 양도하는 것이다. 이것은 만인이 만인을 상대로 계약을 맺어 결정된 진정한 통일을 의미한다. 이렇게 했을 때 탄생하는 것이 바로 '리바이어던'이다.

① 자연 상태에서 인간은 평화로운 삶을 산다.
② 통치자는 강력한 힘을 바탕으로 통치해야 한다.
③ 인간의 자유는 사회 계약을 통해 발생하는 것이다.
④ 국가는 인간의 사회적 본성으로부터 비롯한 것이다.
⑤ 피치자는 공공선을 위해 통치 형태를 변경할 수 있다.

[24014-0197]

05 다음을 주장한 근대 서양 사상가의 입장으로 옳은 것만을 〈보기〉에서 고른 것은?

> 정치권력은 한 계급이 다른 계급을 억압하기 위해 조직된 것이다. 노동자가 자본가와의 투쟁에서 계급으로 단결한다면, 그리고 혁명으로 지배 계급이 되어 낡은 생산 관계를 청산한다면, 계급과 국가는 결국 폐지될 것이다.

● 보기 ●
ㄱ. 계급이 소멸하면 필연적으로 국가도 소멸한다.
ㄴ. 재산권을 보장받기 위해 국가 권력을 강화해야 한다.
ㄷ. 자본가는 국가 권력의 보호 아래 노동자를 착취한다.
ㄹ. 혁명을 일으켜 자본가와 노동자 모두에게 이익이 되는 국가를 만들어야 한다.

① ㄱ, ㄴ ② ㄱ, ㄷ ③ ㄴ, ㄷ ④ ㄴ, ㄹ ⑤ ㄷ, ㄹ

[24014-0198]

06 그림의 강연자가 지지할 내용으로 적절하지 <u>않은</u> 것은?

> 백성이 가장 귀하고, 사직은 그다음이며, 군주는 하찮다. 그러므로 백성의 마음을 얻으면 천자가 되고, 천자의 마음을 얻으면 제후가 되고, 제후의 마음을 얻으면 대부가 된다. 제후가 사직을 위태롭게 하면 제후를 바꾼다.

① 군주는 백성들을 부모의 마음으로 돌보아야 한다.
② 군주는 통치할 때 형벌을 신중하게 적용해야 한다.
③ 군주는 백성들의 경제적 기반을 마련해 주어야 한다.
④ 군주는 백성들을 덕으로 다스릴 때 도덕적 정당성을 지닌다.
⑤ 군주는 하늘의 뜻을 부여받았으므로 자의적으로 통치할 수 있다.

[24014-0199]

07 다음을 주장한 근대 서양 사상가의 입장으로 가장 적절한 것은?

> 인간 사회에서 개인이든 집단이든 다른 사람의 행동의 자유를 침해할 수 있는 경우는 오직 한 가지, 자기 보호를 위해 필요할 때뿐이다. 다른 사람에게 해를 끼치는 것을 막기 위한 목적이라면, 당사자의 의지에 반해 권력이 사용되는 것도 정당하다고 할 수 있다. 이 유일한 경우를 제외하고는 문명사회에서 구성원의 자유를 침해하는 그 어떤 권력의 행사도 정당화될 수 없다.

① 국가는 개인의 자율적 결정을 최대한 존중해야 한다.
② 개인의 자유는 어떤 경우에도 제한되지 말아야 한다.
③ 국가는 공동선 증진을 위해 사적 영역을 규제해야 한다.
④ 개인은 국가 구성원 다수의 결정을 무조건 받아들여야 한다.
⑤ 개인의 자유는 본래적인 권리가 아니라 정치적으로 성취하는 것이다.

[24014-0200]

08 다음을 주장한 고대 서양 사상가가 지지할 진술로 적절하지 <u>않은</u> 것은?

> 인민은 무작정 군집한 인간의 모임이 아니라, 법에 대한 동의와 유익함의 공유에 의해서 결속한 다수의 모임이다. 인간이 결합하는 이유는 인간들의 연약함이라기보다는 인간의 자연스러운 어떤 것, 마치 군집성 같은 것이다. 사실상 인간은 홀로 떠도는 종류가 아니라, 모든 것의 풍부함을 부여받았어도 사회 속에서 살도록 태어난 것이다.

① 공화정은 법을 통해 구성원들의 선한 삶을 장려한다.
② 공화정의 본질은 오직 구성원들의 생존 보장에 있다.
③ 국가는 구성원들의 사적 이익 추구를 보장해 주어야 한다.
④ 인간은 본성상 공동체 속에서 살아가려 하는 존재이다.
⑤ 공화정은 정의에 대한 동의를 바탕으로 한 정치 공동체이다.

수능 실전 문제

[1~2] 갑은 고대 동양 사상가, 을은 고대 서양 사상가이다. 물음에 답하시오.

갑: 사람을 형벌로 다스리면 형벌을 면하고도 부끄러워함이 없다. 그러나 사람을 덕으로 인도하고 예로써 다스리면 부끄러워할 줄도 알고 또한 잘못을 바로잡게 된다. 따라서 정치란 사람들을 바른 도리로 이끌어 주는 것이다.

을: 사람은 완성되었을 때는 가장 훌륭한 동물이지만 법과 정의에서 이탈했을 때는 가장 사악한 동물이다. 정의는 국가 공동체의 특징이다. 따라서 사람은 본성적으로 국가를 구성하는 존재이며 국가 속에서만 인간답게 살 수 있다.

[24014-0201]

1 갑, 을의 입장을 다음 그림으로 탐구할 때, A~C에 들어갈 적절한 질문만을 〈보기〉에서 있는 대로 고른 것은?

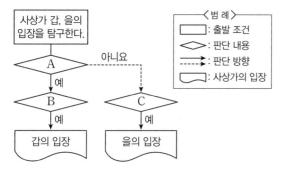

─● 보기 ●─
ㄱ. A: 국가는 구성원들의 선한 삶을 추구하는 도덕 공동체인가?
ㄴ. B: 통치자는 명분(名分)을 세워 예의 질서를 이루어야 하는가?
ㄷ. B: 통치자는 도(道)의 관점에서 만물을 차별하지 말아야 하는가?
ㄹ. C: 국가는 구성원들이 공적 영역에 참여할 수 있도록 제도를 마련해야 하는가?

① ㄱ, ㄴ   ② ㄱ, ㄷ   ③ ㄴ, ㄹ
④ ㄱ, ㄷ, ㄹ   ⑤ ㄴ, ㄷ, ㄹ

[24014-0202]

2 다음을 주장한 근대 서양 사상가의 입장에서 갑, 을에 대해 제기할 수 있는 비판으로 가장 적절한 것은?

사람들이 하나의 인격으로 결합되어 통일되었을 때, 이를 국가라고 한다. 이것이 바로 리바이어던이다. 국가는 상호 계약으로 세운 하나의 인격으로서, 다수의 사람 각자가 그 인격이 하는 행위의 본인이 되며, 그 목적은 그 인격이 공동의 평화와 방어에 필요하다고 생각할 때 다수의 모든 힘과 수단을 적절히 이용할 수 있도록 하는 데 있다.

① 갑에게: 힘보다 덕을 바탕으로 통치해야 함을 간과한다.
② 갑에게: 통치자는 피치자의 안정적 삶을 보장해야 함을 간과한다.
③ 을에게: 통치권이 주기적으로 바뀌어야 한다는 점을 간과한다.
④ 을에게: 평화로운 삶은 국가를 통해서만 가능하다는 점을 간과한다.
⑤ 갑과 을에게: 국가는 사람들이 필요에 따라 동의하여 형성한 것이라는 점을 간과한다.

[24014-0203]

3 근대 서양 사상가 갑, 을의 입장에 대한 설명으로 옳은 것은?

> 갑: 인간이 자연 상태에서 벗어나 공통의 권력을 수립하는 유일한 방법은 모든 사람이 자신의 권리와 힘을 한 사람 또는 하나의 합의체에 양도하는 것이다. 다시 말해 한 사람 혹은 하나의 합의체를 지정해 자신들의 인격을 떠맡게 하는 것이다. 이를 통해서만 사람들은 전쟁 상태에서 벗어날 수 있다.
> 을: 인간이 본래의 자유를 포기하고 시민 사회의 구속을 받게 되는 유일한 방법은 계약을 통하여 하나의 공동 사회를 구성하여 가입하는 것이다. 그 목적은 각자 자기의 재산, 즉 생명과 자유와 자산을 안전하게 향유하고 사회 구성원들에 대해 더욱 큰 안전을 유지하게 하여 서로 쾌적하고 평화롭게 생활하는 것이다.

① 갑은 자연 상태에는 옳고 그름의 기준이 없으므로 부정의가 존재하지 않는다고 본다.
② 갑은 국가의 역할은 인간이 자연 상태에서 누리던 자유와 평화를 보장하는 것이라고 본다.
③ 을은 사회 계약을 충실하게 이행하기 위해서 권력을 분립하지 말아야 한다고 본다.
④ 을은 갑과 달리 국가는 구성원의 합의를 통해 인위적으로 만들어진 정치 공동체라고 본다.
⑤ 갑과 을은 자발적으로 동의하여 국가에 양도한 권리는 철회할 수 없다고 본다.

[24014-0204]

4 다음을 주장한 근대 서양 사상가의 입장으로 옳은 것만을 〈보기〉에서 있는 대로 고른 것은?

> 이제까지 사회의 모든 역사는 계급 투쟁의 역사이다. 억압자와 피억압자는 부단히 대립했으며, 때로는 은밀하게 때로는 공공연하게 끊임없이 투쟁을 벌여 왔다. 봉건 사회가 몰락하면서 탄생한 시민 사회는 자본가와 노동자로 분열되어 있다. 이 모든 과정에서 국가는 지배 계급이 피지배 계급의 이익을 착취하는 것을 정당화해 왔을 뿐이므로 혁명을 통해 기존의 모든 질서를 무너트려야 한다.

● 보기 ●
ㄱ. 모든 사람이 인간다운 삶을 살기 위해서는 국가가 사라져야 한다.
ㄴ. 국가의 적극적인 시장 개입을 통해 빈부 격차 문제를 해결할 수 있다.
ㄷ. 국가는 사유 재산이 발생하면서 지배 계급의 이익을 보호하는 수단으로 생겨났다.
ㄹ. 누구나 필요에 따라 분배받아 평등한 삶을 살기 위해서는 사적 소유를 철폐해야 한다.

① ㄱ, ㄴ   ② ㄱ, ㄷ   ③ ㄴ, ㄹ
④ ㄱ, ㄷ, ㄹ   ⑤ ㄴ, ㄷ, ㄹ

[24014-0205]

5 (가)의 갑, 을, 병 사상가들의 입장을 (나) 그림으로 표현하고자 할 때, A~E에 해당하는 진술로 가장 적절한 것은?

(가)	갑: 통치자는 백성들의 생업을 마련해 주되 반드시 위로는 부모를 섬기기에 충분하게 하고 아래로는 처자를 먹여 살릴 만하게 하여 풍년에는 언제나 배부르고 흉년에도 죽음을 면하게 해야 한다. 그렇게 한 후에 백성들이 도덕적인 삶을 살도록 해야 한다. 을: 통치자와 시민 모두 국가의 구성원으로서 신체의 손, 발과 같다. 손과 발이 신체에서 분리되면 손과 발의 본질을 잃게 되는 것처럼 모든 인간은 본성적으로 국가를 구성하는 존재로 살아간다. 이러한 의미에서 국가는 동등한 자들의 공동체이고 그 목적은 가능한 최선의 삶이다. 병: 통치권의 모든 평화적인 시작은 인민의 동의에 기초를 두고 있다. 이러한 동의의 목적은 자연 상태에서 모든 사람이 자신의 사건에 관해 재판관이 되기 때문에 필연적으로 발생하는 폐단을 피하고, 각자 자기의 재산을 안전하게 향유하기 위함이다.
(나)	〈범 례〉 A: 갑만의 입장 B: 을만의 입장 C: 병만의 입장 D: 갑과 을만의 공통 입장 E: 갑, 을, 병의 공통 입장

① A: 인간은 본성에 따라 가정의 구성원이 되듯이 국가 공동체의 일원이 된다.
② B: 구성원들의 도덕성 함양을 위해 국가는 적극적인 역할을 해야 한다.
③ C: 국가는 자신의 이익을 추구하는 인간들이 계약을 통해 형성한 것이다.
④ D: 국가가 없는 개인의 삶보다 국가 구성원으로서의 삶이 더 안정적이다.
⑤ E: 국가 권력은 오직 구성원들의 자발적 동의에 따라 성립할 때 정의롭다.

[24014-0206]

6 다음을 주장한 근대 서양 사상가의 입장으로 옳은 것만을 〈보기〉에서 있는 대로 고른 것은?

각자는 자신을 전체에 양도함으로써 결국 아무에게도 양도하지 않는다. 그리고 구성원 누구나 남에게 양도하는 자신에 대한 권리와 동등한 권리를 남에 대해 획득함으로써 결국 자기가 소유하는 것을 보존하기 위한 더 큰 힘을 얻는다. 우리는 각자 자신의 신체와 모든 능력을 공동의 것으로 만들어 일반 의지의 최고 감독하에 두고, 각 성원을 전체와 불가분의 부분으로 받아들인다.

● 보기 ●
ㄱ. 인민에 의해 승인된 강제력만이 정당한 구속력을 지닌다.
ㄴ. 일반 의지는 양도될 수 없지만 정책 결정을 위해 위임될 수는 있다.
ㄷ. 개인의 자유는 일반 의지에 따라 공공선이 달성될 때 보장될 수 있다.
ㄹ. 인간은 자유의 회복을 위해 상호 간에 계약을 맺고 일반 의지의 지배를 받는다.

① ㄱ, ㄴ   ② ㄱ, ㄹ   ③ ㄴ, ㄷ
④ ㄱ, ㄷ, ㄹ   ⑤ ㄴ, ㄷ, ㄹ

[24014-0207]

7 고대 동양 사상가 갑, 고대 서양 사상가 을의 입장에 대한 설명으로 옳은 것은?

> 통치자는 백성들로 하여금 총명하게 하지 않고 어리석게 해야 합니다. 또한 백성들의 마음을 비우게 해 주고 그 배를 채워 주며 그 뜻을 약하게 해 주어야 합니다. 그리하여 항상 백성들로 하여금 앎이 없고 욕심이 없게 하는 것입니다.

> 통치자는 사적 이익에 골몰하지 말고 선과 정의를 추구해야 합니다. 국가는 인민의 법에 대한 동의와 이익의 공유를 근간으로 유지되는 집단이며, 어떤 형태로 통치가 이루어지든 선과 정의의 추구가 국정 운영의 대전제가 되어야 하기 때문입니다.

갑

을

① 갑은 통치자는 백성들이 인륜(人倫)을 실현할 수 있도록 모범을 보여야 한다고 본다.
② 갑은 통치자는 엄정한 법치주의와 부국강병(富國强兵)을 이상으로 삼아야 한다고 본다.
③ 을은 통치자가 인민의 사적 이익 보장을 최우선할 때 정당성을 지닌다고 본다.
④ 을은 갑과 달리 국가의 구성원은 공동선 실현을 위한 적극적인 노력을 해야 한다고 본다.
⑤ 갑과 을은 국가의 구성원은 누구나 정치에 관심을 가지고 참여해야 한다고 본다.

[24014-0208]

8 가상 대화의 '선생님'은 현대 서양 사상가이다. ㉠에 들어갈 진술로 적절한 것만을 〈보기〉에서 있는 대로 고른 것은?

> 제자: 선생님, 자유란 어떤 상태입니까?
> 선생님: 자의적인 지배나 간섭의 가능성이 없는 상태이네. 예를 들어 너그러운 주인을 둔 노예의 경우, 일견 자유롭게 보일 수 있지만 자유롭다고 말할 수 없네. 왜냐하면 노예는 언제든지 주인의 자의적인 지배와 종속에 놓일 수 있는 가능성의 상태에 처해 있기 때문일세.
> 제자: 그럼 바람직한 삶은 어떤 것인가요?
> 선생님: 바람직한 삶은 [㉠   ]

● 보기 ●
ㄱ. 소극적 자유를 이상으로 삼고 살아가는 것일세.
ㄴ. 단순한 생존이 아니라 존엄하게 살아가는 것일세.
ㄷ. 시민적 덕성을 바탕으로 공동선을 실현하며 살아가는 것일세.
ㄹ. 타인의 자의적 선택으로 인한 간섭을 받지 않고 살아가는 것일세.

① ㄱ, ㄴ
② ㄱ, ㄷ
③ ㄴ, ㄹ
④ ㄱ, ㄷ, ㄹ
⑤ ㄴ, ㄷ, ㄹ

[9~10] 갑, 을은 현대 서양 사상가들이다. 물음에 답하시오.

> 갑: 자기 지배가 자유를 실현하는 하나의 조건일 수 있지만, 자유를 실현하기 위해서는 공공선에 봉사하겠다는 시민들의 각오와 능력이 더욱 중요하다. 사람들은 각자가 자신이 속한 상황, 문화, 종교 그리고 종족에 따라 서로 다른 방식으로 살아갈 수 있지만 자신이 속한 공동체의 역사에 의미와 가치를 부여하고 이해하여 자신이 그 역사의 발전에 기여해야 한다는 도덕적 의무감을 일깨워야 한다.
> 을: 자기 지배를 핵심으로 하는 적극적 자유는 자신의 주인이 되고자 하는 소망, 즉 결정되는 것이 아니라 스스로 결정하고 목표를 실현하고자 하는 소망에서 비롯된다. 그러나 자기 지배가 가능하기 위해서는 개인의 즉자적 욕구는 합리적 자아에 통제되고 사회가 진정한 자아의 자리를 대신하기도 한다. 따라서 진정한 의미의 자유는 개인의 활동에 어느 누구도 간섭하지 않는 상태이다.

[24014-0209]

9 갑, 을의 입장에 대한 설명으로 옳은 것은?

① 갑은 공동선 실현을 위해 국가는 절대 권력을 지녀야 한다고 본다.
② 갑은 법의 지배를 통해서 인간의 자유가 보장될 수 있다고 본다.
③ 을은 개인의 이익과 공공의 이익이 상호 불가분의 관계라고 본다.
④ 을은 갑과 달리 국가는 개인의 자유 보장을 위해 필요하다고 본다.
⑤ 갑과 을은 간섭이 부재한 상태가 진정한 자유의 상태라고 본다.

[24014-0210]

10 다음을 주장한 근대 서양 사상가의 입장에서 갑, 을에 대해 제기할 수 있는 비판으로 적절한 것만을 〈보기〉에서 있는 대로 고른 것은?

> 국가의 계급적 성격은 모든 국가의 일반적 성격이다. 국가는 역사적으로 노동자의 잉여 노동을 타인이 착취함으로써 사회에 계급적 구분이 성립되면서 발생하였다. 특히 사적 소유제의 성립은 계급적 분열을 가속화하였다. 여기서 노동자들의 잉여 노동을 착취하는 경제적 지배 계급과 국가 권력 행사자들은 완전히 일치한다.

● 보기 ●
ㄱ. 갑에게: 국가가 소수 지배층의 이익만을 위한 기관이라는 점을 간과한다.
ㄴ. 을에게: 국가의 적극적 개입으로 불평등 문제를 해소할 수 있다는 점을 간과한다.
ㄷ. 을에게: 국가의 불간섭이 다수 노동자의 자유를 보장하지 못한다는 점을 간과한다.
ㄹ. 갑과 을에게: 국가 권력이 개인의 자유를 침해할 수 있다는 점을 간과한다.

① ㄱ, ㄴ ② ㄱ, ㄷ ③ ㄴ, ㄹ
④ ㄱ, ㄷ, ㄹ ⑤ ㄴ, ㄷ, ㄹ

14 민주주의와 자본주의

민주주의

1. 근대 민주주의의 지향과 자유 민주주의

(1) 민주주의의 기원과 원칙

① 민주주의의 의미
- 민주주의(democracy): 그리스어로 '인민'을 뜻하는 'demos'와 '통치'를 뜻하는 'kratos'가 합쳐진 용어
- 인민이 권력을 가지고 스스로 권력을 행사하는 정치 제도, 또는 그러한 정치를 지향하는 사상으로 '인민 주권의 원리'를 바탕으로 함

② 민주주의의 사상적 기원
- 민주주의의 기원은 고대 그리스의 아테네에서 찾을 수 있음
- 성인 남성 시민으로 구성된 민회에서 주요 사항을 토론·결정하는 직접 민주 정치가 시행되었음
- 법원의 배심원을 포함한 대부분의 관직은 추첨 혹은 능력에 따라 시민에게 맡겨 평등한 정치 참여를 보장하였음
- 아테네의 자유로운 성인 남성만을 시민으로 규정하여 여성과 노예, 외국인의 정치 참여를 제한하였기에 오늘날 보편적 평등을 기반으로 하는 민주주의와 차이가 있음

③ 민주주의의 기본 원칙
- 모든 시민의 동등한 참여 권한과 기회의 원칙 → 나이, 성별, 사회적·경제적 지위, 인종, 종교 등에 의한 제한을 받지 않고 정치에 참여할 수 있는 기회가 주어짐
- 권력 구성과 집행에 대한 시민의 통제 원칙 → 주권자가 대표자를 선출하고, 정부와 국회의 운영에 책임을 물을 수 있음

> **자료 플러스** **페리클레스의 추도사**
>
> 우리의 정체(政體)는 이웃 나라들의 제도를 모방한 것이 아닙니다. 우리는 남을 모방하기보다 남에게 본보기가 되고 있습니다. 소수자가 아니라 다수자의 이익을 위해 나라가 통치되기에 우리 정체를 민주정이라 부릅니다. 시민들 사이의 사적인 분쟁을 해결할 때는 법 앞에 만인이 평등합니다. 그러나 주요 공직 취임에는 개인의 탁월성이 우선시되며, 추첨이 아니라 개인적인 능력이 중요합니다. 마찬가지로 누가 가난이라는 불리한 조건에도 불구하고 도시를 위해 좋은 일을 할 능력이 있다면 가난 때문에 공직에서 배제되는 일도 없습니다.
>
> – 투키디데스, "펠로폰네소스 전쟁사" –

페리클레스는 아테네 민주주의의 발전에 큰 공헌을 한 정치가이다. 펠로폰네소스 전쟁에서 전사한 아테네 병사들을 추도하기 위한 그의 연설에는 고대 그리스 민주주의의 기본 이념이 잘 나타나 있다. 그는 민주주의의 특징을 모든 아테네 시민들이 정치 공동체 운영에 참여할 수 있다는 점에서 찾았고, 민주적 의사 결정에 이르는 방법으로 시민들 사이의 대화와 토론을 강조하였다.

(2) 근대 자유 민주주의의 발전

① 사회 계약 사상의 의의: 절대 왕정 시대의 억압적인 정치 질서와 불평등한 사회 구조를 개혁하고 자유와 평등의 가치를 보장함으로써 인간 존엄성을 실현하고자 하는 근대 자유 민주주의 확립에 사상적 토대가 됨

● 민회

고대 그리스의 도시 국가에 있었던 시민 총회. 아테네에서 직접 민주 정치가 실현되는 바탕이 되었음. 민회에서 시민권을 가진 성인 남자들이 국가 중요 정책들을 직접 결정하였음

개념 체크

1. 민주주의는 (　　　)이/가 권력을 가지고 스스로 권력을 행사하는 정치 제도 또는 그러한 정치를 지향하는 사상이다.
2. (　　　)의 기본 원칙에는 모든 시민의 동등한 참여 권한과 기회의 원칙, 권력 구성과 집행에 대한 시민의 통제 원칙이 있다.
3. 페리클레스의 추도사에는 모든 아테네 시민이 (　　　) 공동체 운영에 참여할 수 있다는 민주주의의 이상이 담겨 있다.

정답
1. 인민
2. 민주주의
3. 정치

② 로크의 사회 계약 사상
- 자연 상태에서 인간은 자연법의 지배 아래 비교적 평화롭게 살아가나 공평무사한 재판관이 없기 때문에 개인의 생명과 자유, 재산을 보존할 수 있는 권리가 확실하고 안전하게 보장되지 못함 → 개인은 자신의 권리를 보장받기 위해 계약을 맺어 국가를 만들게 됨
- 국가가 제 역할을 제대로 하지 못할 경우 국민은 저항권을 행사할 수 있음
- 법치주의, 권력 분립(입법권과 집행권의 분립)을 주장함

📋 **자료 플러스** **로크의 사회 계약 사상**

> 자연 상태에서 당면하는 폐단, 곧 모든 사람이 가진 타인의 위반 행위를 처벌할 권한이 불규칙적이고 불확실하게 행사됨으로써 생기는 폐단으로 인해 사람들은 정부의 확립된 법이라는 성역으로 도망가며 거기서 그들 재산의 보존을 꾀한다. 입법부가 그들에게 맡겨진 신탁(信託)에 반해서 행동하는 것이 발견될 때 입법부를 폐지하거나 변경할 수 있는 최고의 권력은 여전히 인민에게 있다. — 로크, "통치론" —

로크는 자연 상태에서 인간은 생명, 자유, 재산에 대한 자연권을 타고난다고 보았으며 타인의 자연권에 해를 가해서는 안 된다는 자연법을 준수해야 한다고 보았다. 그는 자연권을 보다 안전하게 보장받기 위해 구성원들이 사회 계약을 체결함으로써 국가가 구성된다고 보았고, 국가가 국민의 생명, 자유, 재산을 보호하지 못할 경우 국민은 저항권을 행사할 수 있다고 주장하였다.

③ 루소의 사회 계약 사상
- 자연 상태에서 인간은 자유롭고 평등하며 평화로운 삶을 누리지만 사회 상태로 옮겨 가면서 사유 재산의 발생과 함께 불평등과 예속의 불행한 상태에 처하게 됨 → 사회 계약을 맺어 국가를 만들고 시민적 자유를 얻을 수 있음
- 스스로가 주권자이고 입법권을 지닌 공동체 내에서 인간은 자연 상태의 자유에 상응하는 시민적 자유를 지니게 됨
- 국가는 공동선을 추구하는 일반 의지를 따라야 하며, 주권은 엄연히 국민에게 있음

④ 자유 민주주의의 발전
- 근대 민주주의는 자유주의와 결합하여 자유 민주주의로 발전함
- 밀: 근대의 대표적인 자유주의 사상가로 개인의 자유를 최대한 보장하는 정부를 좋은 정부로 보고 사회나 국가가 개인을 통제할 수 있는 경우를 엄격하게 규정함
- 현대 사회에서는 자유 민주주의의 이념을 실현하기 위해 자유를 헌법상의 기본 권리로 규정하고 있으며 시민의 참여와 소통을 강조함

2. 현대 민주주의와 민주 시민의 자세

(1) 현대 민주주의의 규범적 특징

① 엘리트 민주주의
- 민주주의를 인민에 의한 지배가 아니라 정치가의 지배라고 규정하며, 시민의 역할을 정치가를 선출하는 것으로 제한함
- 한계: 시민이 정치 문제에 대한 감각과 책임 의식을 갖기 어려우며 선출된 정치 지도자가 각계각층의 입장을 대변하는지 파악하기 어려움

⭕ **로크와 루소의 자연 상태**
로크는 자연 상태를 비교적 평화롭지만 자연권이 확실히 보장되지 않는 상태로 봄. 루소는 자연 상태가 자유롭고 평등한 상태였으나 사유 재산의 등장으로 불평등 상태가 되었다고 봄

⭕ **루소의 일반 의지**
각 개인의 사적 이익을 초월하여 오로지 공공의 이익만을 지향하는 보편적 의지

개념 체크

1. ( )은/는 자연 상태에서 인간은 생명, 자유, 재산에 대한 자연권을 타고난다고 보았으며 타인의 자연권에 해를 가해서는 안 된다는 자연법을 준수해야 한다고 보았다.

2. 루소는 스스로가 ( )이고 입법권을 지닌 공동체 내에서 인간은 자연 상태의 자유에 상응하는 시민적 자유를 지니게 된다고 보았다.

3. ( ) 민주주의는 인민에 의한 지배보다는 정치가의 지배라는 성격이 강한 민주주의이다.

정답 —————
1. 로크
2. 주권자
3. 엘리트

자료 플러스 슘페터의 엘리트 민주주의

> 민주주의란 인민의 표를 얻는 데 성공한 결과로서, 모든 문제에 대한 결정권을 특정 개인들에게 부여하는 방식을 통해 정치적 결정에 도달하려는 제도적 장치이다. …(중략)… '인민'과 '지배'라는 용어의 분명한 의미가 무엇이건 간에, 민주주의는 인민이 실제로 지배하는 것을 의미하지 않으며 또한 의미할 수도 없다. 민주주의는 다만 인민이 그들을 지배할 예정인 사람들을 승인하거나 부인할 기회를 가지고 있음을 의미할 따름이다.
>
> – 슘페터, "자본주의, 사회주의, 민주주의" –

슘페터는 민주주의를 엘리트가 대중의 승인을 얻고자 자유롭게 경쟁하는 제도적 장치로 보았다. 따라서 정치는 엘리트에게 맡겨야 하며 시민의 역할을 지도자를 선출하는 투표자의 역할에 한정해야 한다고 주장하였다. 일반적으로 시민은 엘리트보다 비합리적인 편견을 가지거나 충동에 빠지는 경향이 있다고 보기 때문이다.

② 참여 민주주의
- 다수의 시민이 의사 결정 과정에 자발적으로 참여하는 형태의 민주주의 예 자문 위원회, 공청회 및 청문회 참여, 시민 단체 활동이나 국민 감사 청구, 행정 소송 제기 등
- 시민 다수가 공동체의 의사 결정 과정에 참여할 기회를 부여하여 자율성과 책임성의 범위를 시민 전체에게 확대함
- 한계: 참여한 시민이 이기적 태도를 보이면 시민 전체의 의지가 왜곡될 수 있음

③ 심의 민주주의
- 서로 다른 이해관계를 가진 시민과 전문가 및 공직자가 함께 참여하는 공적 심의를 활용한 정책 결정 과정을 통해 공공성을 추구하는 정책을 만들어 낼 수 있음
- 정책 결정 과정에서 소통이 활성화되어 시민들 사이의 유대가 강화될 수 있음
- 한계: 심의 과정에서 모든 시민이 동등한 기회를 부여받지 못하거나 합리적 의사소통 능력이 결여되어 있는 경우 심의 결과에 문제가 생길 수 있음

(2) 민주 시민의 자세
① 민주 시민으로서 필요한 자세: 도덕적 자율성과 책임성을 바탕으로 정치에 적극적으로 참여해야 함
② 소로의 시민 불복종: 양심을 시민 불복종의 판단 기준으로 삼아, 양심에 어긋나는 법과 정책에 복종하지 않을 수 있음
③ 롤스의 시민 불복종
- 법이나 정부의 정책에 변혁을 가져올 목적으로 행해지는, 공공적이고 비폭력적이며 양심적이긴 하지만 법에 반하는 정치적 행위임
- 공적인 정의관에 근거하여 행해져야 하며, 체제의 합법성을 존중하는 적절한 범위 안에서 최후의 수단으로 불복종이 이루어져야 함
④ 하버마스의 시민 불복종
- 합법적인 규정이라도 정당성을 판단하는 기준인 헌법 원칙에 어긋날 때 시민 불복종이 가능함
- 정당하지 않은 규정을 수정할 마지막 가능성이며 성숙한 정치 문화를 구성하는 필수적 요소임

✚ 하버마스의 시민 불복종 정당화 요건

전체적으로 건전한 법치 국가에서 행해져야 함. 헌법을 정당화하는 원칙에 근거하여 이루어져야 함. 다수의 통찰력과 정의감에 호소할 의도에서 비폭력적인 방법으로 이루어져야 함. 시민 불복종을 행한 사람은 자신의 행위에 대한 법적 결과를 책임져야 함

개념 체크

1. ( ) 민주주의는 다수의 시민이 의사 결정 과정에 자발적으로 참여하는 형태의 민주주의를 말한다.

2. 심의 민주주의는 서로 다른 이해관계를 가진 시민과 전문가 및 공직자가 함께 참여하는 ( )을/를 활용한 정책 결정 과정을 통해 공공성을 추구하는 정책을 만들어 낼 수 있다고 본다.

3. ( )은/는 시민 불복종은 공적인 정의관에 근거하여 행해져야 하며, 체제의 합법성을 존중하는 적절한 범위 안에서 최후의 수단으로 행해져야 한다고 보았다.

정답
1. 참여
2. 공적 심의
3. 롤스

◉ 자본주의

1. 자본주의의 규범적 특징과 기여

(1) 자본주의의 규범적 특징

① 자본주의의 의미: 사유 재산제를 바탕으로 개인의 이윤 추구와 시장에서의 자유로운 경제 활동을 보장하는 자유 시장 경제 체제

② 자본주의 등장의 사상적 배경

자유주의	개인의 자유와 권리를 중시하며 경제적 영역에서도 자유로운 생산과 교환 등 경제 활동의 자유를 보장할 것을 요구함
프로테스탄티즘	• 칼뱅은 직업을 신의 소명으로 보고 직업적 성공에 따른 자본의 축적을 도덕적·종교적으로 정당화함 • 근면, 검소, 성실을 강조하며 합리적 이윤 추구를 긍정하여 자본주의 정신의 바탕이 됨

③ 자본주의 전개 과정과 규범적 특징

고전적 자본주의	• 각 개인의 경제적 자율성을 최대한 보장하기 위해 '보이지 않는 손'이라는 시장 경제의 작동 원리의 역할을 강조하면서 국가의 간섭을 최대한 배제하려는 자유방임주의적 경제사상 및 정책 • 사회 전체의 부를 증진하는 최선의 방법은 개인이 자신의 이익을 자유롭게 추구하는 데 있다고 봄 • 대표 사상가: 애덤 스미스
수정 자본주의	• 시장 경제에서 '보이지 않는 손'이 제대로 기능하지 않아 효율적인 자원 배분이나 공정한 소득 분배를 이루지 못하는 시장 실패라는 문제가 등장하자 이를 보완하기 위해 정부가 적극적으로 나서야 한다고 주장하며 등장함 • 불황과 실업 등의 문제를 해결하기 위해 정부가 다양한 정책 및 규제를 통해 적극적으로 시장에 개입해야 한다고 봄 • 대표 사상가: 케인스
신자유주의	• 시장에 대한 정부의 개입이 정부의 거대화에 따른 비효율성이나 정부의 부패를 초래하여 효율적인 자원 배분을 저해하는 정부 실패라는 문제가 나타나자 이에 대한 반성의 결과 1980년대를 전후로 시장 경제의 효율성을 강조하며 등장함 • 정부의 시장 개입에 반대하며 정부 기능을 축소하고 개인의 자유와 시장 경제를 확대할 것을 요구함 • 고전적 자본주의에서 발생했던 시장 실패와 같은 부작용이 다시 초래될 수 있음 • 대표 사상가: 하이에크

◉ 보이지 않는 손

수요와 공급을 조절하는 시장의 가격 조절 기능. 스미스는 '보이지 않는 손'의 작용이 사익(개인의 이익)과 공익(사회 전체의 이익)을 일치시킴으로써 시장의 질서가 자연스럽게 조화를 이룬다고 보았음

개념 체크

1. (   )은/는 직업을 신의 소명으로 보고 직업적 성공에 따른 자본의 축적을 도덕적·종교적으로 정당화할 수 있다고 보았다.

2. 고전적 자본주의를 대표하는 스미스는 시장 경제의 작동 원리로 '(   )'의 역할을 강조하면서 시장에 대한 국가의 간섭에 반대하였다.

3. 하이에크로 대표되는 (   )은/는 정부 실패를 극복하고 시장의 효율성을 회복하기 위해 정부 기구의 축소, 세금 감면 등을 주장하였다.

정답
1. 칼뱅
2. 보이지 않는 손
3. 신자유주의

📋 자료 플러스 스미스의 고전적 자본주의

우리가 식사를 할 수 있는 것은 정육점 주인, 양조장 주인, 빵집 주인의 자비심 때문이 아니라 자기 자신의 이익에 대한 그들의 관심 때문이다. 우리는 그들의 박애심이 아니라 이기심에 호소하며, 그들에게 우리 자신의 필요가 아니라 그들의 이익만을 이야기한다. — 스미스, "국부론" —

스미스는 자유방임주의의 입장에서 국가의 부를 증진하는 최선의 방법은 개인이 자신의 이익을 자유롭게 추구하도록 내버려 두는 데 있다고 보았으며, 국가의 역할은 국방과 치안, 공공 토목 사업 등 최소한의 영역에 국한되어야 한다고 주장하였다.

용어 설명 (좌측 여백)

✪ 천민자본주의
돈에 집착한 나머지 공정성을 상실하고 독점, 투기, 불로 소득에 대한 집착, 정경 유착 등을 추구하는 타락한 자본주의

✪ 가치 전도 현상
가치의 순서나 위치가 거꾸로 되는 것. 본래적·정신적 가치보다 도구적·물질적 가치를 앞세우며 이에 집착하는 것

✪ 황금만능주의
돈을 가장 소중한 것으로 여겨 돈에 집착하는 사고방식이나 태도

✪ 물신 숭배
상품이나 화폐 따위를 신처럼 숭배하는 일. 마르크스는 상품이 노동의 산물임에도 불구하고 화폐의 형태를 취하게 되면서 독자적인 힘을 지닌 것처럼 여겨져 오히려 신앙 또는 숭배의 대상이 된다며 자본주의 체제를 비판함

자료 플러스 — 수정 자본주의와 신자유주의

• 재무부 관리들이 낡은 병들에 지폐를 가득 채워 폐광에 적당한 깊이로 묻고 탄갱을 지면까지 도시의 쓰레기로 덮은 후 사기업들로 하여금 그 지폐를 다시 파내게 한다면 실업은 사라질 것이다. 또한 그 파급 효과에 의해 사회의 실질 소득과 자본도 크게 늘어날 것이다.   – 케인스, "고용, 이자, 화폐의 일반 이론" –
• 자유주의는 대개의 경우 알려진 방법 중 가장 효율적이라는 이유뿐만 아니라 더 크게는 권력의 강제적이고도 자의적인 간섭 없이도 우리의 행위들이 서로 조정될 수 있는 유일한 방법이기 때문에 경쟁을 우월한 방법으로 간주한다.   – 하이에크, "노예의 길" –

케인스는 공황이나 실업과 같은 문제가 기업의 투자 감소와 국민들의 소비 저하로부터 발생한다고 보고, 정부가 다양한 공공 정책을 펼치면 기업의 투자 불확실성에서 비롯된 문제도 완화되고 국민이 기본적인 실제 구매력을 잃지 않도록 유효 수요도 창출할 수 있다고 주장하였다. 한편 하이에크는 국가가 경제 계획을 통해 시장에 개입하면 전체주의로 향하게 될 것이라고 보고 자유 경쟁이 최대한 효율적으로 작동할 수 있게 하는 것을 국가의 역할이라고 보았다.

(2) 자본주의의 윤리적 기여

개인의 자유와 권리 증진	• 자본주의는 개인의 자유와 권리 보호를 중시하는 경제 체제로서 개인의 경제 활동의 자유와 사적 소유권을 보호하고 증진함 • 개인은 자유롭게 직업을 선택하고 계약을 맺을 수 있으며, 자유로운 생산 활동과 소비 활동을 통해 얻은 결과물을 자유롭게 처분할 수 있는 권리를 지님
개인의 자율성과 창의성 증진	• 모든 거래는 시장에서 자유롭게 이루어지며 무엇을 얼마만큼 생산하고 소비할 것인지는 개인이 자율적으로 판단하고 선택함 • 더 많은 이익을 얻기 위해 서로 경쟁하는 과정에서 개인의 창의성이 발휘됨
경제적 효율성 제고	• 시장에서의 자유 경쟁을 보장하여 경제의 효율성을 높임으로써 경제가 지속적으로 발전하게 됨 • 사람들이 더 많은 이윤을 얻으려고 경제 활동에 온 힘을 다함으로써 생산성이 향상됨

2. 자본주의에 대한 비판과 대안들

(1) 자본주의의 한계와 비판

빈부 격차	• 노동 기회나 소득 분배에서 불평등이 초래됨: 개인 간에는 육체적·정신적 능력의 차이가 있고 교육의 정도에 따라 생산성의 차이가 날 수밖에 없음. 또한 노력과는 무관하게 부의 상속 등과 같은 우연적 요소에 의해 소득 분배가 이루어지기도 함 • 어느 정도의 빈부 격차가 발생하는 것은 자연스러운 현상이나 경제적 불평등이 심화되면 사회가 양극화되어 사회 통합에 어려움이 생기고 공동체 구성원 간의 신뢰가 파괴됨
물질만능주의	• 경제적 이익 창출이라는 목표에 집착할 경우 양심과 인간다움을 보존하고 추구하려는 정신을 상실하게 되고 천민자본주의적 풍조가 만연하게 됨 • 물질적 가치를 지나치게 중시할 경우 물질이 본질적 가치가 되고 인간 존엄성 같은 정신적 가치는 수단으로 전락하는 가치 전도 현상을 낳게 되어 황금만능주의와 물신 숭배로 이어짐
인간 소외	• 이윤을 극대화하기 위한 과도한 노동과 이에 따른 강한 압박감 등이 인간의 마음을 황폐화시키고 인간이 만들어 낸 물질이 인간으로부터 독립하여 인간을 지배하게 되는 인간 소외 현상을 초래하게 됨 • 상품을 인간보다 중요하게 여기고 인간을 상품을 만드는 기계나 부속품처럼 취급하는 현상이 나타남

(2) 자본주의에 대한 대안적 시도

① 마르크스의 사회주의 사상
• 마르크스는 엥겔스와 함께 발표한 '공산당 선언'을 통해 공산주의 혁명을 주장함

개념 체크 (좌측 하단)

1. (   )은/는 개인의 자유와 권리 보호를 중시하는 경제 체제로서 개인의 경제 활동의 자유와 사적 소유권을 보호하고 증진한다.
2. (   )자본주의는 돈에 집착한 나머지 공정성을 상실한 타락한 자본주의를 말한다.
3. 자본주의는 인간이 만들어 낸 물질이 인간으로부터 독립하여 인간을 지배하게 되는 (   ) 현상을 초래하기도 한다.

정답
1. 자본주의
2. 천민
3. 인간 소외

- '자본가와 노동자 사이의 계급 투쟁 → 자본주의 붕괴 → 프롤레타리아 독재 → 계급 없는 공산 사회의 필연적 도래'를 주장함
- 자본주의 사회에서 노동은 자본가에 의해 강제되고 노동자가 생산한 상품은 노동자에게 귀속되지 않음 → 노동자는 노동 과정에서 주체가 될 수 없기 때문에 노동자가 노동을 통해 자신의 본질을 실현하기 어렵다고 주장함
- 자본가의 생산 수단 사유화로 인해 빈부 격차와 같은 문제가 심화된다고 보고 생산 수단을 공유화하여 경제적으로 평등한 계급 없는 공산 사회를 실현할 것을 주장함
- 레닌 주도의 러시아 혁명을 성공으로 이끈 사회주의 운동의 가장 큰 사상적 배경이 됨

자료 플러스 ▌마르크스의 사회주의

> 이 단계에서야(프롤레타리아 혁명을 통해서) 비로소 자아실현은 물질적 생활과 일치하는데, 이는 개인이 총체적 개인으로 발전하는 것과 상응한다. 그리고 그때서야 노동이 자아실현으로 전환되고, 단결한 개인들에 의한 총체적 생산력의 전유와 함께 사적 소유는 종말을 고한다. — 마르크스·엥겔스, "독일 이데올로기" —

마르크스는 인류의 역사를 계급 투쟁의 역사로 설명하고 계급 투쟁을 통해 다음 단계의 사회로 넘어간다고 주장하였다. 마르크스에 의하면 자본주의는 자본가(부르주아)와 노동자(프롤레타리아) 사이의 계급 투쟁으로 붕괴되고 프롤레타리아 독재를 거쳐 계급 없는 사회인 공산 사회가 필연적으로 도래하게 된다.

② 민주 사회주의
- 서구 사회주의자들이 1951년 '사회주의 인터내셔널'을 결성하고 '프랑크푸르트 선언'을 통해 민주 사회주의의 입장을 선포함
- 소련식 사회주의의 급진적 폭력 혁명론을 비판하고 자유로운 의회 활동 중심의 점진적 사회 개혁을 통한 민주적 방법으로 사회주의 이상을 추구할 것을 강조함
- 공유제를 바탕으로 하되, 농업·수공업·소매업·중소 공업 등의 중요한 부문의 사적 소유를 인정함
- 사회 보장 제도의 확대를 주장하여 서구 복지 자본주의 발전에 이바지함

자료 플러스 ▌민주 사회주의

> 사회주의의 달성은 필연적인 것이 아니다. 그것은 모든 신봉자 하나하나의 공헌을 필요로 한다. 전체주의적 방법과 달리 사회주의는 국민들로 하여금 피동적인 역할에 머물게 하지 아니할 뿐만 아니라 반대로 국민들의 철저하고도 적극적인 참여 없이는 성공할 수 없다고 생각한다. 사회주의는 최고 형태의 민주주의이다. — '프랑크푸르트 선언' —

민주 사회주의는 '프랑크푸르트 선언'을 통해 사회주의의 이상을 민주주의적인 수단을 통해 건설할 것을 선포하였다. 이는 급진적인 폭력 혁명을 추구한 마르크스주의와 달리 의회 민주주의의 민주적 절차와 방법에 의해 점진적으로 사회를 개혁하려는 것이었다.

③ 자본주의의 발전을 위한 노력
- 인간의 가치와 존엄성을 존중하고 인간의 품격이 보장되는 사회를 실현해야 함
- 공정한 경쟁을 통해 양심에 어긋나지 않는 경제 행위를 해야 함
- 모든 국민이 실업과 빈곤, 재해와 질병 등으로부터 보호받을 수 있도록 사회 안전망을 강화하는 등 경제적 불평등으로 인한 부작용을 최소화할 수 있는 정책과 제도를 실시해야 함

❖ 사회주의 인터내셔널
1951년 민주 사회주의를 표방하는 각국 정당들이 모여 만든 국제 조직으로, 민주적 과정을 통해 사회주의를 건설하고자 함

개념 체크
1. 마르크스주의는 자본가와 노동자 사이의 계급 투쟁 단계를 지나 자본주의가 붕괴되고 ( ) 독재를 거쳐 공산 사회가 도래한다고 보았다.
2. ( )은/는 마르크스주의를 비판하고 의회 활동 중심의 점진적 사회 개혁을 통해 사회주의를 실현하고자 하였다.
3. 민주 사회주의는 ( )을/를 바탕으로 하되, 농업·수공업·소매업·중소 공업 등의 중요한 부문의 사적 소유를 인정하였다.

정답 ──────
1. 프롤레타리아
2. 민주 사회주의
3. 공유제

[24014-0211]

01 다음을 주장한 사회사상가의 입장으로 가장 적절한 것은?

정부가 존속하는 경우에는 언제나 입법부가 최고의 권력이다. 왜냐하면 다른 사람을 상대로 법률을 만드는 자가 다른 사람보다 우월한 것이 당연하기 때문이다. 입법부는 사회의 모든 부분들 및 구성원들을 위해서 법률을 제정하고, 그들의 행동을 규제하는 규칙을 제정하며, 그것이 위반되는 경우 집행권을 부여하는 권리를 가지고 있다.

① 시민은 그들이 위임한 신탁을 위반한 정치권력에 저항할 수 없다.
② 정부는 평등하고 독립적인 사람들 상호 간의 합의에 의해 성립된다.
③ 정부는 시민이 자연법의 집행권을 포기하지 않고도 구성될 수 있다.
④ 정부는 시민의 재산 보호를 위해 권력을 자의적으로 행사할 수 있다.
⑤ 시민의 자유는 정치권력의 분립이 아니라 집중을 통해 실현될 수 있다.

[24014-0212]

02 다음을 주장한 사회사상가의 입장으로 적절한 것만을 〈보기〉에서 고른 것은?

시민 불복종을 정당화함에 있어서 우리는 어떤 개인적인 도덕 원칙이나 혹은 종교적 교설이 우리의 주장에 일치하고 이를 지지해 준다고 해서 그것에 의거해서는 안 된다. 그리고 시민 불복종의 근거가 오직 개인이나 집단의 이익에만 기초할 수 없다는 것은 말할 필요도 없다. 그 대신 우리는 정치적인 질서의 바탕에 깔려 있는 공유하고 있는 정의관에 의거하게 된다.

● 보기 ●
ㄱ. 시민 불복종은 개인의 양심에만 근거해야 한다.
ㄴ. 시민 불복종은 위법 행위지만 정의로운 행위이다.
ㄷ. 시민 불복종은 합법적 방법보다 먼저 시행될 수 있다.
ㄹ. 시민 불복종은 법에 대한 충실성의 한계 내에서 시행되어야 한다.

① ㄱ, ㄴ　② ㄱ, ㄷ　③ ㄴ, ㄷ　④ ㄴ, ㄹ　⑤ ㄷ, ㄹ

[24014-0213]

03 다음을 주장한 사회사상가의 입장으로 적절하지 <u>않은</u> 것은?

민주주의는 '국민'과 '통치'라는 단어가 갖는 분명한 의미가 무엇이건 간에 국민이 실제로 통치한다는 것을 의미하지도 않고 또 의미할 수도 없다. 민주주의는 국민이 자신들을 통치할 사람들을 받아들이거나 거부할 기회를 갖는다는 것을 의미할 뿐이다.

① 시민은 엘리트보다 비합리적인 충동에 빠지는 경향이 있다.
② 시민은 정치 지도자를 선출하는 투표자의 역할만을 해야 한다.
③ 시민의 직접적인 정치 참여를 보장하는 것이 민주주의의 본질이다.
④ 민주주의 체제에서 시민은 국가를 통치할 정부를 스스로 선택할 수 있다.
⑤ 정치권력을 획득하기 위한 경쟁의 기회는 모두에게 공평하게 주어져야 한다.

[24014-0214]

04 다음을 주장한 고대 사상가의 입장으로 적절한 것만을 〈보기〉에서 있는 대로 고른 것은?

우리의 정치 체제는 민주주의라고 불린다. 왜냐하면 권력이 소수의 손에 있는 것이 아니라 전체 인민의 손에 있기 때문이다. 사적인 분쟁을 수습해야 하는 문제가 있을 때 모든 사람은 법 앞에 평등하다. 국가에 기여할 수 있는 능력을 가지고 있는 한 어느 누구도 빈곤하다는 이유로 정치적으로 무시되지 않는다.

● 보기 ●
ㄱ. 모든 공직은 투표를 통해 시민들에게 부여된다.
ㄴ. 시민은 누구나 정치 공동체 운영에 참여할 수 있다.
ㄷ. 시민들 간의 토론을 통해 민주적 의사 결정에 도달할 수 있다.
ㄹ. 정치 공동체는 시민이 아니라 철학자에 의해 지배되어야 한다.

① ㄱ, ㄷ　② ㄱ, ㄹ　③ ㄴ, ㄷ　④ ㄱ, ㄴ, ㄹ　⑤ ㄴ, ㄷ, ㄹ

[24014-0215]

05 다음을 주장한 사상가의 입장으로 가장 적절한 것은?

> 프로테스탄트의 현세적 금욕주의는 한편으로는 재산을 절제함이 없이 사용해서 향락을 누리는 것에 대항해 싸웠고 재화의 소비를 억제했으며 특히 사치스러운 소비를 금지했다. 반면에, 다른 한편으로는 이윤 추구를 합법화하고, 더 나아가 이윤 추구 활동을 신의 뜻으로 규정함으로써, 영리를 추구하고 재화를 획득하는 것에 장애가 되었던 전통주의적인 경제 윤리의 속박들을 분쇄하는 심리적 효과를 사람들에게 가져다주었다.

① 프로테스탄트는 부자들은 자신의 부를 과시하기 위해 소비해야 한다고 보았다.
② 프로테스탄트는 부의 획득은 합법적이지만 종교적으로 정당하지 않다고 보았다.
③ 프로테스탄트는 경제적 부를 취득하기 위한 노동이 정당화될 수 있다고 보았다.
④ 프로테스탄트는 재화가 불평등하게 분배되는 것은 신의 뜻에 어긋난다고 보았다.
⑤ 프로테스탄트는 부의 소유는 수단이 아닌 그 자체로 목적이 되어야 한다고 보았다.

[24014-0216]

06 그림의 강연자가 지지할 입장으로 적절하지 **않은** 것은?

> 인간은 늘 다른 사람으로부터 도움을 받아야 합니다. 그러나 남들의 자비심에만 의존하는 것은 헛된 일입니다. 우리가 식사를 할 수 있는 것은 정육점 주인, 양조장 주인, 빵집 주인의 자비심 때문이 아니라 자기 자신의 이익에 대한 그들의 관심 때문입니다. 우리는 그들의 박애심이 아니라 이기심에 호소하며, 그들에게 우리 자신의 필요가 아니라, 그들의 이익만을 이야기해야 합니다.

① 시장에서 각 개인의 이윤 추구는 언제나 정당하다.
② 시장에 대한 국가의 간섭은 국부의 증진을 저해한다.
③ 시장에서 수요와 공급은 보이지 않는 손에 의해 조절된다.
④ 시장에서 개인의 경제적 자율성은 최대로 보장되어야 한다.
⑤ 사회의 이익은 각 개인이 자신의 이익을 추구할 때 달성될 수 있다.

[24014-0217]

07 다음을 주장한 사회사상가의 입장만을 〈보기〉에서 있는 대로 고른 것은?

> 재무부가 낡은 병들에 지폐를 가득 채우고 그 병들을 폐탄광에 적당한 깊이로 묻은 뒤 그 위를 지표면에 이르기까지 도시의 쓰레기로 덮은 다음에 사적 기업으로 하여금 그 지폐를 다시 파내는 일을 하게 한다면 더 이상 실업이 존재해야 할 이유가 없고, 그 파급 영향 덕분에 공동체의 실질 소득은 물론이고 공동체의 재산도 아마 기존의 실제 수준보다 훨씬 더 커질 것이다.

● 보기 ●
ㄱ. '보이지 않는 손'은 항상 효율적으로 자원을 배분한다.
ㄴ. 개인의 자유로운 이익 추구는 허용되어서는 안 된다.
ㄷ. 유효 수요의 부족으로 인해 실업과 같은 경제 문제가 발생한다.
ㄹ. 시장 실패를 해결하기 위해 정부가 재정 지출을 확대해야 한다.

① ㄱ, ㄴ ② ㄱ, ㄹ ③ ㄷ, ㄹ
④ ㄱ, ㄴ, ㄷ ⑤ ㄴ, ㄷ, ㄹ

[24014-0218]

08 다음을 주장한 사회사상가의 입장으로 가장 적절한 것은?

> 본래 정치적 권력은 다른 계급을 억압하기 위한, 계급의 조직된 힘을 의미한다. 프롤레타리아 계급이 부르주아 계급에 대항하는 투쟁 속에서 필연적으로 단결하고, 혁명을 통해 스스로 지배 계급이 되며, 지배 계급으로서 낡은 생산관계들을 폭력적으로 폐지하게 된다면, 프롤레타리아 계급은 이 생산관계들과 함께 계급 대립의 존립 조건들과 계급을 폐지하게 될 것이며, 그렇게 함으로써 자기 자신이 계급으로서 지배하는 것도 폐지하게 될 것이다.

① 모든 계급이 연대하여 공산 사회를 실현해야 한다.
② 생산 수단에 대한 사적 소유는 완전히 철폐되어야 한다.
③ 사회 변혁은 의회 중심의 점진적 개혁을 통해 가능하다.
④ 노동자의 이익을 보장하기 위해 국가는 영속되어야 한다.
⑤ 노동 소외 문제는 자본주의적 분업을 통해 해결해야 한다.

[24014-0219]

1 (가)의 사회사상가 갑, 을의 입장을 (나) 그림으로 탐구할 때, A~C에 들어갈 질문으로 옳은 것은?

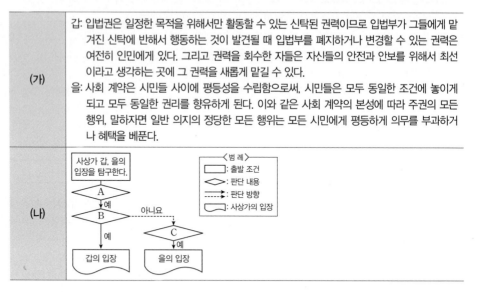

| (가) | 갑: 입법권은 일정한 목적을 위해서만 활동할 수 있는 신탁된 권력이므로 입법부가 그들에게 맡겨진 신탁에 반해서 행동하는 것이 발견될 때 입법부를 폐지하거나 변경할 수 있는 권력은 여전히 인민에게 있다. 그리고 권력을 회수한 자들은 자신들의 안전과 안보를 위해서 최선이라고 생각하는 곳에 그 권력을 새롭게 맡길 수 있다.
 을: 사회 계약은 시민들 사이에 평등성을 수립함으로써, 시민들은 모두 동일한 조건에 놓이게 되고 모두 동일한 권리를 향유하게 된다. 이와 같은 사회 계약의 본성에 따라 주권의 모든 행위, 말하자면 일반 의지의 정당한 모든 행위는 모든 시민에게 평등하게 의무를 부과하거나 혜택을 베푼다. |

① A: 입법권은 오직 국민에게만 속하며 대표될 수 없는 것인가?
② A: 국가는 구성원의 생명과 자유를 보장하기 위해 만들어졌는가?
③ B: 정부 형태는 일반 의지에 의해 통치되는 공화정이어야 하는가?
④ B: 한 개인이 모든 권력을 소유하는 국가 형태는 시민 사회와 양립 가능한가?
⑤ C: 시민은 대표자를 선출함으로써 시민으로서의 존재 의미를 가질 수 있는가?

[24014-0220]

2 다음을 주장한 사회사상가의 입장에만 모두 'V'를 표시한 학생은?

> 시민들이 정치적 문제들과 관련된 심의를 할 때, 그들은 의견을 교환하고 자신의 지지 근거들을 토론한다. 이들은 자신들의 정치적 의견이 다른 시민들과의 토론을 통해 수정될 수 있음을 가정한다. 따라서 이러한 의견들은 단순히 자신들이 가지고 있는 사적 또는 비정치적 이익에 입각한 고정된 결과가 아니다. 이 지점에서 공적 이성은 아주 결정적이다. 왜냐하면 공적 이성이 시민들의 헌법적 본질과 기본적 정의와 관련된 사고를 특징짓기 때문이다.

입장 \ 학생	갑	을	병	정	무
시민들은 공적 심의를 통해 합리적인 정치 사회를 실현할 수 있다.	V			V	V
시민들은 공적 심의를 통해 공동체의 공통된 선을 형성할 수 있다.	V	V		V	
시민들은 전문가 및 대표자와 함께 공적 심의 과정에 참여할 수 있다.			V	V	V
시민들이 헌법적 가치에 대해 심의할 때 공적 이성의 발휘는 불필요하다.		V	V		V

① 갑   ② 을   ③ 병   ④ 정   ⑤ 무

[24014-0221]

3 사회사상가 갑, 을의 입장으로 적절하지 **않은** 것은?

> 갑: 우리는 거의 정의로운 사회에서는 정의의 원칙들이 자유롭고 평등한 인간들 간의 자발적인
> 협동의 기본 조항으로서 공공적으로 인정되고 있다고 생각한다. 시민 불복종은 다수자의
> 정의감에 호소하여 자유로운 협동의 조건이 침해되었다는 것을 정당하게 알리는 것이다.
> 을: 합리적 의사소통 절차를 거치지 않고 성립된 법에 대한 시민 불복종은 정당화된다. 이러한
> 시민 불복종은 정당성과 합법성 사이에 위치해야 한다. 합법성이 모든 행위의 정당성을 보
> 장해 주지 못하는 법치 국가의 경우 정당성을 추구하는 시민 불복종 행위자가 합법성의 결
> 정권을 가지게 된다.

① 갑: 시민 불복종은 입헌 체제를 유지하는 데 기여하는 공공적 행위이다.
② 갑: 시민 불복종은 항의의 대상이 아닌 다른 법을 위반하는 행위일 수 있다.
③ 을: 시민 불복종은 법에 대한 절대적 복종을 바탕으로 시행되는 행위이다.
④ 을: 시민 불복종은 건전한 법치 국가에서 헌법 원칙을 근거로 행해져야 한다.
⑤ 갑과 을: 시민 불복종은 최후의 수단이며 비폭력적 방식으로 행해져야 한다.

[24014-0222]

4 그림의 강연자가 지지할 입장만을 〈보기〉에서 있는 대로 고른 것은?

> 국민의 역할은 직접 혹은 중간 단체를 통하여 정부를
> 탄생시키는 것입니다. 민주적 방법은 정치적 결정들에
> 도달하기 위한 제도적 장치인데, 이 장치 안에서 정치
> 엘리트들은 국민의 투표를 획득하기 위해서 경쟁적으
> 로 투쟁함으로써 결정권을 획득하게 됩니다. 국민들은
> 통상적으로 자신들의 정치 지도자들에 대해서 그의 재
> 선을 거부하거나 이들을 지지하는 의회의 다수당의 재
> 선을 거부하는 방법 이외에는 자신들의 정치 지도자들
> 을 통제할 수 없습니다.

● 보기 ●
ㄱ. 국민은 투표로 선출된 엘리트들의 모든 정치적 행위를 통제할 수 있다.
ㄴ. 민주주의는 국민에 의해 승인된 정치 엘리트에 의한 통치로 구현된다.
ㄷ. 엘리트는 민주적 정치 과정을 통해 국민을 이끌고 국민의 의지를 형성한다.
ㄹ. 훌륭한 자질의 정치가들을 뽑는 것은 민주주의가 성공하기 위한 조건이다.

① ㄱ, ㄴ   ② ㄱ, ㄷ   ③ ㄴ, ㄹ
④ ㄱ, ㄷ, ㄹ   ⑤ ㄴ, ㄷ, ㄹ

[24014-0223]

5 (가)의 사회사상가 갑, 을, 병의 입장에서 서로에게 제기할 수 있는 비판을 (나) 그림으로 표현할 때, A~F에 해당하는 내용으로 가장 적절한 것은?

(가)	갑: 한 사회의 구성원 개개인이 최선을 다해 자기 이익을 최대로 증대시키는 데에 자신의 자본을 사용한다면, 그는 자신이 전혀 의도하지 않았음에도 불구하고 보이지 않는 손에 이끌려 자신이 소속되어 있는 사회의 부를 증진하게 된다. 을: 이자율을 겨냥한 금융 정책은 적정 수준의 투자율 달성에 결정적인 영향을 미칠 것으로 보인다. 따라서 나는 포괄적인 투자의 사회화야말로 완전 고용에 가까운 상태를 달성할 유일한 수단이라고 믿고 있다. 병: 사적 소유는 개인의 산업 경영 및 경쟁과 분리할 수 없다. 따라서 사적 소유는 폐지되어야 하며, 대신 모든 생산 수단의 공동 이용, 그리고 공동 합의 또는 이른바 공유 재산제에 따라 모든 생산품의 분배가 실행될 것이다.
(나)	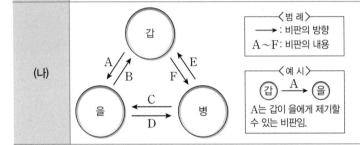

① A: 분배의 불평등 해소를 위해 시장에 대한 국가의 개입이 필요함을 간과한다.
② B: 개인이 시장에서 자신의 이익을 자유롭게 추구하도록 두어야 함을 간과한다.
③ C와 E: 자본주의는 계급 투쟁으로 인해 필연적으로 붕괴될 수밖에 없음을 간과한다.
④ D: 공장제 수공업이 노동자의 모든 생산적인 능력과 소질을 억압함을 간과한다.
⑤ F: 계획 경제 체제가 국가의 부를 증진하기 위한 효율적인 체계임을 간과한다.

[24014-0224]

6 (가), (나)의 입장에 대한 적절한 설명만을 〈보기〉에서 있는 대로 고른 것은?

(가) 참여는 민주주의를 민주주의로 유지하게 하며, 시민을 시민으로서 바로 서게 하는 중요한 기제이다. 참여를 통해서 자유와 평등은 그 모습을 세상에 드러내고, 법과 질서는 탈선하지 않고 제 궤도를 찾아 움직이게 된다.
(나) 민주주의는 전제되거나 선험적으로 제시되는 모든 가치를 논의할 수 있어야 하고, 심의의 과정과 결과를 모두 규제할 수 있는 조정 원칙이 필요하며, 이 조정 원칙 자체도 심의의 대상이어야 한다.

● 보기 ●
ㄱ. (가)는 시민의 역할은 정부의 정책 결정에 자발적으로 참여하는 것이라고 본다.
ㄴ. (나)는 시민들이 사회 문제에 대해 공적으로 논의하는 과정이 중요하다고 본다.
ㄷ. (가)는 (나)와 달리 대의 민주주의의 한계를 보완하는 역할이 필요하다고 본다.
ㄹ. (가)와 (나)는 '국민에 의한 지배'의 실현이 민주주의가 추구하는 이상이라고 본다.

① ㄱ, ㄴ   ② ㄴ, ㄷ   ③ ㄷ, ㄹ
④ ㄱ, ㄴ, ㄹ   ⑤ ㄱ, ㄷ, ㄹ

[7~8] 갑, 을은 사회사상가들이다. 물음에 답하시오.

> 갑: 완전 고용을 확보하는 데 필요한 중앙 통제는 정부의 전통적인 기능이 대폭 확장되는 현상을 수
> 반할 것이다. 그러나 사적인 주도와 책임성이 발휘될 수 있는 영역도 여전히 폭넓게 남아 있을 것
> 이다. 이러한 영역에서는 개인주의의 전통적인 이점이 여전히 효력이 있다.
> 을: 사회적 조직의 원칙으로 경쟁을 성공적으로 활용하기 위해서는 경제 활동에 대한 특정한 유형의
> 강제적 간섭을 배제해야 하지만, 경쟁의 작동을 도와줄 수 있는 다른 유형의 간섭은 인정될 수 있
> 으며, 심지어 특정한 종류의 정부 행동도 허용될 수 있다. 따라서 계획과 경쟁은 '경쟁에 반하는
> 계획'이 아니라 '경쟁을 위한 계획'이라는 형태로만 결합될 수 있다.

[24014-0225]

7 갑, 을의 입장을 다음 그림으로 표현할 때, A~C에 해당하는 진술로 가장 적절한 것은?

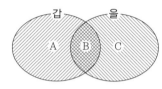

〈범 례〉
A: 갑만의 입장
B: 갑, 을의 공통 입장
C: 을만의 입장

① A: 개인의 이익과 사회의 이익은 시장에서 저절로 조화를 이룬다.
② B: 정부는 세금을 확대하여 사회 보장 제도를 강화해야 한다.
③ B: 정부는 시장에서 개인의 자유로운 이익 추구를 허용해야 한다.
④ C: 정부의 개입 없이는 시장이 저절로 균형을 이루기 어렵다.
⑤ C: 정부의 선한 의도의 개입은 필연적으로 선한 결과를 낳는다.

[24014-0226]

8 다음을 주장한 사상가가 갑에게 제기할 비판으로 가장 적절한 것은?

> 개인은 자신의 이익을 추구함으로써 흔히 그가 실제로 사회적 이익을 촉진할 것을 할 때보다
> 오히려 더 효과적으로 그것을 증진한다. 모든 개인은 자기의 국한된 입장에서 자기의 자본이
> 사용될 수 있는 국내 산업의 종류는 어떤 것이며, 또 어떤 생산물의 가치가 최대의 것이 될 것
> 같은지를 어떤 정치나 입법자가 그를 위해서 해 줄 수 있는 것보다 훨씬 더 잘 판단할 수 있
> 다는 것은 명백하다.

① 시장에서 개인의 경제적 자율성이 보장되어야 함을 간과한다.
② 시장의 가격 조절 기능을 전적으로 신뢰해야 함을 간과한다.
③ 정부는 완전 고용을 달성하기 위해 시장에 개입해야 함을 간과한다.
④ 정부는 시민이 구매력을 잃지 않도록 투자 계획을 세워야 함을 간과한다.
⑤ 시장 경제와 계획 경제의 조화를 통해 국가의 부를 증진해야 함을 간과한다.

[24014-0227]

9 그림은 서술형 평가 문제와 학생 답안이다. 학생 답안의 ㉠~㉢ 중 옳지 <u>않은</u> 것은?

서술형 평가

◎ 문제 : 현대 사회사상가 갑, 을의 입장을 비교하여 설명하시오.

갑 : 계획은 비효율적이고 퇴행적일 뿐만 아니라 자유를 파괴하고 결국 사람들을 노예의 길로 이끄는 치명적 오만이다. 시장에 대한 통제는 아무리 부분적인 것이더라도 개인의 자유를 억압함으로써 결국에는 전체주의로 나아가게 된다.

을 : 전체주의적 방법과는 달리 사회주의는 국민들로 하여금 수동적인 역할을 받아들이게 하려고 하지 않을 뿐만 아니라, 국민들의 철저하고도 적극적인 참여 없이는 성공할 수 없다고 생각한다. 사회주의는 민주주의의 최고 형태이다.

◎ 학생 답안

갑, 을의 입장을 비교해 보면, 갑은 ㉠ <u>자유 경쟁 체제가 가장 효율적이고 자유를 보장하는 유일한 체제라고 보았으며,</u> ㉡ <u>효율적 자원 배분은 자유로운 경쟁이 일어나는 자생적 시장 질서에서 이루어질 수 있다고 보았다.</u> 을은 ㉢ <u>국가는 사회주의적 계획화를 통해 완전 고용에 힘써야 한다고 보았으며,</u> ㉣ <u>이러한 계획 경제는 모든 생산 수단의 공유화를 전제로 이루어져야 한다고 보았다.</u> 한편 갑, 을은 모두 ㉤ <u>자유 경쟁을 통해 얻은 이익을 사적으로 소유할 수 있다고 보았다.</u>

① ㉠   ② ㉡   ③ ㉢   ④ ㉣   ⑤ ㉤

[24014-0228]

10 다음을 주장한 사회사상가가 긍정의 대답을 할 질문으로 가장 적절한 것은?

진정한 매뉴팩처는 이전에는 독립적이었던 노동자를 자본의 지휘와 규율에 복종시킬 뿐만 아니라, 노동자 자신들 사이에 등급적 계층을 만들어 낸다. 단순 협업은 개개인들의 노동 방식을 대체로 변경시키지 않지만, 매뉴팩처는 그것을 철저히 변혁시키며 개별 노동력을 완전히 장악한다. 매뉴팩처는 노동자의 일체의 생산적인 능력과 소질을 억압하면서 특수한 기능만을 촉진함으로써 노동자를 기형적인 불구로 만든다.

① 이상 사회를 실현하기 위해 자본주의적 사적 소유를 인정해야 하는가?
② 경제적 불평등은 민주적 절차와 방식을 통해 점진적으로 해소해야 하는가?
③ 모두의 자유로운 발전이 보장되는 공산 사회에서도 계급 대립은 존재하는가?
④ 이상 사회에서 국가는 계획 경제 실현을 위해 적극적인 역할을 수행해야 하는가?
⑤ 자본가에 의한 노동자 착취가 일어나는 사회를 혁명을 통해 붕괴시켜야 하는가?

15 평화 사상과 세계 시민 윤리

1. 동서양의 평화 사상

(1) 동양의 평화 사상

① 유교

- 인간의 도덕적 타락이 갈등의 원인이므로 갈등을 해소하고 평화를 이루기 위해서는 각자가 도덕성을 회복하여 인(仁)과 의(義)를 실현해야 함
- 통치자는 인과 의를 바탕으로 덕치(德治)와 인정(仁政)을 펼쳐야 함
- 인간관계를 바탕으로 하는 평화로운 세상을 위해 수기이안백성(修己以安百姓), 수제치평(修齊治平)을 제시함
- 도덕성을 기반으로 모든 사람이 함께 조화롭게 어울려 사는 대동 사회를 유교적 이상으로 봄

② 묵자

- 유교에서 강조하는 인(仁)은 존비친소를 구분해서 실천하는 차별적 사랑으로 사회 혼란을 초래한다고 봄
- 천하의 혼란을 막기 위해 모든 사람을 똑같이 사랑해야 한다는 겸애(兼愛)를 주장함
- 보편적 인류애를 강조하며 타국을 정복하거나 침략하기 위한 전쟁을 반대하는 비공(非攻)을 주장함
- 통치자는 천하의 이익을 일으키고 해악을 제거해야 하므로 침략 전쟁은 정의롭지 못함
- 자기 나라를 이롭게 하기 위해 다른 나라를 해치는 침략 전쟁은 정의롭지 못함
- 전쟁은 침략하는 나라와 침략당하는 나라 모두에게 정치적 혼란과 경제적 손실을 초래하므로 정의롭지 못함
- 전쟁은 무수한 인명 피해를 초래해 국가 쇠망의 원인이 될 수 있으므로 정의롭지 못함

> **자료 플러스** · **묵자의 평화 사상**
>
> 서로 믿음으로써 사귀고, 큰 나라가 작은 나라를 공격하면 곧 함께 그를 구해 주고, 작은 나라의 성곽이 온전치 않으면 반드시 그것을 수리해 줄 것이며, 옷감이나 곡식이 모자라면 그것을 보내 주고, 예물용 폐백이 부족하면 그것을 공급해 줄 것이다.
> – "묵자" –
>
> 묵자는 모든 사람들을 똑같이 사랑해야 한다는 겸애를 주장하면서, 서로 차별 없이 사랑하고 이로움을 나누면[兼愛交利(겸애교리)] 전쟁과 같은 불의한 상황이 발생하지 않을 것이라고 보았다. 즉 이웃을 자기 몸같이 사랑하고, 남의 가문을 자기 가문처럼 생각하며, 남의 나라를 자기 나라처럼 생각한다면 전쟁은 있을 수 없다는 것이다.

③ 불교

- 평화 실현을 위해서는 도덕적 수행이 중요함. 연기(緣起)의 법을 깨달아 마음속의 탐(貪), 진(瞋), 치(癡)를 제거하여 깨달음에 이를 것을 강조함
- 모든 생명체가 평등한 가치를 지니고 상호 의존적이라는 연기에 대한 자각은 자비로 이어짐
- 인간뿐만 아니라 모든 생명체에 대하여 비폭력을 주장하는 생명 존중의 평화 사상으로 발전함

수기이안백성
정치에 대한 공자의 기본 사상으로 자신을 수양하고 덕행을 베풀어 모든 사람의 삶을 안정되고 평온하게 해 주어야 한다는 뜻

수제치평
유교에서는 윤리적 실천의 단계를 자신으로부터 시작하여 가정, 사회, 국가로 확대하였으며, 수제치평은 수신(修身), 제가(齊家), 치국(治國), 평천하(平天下)를 뜻함

탐·진·치
열반에 이르는 데 장애가 되는 것으로 삼독(三毒)이라고 함. 탐욕, 성냄, 어리석음을 의미함

개념 체크

1. ( )은/는 인간관계를 바탕으로 하는 평화로운 세상을 위해 수기이안백성, 수제치평을 강조한다.

2. 묵자는 보편적 인류애를 강조하며 타국을 정복하거나 침략하기 위한 전쟁을 반대하는 ( )을/를 주장하였다.

3. ( )은/는 평화 실현을 위해서 마음속의 탐, 진, 치 제거와 모든 생명체가 상호 의존적이라는 연기에 대한 자각을 강조한다.

정답
1. 유교
2. 비공
3. 불교

④ 도가
- 무위의 다스림이 이루어지며 나라의 규모가 작고 백성이 자급자족할 때 평화를 이룰 수 있음
- 소국 과민(小國寡民)의 평화로운 사회에서는 많은 도구가 있어도 쓸 일이 없고, 배와 수레가 있어도 탈 일이 없으며 주변국과 교류나 무역이 불필요함

⑤ 간디
- 비폭력(아힘사)의 윤리를 바탕으로 생명을 보존하고 살생을 금지해야 함
- 인간은 쉽게 폭력에 휩쓸릴 수 있는 무기력한 존재이므로 폭력에서 벗어나기 위해 동정심을 행위 원칙으로 삼고 자제력을 키워야 하며, 적에게도 자비를 베풀며 복수심을 가져서도 안 됨

> ### 자료 플러스   간디의 평화 사상
>
> 내가 아무리 성실하게 비폭력 실천을 위해 노력해 왔다 해도, 그것은 아직 불완전하고 불충분하다. 그러므로 내가 잠깐 볼 수 있었던 잠시 동안의 진실로는, 도저히 말로 표현할 수 없는 진실의 광채를 도저히 짐작할 수 없다. 그것은 우리가 매일 눈으로 보는 태양의 빛보다 백만 배나 더 강렬하다. 사실 내가 감지하는 것은 오로지 그 거대한 광휘의 가장 약한 순간일 뿐이다. 그러나 나의 모든 실험의 결과로서, 진실의 완전한 비전은 비폭력의 완전한 실현 이후에나 나타난다고 분명히 말할 수 있다.   – 간디, "간디 자서전: 나의 진실 추구 이야기" –
>
> 간디는 인간은 폭력의 소용돌이 속에 있는 무기력하고 유한한 존재이지만, 비폭력을 숭배하고, 동정심을 모든 행위의 원천으로 삼아 작은 생물의 살생도 피하고, 그것을 구하려 함으로써 폭력의 소용돌이에서 벗어나려 애써야 한다고 가르쳤다. 그는 인간은 자제력과 동정심을 통해 끊임없이 성장하는 존재라고 보았으며, 아힘사의 정신을 비협력, 단식, 시민 불복종 등의 방식으로 실천하였다.

(2) 서양의 평화 사상

① 에라스뮈스
- 불화와 갈등의 근본 원인은 인간의 탐욕과 야망임
- 전쟁은 평화를 추구하는 종교 정신에 위배되고, 전쟁에서는 악인만이 아니라 무고한 다수가 혹독한 재앙에 휘말리게 되므로 도덕적으로도 옳지 않음
- 전쟁을 위한 무기 구매, 용병의 모집에 드는 비용, 전쟁에 의한 파괴와 통상의 단절 등에 따라 발생하는 경제적 손실을 고려하면, 평화를 달성하는 비용이 훨씬 적음

> ### 자료 플러스   에라스뮈스의 평화 사상
>
> 당신이 어떻게 한 손에 구원의 상징을 들고서, 당신의 형제를 죽이기 위해 서둘러 달려갈 수 있는가? 당신이 십자가의 이름으로 죽이려는 그 누군가가 사실은 십자가로 구원받은 사람이다. 설상가상으로 어떻게 여러분이 거룩한 성만찬*의 신비에 참여하고서 곧바로 전쟁터로 달려가 잔인한 칼로 여러분 형제들을 찌를 수 있단 말인가? 성만찬은 모두가 존엄하게 지켜야 할 그리스도인들 사이의 긴밀한 연합의 특별한 상징임에도 불구하고 말이다.   – 에라스뮈스, "평화의 탄식" –
> *성만찬: 예수가 십자가에 못 박히던 전날 밤에 열두 제자에게 그의 살과 피를 상징하는 빵과 포도주를 나누어 준 것을 기념하기 위하여 행하는 의식
>
> 르네상스 시기의 학자인 에라스뮈스는 전쟁은 인간을 육체적·정신적·물질적으로 희생시킬 뿐만 아니라 사회 전체의 질서를 혼란하게 만들기 때문에 반드시 피해야 한다고 주장하였다. 반면, 평화는 인간 상호 간의 우애로 모든 선의 근원이라고 말하였다.

✿ 아힘사(ahimsā)
힌디어로, 이 세상 모든 것이 그러하듯 정상적인 존재에 끊임없이 따르는 파괴와 고통을 의미하는 '힘사'에 대비되는 말. 힌두교와 불교, 자이나교 등에서 불살생·비폭력을 의미하는 기본 덕목으로 여겨지고 있음

개념 체크

1. 도가(노자)는 (   )의 다스림 속에서 나라의 규모가 작고 백성들이 자급자족할 때 평화가 이루어진다고 보았다.

2. 간디는 비폭력을 의미하는 (   )의 윤리를 바탕으로 생명을 존중하고 살생을 금지해야 한다고 보았다.

3. (   )은/는 전쟁은 평화를 추구하는 종교 정신에 위배될 뿐만 아니라 죄 없는 다수가 재앙에 휘말리는 것이므로 도덕적으로도 옳지 않다고 보았다.

정답
1. 무위
2. 아힘사
3. 에라스뮈스

② 생피에르

- 평화를 실현하기 위해 종교나 도덕성보다는 인간의 이기심과 합리적 이성을 따라야 함
- 전쟁이란 인간의 이기심이 대립하면서 시작되기 때문에 평화적 해결책이 없어 무력으로 호소할 수밖에 없는 상태임
- 공리적 관점에 근거하여 전쟁에 따르는 불이익과 평화에 따르는 이익을 제시하면 군주 스스로 평화를 지향할 수 있고 군주들의 연합을 만들면 항구적 평화를 실현할 수 있다고 봄
- 군주들 연합에서 각국은 주권과 영토권을 보장받으며, 국가 간의 분쟁이 발생할 때 국가 대표로 구성된 상설 기구를 통해 평화롭게 해결해야 함

③ 칸트

- 전쟁은 인간을 국가적 이해관계를 실현하기 위한 수단으로만 대우하는 것이므로 도덕적으로 정당화될 수 없음
- 이성을 지닌 인간이라면 누구나 평화를 원하며, 평화를 이루어 내야 할 의무가 있음
- 평화를 실현하기 위해 이성의 명령에 따라 인간 존엄성을 인식하고 도덕적 의무를 이행해야 함
- 영구 평화론: 전쟁을 예방하고 국가 간의 영구 평화를 보장하기 위해 국제 연맹의 창설과 세계 시민법의 조건 등을 담은 확정 조항을 제시

제1의 확정 조항 모든 국가의 시민적 정치 체제는 공화정이어야 한다.	칸트는 국민의 자유와 평등을 보장해 주는 공화 정체의 국가는 시민들로부터 전쟁 결정 협조를 얻기 어려울 것이므로 전쟁을 더 꺼릴 것이라고 생각함
제2의 확정 조항 국제법은 자유로운 국가들의 연방 체제에 기초해야 한다.	칸트는 국민 국가의 존재를 인정하고 개별 국가의 자유를 보장하는 국제법을 실현할 수 있는 국제 연맹을 중심으로 한 국가 간 연방 체제 수립이 필요하다고 보았음
제3의 확정 조항 세계 시민법은 보편적 우호의 조건에 국한되어야 한다.	칸트는 각 국가가 억압, 약탈, 내란, 반역, 식민 지배 등을 배제하고 우호 관계 속에서 자유롭게 교류할 것을 강조함

📋 **자료 플러스** **칸트의 영구 평화론**

순전히 전쟁을 멀리할 의도를 가진 국가들의 연방 상태는 그 국가들의 자유와 조화할 수 있는 유일한 법적 상태이다. 비록 무한히 진보하면서 접근할 수밖에 없다 할지라도, 그러한 법적 상태를 실현하는 일이 의무라면, 그리고 동시에 그렇게 할 근거 있는 희망이 있다면, 이제까지 그릇되게도 그렇게 불렸던 평화 조약에 뒤따를 영원한 평화는 공허한 이념이 아니라, 오히려 차츰차츰 해결되어 그 목표에 끊임없이 더 가까이 다가서는 하나의 과제일 것이다. – 칸트, "영구 평화론" –

칸트에게 영원한 평화는 당장 달성하기는 어려운 하나의 이상이었다. 그럼에도 불구하고 그는 평화는 실행 가능한 도덕적 명령이므로 지속적으로 추구해야 한다는 점을 강조하였다. 그는 국가들이 서로 도덕적 관계에 있으며 비합리적인 전쟁을 방지하기 위한 제도를 마련할 의무가 있다고 보았다.

❖ 칸트의 영구 평화

전쟁이 일시적으로 중단된 상태가 아니라 모든 적대감이 제거되고 보편적인 이성의 법이 실현된 상태에서만 이루어지는 영원한 평화

개념 체크

1. (　　　　)은/는 평화를 실현하기 위해 종교나 도덕성보다는 인간의 이기심과 합리적 이성을 따라야 한다고 보았다.

2. (　　　　)은/는 전쟁은 인간을 국가적 이해관계를 실현하기 위한 수단으로만 대우하는 것이므로 도덕적으로 정당화될 수 없다고 보았다.

3. 칸트는 "영구 평화론"에서 국내적으로 국민의 자유와 평등을 보장해 주는 공화정을 도입하고, 국제적으로는 (　　　　) 창설을 구성하였다.

정답

1. 생피에르
2. 칸트
3. 국제 연맹

❖ 갈퉁(J. Galtung)
평화학자로서 직접적 폭력뿐만 아니라 구조적 폭력, 문화적 폭력을 극복한 상태를 진정한 평화로 보았음

❖ 인간 안보
안보의 궁극적 대상을 인간으로 보는 관점. 전쟁의 부재와 같은 국가 안보는 물론 경제적 고통으로부터의 자유, 삶의 질, 자유와 인권 보장 등도 안보 개념에 포함함

④ 갈퉁: 폭력은 인간의 기본적 욕구를 모독하는 모든 것이라고 규정함

소극적 평화	• 테러, 전쟁, 범죄, 폭행 같은 직접적이고 물리적 폭력이 없는 상태 • 집단적이고 조직적인 폭력이나 위협이 없는 상태 • 한계: 빈곤이나 인권 침해 같은 다양한 차원의 폭력을 고려하지 않음
적극적 평화	• 직접적·물리적 폭력뿐만 아니라 사회 제도나 관습 등에 따른 억압이나 착취와 같은 구조적 폭력과 문화적 폭력도 없는 상태 • 평화의 개념을 국가 안보 차원에서 인간 생명과 존엄을 중시하는 인간 안보 차원으로 확장함

2. 세계 시민주의와 세계 시민 윤리

(1) 세계 시민주의의 의미와 특징

① 의미: 고대 그리스의 스토아학파에서 발전해 온 사상으로 특정 민족이나 국가를 넘어서 인류를 단일한 세계의 시민이라고 보는 입장

② 특징

전 지구적 관심	인류를 하나의 운명 공동체로 인식하여 지구상에 발생하고 있는 문제들에 관심을 가지고, 인류가 함께 해결하기 위해 노력함
다양성 존중	인류의 구성원으로서 다른 사람들과 더불어 살아가기 위해서 다양성을 인정하고 관용을 베풀 것을 강조함
갈등의 평화로운 해결	• 인류애를 바탕으로 함부로 폭력을 행사하지 않고 대화와 타협을 통해 해결함 • 갈등 해결에 대한 국제적 협력을 이끌어 내기 위해 다양한 국제기구를 만들기도 함

③ 세계 시민주의의 전개

애피아	• 세계 시민주의를 지지하면서도 국가나 민족의 정체성도 인정함 • 민주 국가의 시민으로 애국심을 지니고 살아가면서도 국경을 초월하여 다른 사람과 연대할 수 있어야 함
누스바움	• 국가적 소속감이나 자국 중심의 배타주의를 극복하고 보편적 인간애를 중시해야 함 • 어느 나라에서 태어났는가는 임의적 특성이므로 국경과 무관하게 모든 인간은 정의와 선에 대한 합리적 추론 능력을 함양해야 함

개념 체크

1. 갈퉁은 ( )을/를 강조함으로써 평화의 개념을 국가 안보 차원에서 인간 안보 차원으로 확장하였다.

2. 특정 민족이나 국가를 넘어서 인류를 단일한 세계 시민이라고 보는 입장을 ( )(이)라고 한다.

3. 누스바움은 국가적 소속감이나 자국 중심의 ( )을/를 극복하고 보편적 인류애를 중시하였다.

정답
1. 적극적 평화
2. 세계 시민주의
3. 배타주의

자료 플러스 누스바움의 세계 시민주의

첫 번째 동심원은 자아를 둘러싸고 있고, 두 번째 것은 직접적인 가족을 포함하며, 이어서 세 번째 것은 확대된 가족을, 그다음에는 순서대로 이웃이나 지역 집단, 동료 시민, 그리고 동료 국민을 아우른다. 이러한 모든 동심원 밖에 있는 가장 큰 동심원은 인류 전체의 동심원이다. 우리의 특수한 애정과 정체성을 포기할 필요가 없다. 우리는 그것들을 우리의 정체성을 구성하는 부분 요소로 간주할 수 있다. 우리는 모든 사람들을 우리의 대화와 관심의 공동체 일부로 만들어야 하고, 정치적 사고의 근거를 그처럼 맞물려 있는 공통성에 두어야 하며, 특히 우리의 인간성을 규정하는 동심원을 유념하고 존중해야 한다.

– 누스바움, '애국주의와 세계 시민주의' –

누스바움은 우리를 일련의 동심원들에 둘러싸여 사는 존재로 보았다. 그녀는 '모든 인류를 우리의 동료 시민이자 이웃으로 간주해야 한다'는 스토아학파의 주장을 받아들여 세계 시민주의를 주장하였다. 누스바움은 우리 모두가 두 가지 공동체('출생한 지역 공동체'와 이성과 도덕적 가치를 존중하는 '인간적 주장과 포부의 공동체')에 속한 주민이라고 말하며, 우리의 도덕적 의무의 근본적 원천은 후자라고 주장하였다.

(2) 세계 시민 윤리를 위한 해외 원조에 대한 입장

① 국제주의적 입장: 롤스

- 개별 국가를 전제로 하면서도 국가 간의 연대와 협력을 지향함
- 원조의 목적: 불리한 여건으로 '고통받는 사회'를 '질서 정연한 사회'가 되도록 돕는 것(사회 구조와 제도의 개선)
- 질서 정연한 사회의 만민은 불리한 여건으로 인해 고통을 겪는 사회를 원조해야 할 의무가 있음
- 각 사회마다 고유한 문화와 역사에 따라 필요한 부의 수준이 다르기 때문에 물질적으로 평준화할 필요는 없음
- "정의론"의 '차등의 원칙'을 국제적 분배 정의에는 적용하지 않는다는 비판을 받음

> **📑 자료 플러스 | 해외 원조에 대한 롤스의 입장**
>
> 원조의 목적은 고통을 겪는 사회가 자신의 문제들을 합당하게 합리적으로 관리할 수 있도록 도와 결과적으로 그 사회가 질서 정연한 만민의 사회의 구성원이 되도록 하는 것이다. 이것은 원조의 '목표 대상'을 규정한다. 목표가 성취된 후에는, 심지어 현재의 질서 정연한 사회가 여전히 상대적으로 빈곤하다고 할지라도 더 이상 원조할 필요가 없다. 원조의 궁극적 목적은 고통을 겪는 사회들의 자유와 평등을 확립하는 것이다.
> – 롤스, "만민법" –
>
> 롤스는 원조의 목적을 불리한 여건으로 고통을 겪는 사회가 질서 정연한 사회가 되도록 돕는 것이라고 보았다. 그리고 그는 고통을 겪는 사회가 질서 정연한 사회가 되고 나면 더 이상 원조할 필요가 없다고 주장하였다.

> ⚙ **질서 정연한 사회(well-ordered society)**
> 구성원들의 선(善)을 증진해 주고 구성원들이 동의한 정의의 원칙에 의해 효율적으로 규제되는 사회. 인권이 보장되고 민주적 의사 결정이 이루어지는 사회

② 세계 시민주의적 입장: 싱어

- 인종이나 국가 등과 상관없이 모든 인간의 이익을 평등하게 고려하며 보편적 인류애를 강조함
- 고통을 감소시키고 쾌락을 증진해야 한다는 공리주의적 관점에서 원조를 의무라고 주장함
- 세계의 모든 가난한 사람을 원조의 대상으로 삼음

> **📑 자료 플러스 | 해외 원조에 대한 싱어의 입장**
>
> 사치품과 부질없는 것에 낭비할 만큼 돈을 충분히 가진 사람들은 모두 넉넉한 양식과 깨끗한 식수, 비바람을 피할 보금자리, 기본적인 의료 혜택을 얻는 데 어려움을 겪는 사람들에게 자신의 소득의 일부를 나누어 주어야 한다. 이런 기준을 충족시키지 못하는 사람들은 전 지구적인 의무를 공정하게 나누어 지지 않은 것이며, 심각하게 도덕적으로 잘못된 일을 행하는 것으로 간주되어야 한다. – 싱어, "세계화의 윤리" –
>
> 싱어에 따르면 커다란 희생 없이도 타국의 빈민을 도울 수 있다면 무조건 돕는 것이 우리의 의무이다. 일반적으로 우리는 나와 가까운 사람들을 먼저 도와야 한다고 생각하지만 그에 따르면 도움이 필요한 사람과 나의 물리적 거리를 넘어서, 고통을 겪는 인간을 차별하지 말고 공평하게 원조해야 한다.

> **개념 체크**
>
> 1. (　　　)은/는 원조의 목적을 불리한 여건으로 고통받는 사회를 질서 정연한 사회가 되도록 돕는 것이라고 주장하였다.
> 2. 롤스는 "정의론"에서 제시한 (　　　)을/를 국제적 분배 정의에는 적용하지 않는다는 비판을 받았다.
> 3. 싱어는 고통을 감소시키고 쾌락을 증진해야 한다는 (　　　)적 관점에서 원조를 의무라고 주장하였다.
>
> **정답**
> 1. 롤스
> 2. 차등의 원칙
> 3. 공리주의

[24014-0229]

01 다음을 주장한 고대 동양 사상가의 입장으로 가장 적절한 것은?

> 힘을 가지고 인(仁)을 표방하는 자는 패자(霸者)이니 패자는 반드시 큰 나라를 가지게 된다. 덕(德)을 가지고 인을 행한 자는 왕자(王者)이니 왕자는 큰 나라를 필요로 하지 아니한다. 그러면 천하는 어떠한 상태에서 안정이 되겠는가? 하나로 통일되는 데에서 안정될 것이다. 그러면 누가 하나로 통일시킬 수 있겠는가? 하나로 통일할 수 있는 자는 사람 죽이기를 좋아하지 아니하는 자일 것이다.

① 군주는 어떠한 형태의 전쟁도 수행해서는 안 된다.
② 군주의 인격 수양과 평화를 실현하는 것은 무관하다.
③ 군주는 평화 실현을 위해 겸애(兼愛)를 실천해야 한다.
④ 군주가 인의(仁義)를 좋아하면 평화를 실현할 수 있다.
⑤ 군주는 힘을 바탕으로 천하를 통일해야 평화를 실현할 수 있다.

[24014-0230]

02 다음을 주장한 고대 동양 사상가의 입장으로 적절한 것만을 〈보기〉에서 고른 것은?

> 남의 마구간에 들어가 말이나 소를 훔친 자의 잘못은 남의 개나 닭이나 돼지를 훔친 것보다 더욱 심하다. 그 이유는 남을 해친 정도가 크면 클수록 그의 어질지 못함도 더욱 심해지게 되고, 그의 죄도 더욱 커지기 때문이다. 죄 없는 사람을 죽이고 그의 옷을 빼앗고, 그의 창이나 칼을 훔친 자의 잘못은 남의 마구간에 들어가 말이나 소를 훔친 것보다 더욱 심하다. 이와 같은 일에 대해 천하의 군자들은 겸애(兼愛)에 어긋남을 알고 불의(不義)라고 말한다.

● 보기 ●
ㄱ. 군주는 부국강병(富國强兵)을 바탕으로 평화를 실현해야 한다.
ㄴ. 침략 전쟁은 국가와 백성에게 이롭지 않기 때문에 막아야 한다.
ㄷ. 존비친소의 구별이 있는 사랑[別愛]을 통해 평화를 실현해야 한다.
ㄹ. 서로 차별 없이 똑같이 사랑하고 이익을 나누어야 전쟁을 막을 수 있다.

① ㄱ, ㄴ   ② ㄱ, ㄷ   ③ ㄴ, ㄷ   ④ ㄴ, ㄹ   ⑤ ㄷ, ㄹ

[24014-0231]

03 그림의 강연자가 지지할 입장으로 적절하지 <u>않은</u> 것은?

> 아힘사의 밑바닥에는 모든 생명의 통일성이 놓여 있으므로, 하나의 잘못은 전체에까지 영향을 미칠 수밖에 없습니다. 사회적 존재로 계속 사는 한 온갖 사회적 존재가 연루된 살생에 참여하지 않을 수 없습니다. 두 국가가 싸울 때 아힘사 신자의 의무는 전쟁을 중지시키는 일입니다. 그 의무를 다할 자격이 없는 사람, 전쟁에 반대할 능력이 없는 사람, 전쟁에 반대할 수 있는 자리에 있지 않은 사람은 전쟁에 참여할 것이지만, 그 사람도 전력을 다하여 그 자신과 그 나라와 전 세계를 전쟁에서 구하도록 노력해야 합니다.

① 아힘사 신자는 불살생을 실천하기 위해 노력해야 한다.
② 아힘사 신자가 아닌 사람도 비폭력의 실천을 위해 노력해야 한다.
③ 아힘사 신자는 비폭력의 실천을 통해 폭력에서 완전히 벗어나게 된다.
④ 아힘사 신자는 자비의 마음을 통해 폭력이 되풀이되는 것을 막을 수 있다.
⑤ 아힘사 신자는 폭력에서 벗어나기 위해 동정심을 행위의 원칙으로 삼아야 한다.

[24014-0232]

04 다음을 주장한 근대 서양 사상가의 입장으로 적절한 것만을 〈보기〉에서 있는 대로 고른 것은?

> 모든 국가의 시민적 정치 체제는 공화정이어야 한다. 또한 국제법은 자유로운 국가들의 연방 체제에 기초하지 않으면 안 된다. 그리고 세계 시민법은 보편적 우호의 조건에 국한되어야 한다.

● 보기 ●
ㄱ. 평화 조약만으로 영구 평화를 달성할 수 있다.
ㄴ. 국가의 정치 체제가 평화를 실현하는 데 기여할 수 있다.
ㄷ. 국가는 이방인의 영속적인 체류권을 항상 보장해야 한다.
ㄹ. 개별 국가의 자유를 보장하는 국제 연맹을 통해 평화를 실현할 수 있다.

① ㄱ, ㄴ   ② ㄱ, ㄷ   ③ ㄴ, ㄹ
④ ㄱ, ㄷ, ㄹ   ⑤ ㄴ, ㄷ, ㄹ

05 다음을 주장한 사상가의 입장으로 가장 적절한 것은?

> 문화적 폭력이란 물리적 폭력이나 구조적 폭력을 정당화하거나 합법화하는 데 사용될 수 있다. 이는 종교와 사상, 언어와 예술, 그리고 과학과 학문 등을 통해 직접적 폭력 행위나 구조적 폭력의 실체가 정당하다거나 최소한 잘못된 것은 아니라고 간주되어 폭력이 합법화되거나 일반적으로 용인되는 것을 가리킨다.

① 적극적 평화의 실현은 국가의 정치 체제와 무관하다.
② 적극적 평화는 직접적 폭력이 사라지면 바로 실현된다.
③ 폭력은 생존과 같은 인간의 기본적인 욕구를 무시하는 것이다.
④ 문화적 폭력은 직접적 폭력을 정당화하는 역할을 하지 못한다.
⑤ 적극적 평화의 실현을 위해 폭력적인 방법을 사용할 수 있다.

06 다음을 주장한 사회사상가가 긍정의 대답을 할 질문으로 가장 적절한 것은?

> 질서 정연한 사회의 만민은 고통을 겪는 사회를 원조해야 할 의무가 있다. 사회들 간의 복지의 수준은 다양할 수 있고 그럴 것으로 추정된다. 그러나 이런 부와 복지 수준을 조정하는 것은 원조의 목표가 아니다. 단지 고통을 겪는 사회들만 도움이 필요하다. 천연자원과 부가 빈약한 사회라 할지라도 만약 그들의 종교적·도덕적 신념과 문화를 떠받쳐 주는 그 사회의 정치적 전통, 법, 재산, 계급 구조가 자유적 사회나 적정 수준의 사회를 유지하게 하는 것이라면 질서 정연해질 수 있다.

① 해외 원조는 차등의 원칙에 따라 시행되어야 하는가?
② 해외 원조는 모든 국가가 시행해야 하는 도덕적 의무인가?
③ 해외 원조의 목적은 원조 대상국의 정치 문화 개선에 있는가?
④ 해외 원조의 대상에 가난한 나라가 항상 포함되어야 하는가?
⑤ 해외 원조의 여부는 최대 효용의 원리에 따라 결정되어야 하는가?

07 다음을 주장한 사회사상가의 입장만을 〈보기〉에서 있는 대로 고른 것은?

> 인간은 평화롭게 살아갈 수 있다. 그들이 얻으려고 싸우고, 나누려고 하는 재물이 없는 한 그들은 통상 관계에 의해 얻을 수 있는 여러 가지 즐거움이나 편의를 서로 얻을 수 있다. 이 이익이 그들을 결합시킨다. 그들이 충분히 현명하다면 그들을 결합하게 하는 이익이 불화로 이끄는 이익보다 훨씬 크다는 것을 알 것이다. 또한 국가들의 세력 균형은 전쟁을 막는 충분한 안전을 제공하지 못하므로 세력 균형이 아니라 연합을 추구해야 한다.

● 보기 ●
ㄱ. 국가 간의 분쟁은 군주들의 연합을 통해 해결해야 한다.
ㄴ. 전쟁은 인간이 가진 이기심의 대립 충돌에서 시작될 수 있다.
ㄷ. 군주는 전쟁의 불이익과 평화의 이익을 공리적 관점에서 판단해야 한다.
ㄹ. 평화를 실현하기 위해서는 인간의 이기심이 아닌 종교에 호소해야 한다.

① ㄱ, ㄴ ② ㄱ, ㄹ ③ ㄷ, ㄹ
④ ㄱ, ㄴ, ㄷ ⑤ ㄴ, ㄷ, ㄹ

08 다음을 주장한 사회사상가의 입장으로 적절하지 않은 것은?

> 주교관과 전투 헬멧, 목자의 지팡이와 군인의 창, 복음서와 방패가 도대체 어떻게 조화될 수 있단 말인가? 온 세상을 피비린내 나는 전장으로 몰고 가면서 어떻게 동시에 아무렇지도 않게 "평화가 당신과 함께하기를!" 하며 인사할 수 있단 말인가? 입으로 평화를 말하면서도, 어떻게 손과 행동으로는 파괴를 일삼을 수 있단 말인가?

① 전쟁은 평화를 추구하는 종교 정신에 위배된다.
② 전쟁은 죄 없는 다수에게 재앙을 가져다주게 된다.
③ 정당한 목적 실현을 위한 침략 전쟁도 허용될 수 없다.
④ 평화가 전쟁을 수행하는 것보다 경제적으로 이익이다.
⑤ 악을 징벌하기 위한 전쟁은 성직자들이 이끌어야 한다.

[24014-0237]

1 고대 동양 사상가 갑, 을의 입장으로 적절하지 <u>않은</u> 것은?

> 갑: 나라는 작고 백성은 적어야 한다. 그래서 열 사람 백 사람 몫을 하는 기구가 있더라도 그것을 사용할 필요가 없게 해야 한다. 또한 백성으로 하여금 죽음을 중하게 여겨 멀리 떠나지 않게 해야 한다. 비록 배와 수레가 있어도 그것을 타는 바가 없으며, 비록 갑옷과 병기가 있으나 그것을 펼쳐 놓아 사용하는 일이 없어야 한다.
>
> 을: 국가를 다스리는 사람은 백성이나 토지가 적은 것을 걱정하지 말고 분배가 고르지 못한 것을 걱정하며, 가난한 것을 걱정하지 말고 안정되지 못한 것을 걱정해야 한다. 대개 분배가 고르면 가난이 없고, 화합하면 부족함이 없으며, 안정되면 나라가 위태로움이 없다. 따라서 식량을 풍족하게 하고, 군비를 넉넉하게 하고, 백성을 믿도록 해야 하지만, 하나를 버려야 한다면 그것은 군대이다.

① 갑: 무기는 죽음을 가볍게 여기며 자연의 도를 파괴하는 흉기(凶器)이다.
② 갑: 통치자는 나라를 크고 부강하게 만들기 위한 전쟁을 해서는 안 된다.
③ 을: 평화는 인(仁)을 바탕으로 불화와 갈등을 극복하여 실현될 수 있다.
④ 을: 전쟁은 통치자의 권력을 강화하기 위한 수단으로 정당화될 수 있다.
⑤ 갑과 을: 백성들의 평화로운 삶은 통치자가 도(道)를 따름으로써 실현될 수 있다.

[24014-0238]

2 다음을 주장한 고대 동양 사상가의 입장에만 모두 'V'를 표시한 학생은?

> 천하의 왕과 귀족들이 진정으로 천하의 이익을 얻고 천하의 해를 제거하려고 하나, 빈번하게 공격하고 정벌하는 것, 이것이 바로 천하의 큰 해이다. 지금 인의를 행하고 훌륭한 선비를 구하고자 하며, 위로는 성왕의 도에 부합하고 아래로는 국가와 백성들의 이익에 부합하고자 한다면, 마땅히 공격을 반대하는 이론에 대해 잘 살피지 않으면 안 된다.

입장 \ 학생	갑	을	병	정	무
평화는 친소(親疏)를 구분하지 않는 사랑을 통해 실현할 수 있다.	V			V	V
침략 전쟁은 백성들에게 손해를 가져다주기 때문에 정당화될 수 없다.	V	V		V	
평화는 하늘의 뜻에 따라 자신과 가까운 사람만을 사랑함으로써 실현된다.		V	V		V
큰 나라들이 작은 나라들을 침략의 희생물로 삼는 것은 불의(不義)한 것이다.			V	V	V

① 갑   ② 을   ③ 병   ④ 정   ⑤ 무

3 [24014-0239]
(가)의 사회사상가 갑, 을의 입장을 (나) 그림으로 탐구할 때, A~C에 들어갈 질문으로 옳은 것은?

(가)	갑: 원조의 의무의 역할은 고통받는 사회들을 질서 정연한 사회의 완전한 성원이 되도록, 그리고 그들 스스로 그들 자신의 미래의 경로를 결정할 수 있도록 원조하는 것이라는 점이다. 만민법의 사회에서 원조의 의무는 모든 사회들이 자유적이거나 또는 적정 수준의 기본 제도들을 가질 때까지 유효하다. 을: 만약 어떤 사람에게 매우 나쁜 일이 일어나는 것을 방지할 수 있는 힘을 우리가 가지고 있고, 그 나쁜 일을 방지함으로써 그 일에 상당하는 도덕적 의미를 가진 다른 일이 희생되지 않는다면, 우리는 그렇게 해야만 한다.
(나)	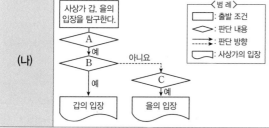

① A: 국가 간의 경제적 격차가 사라지면 원조 의무는 사라지는가?
② A: 절대 빈곤 해결을 위한 원조는 보편적 의무로 간주될 수 있는가?
③ B: 원조 대상국의 인권 상황을 개선하기 위해 강제력을 사용할 수 있는가?
④ B: 원조 주체와의 지리적 접근성과 상관없이 고통받는 사람을 도와야 하는가?
⑤ C: 이익 평등 고려의 원칙에 따라 빈곤한 사람들을 모두 동일하게 도와야 하는가?

4 [24014-0240]
다음을 주장한 사회사상가의 입장에 대한 설명만을 〈보기〉에서 있는 대로 고른 것은?

세계 시민주의자들은 다음과 같은 생각을 공유한다. 아무리 자신의 지역에 헌신한다고 해도 인간 각자가 서로에 대해, 그리고 다른 모든 사람에 대해 책임이 있다는 사실을 잊는 것을 정당화하지는 못한다는 생각 말이다. 다행히도 우리는 모든 외국인들을 저버리는 민족주의자를 편들 필요도 없고, 자신의 친구나 동료 시민을 냉담하고 공평무사하게 대우하는 극단적인 세계 시민주의를 편들 필요도 없다. 우리가 옹호해야 할 입장은 '지역적 헌신을 요구하는 세계 시민주의'인 것이다.

● 보 기 ●
ㄱ. 세계 시민주의는 모든 사회가 단일한 삶의 양식으로 수렴되는 것을 지향한다.
ㄴ. 세계 시민주의는 개별 민족의 정체성을 지니고 살아가는 것을 부정하지 않는다.
ㄷ. 세계 시민주의는 개인의 특수한 삶에 의미를 부여하는 관행에 관심을 기울인다.
ㄹ. 세계 시민주의는 모든 인류에 대한 충성이 아닌 특정 민족에 대한 충성만을 요구한다.

① ㄱ, ㄴ ② ㄱ, ㄹ ③ ㄴ, ㄷ
④ ㄱ, ㄷ, ㄹ ⑤ ㄴ, ㄷ, ㄹ

[24014-0241]

5 (가)의 사회사상가 갑, 을의 입장을 (나) 그림으로 표현할 때, A~C에 해당하는 진술로 적절한 것만을 〈보기〉에서 있는 대로 고른 것은?

(가)	갑: 환대란 한 이방인이 낯선 땅에 도착했을 때 적으로 간주되지 않을 권리를 뜻한다. 추방으로 인해 그 외국인이 생명을 잃지 않는 한, 그 국가는 그를 자신들의 땅에 발붙이지 못하도록 할 수 있다. 그러나 그가 평화적으로 처신하는 한, 그를 적대적으로 다루어서는 안 된다. 을: 의도적인 폭력은 사회와 세계의 공간에 상주하면서 자연적이고 구조적이며 문화적 폭력을 사용하고 있는 개인들이나 국민들에 의해서만 일어날 수 있다. 그러나 의도적인 폭력의 가장 유해한 결과들은 그것이 어디서나 발견될 수 있다는 것이다.
(나)	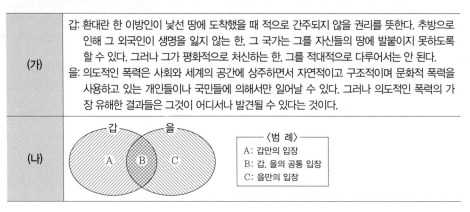

- 보기 -
ㄱ. A: 진정한 평화를 실현하기 위해 타국에 무력으로 개입해야 한다.
ㄴ. B: 진정한 평화를 실현하기 위해 직접적 폭력은 사라져야 한다.
ㄷ. B: 진정한 평화를 실현하기 위해 국가의 정치 제도 개선이 필요하다.
ㄹ. C: 진정한 평화는 전쟁의 부재와 같은 국가 안보의 실현만으로 이루어진다.

① ㄱ, ㄴ   ② ㄱ, ㄹ   ③ ㄴ, ㄷ
④ ㄱ, ㄷ, ㄹ   ⑤ ㄴ, ㄷ, ㄹ

[24014-0242]

6 다음을 주장한 사회사상가가 부정의 대답을 할 질문으로 가장 적절한 것은?

세계 시민으로서 우리의 임무는 모든 사람들을 동료 시민 이상의 존재로 만들면서, '동심원들을 어느 정도 중심으로 끌어당기는' 것이다. 우리의 특수한 애정과 정체성을, 그것이 민족적인 것이든 사회적 성에 기초한 것이든 혹은 종교적인 것이든 간에 포기할 필요는 없다. 우리는 그것들을 피상적인 것이라고 생각할 필요는 없고, 우리의 정체성을 구성하는 부분 요소로 간주할 수 있다. 우리는 또한 모든 사람들을 우리의 대화와 관심의 공동체 일부로 만들어야 하고, 정치적 사고의 근거를 그처럼 맞물려 있는 공통성에 두어야 하며, 특히 우리의 인간성을 규정하는 동심원을 유념하고 존중해야 한다.

① 세계 시민주의는 이성과 인간성에 대한 사랑을 제공하는가?
② 모든 인류를 우리의 동료 시민이자 이웃으로 간주해야 하는가?
③ 세계 시민으로서의 정체성과 지역적 정체성은 공존할 수 있는가?
④ 전체 인류의 인간애에 의해 수립된 도덕 공동체에 충성해야 하는가?
⑤ 국적이나 민족적 소속감이 우리와 동료들 사이의 경계선이 되어야 하는가?

[24014-0243]

7 사회사상가 갑, 을의 입장으로 적절한 것만을 〈보기〉에서 있는 대로 고른 것은?

> 갑: 평화는 하늘과 땅의 모든 것들의 원천이며 근원이고, 만물을 지탱하고 유지하고 보호한다. 전쟁은 세상의 모든 악이 도사리는 대양과 같다. 전쟁은 사악한 것이어서 모든 경건과 종교를 즉각적으로 파괴하며, 전쟁보다 더 인간을 불행하게 만들고 신이 미워할 만한 것은 없다.
> 을: 공화국은 왕위 계승이나 왕조 간 합의를 통해 영토를 늘릴 수 없다. 공화국은 전쟁을 통한 영토의 확장을 바라지 않는다. 오히려 공화국은 영토의 상실을 우려한다. 왜냐하면 정복을 위해서는 많은 비용을 지불해야 하기 때문이다. 따라서 공화국은 군주정보다 훨씬 더 평화를 유지하고자 한다.

> ● 보 기 ●
> ㄱ. 갑: 부당한 평화란 거의 없지만, 정당한 전쟁이라도 부당한 평화만 못하다.
> ㄴ. 갑: 전쟁은 시민과 군주 모두에게 자신의 이익을 채울 수 있는 기회가 된다.
> ㄷ. 을: 평화는 시민이 국정에 대해 자유롭게 의사 표현을 할 수 있는 공화정에서 실현될 수 있다.
> ㄹ. 갑과 을: 시민들은 전쟁의 불이익에 대해 자각함으로써 전쟁을 막을 수 있다.

① ㄱ, ㄴ   ② ㄱ, ㄹ   ③ ㄴ, ㄷ
④ ㄱ, ㄷ, ㄹ   ⑤ ㄴ, ㄷ, ㄹ

[24014-0244]

8 다음 동양 사상의 입장에 대한 설명으로 적절하지 <u>않은</u> 것은?

> 자비(慈悲)는 다른 사람을 이롭게 하는 이타적 이상이며, 동정과 공감 등의 마음의 평정과 연결되어 있다. 자(慈)는 상대방의 불행과 슬픔을 없애 준다는 뜻이며 비(悲)는 남의 고통을 나의 고통으로 공유하는 입장으로 다른 사람의 위치에서 나를 돌아보는 관점을 말하는 것이다. 또한 자비는 미움에 대한 극복에서 그치는 것이 아니라 생명에 대한 무조건적인 존경을 나타내는 것으로 살생 금지와 비폭력의 사상을 담고 있다.

① 살아 있는 생명을 함부로 죽여서는 안 된다는 점과 비폭력의 실천을 강조한다.
② 삼독(三毒)에서 벗어나 마음이 흔들리지 않고 평화롭게 살아가는 태도를 중시한다.
③ 모든 중생이 보살행을 실천하면서 평화와 행복을 누리며 함께 살아갈 것을 강조한다.
④ 평화의 실현을 위해 연기(緣起)에 대한 자각을 통한 무차별적 사랑의 실천을 강조한다.
⑤ 모든 생명의 소중함을 깨닫기 위해 자연의 순리에 따른 무위(無爲)의 실천을 중시한다.

고2~N수 수능 집중 로드맵

수능 입문 →	기출 / 연습 →	연계+연계 보완 →	심화 / 발전 →	모의고사

수능 입문
- 윤혜정의 개념/패턴의 나비효과
- 하루 6개 1등급 영어독해
- 수능 감(感)잡기
- 수능특강 Light

강의노트
- 수능개념

기출 / 연습
- 윤혜정의 기출의 나비효과
- 수능 기출의 미래
- 수능 기출의 미래 미니모의고사
- 수능특강Q 미니모의고사

연계+연계 보완
- 수능연계교재의 VOCA 1800
- 수능연계 기출 Vaccine VOCA 2200
- 연계
  - 수능특강
  - 수능완성
- 수능특강 사용설명서
- 수능특강 연계 기출
- 수능 영어 간접연계 서치라이트
- 수능완성 사용설명서

심화 / 발전
- 수능연계완성 3주 특강
- 박봄의 사회·문화 표 분석의 패턴

모의고사
- FINAL 실전모의고사
- 만점마무리 봉투모의고사
- 만점마무리 봉투모의고사 시즌2

구분	시리즈명	특징	수준	영역
수능 입문	윤혜정의 개념/패턴의 나비효과	윤혜정 선생님과 함께하는 수능 국어 개념/패턴 학습		국어
	하루 6개 1등급 영어독해	매일 꾸준한 기출문제 학습으로 완성되는 1등급 영어 독해		영어
	수능 감(感) 잡기	동일 소재·유형의 내신과 수능 문항 비교로 수능 입문		국/수/영
	수능특강 Light	수능 연계교재 학습 전 연계교재 입문서		영어
	수능개념	EBSi 대표 강사들과 함께하는 수능 개념 다지기		전 영역
기출/연습	윤혜정의 기출의 나비효과	윤혜정 선생님과 함께하는 까다로운 국어 기출 완전 정복		국어
	수능 기출의 미래	올해 수능에 딱 필요한 문제만 선별한 기출문제집		전 영역
	수능 기출의 미래 미니모의고사	부담없는 실전 훈련, 고품질 기출 미니모의고사		국/수/영
	수능특강Q 미니모의고사	매일 15분으로 연습하는 고품격 미니모의고사		전 영역
연계 + 연계 보완	수능특강	최신 수능 경향과 기출 유형을 분석한 종합 개념서		전 영역
	수능특강 사용설명서	수능 연계교재 수능특강의 지문·자료·문항 분석		국/영
	수능특강 연계 기출	수능특강 수록 작품·지문과 연결된 기출문제 학습		국어
	수능완성	유형 분석과 실전모의고사로 단련하는 문항 연습		전 영역
	수능완성 사용설명서	수능 연계교재 수능완성의 국어·영어 지문 분석		국/영
	수능 영어 간접연계 서치라이트	출제 가능성이 높은 핵심만 모아 구성한 간접연계 대비 교재		영어
	수능연계교재의 VOCA 1800	수능특강과 수능완성의 필수 중요 어휘 1800개 수록		영어
	수능연계 기출 Vaccine VOCA 2200	수능-EBS 연계 및 평가원 최다 빈출 어휘 선별 수록		영어
심화/발전	수능연계완성 3주 특강	단기간에 끝내는 수능 1등급 변별 문항 대비서		국/수/영
	박봄의 사회·문화 표 분석의 패턴	박봄 선생님과 사회·문화 표 분석 문항의 패턴 연습		사회탐구
모의고사	FINAL 실전모의고사	EBS 모의고사 중 최다 분량, 최다 과목 모의고사		전 영역
	만점마무리 봉투모의고사	실제 시험지 형태와 OMR 카드로 실전 훈련 모의고사		전 영역
	만점마무리 봉투모의고사 시즌2	수능 완벽대비 최종 봉투모의고사		국/수/영

아버지의 사원증

유니폼을 깨끗이 차려 입은
아버지의 가슴 위에
반듯이 달린 이름표, KD운송그룹 임남규

아버지는 출근 때마다 이 이름표를 매만지고
또 매만지신다. 마치 훈장을 다루듯이...

아버지는 동서울에서 지방을 오가는 긴 여정을 운행하신다
때론 밤바람을 묻히고 퇴근하실 때도 있고
때론 새벽 여명을 뚫고 출근 하시지만
아버지의 유니폼은 언제나 흐트러짐이 없다

동양에서 가장 큰 여객운송그룹에 다니는 남편이 자랑스러워
평생을 얼룩 한 점 없이 깨끗이 세탁하고
구김하나 없이 반듯하게 다려주시는 어머니 덕분이다
출근하시는 아버지의 뒷모습을 지켜보는 어머니의 얼굴엔
언제난 흐뭇한 미소가 번진다
나는 부모님께 행복한 가정을 선물한 회사와
자매 재단의 세명대학교에 다닌다
우리가정의 든든한 울타리인 회사에 대한 자부심과 믿음은
세명대학교를 선택함에 있어 조금의 주저도 없도록 했다
아버지가 나의 든든한 후원자이듯
KD운송그룹은 우리대학의 든든한 후원자다
요즘 어머니는 출근하는 아버지를 지켜보듯 등교하는 나를 지켜보신다
든든한 기업에 다니는 아버지가 자랑스럽듯
든든한 기업이 세운 대학교에 다니는 내가 자랑스럽다고
몇 번이고 몇 번이고 말씀하신다

KD 운송그룹
KD Transportation Group

사 원 증

임남규
Lim Nam Gyu

www.buspia.co.kr

나는 꿈꾸고 우리는 이룹니다.

서울여자대학교

세상을 이끌어갈 우리,

실천적 교육으로 키워낸 전문성과

바른 교육으로 길러낸 인성으로

미래를 선도합니다.

현재의 우리가 미래를 만들어 나갑니다.
Learn to Share, Share to Learn!

글로벌ICT인문융합학부 신설   사회수요에 맞춘 실무형 집중교육과정 마이크로전공 운영

2025학년도 신·편입학 모집

입학처 http://admission.swu.ac.kr   입학상담 및 문의 02-970-5051~4

한국교육과정평가원
감수
본 교재는 2025학년도 수능
연계교재로서 한국교육과정
평가원이 감수하였습니다.

정답과 해설

수능특강

사회탐구영역
윤리와 사상

2025학년도 수능 연계교재

본 교재는 대학수학능력시험을 준비하는 데 도움을 드리고자 도덕과 교육과정을 토대로 제작된 교재입니다.
학교에서 선생님과 함께 교과서의 기본 개념을 충분히 익힌 후 활용하시면 더 큰 학습 효과를 얻을 수 있습니다.

수원의 명문사학 120년

학교법인 삼일학원
삼일중학교
삼일고등학교
삼일공업고등학교
협성대학교

협성대학교

**2025학년도
신입학 모집 안내**

입학관리팀　(031)299-1405
입학홈페이지　https://iphak.uhs.ac.kr

18330 경기도 화성시 봉담읍 최루백로 72
협성대학교 국제교류센터 1층 입학관리팀

한눈에 보는 정답

01 인간과 윤리 사상
본문 9~13쪽

수능 기본 문제
01 ③ 02 ③ 03 ① 04 ④
05 ⑤ 06 ③ 07 ③ 08 ⑤

수능 실전 문제
1 ③ 2 ④ 3 ② 4 ②
5 ⑤ 6 ③

02 유교와 인의 윤리
본문 20~26쪽

수능 기본 문제
01 ① 02 ④ 03 ③ 04 ③
05 ⑤ 06 ⑤ 07 ③ 08 ⑤

수능 실전 문제
1 ⑤ 2 ④ 3 ① 4 ①
5 ③ 6 ⑤ 7 ② 8 ③
9 ⑤ 10 ②

03 한국 유교와 인간의 도덕적 심성
본문 32~37쪽

수능 기본 문제
01 ② 02 ③ 03 ④ 04 ⑤
05 ② 06 ② 07 ⑤ 08 ⑤

수능 실전 문제
1 ① 2 ③ 3 ④ 4 ③
5 ⑤ 6 ① 7 ④ 8 ④

04 불교와 자비 및 화합의 윤리
본문 44~50쪽

수능 기본 문제
01 ⑤ 02 ② 03 ③ 04 ④
05 ① 06 ② 07 ① 08 ⑤

수능 실전 문제
1 ⑤ 2 ④ 3 ② 4 ⑤
5 ① 6 ③ 7 ② 8 ④
9 ③ 10 ④

05 도가 사상과 무위자연의 윤리
본문 56~60쪽

수능 기본 문제
01 ④ 02 ④ 03 ⑤ 04 ①
05 ③ 06 ② 07 ② 08 ③

수능 실전 문제
1 ④ 2 ② 3 ⑤ 4 ③
5 ① 6 ④

06 한국과 동양 윤리 사상의 의의
본문 66~71쪽

수능 기본 문제
01 ④ 02 ① 03 ④ 04 ③
05 ⑤ 06 ⑤ 07 ② 08 ①

수능 실전 문제
1 ③ 2 ④ 3 ① 4 ⑤
5 ② 6 ② 7 ① 8 ③

07 서양 윤리 사상의 연원과 덕 있는 삶
본문 78~83쪽

수능 기본 문제
01 ① 02 ② 03 ⑤ 04 ①
05 ⑤ 06 ② 07 ② 08 ③

수능 실전 문제
1 ① 2 ③ 3 ④ 4 ④
5 ③ 6 ② 7 ① 8 ②

08 행복 추구와 신앙
본문 89~94쪽

수능 기본 문제
01 ② 02 ② 03 ⑤ 04 ③
05 ⑤ 06 ⑤ 07 ② 08 ①

수능 실전 문제
1 ① 2 ⑤ 3 ② 4 ③
5 ⑤ 6 ② 7 ④ 8 ①

한눈에 보는 **정답**

09 도덕적 판단과 행동의 근거: 이성과 감정

본문 100~105쪽

수능 기본 문제

| 01 ⑤ | 02 ③ | 03 ⑤ | 04 ④ |
| 05 ② | 06 ① | 07 ③ | 08 ① |

수능 실전 문제

| 1 ③ | 2 ① | 3 ⑤ | 4 ① |
| 5 ⑤ | 6 ② | 7 ④ | 8 ④ |

10 옳고 그름의 기준: 의무와 결과

본문 112~118쪽

수능 기본 문제

| 01 ② | 02 ⑤ | 03 ④ | 04 ④ |
| 05 ③ | 06 ⑤ | 07 ③ | 08 ① |

수능 실전 문제

1 ③	2 ⑤	3 ③	4 ⑤
5 ④	6 ③	7 ③	8 ⑤
9 ④	10 ②		

11 현대의 윤리적 삶: 실존주의와 실용주의

본문 124~129쪽

수능 기본 문제

| 01 ⑤ | 02 ③ | 03 ④ | 04 ① |
| 05 ④ | 06 ① | 07 ④ | 08 ② |

수능 실전 문제

| 1 ③ | 2 ③ | 3 ① | 4 ③ |
| 5 ② | 6 ④ | 7 ④ | 8 ② |

12 사회사상과 이상 사회

본문 134~138쪽

수능 기본 문제

| 01 ② | 02 ① | 03 ⑤ | 04 ② |
| 05 ① | 06 ③ | 07 ④ | 08 ③ |

수능 실전 문제

| 1 ⑤ | 2 ④ | 3 ② | 4 ③ |
| 5 ④ | 6 ③ | | |

13 국가와 시민

본문 145~151쪽

수능 기본 문제

| 01 ① | 02 ② | 03 ③ | 04 ② |
| 05 ② | 06 ⑤ | 07 ① | 08 ② |

수능 실전 문제

1 ③	2 ⑤	3 ①	4 ④
5 ③	6 ④	7 ④	8 ⑤
9 ②	10 ②		

14 민주주의와 자본주의

본문 158~164쪽

수능 기본 문제

| 01 ② | 02 ④ | 03 ③ | 04 ③ |
| 05 ③ | 06 ① | 07 ③ | 08 ② |

수능 실전 문제

1 ②	2 ④	3 ③	4 ⑤
5 ③	6 ④	7 ③	8 ②
9 ④	10 ⑤		

15 평화 사상과 세계 시민 윤리

본문 170~175쪽

수능 기본 문제

| 01 ④ | 02 ④ | 03 ③ | 04 ③ |
| 05 ③ | 06 ③ | 07 ④ | 08 ⑤ |

수능 실전 문제

| 1 ④ | 2 ④ | 3 ② | 4 ③ |
| 5 ③ | 6 ⑤ | 7 ④ | 8 ⑤ |

정답과 해설

01 인간과 윤리 사상

수능 기본 문제   본문 9∼10쪽

| 01 ③ | 02 ③ | 03 ① | 04 ④ |
| 05 ⑤ | 06 ③ | 07 ③ | 08 ⑤ |

01 아리스토텔레스가 강조한 인간의 특성 파악

문제 분석 제시문은 아리스토텔레스의 주장이다. 아리스토텔레스에 따르면 실천적 지혜는 영혼의 이성적인 부분에 해당하는 탁월성[德(덕)]이며 구체적인 상황에서 마땅한 감정과 행위가 무엇인지 알려 준다.

정답 찾기 ③ 아리스토텔레스에 따르면 인간은 행복을 삶의 궁극 목적으로 삼고 추구하는 존재이다. 그가 말하는 행복이란 덕에 따르는 영혼의 활동이다. 덕은 지성적 덕과 품성적 덕으로 구분되며 자신에게 좋고 유익한 것을 잘 숙고하는 것과 관련된 실천적 지혜는 지성적 덕에 속한다.

오답 피하기 ① 에피쿠로스나 벤담과 같은 쾌락주의 사상가들이 주장하는 인간의 특성이다.
② 플라톤이 주장하는 인간의 특성이다.
④ 그리스도교에서 주장하는 인간의 특성이다.
⑤ 흄이 주장하는 인간의 특성이다.

02 매킨타이어가 강조한 인간의 특성 파악

문제 분석 제시문은 현대 덕 윤리 사상가인 매킨타이어의 주장이다. 그에 따르면 인간은 공동체의 이야기를 통해 자신의 정체성과 삶의 의미, 목적을 만들어 가는 서사적 존재이다.

정답 찾기 ㄷ, ㄹ. 서사적 존재로서의 인간의 특성에 해당하는 진술들이다. 매킨타이어에 따르면 공동체가 합의하고 공유하는 덕은 사회적 권위를 가지고 개인의 행동을 지도하는 기준이 되며, 개인의 정체성은 그가 속한 공동체 안에서 규정된다.

오답 피하기 ㄱ, ㄴ. 공동체적 삶과 공동체의 전통과 관행을 중시하는 매킨타이어의 입장에서 긍정하기 어려운 주장들이다.

03 고자와 맹자의 인간 본성론 비교 이해

문제 분석 제시문의 갑은 고자, 을은 맹자이다. 고자는 성무선악설을, 맹자는 성선설을 주장하였다.

정답 찾기 ㄱ, ㄴ. 맹자는 누구나 선한 본성을 타고난다고 본 반면, 고자는 인간의 본성은 식색(食色)의 욕구일 뿐 선이나 악으로 고정된 것이 아니라고 보았다.

오답 피하기 ㄷ. 고자와 맹자 모두 부정할 진술이다. 특히 맹자에 따르면 인간은 감각적 욕구와 외부 환경의 영향으로 악행을 저지를 수 있다.
ㄹ. 맹자가 부정할 진술이다. 성선설을 주장한 맹자는 본성을 변화시켜야 할 대상이나 변화시킬 수 있는 대상으로 보지 않았다.

04 순자가 고자와 맹자에게 제기할 수 있는 비판 이해

문제 분석 제시문은 순자의 주장이다. 순자는 인간의 본성이 악하다고 보았다.

정답 찾기 ④ 인의(仁義)를 인간의 본성으로 여긴 맹자는 인(仁)의 실체는 어버이를 섬기는 것이고 의(義)의 실체는 형을 따르는 것이라고 주장한 반면, 순자는 부모에게 사양하고 아우가 형의 일을 대신하는 것은 본성에 어긋나는 것이라고 주장하였다.

오답 피하기 ①, ⑤ 순자는 인간의 성정(性情)은 악하며 스승과 법도에 의해 교정되어야 한다고 주장하였다.
② 고자에 따르면 인간의 본성은 식색의 욕구일 뿐이다.
③ 순자에 따르면 인간의 본성은 배우거나 노력해서 이루어질 수 있는 것이 아니라 날 때부터 갖추어져 있는 것이다.

05 듀이가 강조한 삶의 태도 파악

문제 분석 그림의 강연자는 실용주의 사상가인 듀이이다. 듀이에 따르면 도덕적인 인간이란 도덕적으로 성장하는 과정에 있는 인간이다.

정답 찾기 ⑤ 듀이는 성장 자체를 도덕의 유일한 목적으로 보았으며 문제 상황에서 올바른 선택을 할 수 있도록 안내하는 지성의 계발을 강조하였다.

오답 피하기 ① 듀이에 따르면 윤리도 시대나 상황에 따라 변화하고 성장한다. 따라서 언제나 관습과 전통을 답습하는 것은 바람직하지 않다.
② 듀이는 실제 삶의 문제 상황에서 도피하기보다는 그 속에서 지성을 발휘함으로써 문제를 해결하고 삶을 개선해 나아갈 것을 강조하였다.
③, ④ 듀이는 어떤 고정된 결과나 절대적 경지가 아니라 성장과 개선, 진보의 과정을 중시하였다.

06 왕수인이 강조한 삶의 태도 파악

문제 분석 제시문은 왕수인의 주장이다. 그에 따르면 사사로운 욕심을 극복하고 타고난 양지를 적극적으로 발휘하면 누구나 성인(聖人)이 될 수 있다.

정답 찾기 ③ 왕수인은 타고난 도덕적 본성에 따라 마음에서 일어나는 생각과 욕구를 분별하고 바로잡을 것을 강조하였다.

오답 피하기 ① 도가의 입장이다. 왕수인은 앎을 실현하고 의념을 바로잡는 적극적인 수양을 강조하였다.
② 왕수인은 유가 사상가로서 천리가 실현된 세상을 만들기 위해 노력하였다.
④ 왕수인이 주장한 바는 의념의 바르지 않음을 제거하는 것이지 모든 의념을 버리는 것이 아니다.
⑤ 왕수인에 따르면 사사로운 욕심을 제거하여 양지를 발휘하면 밖에서 무엇을 더하지 않고도 선을 행할 수 있다.

07 플라톤과 노자의 사회사상 비교 이해

문제 분석 제시문의 갑은 플라톤이며 을은 노자이다. 플라톤은 철인(哲人)이 통치하는 나라를, 노자는 작은 영토에서 적은 수의 백성들이 소박하게 살아가는 나라[小國寡民(소국 과민)]를 이상 사회로 제시하였다.

정답 찾기 ③ 노자에 따르면 통치자의 역할은 백성을 분별적 지식과 욕심이 없는 상태에 이르게 하고 각자의 자연적 본성에 따라 소박하게 살도록 하는 것이다.

오답 피하기 ① 플라톤에 따르면 나라를 다스리는 데 필요한 지혜는 통치자 계층이 갖추고 있어야 할 덕이다.
② 플라톤에 따르면 나라의 세 계층이 각자의 성향에 따라 자신의 일을 할 때 나라가 올바르게 된다. 따라서 계층 간의 역할 교환은 바람직하지 않다.
④ 노자는 문명의 편리가 인간의 본성을 해치고 사회를 혼란스럽게 만든다고 보았다.
⑤ 플라톤과 노자는 모두 민주적 절차에 따라 통치자를 선발해야 한다고 주장하지 않았다.

08 아리스토텔레스와 홉스의 사회사상 비교 이해

문제 분석 그림의 갑은 아리스토텔레스이며 을은 홉스이다. 아리스토텔레스와 홉스는 각각 인간의 정치적 본성과 사회 계약에 근거하여 국가의 기원을 설명하였다. 또한 두 사상가는 각각 시민의 행복 실현과 개인의 생명 및 자유 보호를 국가의 역할로서 제시하였다.

정답 찾기 ⑤ 마르크스의 국가관이다. 아리스토텔레스는 훌륭한 삶을 위해, 홉스는 개인의 생명과 자유 보호를 위해 국가가 반드시 필요하다고 보았다.

오답 피하기 ① 아리스토텔레스에 따르면 인간은 본성적으로 국가를 형성한다.
② 아리스토텔레스에 따르면 국가는 시민의 행복과 훌륭한 삶을 위한 공동체이다.
③ 홉스에 따르면 국가는 사회 계약이라는 인위적 행위에 의해 형성되었다.
④ 홉스에 따르면 개인들이 사회 계약을 맺은 이유는 전쟁 상태와

같은 자연 상태에서 벗어나 자신들의 생명과 자유를 보호하기 위해서이다.

수능 실전 문제 본문 11~13쪽

1 ③	**2** ④	**3** ②	**4** ②
5 ⑤	**6** ③		

1 정약용이 강조한 인간의 특성 파악

문제 분석 가상 대화의 스승은 정약용이다. 정약용에 따르면 인간은 선을 좋아하고 악을 싫어하는 경향성[嗜好(기호)]을 본성으로서 부여받고 태어나며 이러한 기호를 자율적 실천에 옮김으로써 덕을 형성할 수 있다.

정답 찾기 ㄴ, ㄹ. 정약용에 따르면 인간에게는 선행이나 악행을 자율적으로 선택할 수 있는 권능[自主之權(자주지권)]이 주어져 있으며, 인간의 행위는 스스로의 선택에 의한 것이므로 인간은 자신의 행위에 전적으로 책임을 져야 한다.

오답 피하기 ㄱ. 정약용에 따르면 사덕은 하늘이 부여한 것이 아니라 선을 좋아하는 기호를 실천함으로써 형성되는 것이다.
ㄷ. 정약용에 따르면 인간의 본성은 수양을 통해 형성하는 것이 아니라 하늘로부터 주어지는 것이다.

2 에피쿠로스가 강조한 삶의 태도 파악

문제 분석 제시문은 쾌락주의 사상가인 에피쿠로스의 주장이다. 에피쿠로스에 따르면 참된 쾌락은 감각적 욕구의 무분별한 충족에 따른 쾌락이 아닌 심신의 고통이 소멸됨으로써 주어지는 쾌락이다.

정답 찾기 ④ 에피쿠로스는 충족하려는 욕구를 분별하고 욕구의 충족이 야기할 쾌락과 고통을 고려할 것을 강조하였다.

오답 피하기 ① 그리스도교 사상이 강조하는 삶의 태도이다.
② 도가 사상이 강조하는 삶의 태도이다. 에피쿠로스는 욕구에 대한 분별을 강조하였다.
③ 에피쿠로스는 감각적이고 일시적인 쾌락보다는 정신적이고 지속적인 쾌락을 중시하였다.
⑤ 에피쿠로스는 사회적 쾌락보다는 개인적 쾌락을 중시했으며 개인의 평온한 삶을 위해 공적인 삶을 멀리할 것을 강조하였다.

3 석가모니가 강조한 삶의 태도 파악

문제 분석 제시문은 석가모니의 주장이다. 석가모니에 따르면 오온(五蘊)은 인간을 이루는 다섯 가지 무더기들이며 각 무더기들

이 끊임없이 변화하므로 인간은 고정된 실체로 존재할 수 없다.

정답 찾기 ② 석가모니는 인간을 포함한 모든 존재와 현상이 무수한 원인[因(인)]과 조건[緣(연)]에 의해 생겨나고 소멸하므로 끊임없이 변화한다는 것을 깨달아 모든 집착에서 벗어날 것을 강조하였다.

오답 피하기 ① 석가모니는 영생을 추구하거나 강조하지 않았다.
③ 석가모니는 깨달음을 얻지 못한 상태인 무명을 윤회의 원인으로 보았다.
④ 석가모니는 어떤 존재와 현상도 독자성을 가질 수 없다고 주장하였다.
⑤ 석가모니는 지나친 쾌락이나 지나친 고행에 치우치지 않는 수행인 중도(中道)를 강조하였다.

4 사르트르와 스피노자가 강조한 인간의 특성 파악

문제 분석 제시문의 갑은 실존주의 사상가인 사르트르, 을은 이성 중심의 윤리 사상가인 스피노자이다. 스피노자에 따르면 인간은 이성으로써 '신, 즉 자연'을 인식할 때 진정한 자유를 누릴 수 있다. 한편 사르트르에 따르면 인간은 자유롭도록 운명 지워진 존재로서 자신의 선택에 책임을 지고 주체적으로 자신의 삶을 만들어 가야 한다.

정답 찾기 ㄱ. 사르트르에 따르면 인간의 본성을 구상하는 신은 존재하지 않으며 인간은 세상에 내던져진 존재로서 운명적으로 자유로울 수밖에 없다.
ㄷ. 스피노자는 인간의 자유 의지를 부정하였으나 사르트르는 인간의 자유 의지를 인정하였으며 이를 바탕으로 자신만의 삶을 만들어 갈 것을 강조하였다.

오답 피하기 ㄴ. 스피노자에 따르면 어떤 존재도 자연의 필연성에서 벗어날 수 없다.
ㄹ. 사르트르는 인간의 목적이나 본질을 정해 주는 신의 존재를 부정하였다.

5 장자가 강조한 삶의 태도 파악

문제 분석 제시문은 도가 사상가인 장자의 주장이다. 장자에 따르면 도(道)는 오감(五感)을 통해 파악되지 않으며 인간의 언어로도 규정될 수 없다.

정답 찾기 ⑤ 장자는 언어나 오감뿐만 아니라 그 무엇에도 얽매이지 않는 정신적 자유를 추구하였으며 이러한 경지에 이르기 위한 방법으로서 좌망(坐忘)과 심재(心齋)를 제시하였다.

오답 피하기 ① 장자는 인위적인 도덕규범을 버려야 한다고 주장하였다.
② 맹자를 비롯하여 하늘을 도덕성의 원천으로 보는 유교 사상가들의 입장이다. 장자는 하늘이나 본성을 도덕과 관련된 것으로 보지 않았다.

③ 장자는 만물에 대한 선악·시비·미추의 분별을 경계하였다.
④ 직관적 종교 체험인 선(禪)을 강조하는 중국 선종의 입장이다.

6 아리스토텔레스의 사회사상 파악

문제 분석 그림의 강연자는 아리스토텔레스이다. 아리스토텔레스에 따르면 국가는 구성원들의 완전하고 자족적인 삶을 위해 존재한다.

정답 찾기 ③ 아리스토텔레스에 따르면 국가는 모든 공동체 가운데 최상위의 공동체로서 나머지 공동체들을 포괄하며 최상위의 선을 추구한다.

오답 피하기 ①, ⑤ 아리스토텔레스에 따르면 국가의 역할은 구성원들을 행복하고 유덕한 삶으로 이끄는 것이다.
② 아리스토텔레스에 따르면 국가의 궁극적인 목적은 구성원들이 영혼의 탁월성을 온전하게 발휘하여 행복을 실현하게 해 주는 것이다.
④ 아리스토텔레스에 따르면 국가는 가족과 씨족을 포괄하는 완전한 공동체이다.

02 유교와 인의 윤리

수능 기본 문제　　　　　　　　　　　　　본문 20~21쪽

01 ①	**02** ④	**03** ③	**04** ③
05 ⑤	**06** ⑤	**07** ③	**08** ⑤

01 공자의 인(仁) 사상 파악

문제 분석　가상 편지를 쓴 사상가는 공자이다. 공자가 주장한 인(仁)의 핵심은 타인을 사랑하는 것이며 예(禮)는 인을 실현하기 위해 반드시 필요한 규범이다.

정답 찾기　① 공자는 인을 실천하는 구체적인 방법으로 충서(忠恕)를 제시하였다. '충'은 속임이나 꾸밈없이 자신의 정성을 다하는 것이며 '서'는 자신을 미루어 다른 사람의 마음을 헤아리는 것이다.

오답 피하기　② 공자에 따르면 인을 실현하는 것은 남이 아닌 나 자신에게 달려 있다.
③ 맹자의 입장이다.
④ 순자의 입장이다.
⑤ 노자의 입장이다.

02 맹자의 인성론 파악

문제 분석　제시문은 맹자의 주장이다. 맹자에 따르면 인간은 누구나 네 가지 선한 마음, 즉 사단(四端)을 가지고 태어난다.

정답 찾기　ㄱ. 맹자에 따르면 인간은 누구나 선천적 도덕 자각 능력인 양지(良知)와 선천적 도덕 실천 능력인 양능(良能)을 가지고 태어난다.
ㄴ. 맹자에 따르면 측은·수오·사양·시비의 마음은 각각 인·의·예·지의 단(端)이다.
ㄷ. 맹자는 사람이 제 마음을 다하면 자기의 본성[性(성)]을 알게 되고 자기의 본성을 알면 하늘[天(천)]을 알게 된다고 주장하였다.

오답 피하기　ㄹ. 맹자에 따르면 인간의 본성은 선하므로 교정의 대상이 아니다.

03 공자와 맹자의 정치사상 비교 이해

문제 분석　제시문의 갑은 공자이고 을은 맹자이다. 공자는 통치자가 먼저 군자다운 인격을 닦고 덕으로써 백성을 교화하는 덕치(德治)를 강조했으며, 맹자는 인의(仁義)에 근거한 왕도(王道) 정치와 백성을 나라의 근본으로 여기는 민본주의를 강조하였다.

정답 찾기　③ 맹자에 따르면 백성은 일정한 생업[恒産(항산)]이

있어야 선한 마음[恒心(항심)]을 유지할 수 있다.

오답 피하기　① 묵자의 입장이다. 공자가 주장한 인(仁)은 존비친소(尊卑親疏)를 분별해서 실천하는 사랑이다.
② 맹자의 입장이다. 공자는 맹자와 달리 역성(易姓)혁명을 주장하지 않았다.
④ 도가의 입장이다.
⑤ 맹자는 인간의 본성이 선하다고 보았다.

04 순자의 인성론 이해

문제 분석　제시문은 순자의 주장이다. 순자에 따르면 인간의 타고난 성정(性情)은 악하며, 사람이 선하게 되는 것은 인위적인 노력[僞(위)]의 결과이다.

정답 찾기　③ 순자에 따르면 성인(聖人)도 악한 본성을 가지고 태어나지만 스스로 자기 본성을 바로잡고 예의와 법도를 제정한다.

오답 피하기　①, ②, ⑤ 도가 사상의 입장이다.
④ 순자에 따르면 인간은 모두 같은 본성을 가지고 태어난다.

05 주희의 기본 입장 파악

문제 분석　제시문은 주희의 주장이다. 주희에 따르면 하늘이 마음에 부여한 이치[理(이)]가 곧 인간의 본성[性(성)]이며 본성은 구체적으로 사덕을 가리킨다.

정답 찾기　⑤ 주희는 본성인 사덕을 마음의 본체로, 감정[情(정)]인 사단을 마음의 작용으로 보았다.

오답 피하기　① 주희는 만물이 이(理)와 기(氣)의 결합으로 이루어진다고 보았다.
② 주희는 인간에게 불선이 생기는 것은 기질이 탁하고 치우쳤기 때문이라고 보았다.
③ 주희에 따르면 본성이 곧 천리(天理)이므로 본성은 천하의 이치를 모두 아우를 수 있다.
④ 주희에 따르면 순선한 본연지성과 달리 기질지성은 사람의 타고난 기질에 따라 차이가 있으며 선과 악이 섞여 있다.

06 주희와 왕수인의 '격물치지' 비교 이해

문제 분석　그림의 갑은 주희이며 을은 왕수인이다. 두 사상가 모두 성인이 되기 위한 방법으로 '격물치지(格物致知)'를 제시하였으나 이를 서로 다르게 해석하였다.

정답 찾기　⑤ 주희는 앎이 극진하지 않더라도 효를 행해야 한다고 보았으며, 왕수인은 앎과 행함이 본래 하나임[知行合一(지행합일)]을 강조하였다.

오답 피하기　① 주희에 따르면 이(理)는 모든 사물 속에 보편적으로 존재하지만 형체가 없으므로 알기 어렵다. 따라서 이는 형체를

가진 사물을 통해 알 수 있다.

② 주희가 주장하는 '격물'은 사물의 이치를 탐구하는 것을, '치지'는 격물을 통해 나의 앎을 지극히 하는 것을 의미한다.

③ 왕수인에 따르면 의념은 마음이 발한 것이며 의념이 있는 곳이 바로 물(物)이다. 예를 들어 의념이 부모를 섬기는 데 있다면 부모를 섬기는 것이 바로 물이다.

④ 왕수인에 따르면 내 마음의 양지인 천리를 각각의 사물에 실현하면 각각의 사물이 모두 그 이치를 얻게 되는데, 내 마음의 양지를 실현하는 것이 '치지'이고 각각의 사물이 모두 그 이치를 얻는 것이 '격물'이다.

07 주희와 왕수인의 사상적 입장 비교 이해

문제 분석 갑은 주희이며 을은 왕수인이다. 주희는 선지후행(先知後行)을 주장하였다. 왕수인은 주희의 이러한 주장이 앎과 행함을 분리시키는 폐단을 일으켰다고 비판하면서 지행합일(知行合一)을 주장하였다.

정답 찾기 ㄷ. 주희와 왕수인에 따르면 마음은 몸을 주재한다.
ㄹ. 주희는 부정, 왕수인은 긍정할 진술이다. 선지후행을 주장한 주희와 달리 왕수인은 앎과 행함은 본래 하나라고 주장하였다.

오답 피하기 ㄱ. 주희가 부정할 진술이다. 주희도 인간에게 양지(良知)가 주어져 있다고 보았다.
ㄴ. 주희는 긍정, 왕수인은 부정할 진술이다. 왕수인은 마음이 곧 이치이며 마음 밖에는 어떤 이치도 없다고 보았다.

08 왕수인의 기본 입장 파악

문제 분석 제시문은 왕수인의 주장이다. 왕수인은 마음 밖에는 어떠한 이치도 없으며[心外無理(심외무리)] 마음 밖에는 어떠한 사물도 없다[心外無物(심외무물)]고 주장하였다.

정답 찾기 ⑤ 왕수인에 따르면 반드시 사욕을 제거해야 양지(良知)를 발휘할 수 있으며 양지를 발휘해야 성인(聖人)이 될 수 있다.

오답 피하기 ① 왕수인에 따르면 사람에게 부여되었다는 점에서 본성[性]이라고 하고 한 몸의 주재라는 점에서 마음[心]이라고 할 뿐 마음과 본성은 하나이며 그 본성은 곧 천리(天理)이다.
② 왕수인에 따르면 양지는 맹자가 말한 시비지심과 같은 것이다.
③ 왕수인에 따르면 마음의 본체는 본성이고 천리이며 양지이다.
④ 왕수인에 따르면 격물은 내 마음의 바르지 못한 의념을 바로잡아 그 본체의 바름을 회복하는 것이다.

---

1 ⑤	**2** ④	**3** ①	**4** ①
5 ③	**6** ⑤	**7** ②	**8** ③
9 ⑤	**10** ②		

1 공자, 맹자, 순자의 사상적 입장 비교 이해

문제 분석 제시문의 갑은 공자, 을은 맹자, 병은 순자이다. '군자'는 유교의 이상적 인간이지만 공자와 맹자, 순자가 강조한 군자의 모습에는 차이가 있다.

정답 찾기 ⑤ 맹자는 성선설을, 순자는 성악설을 주장하였다. 따라서 맹자는 선한 본성에 순응하여 그 본성을 실현한 사람을 군자로 본 반면, 순자는 악한 본성에 순응하지 않고 그 본성을 스스로 교화한 사람을 군자로 보았다.

오답 피하기 ① 공자는 정명(正名)을 강조하면서 이름[名(명)]이 바르지 않으면 말에 순서가 없게 되고 말에 순서가 없으면 일이 이루어지지 않으며 일이 이루어지지 않으면 예악이 일어날 수 없다고 주장하였다.
② 맹자에 따르면 인간의 타고난 본성은 선하며 육체의 욕구를 따르거나 악행을 저지른다고 해서 악으로 변하지 않는다.
③ 순자는 하늘[天]을 도덕의 근원이나 모범으로 보지 않았다.
④ 공자를 비롯한 유교 사상가들이 주장하는 인(仁)은 존비친소(尊卑親疏)를 분별해서 실천하는 사랑이다. 자기 부모와 남의 부모를 분별하지 않고 사랑하는 것은 묵자의 겸애(兼愛)에 해당한다.

2 왕수인의 기본 입장 파악

문제 분석 제시문은 왕수인의 주장이다. 왕수인에 따르면 마음[心(심)]과 본성[性(성)]과 이치[理(이)]는 하나이며 궁리(窮理)란 본성을 극진히 하는 것이다.

정답 찾기 ㄱ. 왕수인에 따르면 양지는 누구에게나 주어져 있는 것이다.
ㄴ. 왕수인에 따르면 본성은 마음의 본체로서 양지이며 천리(天理)이므로 바로잡을 필요가 없다.
ㄷ. 왕수인에 따르면 궁리란 사물의 이치를 깊이 탐구하는 것이 아니라 자기 본성을 다하는 것이며, 양지는 천리로서 사물의 이치에 대한 앎을 더할 필요가 없다.

오답 피하기 ㄹ. 왕수인에 따르면 앎은 행함의 시작이고 행함은 앎의 완성이다. 따라서 불선한 의념이 일어나는 것 자체가 불선한 행함의 시작이므로 그러한 생각조차 그쳐야 한다.

3 순자와 맹자의 사상적 입장 비교 이해

문제 분석 제시문의 갑은 순자이며 을은 맹자이다. 순자는 성악설을, 맹자는 성선설을 주장했으나 두 사상가 모두 성인이나 소인은 동일한 본성을 가지고 태어난다고 보았다.

정답 찾기 ㄱ. 순자는 긍정, 맹자는 부정의 대답을 할 질문이다. 순자는 본성을 교정해야 할 대상으로 보았으며 맹자는 본성을 기를 것[養性(양성)]을 주장하였다.

ㄴ. 순자가 긍정의 대답을 할 질문이다. 순자에 따르면 인간은 동물과 달리 선(善)을 인식할 수 있는 능력과 그것을 실천할 수 있는 능력을 가지고 있다.

오답 피하기 ㄷ. 맹자가 부정의 대답을 할 질문이다. 맹자에 따르면 성인과 소인은 모두 인의예지를 본성으로서 지니고 태어난다.

ㄹ. 맹자가 부정의 대답을 할 질문이다. 맹자는 누구나 도덕적 수양을 통해 성인이 될 수 있다고 보았으며, 구체적인 수양법으로서 잃어버린 마음을 되찾을 것[求放心(구방심)]과 욕심을 적게 가질 것[寡欲(과욕)], 사단(四端)을 확충(擴充)할 것, 옳은 일을 지속적으로 실천할 것[集義(집의)] 등을 제시하였다.

4 공자가 맹자와 순자에게 제시할 수 있는 견해 파악

문제 분석 제시문은 공자의 주장이다. 공자는 통치자가 덕성과 예의에 근거하여 백성을 교화하고 편안하게 해야 한다고 주장하였다.

정답 찾기 ① 공자와 순자는 모두 군주가 요임금과 순임금의 통치를 본받아야 한다고 보았다.

오답 피하기 ② 순자는 예치(禮治)를 주장하였다.

③ 맹자에 따르면 일반 백성과 달리 선비는 항산이 없어도 항심을 유지할 수 있다.

④ 맹자는 다른 사람에게 차마 어찌하지 못하는 마음[不忍人之心(불인인지심)]에 근거하여 통치한다면 세상을 다스리는 것이 손바닥 위에서 움직이는 것처럼 쉬울 수 있다고 강조하였다.

⑤ 공자는 통치자가 먼저 군자다운 인격을 닦고 백성을 편안하게 하는 덕치(德治)를 주장하였다.

5 공자, 노자, 순자의 사상적 입장 비교 이해

문제 분석 제시문의 갑은 공자, 을은 노자, 병은 순자이다. 공자가 말하는 도(道)는 인간으로서 마땅히 따라야 할 근본적인 행위 규범을, 노자가 말하는 도는 만물의 근원이자 변화의 법칙을, 순자가 말하는 도는 예(禮)나 법(法) 등과 같은 객관적 판단 기준으로서 인간이 삶을 영위하고 욕망을 적절하게 충족할 수 있도록 하는 것을 가리킨다.

정답 찾기 ③ 순자와 노자는 공자와 달리 하늘[天]을 인간의 도덕성이나 도덕규범과 무관한 존재로 보았다.

오답 피하기 ① 공자가 제시하거나 노자가 간과할 진술이 아니다. 공자는 도를 만물의 근원으로 보지 않았다. 노자에 따르면 도는 만물을 존재하고 변화시키는 원리일 뿐 아니라 이 세상 모든 것을

다스리는 원리이다.

② 노자가 제시할 진술이 아니다. 노자에 따르면 성인은 무위(無爲)하며 남에게 어떤 행동을 강요하지 않는다.

④ 순자가 제시할 진술이 아니다. 순자에 따르면 인간의 본성은 배우거나 노력해서 이루어질 수 있는 것이 아니라 본래 사람에게 갖추어져 있는 것이다.

⑤ 순자가 간과할 진술이 아니다. 순자가 주장하는 예치는 덕과 능력을 헤아려 지위와 관직을 맡기는 것을 포함한다.

6 맹자가 순자에게 제시할 수 있는 견해 파악

문제 분석 제시문은 맹자의 주장이다. 맹자에 따르면 대인이나 대장부 등 이상적인 인간은 도(道)에 따라 행한다. 맹자는 인(仁)에 거하고 의(義)를 따른다면 대인(大人)으로서의 조건을 다 갖춘 것이라고 주장하였다.

정답 찾기 ⑤ 순자에 따르면 누구나 인(仁)·의(義)·법(法)·정(正)을 알 수 있는 자질[質(질)]이 있고 누구나 그것들을 실천할 수 있는 능력을 갖추고[具(구)] 있다.

오답 피하기 ① 순자가 모르고 있는 내용이 아니다. 순자에 따르면 분수에 따라 인간의 욕망을 길러 주고 채워 주는 것은 예(禮)의 기능이다.

② 맹자가 주장할 내용이 아니다. 맹자에 따르면 호연지기는 의로움을 쌓음[集義(집의)]으로써 형성된다.

③ 맹자가 주장할 내용이 아니다. 맹자는 본성을 함양하는 방법으로 욕구 자체를 제거하는 것이 아니라 욕심을 적게 갖는 것[寡欲(과욕)]을 제시하였다.

④ 맹자가 주장할 내용이 아니다. 맹자에 따르면 백성이 가장 귀하고 사직(社稷)은 그다음이며 군주는 가장 가벼운 존재이다.

7 왕수인과 주희의 사상적 입장 비교 이해

문제 분석 그림의 갑은 왕수인, 을은 주희이다. 왕수인은 개별 사물에서 이치를 구하려는 것에 비판적인 태도를 취했으나 주희는 사물의 이치를 궁구하다 보면 어느 순간 활연관통(豁然貫通)하게 된다고 주장하였다.

정답 찾기 ② 왕수인과 주희는 모두 양지를 선천적인 앎으로 보았으나, 왕수인이 양지를 완전한 앎으로 본 것과 달리 주희는 이치를 궁구해야 그 앎이 완전해진다고 보았다.

오답 피하기 ① 왕수인과 주희 모두 부정의 대답을 할 질문이다. 천리(天理)란 하늘로부터 부여된 순선한 이(理)이며 악으로 변질되지 않는다.

③ 왕수인은 긍정의 대답을, 주희는 부정의 대답을 할 질문이다. 주희는 양지가 주어져 있더라도 사물의 이치를 궁구해야 한다고 주장하였다.

④ 왕수인은 긍정의 대답을, 주희는 부정의 대답을 할 질문이다.

주희는 사물에 나아가 그것의 이치를 궁구하는 것을 '격물'로 보았다.

⑤ 왕수인은 긍정의 대답을, 주희는 부정의 대답을 할 질문이다. 마음[心(심)]과 본성[性(성)], 이치[理(이)]를 하나로 본 왕수인은 궁리란 본성을 극진하게 발휘하는 것이라고 주장한 반면, 주희는 궁리란 사물의 이치를 궁구하는 것이라고 주장하였다.

8 주희의 사상적 입장 이해

문제 분석 제시문은 주희의 주장이다. 주희는 사물의 이치[理(이)]가 개별 사물보다 앞서 존재한다고 보았다. 예를 들어 꽃의 이치가 있기 때문에 꽃이 생겨나는 것이며 기(氣)에 의해 꽃의 형체가 만들어질 때 그것은 꽃의 이치에 따라 그렇게 된 것이다.

정답 찾기 ㄱ. 주희에 따르면 인간의 마음[心(심)]은 텅 비어 있으면서도 신비한 능력을 가지고 있어[虛靈(허령)] 하늘이 부여한 온갖 이치를 갖추고 있다.

ㄷ. 주희에 따르면 모든 사물은 이치를 부여받아 생성된다. 따라서 성인(聖人)이 되려면 구체적인 사물에 나아가 사물 속에서 이치를 궁구하여[格物(격물)] 앎을 지극하게 하는[致知(치지)] 공부가 필요하다.

오답 피하기 ㄴ. 주희는 인의예지를 마음의 본체[體(체)]로 보았으며 왕수인은 양지를 마음의 본체로 보았다.

9 주희와 왕수인의 심성론 비교 이해

문제 분석 제시문의 갑은 주희이며 을은 왕수인이다. 주희는 만물이 이(理)와 기(氣)의 결합으로 생겨났으며 각 사물에 부여된 이가 곧 그 사물의 본성이라고 보았다. 한편 왕수인은 마음 밖에는 사물이나 이가 존재하지 않는다고 보았다.

정답 찾기 ⑤ 주희는 치지를 사물의 이치에 대한 지식을 최대한 확충하여 그 지식이 도달하지 않은 곳이 없게 하는 것으로 보았다. 이에 비해 왕수인은 내 마음의 양지를 사물 하나하나에 온전하게 실현하는 것으로 보았다.

오답 피하기 ① 주희에 따르면 기질과 달리 본성은 곧 천리이므로 순선하며 탁함이나 치우침이 없다.

② 주희와 왕수인은 모두 본성은 마음의 본체이며 하늘로부터 부여받은 이치라고 보았다.

③ 왕수인만의 입장이다.

④ 왕수인에 따르면 앎은 마음의 본체이고 의념은 마음이 발한 것이며 의념이 있는 곳이 바로 물(物)이다. 따라서 마음과 앎, 의념, 물은 서로 불가분의 관계이다.

10 순자가 주희와 왕수인에게 제시할 수 있는 견해 파악

문제 분석 제시문은 순자의 주장이다. 순자는 성악설을 바탕으

로 스승과 법도에 의한 교화를 강조하였다.

정답 찾기 ② 순자에 따르면 인간은 다른 존재와 달리 인의(仁義)를 알 수 있는 도덕적 인식 능력과 그것을 실천할 능력을 갖추고 있다.

오답 피하기 ① 순자는 인간의 본성은 악하나 스승과 법도에 의한 교화로써 선하게 변할 수 있다고 보았다.

③ 순자는 예(禮)를 옳고 그름을 분별하는 객관적 기준으로 보았다.

④ 주희와 왕수인은 인간의 도덕적 본성을 하늘로부터 부여된 것으로 보았다.

⑤ 순자에 따르면 스승과 법도 없이 스스로 자기 본성을 바로잡은 성인(聖人)이 존재한다.

03 한국 유교와 인간의 도덕적 심성

설(性嗜好說)과 단시설(端始說)을 주장하였다.

정답 찾기 ④ 주희는 사단의 '단'을 '실마리[緖(서)]'로 해석한 반면, 정약용은 '시작[始(시)]'으로 해석하였다.

오답 피하기 ① 주희는 마음을 본체[體(체)]와 작용[用(용)]의 관점에서 바라보고 심통성정(心統性情)을 주장하였다.

② 정약용은 본성을 이법적 실체로 보는 성리학자들과 달리 본성을 일종의 경향성[嗜好(기호)]으로 보았다.

③ 주희는 사덕이 본성으로서 주어져 있다고 본 반면, 정약용은 사덕을 사단의 확충을 통해 형성되는 것으로 보았다.

⑤ 주희와 정약용은 모두 사단을 선천적으로 주어지는 것으로 보았다.

04 이황의 수양론 이해

문제 분석 (가)는 이황의 입장이다. 이황에 따르면 사단은 선하여 악이 없지만 기(氣)에 가리면 불선(不善)이 있게 되므로 기를 제어해야 사단을 제대로 발휘할 수 있다. 이런 이유에서 이황은 경(敬)으로 마음을 주재할 것을 강조하였다.

정답 찾기 ⑤ 이황에 따르면 경(敬) 공부의 목적은 사단과 칠정의 근원을 구분하여 기를 제어하고 이(理)에 의거하여 행하도록 하는 것이다.

오답 피하기 ① 노자의 입장이다. 노자에 따르면 학문을 하는 것은 날로 쌓아 가는 것이고 도를 닦는 것은 날로 덜어 내는 것이다. 덜어 내고 또 덜어 내어 무위(無爲)에 이를 수 있다.

② 정약용의 입장이다.

③ 왕수인의 입장이다.

④ 이황에 따르면 성(誠)은 하늘의 길[天道(천도)]이요 경은 사람의 길[人道(인도)]이며, 경으로써 수양하는 것은 성으로 나아가기 위함이다.

05 정약용의 기본 입장 파악

문제 분석 제시문은 정약용의 주장이다. 정약용에 따르면 인간의 마음에는 세 가지 이치, 즉 성(性)과 권형(權衡)과 행사(行事)가 있다. 성은 선을 좋아하고 악을 싫어하는 기호(嗜好)이며, 문자적으로 '추가 있는 저울'을 의미하는 권형은 선한 행동을 할지 악한 행동을 할지를 선택하는 능력이고, 행사는 선한 행동을 어렵게 하는 육체적 조건을 가리킨다.

정답 찾기 ② 정약용에 따르면 악행은 자주지권에 따라 일어난 것이다.

오답 피하기 ① 정약용은 욕망[欲(욕)]을 삶의 추동력으로 보았다. 즉 욕망이 없으면 일이나 공부는 물론 선이나 악도 행할 수 없다고 주장하였다.

③ 정약용에 따르면 도덕적 기호인 영지의 기호는 날 때부터 본성

01 이황의 이기론 파악

문제 분석 제시문은 이황의 주장이다. 이황은 기(氣)는 물론 이(理)도 작용성을 지니고 있으므로 이와 기는 모두 발할 수 있다고 주장하였다.

정답 찾기 ② 이황에 따르면 사단은 이가 발하고 기가 이를 따른 것이며 칠정은 기가 발하고 이가 기를 탄 것이다.

오답 피하기 ① 이이의 입장이다.

③ 이황을 비롯한 성리학자들은 만물을 이와 기가 결합하여 생겨난 것으로 보았다.

④ 이황을 비롯한 성리학자들은 이는 그 자체로 순선하다고 보았다.

⑤ 이황을 비롯한 성리학자들에 따르면 이는 만물을 낳는 원리이며 기는 만물을 이루는 재료이다.

02 이이의 심성론 파악

문제 분석 제시문은 이이의 주장이다. 이이는 현실적으로 존재하는 것은 기질지성뿐이라고 강조하였다. 이이에 따르면 본연지성은 기(氣)를 배제하고 이(理)만을 가리켜 말한 것이며 이론적으로만 가능할 뿐이다.

정답 찾기 ㄷ. 이이를 비롯한 성리학자들에 따르면 본연지성은 하늘로부터 부여받은 순수한 이 그 자체로서 인의예지의 덕을 갖추고 있다.

ㄹ. 이이에 따르면 사단과 칠정은 모두 현실적으로 존재하는 기질지성이 발한 감정이다.

오답 피하기 ㄱ. 이이는 본연지성은 관념적으로 존재하며 기질지성만이 현실적으로 존재한다고 강조하였다.

ㄴ. 이이에 따르면 본연지성은 기질에 깃든 이만을 가리키는 것이므로 기질지성은 본연지성을 포함하지만 본연지성은 기질지성을 포함할 수 없다.

03 주희와 정약용의 심성론 비교 이해

문제 분석 제시문의 갑은 주희이며 을은 정약용이다. 정약용은 주희의 성즉리설(性卽理說), 단서설(端緖說)을 비판하고 성기호

으로서 주어져 있는 것이다.

④ 정약용에 따르면 형구의 기호는 인간과 동물이 모두 가지고 있는 생리적 기호로서 이 기호를 따르면 선하기는 어렵고 악하기는 쉬워진다.

⑤ 정약용은 성리학자들과 달리 인간의 본성을 이법적 실체가 아닌 마음의 기호로 보았다.

06 이이의 이기론 파악

문제 분석 제시문은 이이의 주장이다. 이이에 따르면 기(氣)는 형태도 있고 작용도 있으나 이(理)는 형태도 없고 작용도 없다.

정답 찾기 ② 이이에 따르면 이는 형태가 없으나 기는 형태가 있으므로 이는 통하고 기는 국한되며, 이는 작용이 없으나 기는 작용이 있으므로 오직 기만 발할 수 있다.

오답 피하기 ① 이황과 이이에 따르면 이와 기는 서로 섞일 수 없는 것[理氣不相雜(이기불상잡)]이다.

③ 이이는 이는 작용이 없으므로 발할 수 없다고 주장하였다.

④, ⑤ 이황은 이의 순수성과 작용성에 근거하여 이귀기천(理貴氣賤)과 이기호발(理氣互發)을 주장하였다.

07 이황과 이이의 사단 칠정론 비교 이해

문제 분석 제시문의 갑은 이황이며 을은 이이이다. 이황은 칠정과 사단 모두 정(情)이지만 둘로 나누어 볼 수 있다고 보았으나 이이는 칠정과 사단을 전체와 부분의 관계로 보았다. 즉 칠정을 감정을 총칭하는 것으로, 사단을 칠정 중 선하게 드러난 감정을 가리키는 것으로 보았다.

정답 찾기 ㄴ. 이황과 이이는 칠정이 선하거나 악하게 드러날 가능성을 모두 가지고 있다고 보았다.

ㄷ. 이황과 이이는 모두 칠정을 기가 발하고 이가 기를 올라타서 드러난 감정으로 보았다.

ㄹ. 이이에 따르면 칠정은 사단을 포함하며, 사단은 칠정의 선한 측면을 가리킨다.

오답 피하기 ㄱ. 이황은 사단은 이가 발하고 기가 이를 따른 것이며 칠정은 기가 발하고 이가 기에 올라탄 것이므로 사단과 칠정의 연원이 다르다고 주장하였다.

08 정약용의 덕론 파악

문제 분석 제시문은 정약용의 주장이다. 정약용은 성리학자들과 달리 사덕은 본성으로서 주어져 있는 것이 아니라 사단을 확충함으로써 형성되는 것이라고 주장하였다.

정답 찾기 ⑤ 정약용에 따르면 사덕은 선을 좋아하고 악을 싫어하는 마음의 기호에 따라 행함으로써 갖춰진다.

오답 피하기 ①, ③ 이황과 이이를 비롯한 성리학자들의 입장이다.

② 정약용은 사단을 본성으로서 주어져 있는 영지의 기호의 구체적인 내용으로 보았다.

④ 정약용에 따르면 자주지권을 발휘하여 사단을 확충함으로써 사덕을 형성할 수 있다.

┌─────────────────────────────────┐
│ **수능 실전 문제**   본문 34~37쪽 │
│   │
│ **1** ①   **2** ③   **3** ④   **4** ③ │
│ **5** ⑤   **6** ①   **7** ④   **8** ④ │
└─────────────────────────────────┘

1 이이의 수양론 파악

문제 분석 가상 편지를 쓴 사상가는 이이이다. 이이는 불선의 원인이 기질의 흐림과 치우침에 있다고 보고 기질을 바로잡을 것[矯氣質(교기질)]을 강조하였다.

정답 찾기 ① 이이는 기를 단속하고 제어하여 기의 본연인 호연지기를 회복해야 한다고 주장하였다.

오답 피하기 ② 이이를 비롯한 성리학자들은 이(理)를 순선한 것으로 보았다.

③ 이이는 이는 작용성이 없으므로 발할 수 없다고 보았다.

④ 이이를 비롯한 성리학자들은 도덕 법칙을 따르고자 하는 마음[道心(도심)]에 따라 개인의 욕구를 충족하고자 하는 마음[人心(인심)]을 통제해야 한다고 보았다.

⑤ 이이는 기질지성을 본연지성으로 변화시킬 것이 아니라 기질을 맑게 하여 이(理)의 본연, 즉 본연지성을 실현할 것을 주장하였다.

2 정약용의 덕론 파악

문제 분석 제시문은 정약용의 주장이다. 정약용은 사단을 사덕의 근본으로 보았다. 즉 사단을 확충함으로써 사덕이 형성된다고 보았다.

정답 찾기 ③ 정약용에 따르면 사덕은 하늘이 명한 본성, 즉 영지의 기호를 실천으로 옮긴 이후에 형성되는 것이다.

오답 피하기 ① 정약용에 따르면 사덕은 마음의 기호를 따라 행함으로써 형성되는 덕이다.

② 성리학자들의 입장이다.

④ 정약용에 따르면 사덕은 사단의 존재를 알려주는 실마리[緖]가 아니라 사단을 확충함으로써 형성되는 덕이다.

⑤ 정약용에 따르면 선을 좋아하고 악을 싫어하는 영지의 기호와 악으로 흐르기 쉬운 형구의 기호가 있을 뿐 그 자체로 선한 기호나 악한 기호는 없다.

3 이이와 정약용의 심성론 비교 이해

문제 분석 제시문의 갑은 이이이며 을은 정약용이다. 이이를 비롯한 성리학자들은 기질지성을 이(理)가 기질에 깃든 것으로 보며 기질 속의 이만을 가리켜 본연지성이라고 하였다. 한편 본성을 마음의 기호로 본 정약용에 따르면 기질지성은 형구의 기호이며 천명지성은 영지의 기호이다.

정답 찾기 ㄱ. 이이를 비롯한 성리학자들에 따르면 만물은 하나인 이를 각자의 본연지성으로서 가지고 있다. 이에 반해 정약용은 초목과 동물, 인간이 지닌 본연지성은 서로 다르다고 주장하였다. 즉 인간만이 선을 좋아하고 악을 싫어하는 영지의 기호를 본연지성으로서 가지고 태어난다고 주장하였다.

ㄴ. 이이를 비롯한 성리학자들은 사덕을 본연지성의 내용으로 보았다. 그러나 정약용은 본연지성을 선을 좋아하고 악을 싫어하는 기호로 보았다.

ㄹ. 정약용에 따르면 기질지성은 생리적 욕구인 형구의 기호이다. 따라서 형구의 기호를 따르면 선을 행하기는 어렵고 악으로 흐르기는 쉽다.

오답 피하기 ㄷ. 이이에 따르면 본연지성은 이만을 가리켜 말한 것이며 이는 작용성이 없으므로 외물에 반응할 수 없다. 감정은 외물에 대한 기질지성의 감응으로써 생겨난다.

4 이이가 이황에게 제기할 수 있는 반론 이해

문제 분석 제시문은 이황의 주장이다. 이황에 따르면 "중용(中庸)"에서 말하는 '천명지위성(天命之謂性)'과 "맹자"에서 말하는 '성선(性善)'의 '성'은 모두 본연지성을 가리킨다. 그리고 본연지성은 마음의 이(理)가 기질(氣質)에 섞이지 않은 상태이므로 순선한 반면, 기질지성은 기질에 섞인 상태이므로 선할 수도 있고 악할 수도 있다.

정답 찾기 ③ 이가 발할 수 있다고 본 이황과 달리, 이이는 이는 발하는 까닭일 뿐이며 발하는 것은 기뿐이라고 주장하였다.

오답 피하기 ① 이이와 이황을 비롯한 성리학자들에 따르면 사단은 성(性)이 아니라 정(情)이다.

② 이이는 사단을 칠정의 선한 측면으로 보았다.

④ 이이와 이황을 비롯한 성리학자들에 따르면 마음의 본체는 성이다. 사단은 정이며 정은 마음의 작용이다.

⑤ 이이와 이황을 비롯한 성리학자들에 따르면 사단은 사덕의 실마리[緒(서)]이다.

5 이황, 이이, 정약용의 사상적 입장 비교 이해

문제 분석 제시문의 갑은 이황, 을은 이이, 병은 정약용이다. 이황은 사단과 칠정을 서로 다른 감정으로 본 반면, 이이는 감정은 칠정뿐이며 사단은 칠정의 선한 측면일 뿐이라고 주장하였다. 한

편 정약용은 사덕을 사단의 근본으로 보는 성리학자들을 비판하면서 사덕은 자주지권을 발휘하여 사단을 확충함으로써 형성되는 것이라고 주장하였다.

정답 찾기 ⑤ 이황을 비롯한 성리학자들의 성즉리설(性卽理說)에 따르면 하늘이 인간에게 부여한 성(性)이 곧 이(理)이며 이는 우주 자연의 원리이자 만물의 궁극적 실체(實體)이며 이법적(理法的) 실체이다. 그러나 정약용에 따르면 하늘이 인간에게 부여한 성은 그러한 실체가 아니라 선을 좋아하고 악을 싫어하는 마음의 기호(嗜好)이다.

오답 피하기 ① 이황과 마찬가지로 이이 또한 경(敬) 공부를 통해 성(誠)에 이를 수 있다고 보았다.

② 이이는 이의 발현이 불가능하다고 보았다.

③ 정약용에 따르면 인간의 마음에는 세 가지 이치, 즉 본성[性(성)], 권형(權衡), 행사(行事)가 있으며 본성은 마음의 권형이 아니라 마음의 기호(嗜好)이다.

④ 이이를 비롯한 성리학자들은 사덕이 주어져 있기 때문에 사단이 드러날 수 있다고 보았다. 사단의 확충과 사덕의 형성을 원인과 결과의 관계로 본 사상가는 정약용이다.

6 이황, 이이, 정약용의 사상적 입장 비교 이해

문제 분석 갑은 이황, 을은 이이, 병은 정약용이다. 세 사상가들은 각자 자신들만의 심성론에 근거하여 인간이 악행을 저지르는 이유를 설명하였다.

정답 찾기 ① 이황은 이(理)가 발한 것이 완수되지 못하고 기(氣)에 가려지면 불선이 생긴다고 보았다.

오답 피하기 ② 이이를 비롯한 성리학자들에 따르면 인간을 포함한 만물은 이와 기의 결합으로 이루어지며 이와 기는 서로 떨어져 있을 수 없다[理氣不相離(이기불상리)].

③ 정약용에 따르면 인간은 스스로 선을 선택하고 행할 수 있는 권능, 즉 자주지권(自主之權)을 하늘로부터 부여받아 태어난다.

④ 양명학자인 왕수인의 입장이다.

⑤ 정약용은 인간의 본성을 이법적 실체로 보지 않았다.

7 왕수인과 이황의 사상적 입장 비교 이해

문제 분석 제시문의 갑은 왕수인이며 을은 이황이다. 이황은 감각적 대상과 관련해서는 앎과 행함이 별개가 아니라고 할 수 있지만 도덕과 관련해서는 그렇지 않다고 보았다. 즉 도덕적 앎이 곧 도덕적 행위는 아니라고 주장하면서 왕수인의 지행합일설(知行合一說)을 비판하였다.

정답 찾기 ④ 왕수인이 마음과 본성, 이치를 하나로 본 것과 달리, 이황을 비롯한 성리학자들은 본성은 마음에 깃든 이치이며 시비를 분별하는 최종적인 준거는 마음이 아니라 본성이라고 보았다.

오답 피하기 ① 왕수인에 따르면 양지란 사단 가운데 시비지심과 같은 것으로, 선악과 시비를 판단하는 능력이면서도 선을 좋아하고 악을 미워하는 감정을 가리키기도 한다.

② 왕수인의 입장이다.

③ 왕수인에 따르면 효의 이치는 부모에게서 구할 수 없다. 이치는 마음에 있을 뿐이다. 이 마음이 사욕에 가려지지 않은 것이 바로 천리이며 이 순수한 천리의 마음을 부모를 섬기는 데 드러낸 것이 바로 효이다.

⑤ 양명학자들과 성리학자들은 인욕을 제거해야 천리를 보존할 수 있다고 보았다.

8 이이의 이기론 파악

문제 분석 제시문은 이이의 주장이다. 이이는 이황의 이기호발설(理氣互發說)을 비판하고 기발이승일도설(氣發理乘一途說)을 주장하면서 마음의 작용뿐만 아니라 천지의 조화 모두 기(氣)가 발하고 이(理)가 기를 올라탄 것이라고 강조하였다.

정답 찾기 ㄱ. 이이는 이의 작용성을 부정하였다.

ㄴ. 이이에 따르면 본연지성은 기가 배제된 순수한 이(理)만을 의미하는데 이는 본래 순선하므로 터럭만큼의 수양도 더할 필요가 없다. 반면 기질지성은 기질과 이가 묘합(妙合)된 것이므로 도덕적 수양이 필요하다.

ㄷ. 이이를 비롯한 성리학자들은 만물에 이가 내재한다고 보았다.

오답 피하기 ㄹ. 이이에 따르면 사단은 칠정에 포함되는 감정이며 칠정은 기가 발하고 이가 기를 올라타서 드러난 감정이다.

04 불교와 자비 및 화합의 윤리

수능 기본 문제 본문 44~45쪽

| 01 ⑤ | 02 ② | 03 ③ | 04 ④ |
| 05 ① | 06 ② | 07 ① | 08 ⑤ |

01 석가모니의 사상적 입장 이해

문제 분석 제시문은 석가모니의 주장이다. 석가모니가 수행을 통해 깨달은 성스러운 네 가지 진리를 사성제라고 한다. 이는 중생의 삶은 본래 괴로움이라는 현실과 괴로움의 원인, 괴로움의 소멸과 괴로움의 소멸에 이르는 길을 밝힌 것이다.

정답 찾기 ⑤ 석가모니에 따르면 해탈의 경지는 팔정도(八正道)를 수행하여 무명이나 갈애와 같은 번뇌가 소멸된 상태이다.

오답 피하기 ① 석가모니에 따르면 중도(中道)의 구체적 내용인 팔정도를 수행하면 해탈에 이를 수 있다.

② 석가모니에 따르면 해탈에 이른 중생은 더 이상 윤회를 반복하지 않게 된다.

③ 석가모니에 따르면 윤회에서 벗어나지 못하여 반복해서 태어나는 중생의 삶은 고통이다.

④ 석가모니에 따르면 팔정도를 수행함으로써 깨달음을 얻으면 무명이나 갈애가 소멸하고, 고통이 없는 상태인 해탈에 이르게 된다.

02 용수와 세친의 사상적 입장 이해

문제 분석 갑은 중관 사상가인 용수, 을은 유식 사상가인 세친이다. 중관 사상에 따르면 연기의 진리가 곧 공(空)이며 중도(中道)이다. 따라서 모든 존재는 고정된 불변의 성질인 자성(自性)을 갖지 못한다. 유식 사상에 따르면 우리가 인식하는 외부 세계와 나는 오직 식(識)으로만 존재하며, 실제로 그와 같은 대상[境(경)]은 없다.

정답 찾기 ② 용수는 원인과 조건에 의해 생성되고 소멸되는 모든 존재와 현상의 실제 모습은 공하며, 이것이 곧 연기의 원리라고 보았다.

오답 피하기 ① 용수는 모든 존재와 현상은 다른 것과 혼동되지 않고 변하지도 않는 고유한 성질을 가질 수 없다고 보았다.

③ 세친은 일체가 오직 식뿐이라 주장하며, 이는 마음의 본체와 작용을 포함한다고 보았다.

④ 세친은 모든 존재와 현상은 마음을 떠나서는 존재하지 않는다고 보았다.

⑤ 용수와 세친의 사상은 모두 공관(空觀)에 기반하고 있다. 따라서 모든 존재와 현상은 연기의 원리에 따라 생성, 변화, 소멸한다

고 보았다.

03 석가모니의 사상적 입장 이해

문제 분석 제시문은 석가모니의 주장이다. 연기법의 원리에 따라 생멸하고 변화하는 모든 것은 무상(無常)하고, 무아(無我)이며, 고(苦)이다.

정답 찾기 ③ 석가모니는 원인과 조건에 의해 형성된 모든 것은 무상하고, 무아이며, 변화하지 않는 것은 없으므로 집착할 것도 없다고 보았다.

오답 피하기 ① 석가모니는 오온(五蘊) 자체가 무상이고, 무아이며, 고통이라고 보았다.
② 석가모니는 열반이란 일체의 번뇌가 소멸하고, 번뇌의 속박에서 벗어난 궁극적 상태라고 보았다. 따라서 소멸하거나 변화하는 법이라 할 수 없다.
④ 석가모니는 있음[有]과 없음[無] 어느 것에도 집착하면 안 된다고 보았다.
⑤ 석가모니는 삼독(三毒), 즉 탐욕, 성냄, 어리석음을 제거하기 위해 계율, 선정, 지혜[戒定慧(계정혜)]의 삼학(三學)을 통한 체계적인 수행이 필요하다고 보았다.

04 대승 불교 사상의 이해

문제 분석 제시문은 대승 불교 사상의 입장이다. 대승 불교는 자신의 깨달음뿐만 아니라 중생의 구제를 우선으로 하는 가치 체계를 세웠으며, 일부 부파 불교에서 주장하는 법의 실재성을 비판하는 것을 중심 주제로 삼는다.

정답 찾기 ㄴ. 대승 불교는 모든 중생에게 부처가 될 수 있는 성품이 갖추어져 있다고 본다.
ㄹ. 대승 불교의 이상적 인간상인 보살은 위로는 깨달음을 구하고 아래로는 중생을 구제함을 목표로 삼는 수행자이다.

오답 피하기 ㄱ. 대승 불교에서는 보살이 열반에 이르기 위해 실천해야 할 여섯 가지 수행의 덕목으로 육바라밀을 제시한다. 이중에는 욕됨을 참고 어려움을 견딜 뿐만 아니라 이를 모두 수용하여 마음이 흔들리지 않는 수행인 인욕바라밀(忍辱波羅蜜)이 포함된다.
ㄷ. 대승 불교에서는 연기법의 원리에 따라 생성·소멸하는 모든 것은 '나[我]'라는 고정된 실체가 없다고 본다.

05 교종과 선종의 사상적 입장 이해

문제 분석 ㉠은 교종, ㉡은 선종이다. 교종은 부처의 말씀인 경전을 근본 가르침으로 하는 교단이며, 교리에 대한 깊은 이해와 계율의 실천을 통한 성불(成佛)을 중시한다. 선종은 진리가 모든 사람의 마음속에 있다고 보고 수행을 통한 주체적인 자아의 완성

과 해탈을 강조하며, 자신의 마음을 직접 보고 자신의 본성이 곧 불성임을 깨달으면 부처가 될 수 있다고 본다.

정답 찾기 ① 부처의 가르침이 오직 마음에서 마음으로 전해진다고 보는 것은 선종의 입장이다.

오답 피하기 ② 교종과 선종에서는 모두 깨달음을 얻기 위해 선정과 지혜를 함께 닦아야 한다고 본다.
③, ④ 선종은 복잡한 의례보다는 참선(參禪)을 통한 본성의 자각을 중시한다.
⑤ 교종과 선종은 모두 대승 불교 사상으로서 공 사상을 기반에 두었으며, 중생의 구제에 힘써야 한다고 본다.

06 혜능의 사상적 입장 이해

문제 분석 제시문은 혜능의 주장이다. 혜능은 선종의 대표적 인물이며, 자신의 청정한 본래 성품[自性(자성)]을 단박에 깨닫게 되면 수행도 단박에 완성되고 부처의 경지에 이를 수 있다고 보았다.

정답 찾기 ② 혜능은 자신의 본성을 직관하여 한순간에 깨달으면 곧 부처가 될 수 있다고 보았다.

오답 피하기 ① 혜능은 문자에 의존하지 않고도 깨달음에 이를 수 있다고 보았다.
③ 혜능은 모든 중생에게 부처가 될 수 있는 청정한 성품이 있다고 보았다.
④ 깨달음 이후에도 꾸준히 수행을 해야 한다는 돈오점수(頓悟漸修)는 지눌의 주장이다.
⑤ 혜능은 중생의 성품이 하늘로부터 부여받은 것이라고 보지 않았다.

07 원효의 사상적 입장 이해

문제 분석 제시문은 원효의 주장이다. 원효는 일심(一心)을 일체의 분별과 이원적 대립을 초월한 것이며, 본래 깨끗하고 맑은 마음으로 보았다. 따라서 '모든 사상을 분리시켜 자기 종파의 입장만을 고집하지 말고, 보다 높은 차원에서 하나로 종합해야 한다.'라는 원융회통(圓融會通)을 주장하였다.

정답 찾기 ㄱ. 원효는 모든 경전의 가르침도 결국은 일심의 펼침이며, 일심을 떠나지 않는다고 보았다.
ㄴ. 원효는 염불을 외는 것만으로도 누구나 극락왕생하여 불도(佛道)를 이룰 수 있다고 설파하였다.

오답 피하기 ㄷ. 원효는 자기 성품의 청정함을 바로 보면 무명에서 벗어날 수 있다고 보았다.
ㄹ. 원효는 일심을 근거로 하여, 대립하는 여러 종파의 주장을 보다 높은 차원에서 종합하고자 하였다.

08 의천의 사상적 입장 이해

문제 분석 제시문은 의천의 주장이다. 의천은 원효의 화쟁 사상을 높이 평가하면서, 화쟁 사상에 근거하여 교종과 선종의 조화를 주장하였다.

정답 찾기 ㄷ. 의천이 긍정의 대답을 할 질문이다. 그는 깨달음을 위해서는 종파에 얽매이지 않고 소승과 대승의 경전을 폭넓고 균형 있게 공부해야 한다고 보았다.

ㄹ. 의천이 긍정의 대답을 할 질문이다. 그는 천태종을 새롭게 세웠으며, 좌선과 지관(止觀) 수행을 중시하는 천태종의 교리가 포괄적이므로 선종의 가르침과도 통할 수 있다고 보았다.

오답 피하기 ㄱ. 의천이 부정의 대답을 할 질문이다. 그는 내외겸전(內外兼全)을 주장하면서, 내적인 공부[선종]와 외적인 공부[교종]를 함께 해야 한다고 보았다.

ㄴ. 의천이 부정의 대답을 할 질문이다. 그는 교종을 중심으로 선종과의 조화를 추구하였다.

수능 실전 문제　　　　　　　　　　본문 46~50쪽

1 ⑤	2 ④	3 ②	4 ⑤
5 ①	6 ③	7 ②	8 ④
9 ③	10 ④		

1 석가모니의 사상적 입장 이해

문제 분석 제시문은 석가모니의 주장이다. 그는 연기설을 주장하였으며, 이는 모든 현상이 원인[因]과 조건[緣]에 의하여 생겨나고 소멸된다고 보는 이론이다. 그러므로 중생이 겪을 수밖에 없는 고통도 원인과 조건에 의하여 생겨나고, 원인과 조건이 소멸되면 고통도 소멸하게 된다고 보았다. 따라서 팔정도를 닦아 모든 번뇌를 없애면 중생은 고통에서 완전히 벗어나게 된다고 보았다.

정답 찾기 ⑤ 석가모니는 수행의 이론적 측면과 실천적 측면이 모두 중요하다고 보았다. 팔정도의 수행도 기본적으로 삼학의 수행이 펼쳐진 것이므로 석가모니가 강조한 삼학의 수행을 기준으로 보면, 먼저 계(戒)는 이론적 요소가 강한 내용이다. 정(定)은 실천적 측면이 강하다. 혜(慧)에 있어서도 문사수(聞思修)의 세 가지 혜를 강조하고 있다. 문혜(聞慧)는 법문을 들음으로써 불법에 대한 이해를 얻는 것이고, 사혜(思慧)는 법문을 이해하고 깊이 숙고함으로써 자기 것으로 만드는 것이며, 수혜(修慧)는 위빠사나[觀] (관) 명상 수행을 통해 존재하는 현상의 실제 모습을 통찰하는 것이다.

오답 피하기 ① 석가모니에 따르면 불교 수행의 궁극적 목표는 분별을 멈추고 현상의 모든 것을 바르게 통찰하는 지혜를 알고 얻어

서 해탈이나 열반을 성취하는 것이다.

② 석가모니는 수행자가 무지가 아닌 지혜를 증득해야 한다고 보았다.

③ 석가모니는 팔정도의 수행을 통해서 존재의 실상을 통찰하는 지혜를 갖출 수 있다고 보았다.

④ 석가모니는 어느 한쪽에 치우치지 않는 중도(中道)의 수행을 강조하였다.

2 석가모니와 맹자의 사상적 입장 이해

문제 분석 갑은 석가모니, 을은 맹자이다. 석가모니는 중도(中道)의 실천을 통해 사물의 실상을 있는 그대로 통찰하면 열반의 경지에 이를 수 있다고 보았다. 맹자는 인간이 하늘로부터 도덕적 본성을 부여받은 존재라고 보았다. 그리고 이러한 도덕적 본성을 삶 속에서 구현하기 위해 끊임없이 자신의 수양에 힘써야 한다고 주장하였다.

정답 찾기 ㄱ. 석가모니와 맹자는 모두 훌륭한 스승의 가르침이 진리를 깨닫는 데 도움이 된다고 보았다.

ㄴ. 석가모니와 맹자는 모두 극단에 치우치지 않는 중도의 자세로 수행에 임해야 한다고 보았다.

ㄹ. 석가모니와 맹자는 모두 선악을 바르게 구분하고, 선행을 실천하려고 노력해야 한다고 보았다.

오답 피하기 ㄷ. 석가모니는 하늘이 인간에게 선한 본성을 부여한다고 보지 않았다.

3 용수와 세친의 사상적 입장 이해

문제 분석 갑은 중관 사상가인 용수, 을은 유식 사상가인 세친이다. 중관 사상에서는 모든 것이 연기의 원리에 따라 생겨나고 소멸하므로 고정불변의 독자적 속성을 지니지 않는다고 본다. 유식 사상에서는 모든 현상은 오직[唯] 마음[識]의 작용으로만 존재하고, 마음을 떠나서는 존재하지 않는다고 본다.

정답 찾기 ㄴ. 용수가 긍정의 대답을 할 질문이다. 용수는 모든 존재와 현상은 있음[有]과 없음[無]의 양극단이 아닌 중도의 자리에 머문다고 보았다.

ㄷ. 용수가 긍정의 대답을 할 질문이다. 용수는 궁극적 진리인 공성(空性)을 깨달아 해탈하기 위해서는 사성제와 같이 언어로 표현된 경전의 가르침에 의존해야 하지만, 결국에는 명상을 통해 언어와 분별을 넘어서야 한다고 보았다.

오답 피하기 ㄱ. 용수와 세친이 모두 긍정의 대답을 할 질문이다. 중관 사상과 유식 사상은 모든 현상의 실제 모습을 공관(空觀)에 기반하여 설명한다.

ㄹ. 세친이 부정의 대답을 할 질문이다. 세친은 분별을 본성으로 하는 마음인 식(識)을 변화시켜 분별이 없는 마음인 지(智)를 얻는 것을 수행의 목표로 보았다.

4 대승 불교 사상의 이해

문제 분석 제시문은 대승 불교 사상의 입장이다. 대승 불교에서 제시되는 이상적 인간상은 보살이다. 보살은 자신의 깨달음뿐만 아니라 타인의 깨달음도 중시한다. 보살은 '위로는 진리를 추구하고, 아래로는 중생을 구제하고자 노력하는 사람'이다.

정답 찾기 ⑤ 대승 불교에서는 보살이 중생에게 행하는 보시가 곧 수행과 다르지 않다고 본다.

오답 피하기 ①, ②, ③ 대승 불교에서는 보살이 베푸는 보시에는 세 가지가 있다고 본다. 먼저 재물로써 베푸는 재시(財施), 석가모니의 가르침을 베푸는 법시(法施), 두려움과 어려움으로부터 구제해 주는 무외시(無畏施)가 있다.
④ 대승 불교에서는 상(相)에 머무름이 없는 보시[無住相布施(무주상보시)]를 강조한다. 이는 남에게 무엇을 주었다는 생각[相]조차 갖지 않는 보시를 말한다.

5 원효와 의천의 사상적 입장 이해

문제 분석 갑은 원효, 을은 의천이다. 원효는 일심(一心)을 바탕으로 일체의 대립을 넘어서서 여러 종파와 사상을 높은 차원에서 종합해야 한다고 보았다. 의천은 내외겸전(內外兼全)을 주장하면서, 내적인 공부[선종]와 외적인 공부[교종]를 함께 해야 한다고 보았다.

정답 찾기 ㄱ. 원효는 일심으로 돌아가 모든 생명을 이롭게 해야 한다는 깨달음을 바탕으로 중생을 구제하고자 하였으며, 자비의 실천을 강조하였다.
ㄷ. 의천은 깨달음을 위해서는 종파에 얽매이지 않고 소승과 대승 경전을 폭넓고 균형 있게 공부할 것을 주장하며 종파를 넘나드는 포용적 사유가 필요하다고 보았다.

오답 피하기 ㄴ. 원효는 편견과 대립이 없는 원융회통의 주체이며, 화쟁의 주체가 바로 일심이며, 중생의 본래 맑고 깨끗한 마음[自性淸淨心(자성청정심)]은 본래 타고난 것으로 형성되는 것이 아니라고 보았다.
ㄹ. 화두에 집중하여 깨우침을 얻는 수행법인 간화선(看話禪)은 지눌이 강조한 것이다.

6 대승 불교와 도가의 사상적 입장 이해

문제 분석 (가)는 대승 불교 사상, (나)는 도가 사상가인 장자의 입장이다. 대승 불교는 공(空) 사상을 중심으로 크게 발전하였다. 공 사상에서는 모든 현상과 존재가 고정불변의 독자적인 실체를 지니지 않는다고 본다. 장자는 차별적이고 분별적인 인식을 버리고 자연의 도에 따라 살아가면 정신적 자유의 경지를 실현할 수 있다고 보았다.

정답 찾기 ㄴ. 대승 불교에 따르면 공(空)은 단순히 없음[無]을 설명하는 개념이 아니라 연기하는 모든 법(法)은 조건에 의지해 생멸 변화하므로 비유(非有)이면서 비무(非無)라는 것이다.
ㄹ. 대승 불교와 도가 사상은 모두 분별적 사고를 버리고 만물이 평등함을 알아야 한다고 본다.

오답 피하기 ㄱ. 대승 불교에 따르면 모든 존재와 현상은 무상(無常)하고, 무아(無我)이므로 실체로서의 자아는 없다.
ㄷ. 도가 사상에서는 언어적 가르침에 기반한 지식을 통해서는 도를 올바르게 알 수 없다고 본다.

7 혜능과 지눌의 사상적 입장 이해

문제 분석 갑은 혜능, 을은 지눌이다. 혜능은 중생이 자기의 본래 마음을 직관하면 단박에 깨달음을 얻을 수 있다[頓悟(돈오)]고 보았다. 지눌은 중생이 부처임을 단박에 깨닫더라도 오래된 습기(習氣)는 한 번에 없어지지 않으므로, 이러한 습기를 제거하기 위해 점진적으로 닦는 수행인 점수(漸修)가 필요하다고 보았다.

정답 찾기 ② 혜능은 번뇌에서 벗어난 세상인 정토가 마음 바깥이 아니라 자신 안에 있다고 보았다.

오답 피하기 ① 혜능은 자신의 본성을 제대로 바라본다면[見性(견성)] 누구나 부처가 될 수 있다고 보았다.
③ 지눌은 돈오하더라도 오랫동안 누적된 습기는 바로 제거되지 않으므로 이를 제거하기 위해 점진적이고 지속적인 수행인 점수가 필요하다고 보았다.
④ 지눌은 마음의 본체와 작용이 서로 떠날 수 없듯이 정과 혜도 서로 떠날 수 없으므로 항상 같이 닦아야 한다고 보았다.
⑤ 혜능과 지눌은 모두 만물이 연기의 원리에 따라 생겨나고, 유지되고, 사라지므로 무상(無常)하다고 보았다.

8 지눌의 사상적 입장 이해

문제 분석 제시문은 지눌의 주장이다. 지눌은 돈오란 자신의 마음이 부처의 마음과 다르지 않음을 깨닫는 것이며, 점수란 자신이 쌓아 온 그릇된 인식과 경험을 제거해 나가는 지속적인 수행이라고 보았다. 이처럼 수행은 소를 먹이듯이 차례차례로 마음을 찾아 길들여 가는 것이라고 보고 목우행(牧牛行)이라고 하였다.

정답 찾기 ④ 지눌은 분별을 멈춰서 마음이 집중된 상태[定(정)]에 이르고, 현상의 실제 모습을 바르게 관찰하여 알게 되는[慧(혜)] 수행을 통해 깨달음이 완성된다고 보았다.

오답 피하기 ① 지눌은 중생 자신의 본성이 곧 부처라고 보았기 때문에, 불성을 형성해야 한다고 주장하지 않았다.
② 지눌은 경전 공부에 얽매이지 않아야 함을 주장하였으나 경전을 배제하지는 않았다. 지눌은 당시 선종의 도덕적 자만이나 막연한 수행 끝에 결국 아무것도 얻지 못하고 좌절하는 병폐를 지적하며, 참된 언어적 가르침[如實言敎(여실언교)]이 필요하다고 보았다.

③, ⑤ 지눌은 자기 성품이 본래 부처임을 깨닫더라도, 오랫동안 몸에 밴 습기(習氣)가 남아 있기 때문에 꾸준히 실천하는 수행이 필요하다고 보았다.

9 원효와 혜능의 사상적 입장 이해

문제 분석 갑은 원효이고, 을은 혜능이다. 원효는 일심을 일체의 분별과 일체의 이원적 대립을 초월한 것이며 본래 깨끗하고 맑은 마음으로 보았다. 혜능은 자신의 내면에 있는 본성을 인식하여 한 번에 깨달으면 곧장 부처의 경지에 이른다고 보았다.

정답 찾기 ㄷ. 혜능은 경전의 이해를 중시하는 교종의 수행 방법을 비판적으로 보고, 선종에서 강조하는 직관 수행을 통해 불교의 궁극적인 목적인 깨달음을 얻을 수 있다고 보았다.
ㄹ. 원효와 혜능은 모두 중생의 본래 성품이 맑고 깨끗하다고 보았다.

오답 피하기 ㄱ. 원효는 중생의 마음을 맑고 깨끗한 모습인 진여문(眞如門)과, 때 묻고 물든 모습인 생멸문(生滅門)이라는 두 가지 측면으로 설명하지만, 결국 이 모든 것은 하나의 마음[一心(일심)]으로 귀결된다고 보았다.
ㄴ. 원효는 화쟁(和諍) 사상을 제시하면서 서로 다른 주장과 견해들이 보다 높은 차원에서 조화를 이루어 다툼과 대립에서 벗어나 화해하고 화합해야 한다고 보았다.

10 석가모니의 사상적 입장 이해

문제 분석 제시문은 석가모니의 주장이다. 석가모니는 세상 모든 것이 서로 의존하는 관계에 있고, 상호 의존적으로 생겨나고, 유지되고, 소멸한다고 보았다. 이러한 연기법의 원리에 따라 생성 소멸하는 모든 것은 무상(無常)하고, 무아(無我)이며, 고(苦)이다.

정답 찾기 ㄱ. 석가모니에 따르면 연기법의 원리에 의해 생겨나고 소멸하는 모든 것은 불변의 주체로서의 자아가 없으며, 불변의 본질 또한 없다[諸法無我(제법무아)].
ㄴ. 석가모니에 따르면 연기법의 원리에 의해 생겨나고 소멸하는 모든 것은 영원할 수 없다[諸行無常(제행무상)].
ㄷ. 석가모니에 따르면 연기법의 원리에 의해 생겨나고 소멸하는 모든 것이 무상하고, 무아임을 중생이 깨닫지 못하기 때문에 중생의 삶은 본질적으로 괴로울 수밖에 없다[一切皆苦(일체개고)].

오답 피하기 ㄹ. 석가모니에 따르면 열반의 경지는 팔정도를 수행하여 무명(無明)이나 갈애(渴愛)와 같은 고통의 원인이 소멸된 상태이다. 모든 번뇌의 불길이 사라진 열반의 경지는 죽음을 통해서만 도달할 수 있는 단계가 아니다.

05 도가 사상과 무위자연의 윤리

수능 기본 문제   본문 56~57쪽

01 ④	02 ④	03 ⑤	04 ①
05 ③	06 ②	07 ②	08 ③

01 노자의 사상적 입장 이해

문제 분석 제시문은 노자의 주장이다. 노자는 도(道)에 따르는 무위자연(無爲自然)의 삶을 강조하였다.

정답 찾기 ④ 노자는 예의(禮義)와 같은 인위적 규범을 멀리하고 도에 따라 자연스럽게 사는 삶을 강조하였다.

오답 피하기 ① 노자는 인의(仁義)의 덕을 갖춘 사람을 숭상하거나 그의 가르침을 받고 따르는 것이 아니라 도에 따라 살아야 함을 강조하였다.
② 노자는 백성이 무지하고 무욕한 삶을 살도록 이끌어야 한다고 보았다.
③ 노자는 사람들이 시비와 선악 등의 분별적 지식에서 벗어나야 한다고 보았다.
⑤ 윤회를 끊고 해탈에 이르는 삶을 강조한 사상가는 석가모니이다.

02 장자의 사상적 입장 이해

문제 분석 제시문은 장자의 주장이다. 장자는 도의 관점에서 만물의 평등함과 정신의 자유로움을 강조하였으며, 타고난 자연스러운 성품에 따라 살아가야 한다고 보았다.

정답 찾기 ④ 장자에 따르면 도는 만물의 공통된 근원이며, 만물은 도의 작용이므로 도의 경지에서 보면 세상 만물은 모두 평등하다.

오답 피하기 ① 장자는 본성을 변화시키는 것이 아니라 각자가 타고난 자연스러운 본성대로 살 것을 강조하였다.
② 장자는 하늘을 사람에게 도덕적 본성을 부여하는 주체로 보지 않았다.
③ 장자는 지극한 덕이 퍼진 세상에서는 현명한 사람도 숭상하지 않고 능력 있는 사람도 쓰지 않는다고 주장하였다.
⑤ 장자는 만물의 본성이 인위적인 것을 통해 드러난다고 보지 않았다.

03 노자의 사상적 입장 이해

문제 분석 제시문은 노자의 주장이다. 노자는 최고로 선한 것은 물과 같다는 상선약수(上善若水)를 주장하였으며, 물이 지닌 겸허

와 부쟁의 덕을 갖춘 삶을 살아야 한다고 보았다.

정답 찾기 ㄷ. 노자는 예나 의와 같은 인위에서 벗어나 자연적 본성에 따라 살아가야 한다고 보았다.
ㄹ. 노자는 억지로 무언가를 하려 함이 없는 무위의 통치[無爲之治(무위지치)]를 추구하였다. 따라서 백성을 무지(無知)하고 무욕(無欲)한 상태로 이끌어야 한다고 보았다.

오답 피하기 ㄱ. 노자는 되돌아감이 도의 움직임이며, 부드러움이 도의 작용이라고 주장하였다.
ㄴ. 노자는 시비, 선악 등과 같은 분별이 사회 혼란의 출발점이 된다고 보고 분별을 끊어 버려야 한다고 보았다.

04 장자의 사상적 입장 이해

문제 분석 제시문은 장자의 주장이다. 장자는 모든 분별과 차별에서 벗어나 만물을 평등한 것으로 보아야 하고, 외부 환경에 의해 소박한 본성을 어지럽히지 않고 도(道)와 일치하는 삶을 살아야 한다고 주장하였다.

정답 찾기 ① 장자는 좌망과 심재의 수양을 통해 어떠한 외물(外物)에도 얽매이지 않고 살아가는 절대 자유의 경지[逍遙遊(소요유)]를 추구하였다.

오답 피하기 ② 장자는 우주 만물의 변화 법칙을 도라고 하였으며, 지식을 말하거나 표현하여 이러한 도에 가까워질 수 있다고 보지 않았다.
③, ④ 장자는 사람의 관점이 아닌 도의 관점에서 만물을 바라보면, 만물이 가치의 측면에서 모두 평등하다고[萬物齊同(만물제동)] 보았다.
⑤ 장자는 인위적 제도와 관습이 사회 혼란의 원인이라고 보았다.

05 도가와 도교의 사상적 입장 이해

문제 분석 (가)는 도가 사상, (나)는 도교 사상이다. 도가 사상은 노자와 장자를 대표로 하는 철학 사상이며, 인간의 그릇된 인식과 가치관을 지양하고 소박하고 순수한 자연의 덕을 회복할 것을 강조한다. 도교 사상은 도가 사상에 민간 신앙적 요소가 결합되어 종교화한 것으로 불로장생 등 현세에서의 길(吉)과 복(福)을 추구한다.

정답 찾기 ③ 도교는 노자와 장자의 도가 사상 이외에 무속 신앙, 신선 사상, 음양오행설과 방술(方術) 등을 수용한다.

오답 피하기 ① 도가 사상에서는 부귀나 명예 등의 세속적 가치를 초월해 정신적 자유를 누려야 함을 강조한다.
② 도가 사상은 인위적 문명이나 규범, 제도 등이 사회 혼란의 원인이라고 본다.
④ 도교 사상은 선행을 강조하고 현세에서의 행운과 행복을 추구한다.
⑤ 도가와 도교는 모두 우주 자연의 근원인 도를 중심으로 그 이

론과 실천 방법을 전개한다.

06 노자의 사상적 입장 이해

문제 분석 제시문은 노자의 주장이다. 노자는 인간의 그릇된 인식과 가치관, 인위적인 규범과 사회 제도로 인해 사회가 혼란하게 된다고 보았다. 따라서 자연의 도(道)에 따르는 무위자연(無爲自然)의 삶을 살아야 한다고 주장하였다.

정답 찾기 ② 노자는 백성들이 분별적 지혜에서 벗어나 무지하고 소박하게 살아가는 사회를 추구해야 한다고 보았다.

오답 피하기 ① 노자는 작은 영토에 적은 수의 백성들이 소박하고 자연스러운 삶을 살아가는 소국 과민(小國寡民)의 사회를 이상적으로 보았다.
③ 노자는 욕심날 만한 것을 보이지 않아야 백성의 마음이 어지럽게 되지 않는다고 보았다. 따라서 이상적 통치자는 욕심날 만한 물건을 백성에게 보이지 않아야 한다.
④ 노자는 도란 천지 만물의 근원으로서, 인간의 경험과 상식으로는 온전히 파악할 수 없는 절대적이고 근원적인 것이라고 보았다.
⑤ 노자는 인위적 규범과 제도가 사회 혼란의 원인이라고 보았다.

07 장자와 공자의 사상적 입장 이해

문제 분석 갑은 장자, 을은 공자이다. 장자는 백성들이 도에 따라 소박하게 살아가도록 성인은 무위(無爲)로써 백성들을 다스려야 한다고 보았다. 공자는 인(仁)을 기반으로 모두가 어우러져 함께 살아가는 대동 사회를 이상적으로 보았다.

정답 찾기 ② 장자는 예약(禮樂)을 인위로 규정하였다. 따라서 통치자가 백성을 예약에 기반하여 이끌면, 자연에 따라 소박한 삶을 살아가기 어렵게 된다고 보았다.

오답 피하기 ① 장자는 통치자가 백성들이 타고난 소박한 덕에 따라 살아가도록 다스려야 한다고 보았다.
③ 공자는 통치자가 경(敬)에 기반하여 자신을 수양하고 타인을 편안하게 해야 한다는 수기안인(修己安人)을 강조하였다.
④ 공자는 인의 실현, 예(禮)의 실천, 정명(正名)의 구현, 재화의 고른 분배 등을 통해 사회 혼란을 극복할 수 있다고 보았다.
⑤ 장자와 공자는 모두 도(道)에 기반한 다스림을 실천해야 한다고 보았다.

08 황로학파, 오두미교, 현학의 사상적 입장 비교 이해

문제 분석 (가)는 황로학파, (나)는 오두미교, (다)는 현학이다. 황로학파는 전설상의 제왕인 황제와 노자를 숭상한 학파로, 무위(無爲)로써 다스리는 제왕의 통치술을 주장한다. 오두미교는 교단을 갖추고, 질병을 치료하면서 사람들에게 도덕적 선행을 실천할 것을 권장한다. 현학은 위진 시대에 도가 사상을 철학적으로 계승하였으며, 대표적 사상가로 죽림칠현을 들 수 있다.

정답 찾기 ㄴ. 오두미교는 교리를 믿고 규정된 규율과 의식을 따르면 질병이 낫는다고 주장하면서 교세를 확장하였다.

ㄷ. 현학은 인간의 고정 관념을 초월한 무(無)의 세계를 진실한 세계로 보며, 세속적 가치를 초월한 철학적이고 예술적인 논의인 청담을 중시한다.

오답 피하기 ㄱ. 황로학파는 도가를 중심으로 유가, 묵가, 법가 등 제자백가의 여러 사상을 수용한다.

ㄹ. 죽림칠현은 대표적인 현학자들로서 이들은 현실에 등을 돌리고 세속적 가치를 초월하여 예술적·형이상학적 담론을 즐겼는데, 이를 청담(淸談)이라고 하였다.

수능 실전 문제 본문 58~60쪽

1 ④	**2** ②	**3** ⑤	**4** ③
5 ①	**6** ④		

1 노자의 사상적 입장 이해

문제 분석 제시문은 노자의 주장이다. 노자는 덕을 지닌 성인은 억지로 일을 하지 않는다고 보았으며, 도에 따라서 살아가므로 만물이 스스로 이루어지도록 도울 뿐이라고 하였다.

정답 찾기 ㄱ. 노자는 예의와 같은 도덕규범이나 형벌과 관련된 제도를 인위적인 것으로 규정하고, 여기에서 벗어나 본성에 따라 살아가야 한다고 보았다.

ㄴ. 노자는 무위(無爲)의 다스림이 이상적인 정치라고 보았다.

ㄷ. 노자는 "철저히 비우고, 참된 고요함을 지켜라[致虛極 守靜篤(치허극 수정독)]."라고 하였다. 또한 "본성을 회복하면 늘 그러함이 있고, 늘 그러한 이치를 알면 밝은 지혜를 갖는다[復命日常 知常日明(복명왈상 지상왈명)]."라고 하였다. 우리가 타고난 고요함의 본성을 회복하면 늘 그러한 이치, 즉 상도(常道)를 깨달아, 우리의 삶이 늘 그러한 상태, 즉 평온함을 유지하게 된다는 것이다.

오답 피하기 ㄹ. 노자는 시비를 분별하려는 지식을 인위적인 것으로 보았다. 따라서 백성을 무지(無知)하고 무욕(無欲)한 상태로 있게 해야 한다고 주장하였다.

2 장자와 석가모니의 사상적 입장 이해

문제 분석 갑은 장자, 을은 석가모니이다. 장자는 선악, 자타, 시비의 분별은 상대적인 것에 불과하며 도의 관점에서 보면 이런 차별은 무의미하다고 보았으며, 도의 작용을 이해하고 도에 따라 살아야 한다고 주장하였다. 석가모니는 인연에 따라 생겨나고 소

멸하는 모든 것은 무상하고 무아이며 괴로운 것임을 바르게 관찰해야 한다고 주장하였다.

정답 찾기 ㄴ. 장자는 선악, 시비, 미추, 귀천 등의 분별에서 벗어나 정신적 절대 자유의 경지를 추구해야 한다고 주장하였다.

ㄷ. 석가모니는 괴로움의 소멸로 인도하는 도(道) 닦음의 성스러운 진리로 팔정도(八正道)를 제시하였다.

오답 피하기 ㄱ. 장자는 인간과 동물은 모두가 자신의 덕(德)을 가지고 태어난다고 보았다.

ㄹ. 장자는 삶과 죽음은 기(氣)의 자연스러운 순환 과정이므로 기뻐하거나 슬퍼할 일이 아니라고 보았다. 석가모니는 무상과 무아를 깨닫지 못한 중생의 삶은 고통이라고 보았다.

3 장자와 순자의 사상적 입장 이해

문제 분석 갑은 장자이고, 을은 순자이다. 장자는 인위(人爲)에 반대하고 자연의 도(道)에 따르는 삶을 살아야 함을 강조하였다. 순자는 인간의 본성은 악하다고 주장하였으며, 이로 인한 사회적 혼란은 인위[僞]적 노력인 예로써 해결할 수 있다고 보았다.

정답 찾기 ㄴ. 장자가 긍정의 대답을 할 질문이다. 장자는 시비, 선악, 미추, 귀천의 구분이 도의 관점이 아니라 인간 중심적인 관점에서 만물을 파악했기 때문이라고 보았으며, 도의 관점에서 바라보면 만물이 평등하다고 주장하였다.

ㄷ. 장자가 긍정의 대답을 할 질문이다. 장자는 마음을 비우고 깨끗이 하면 시비, 선악, 미추 등의 분별과 속박에 얽매이지 않는 정신적 자유의 경지인 소요유(逍遙遊)에 이를 수 있다고 보았다.

ㄹ. 순자가 긍정의 대답을 할 질문이다. 순자는 덕과 능력에 따라 재화를 공정하게 분배해야 하며, 이를 위해 예가 필요하다고 보았다.

오답 피하기 ㄱ. 장자와 순자 모두 부정의 대답을 할 질문이다. 장자는 인간이 자연적 본성을 타고난다고 보았으며, 하늘이 인간에게 도덕적 본성을 부여했다고 보지 않았다. 순자는 하늘의 일과 인간의 일이 독립적이라고 하는 천인분이(天人分二)를 주장하였으며, 하늘은 인간에게 도덕규범을 부여하는 실체가 아니라고 보았다.

4 노자의 입장에서 순자에게 제기할 수 있는 비판 이해

문제 분석 제시문은 노자의 주장이다. 노자는 도에 따르고 자연에 순응함으로써 혼란한 사회를 바로잡을 수 있다고 보았다. 따라서 인위적 윤리를 비판하고 무위의 덕을 강조하였다.

정답 찾기 ㄴ. 순자는 학문과 수양을 통해 도덕적 인격 완성을 이룬 현명한 사람이 통치해야 한다고 보았으며, 노자는 현명한 사람들을 숭상하면 그 자리를 차지하기 위해 백성들 간의 분쟁이 발생할 수 있다고 보았다.

ㄷ. 노자는 백성이 무위, 무욕을 통해 소박하게 살아갈 것을 강조

한 반면 순자는 인위적인 노력을 통해 덕을 갖출 것을 주장하였다.

오답 피하기 ㄱ. 노자는 예와 같은 인위적 기준으로 나라를 다스리면 사회 혼란이 생겨난다고 보았다.

ㄹ. 노자는 모든 사람이 타고난 소박하고 순수한 덕을 가지고 있으나, 사물의 겉모습에 이끌릴 때 사물의 본질이나 가치를 바르게 인식할 수 없다고 보았다.

5 도교의 사상적 입장 이해

문제 분석 제시문은 도교 사상가인 갈홍의 주장이다. 도교는 노자와 장자의 사상을 기반으로 한다. 또한 불로장생하는 신선을 추구하였으며, 이를 위해 외단과 내단을 통한 양생을 중시한다.

정답 찾기 첫 번째 입장. 도교 사상에서는 불로장생하기 위해 도덕적 선행을 실천해야 한다고 본다.

두 번째 입장. 도교 사상에서는 신선이 되기 위해서 내단과 외단을 통한 양생이 필요하다고 본다.

오답 피하기 세 번째 입장. 도교 사상은 도가 사상에 민간 신앙적 요소를 더해서 종교적 교단을 갖추고 불로장생과 같이 현세에서 길(吉)과 복(福)을 추구하는 성격이 강하다.

네 번째 입장. 갈홍은 유교 사상을 배척하지는 않았다. 특히 "포박자" 외편에서 유교적 입장에 기반하여 구체적 현실의 정치적 득실과 세상사의 시비선악을 논하였다.

6 노자와 장자의 사상적 입장 이해

문제 분석 갑은 노자이고, 을은 장자이다. 도가 사상가인 노자와 장자는 우주 만물의 근원이자 변화의 법칙인 도에 따르는 삶을 강조하였다.

정답 찾기 ㄱ. 노자는 하늘과 땅이 어질지 않다[天地不仁]고 보았다. 따라서 성인의 도는 천지불인에 기초하고 있다고 보았다.

ㄴ. 장자는 자신의 타고난 자연스러운 본성대로 삶을 살아가는 것이 도를 실현하는 것이라고 보았다.

ㄹ. 노자와 장자는 만물의 근원이며, 변화의 법칙인 도는 어디에나 존재한다고 보았다.

오답 피하기 ㄷ. 노자와 장자는 우주의 변화 법칙을 도(道)로 보고, 그러한 도는 언어로 한정할 수 없고, 이름 지을 수 없다고 보았다.

06 한국과 동양 윤리 사상의 의의

수능 **기본 문제** 본문 66~67쪽

01 ④	02 ①	03 ④	04 ③
05 ⑤	06 ⑤	07 ②	08 ①

01 박지원의 기본 입장 이해

문제 분석 제시문은 실학자 박지원의 주장이다. 박지원은 성리학의 철학적 기반인 오행설에 대해 이용후생을 중시하는 관점에서 새로운 해석을 가했다.

정답 찾기 ④ 박지원은 실용성이 있는 학문을 추구해야 한다고 주장하였다.

오답 피하기 ① 박지원은 인간의 모든 욕구를 제거해야 한다고 주장하지 않았다.

② 박지원에 의하면 이용과 후생이 이루어져야 정덕을 실현할 수 있다.

③ 박지원에 의하면 통치자가 백성의 후생을 돌보는 것은 정덕을 실현하기 위해서이다.

⑤ 박지원은 학문에서 실용성을 중시하고 사변적 방법의 학문 탐구를 비판하였다.

02 정제두의 사상적 입장 이해

문제 분석 제시문은 양명학자 정제두의 주장이다. 정제두는 왕수인의 양명학을 새롭게 해석하고 발전시켰다.

정답 찾기 ㄱ. 정제두는 양지를 마음에서 생생하게 활동하는 참된 이치로 보았다.

ㄴ. 정제두는 사람을 도덕적 앎과 실천의 주체로 보았다.

오답 피하기 ㄷ. 정제두는 인간 본성을 변화시켜야 한다고 주장하지 않았다.

ㄹ. 정제두는 참된 도덕의 기준은 마음속에 있다고 보았다.

03 위정척사 사상과 개화사상의 입장 이해

문제 분석 갑은 위정척사 사상가 이항로, 을은 온건 개화사상가 신기선이다. 위정척사 사상은 유교적 가치를 지키고 서양 문물을 배척할 것을 주장한다. 온건 개화론은 유교적 가치를 지키면서 서양의 과학 기술을 수용할 것을 주장한다.

정답 찾기 ④ 신기선은 유교적 가치와 질서[東道(동도)]를 지키면서 서양의 우수한 과학 기술[西器(서기)]을 수용하자고 주장하였다.

오답 피하기 ① 이항로는 우리의 도(道)를 바꿔야 한다고 주장하지 않았다.

② 이항로는 유, 불, 도의 통합을 주장하지 않았다.

③ 신기선은 동도서기(東道西器)를 주장하였다. 즉 유교적 가치와 질서를 지키면서 서양의 우수한 과학 기술을 수용하자고 하였다. 그러나 서구식 정부를 세워야 한다고 주장하지 않았다.

⑤ 이항로와 신기선은 모두 신분 질서의 철폐를 주장하지 않았다.

04 동학의 사상적 입장 이해

문제 분석 제시문은 동학사상가 최시형의 주장이다. 동학은 보국안민을 목표로 경천(敬天)사상의 바탕 위에 유·불·도 사상을 융합하여 성립하였다.

정답 찾기 ㄴ. 최시형은 천지 만물은 모두 한울을 모시고 있다고 보았다.

ㄷ. 최시형은 사람 대하기를 한울 섬기듯 하라고 주장하였고 만민 평등의 새로운 세상을 열고자 하였다.

오답 피하기 ㄱ. 최시형은 서양 종교를 수용해야 한다고 주장하지 않았다.

ㄹ. 최시형은 모든 규범을 버리라고 주장하지 않았다. 오히려 최시형은 성경신(誠敬信)의 수양을 강조하였다.

05 원불교와 증산교의 사상적 입장 이해

문제 분석 (가)는 원불교, (나)는 증산교이다. 원불교는 기존 불교 사상을 개혁하여 생활 불교를 표방한다. 증산교는 천지공사를 통해 신의 세계와 인간의 세계가 조화를 이루는 세상을 추구한다.

정답 찾기 ⑤ 동도서기(東道西器)를 주장한 온건 개화사상의 입장이다.

오답 피하기 ① 원불교는 도학과 과학을 함께 발전시켜야 한다고 [理事竝行(이사병행)] 주장한다.

② 원불교는 종교적 수행과 일상생활을 분리하지 않는 생활 불교를 표방한다.

③ 증산교는 천지공사로 사람들의 원한을 풀어야 한다고 주장한다.

④ 증산교는 고유 사상을 바탕으로 무속과 도가 사상을 나름대로 해석하여 사상적 기초를 닦았다.

06 불교, 도가, 유교의 이상적 인간상 이해

문제 분석 (가)는 불교 사상, (나)는 도가 사상, (다)는 유교 사상이다.

정답 찾기 ⑤ 존비친소를 구별하지 않고 만인을 똑같이 사랑하는 것은 묵가가 중시하는 겸애(兼愛)이다. 유교는 존비친소의 구별을 중시한다.

오답 피하기 ① 불교의 이상적 인간상인 보살은 위로는 진리를 추구하고 아래로는 중생 구제에 힘쓰는 사람이다.

②, ③ 도가의 이상적 인간상인 진인은 자연의 흐름에 따라 살아가며, 만물을 평등하게 보면서 정신적 자유를 누리는 사람이다.

④ 유교의 이상적 인간상인 군자는 도덕적 수양에 힘쓰고 사회적 책무를 충실히 이행하는 사람이다.

07 단군 신화의 사상적 입장 이해

문제 분석 제시문은 우리나라의 건국 이야기인 단군 신화이다. 단군 신화에는 인본주의, 현세 지향적 가치관과 평화 애호 사상, 화합과 조화의 정신 등이 담겨 있다.

정답 찾기 ㄱ. 단군 신화는 하늘[天(천)]을 상징하는 환웅과 땅[地(지)]을 상징하는 웅녀의 결합으로 단군왕검[人(인)]이 탄생했다는 이야기를 통해 자연과 인간의 조화를 강조한다는 특징을 드러낸다.

ㄷ. 환웅은 인간의 질병, 형벌, 선악의 문제를 주관했으며 이를 통해 사회 정의, 도덕을 중시한 것을 알 수 있다.

오답 피하기 ㄴ. 곰과 호랑이가 인간이 되려고 했다는 점에서 신, 인간, 동물의 공존을 찾아볼 수 있으며, 지배를 위해 평화보다 투쟁을 중시했다고 볼 수 없다.

ㄹ. 단군 신화는 널리 인간을 이롭게 하는 홍익인간(弘益人間)의 정신을 담고 있다.

08 유교 사상과 도가 사상의 입장 이해

문제 분석 (가)는 유교 사상, (나)는 도가 사상이다.

정답 찾기 ㄱ. 유교 사상은 사람들이 인(仁)을 실천하고 화합하며 조화를 이룰 것을 강조한다.

ㄴ. 도가 사상은 무위자연(無爲自然)을 중시하며 소박하고 무욕한 삶을 강조한다.

오답 피하기 ㄷ. 도가 사상은 분별적 지식을 쌓는 것을 부정적으로 본다.

ㄹ. 유교 사상은 백성에 대한 도덕적 교화를 중시하지만, 도가 사상은 그러한 도덕적 교화를 부정적으로 평가한다.

수능 실전 문제   본문 68~71쪽

1 ③	2 ④	3 ①	4 ⑤
5 ②	6 ②	7 ①	8 ③

1 정제두와 정약용의 사상 비교 이해

문제 분석 갑은 정제두, 을은 정약용이다. 정제두는 인간이 도

덕적 주체임을 자각하고 사욕을 극복하여 양지를 실천할 것을 강조하였다. 정약용은 타고난 사단을 일상에서 확충함으로써 사덕을 형성할 수 있다고 보았다.

정답 찾기 ㄴ. 정제두와 정약용의 공통된 입장이다.
ㄹ. 인간의 본성을 기호로 보는 것은 정약용만의 입장이다.

오답 피하기 ㄱ. 정제두의 입장도 아니고 정약용의 입장도 아니다. 두 사상가 모두 사단을 타고나는 것으로 보았다.
ㄷ. 실학자 정약용은 인간의 욕구를 긍정적으로 보았다.

2 정제두가 주희에게 제기할 수 있는 비판 파악

문제 분석 제시문은 주희의 주장이다. 주희는 성리학을 집대성하였으며, 성즉리(性卽理)와 심통성정(心統性情)을 주장하였다.

정답 찾기 ④ 정제두는 양명학의 심즉리를 계승하였고 생생한 이치[生理(생리)]는 사람의 마음 밖에 따로 존재하지 않는다고 보았다. 반면 주희는 도덕적 실천을 위해서 사물에 나아가 사물의 이치를 탐구할 것을 주장하였다.

오답 피하기 ① 주희는 사덕이 인간의 본성에 내재한 하늘의 이치라고 보았다.
② 주희는 도덕적 실천이 도덕적 지식보다 더 중요하다고 보았다.
③ 주희는 모든 사람이 태어날 때부터 양지를 가지고 있다고 보았다.
⑤ 주희가 양명학에 대하여 제기할 수 있는 비판 내용이다.

3 최시형이 강조한 삶의 태도 파악

문제 분석 제시문은 모두 동학사상가 최시형의 주장이다. 최시형은 유교적 신분 질서의 변혁이 이루어져야 함을 강조하였고 성경신(誠敬信) 등의 규범을 중시하였다.

정답 찾기 ① 최시형은 사람 대하기를 하늘 섬기듯 하라고 주장하였고 인본주의 사상을 제시하였다.

오답 피하기 ② 불교에서 강조하는 삶의 태도이다.
③ 원불교에서 강조하는 삶의 태도이다.
④ 도가 사상가 장자가 강조하는 삶의 태도이다.
⑤ 동도서기를 주장한 온건 개화사상가가 강조하는 내용이다.

4 동학, 원불교, 증산교의 사상적 입장 이해

문제 분석 갑은 동학사상가 최시형, 을은 원불교를 창시한 박중빈, 병은 증산교를 창시한 강일순이다.

정답 찾기 ⑤ 세 사상가 모두 신분의 차별이 없는 평등한 사회를 추구하였다.

오답 피하기 ① 최시형은 천지 만물이 모두 한울을 모시고 있다고 보았으며 사람 대하기를 한울 섬기듯 하라고 주장하였다.

② 박중빈은 종교적 수행과 일상생활을 분리하지 않는 생활 불교를 표방하였다.
③ 강일순은 고유 사상을 바탕으로 무속과 도가를 독자적으로 해석하여 사상적 기초를 세웠다.
④ 최시형은 서양 종교의 수용에 반대하였다.

5 동학사상과 위정척사 사상의 입장 이해

문제 분석 갑은 동학사상가 최제우, 을은 위정척사 사상가 이항로이다.

정답 찾기 ㄱ. 최제우는 모든 사람이 한울님을 모시고 있다고 주장하였다.
ㄹ. 최제우와 이항로는 모두 서양 종교를 수용하지 말고 서양 세력을 배척해야 한다고 보았다.

오답 피하기 ㄴ. 동도서기를 주장한 온건 개화사상의 입장이다. 이항로는 서양 문물을 물리치고자 하였다.
ㄷ. 이항로는 유, 불, 도의 통합을 주장하지 않았다.

6 개화사상, 동학사상, 위정척사 사상 비교 이해

문제 분석 제시문은 온건 개화사상가 신기선의 주장이다. 신기선은 유교적 가치를 지키면서 서양의 과학 기술을 수용할 것을 주장하였다.

정답 찾기 ② 세 사상가 모두가 부정의 대답을 할 질문이다. 신기선은 유교적 가치와 서양의 기술이 조화될 수 있다고 보았으며, 이항로는 유교는 지키고 서양 문물은 물리쳐야 한다고 보았다. 최제우는 모든 유교적 가치를 배척해야 한다고 주장하지 않았다.

오답 피하기 ① 최제우와 이항로는 부정, 신기선은 긍정의 대답을 할 질문이다.
③, ④ 최제우는 긍정, 이항로와 신기선은 부정의 대답을 할 질문이다.
⑤ 세 사상가 모두가 긍정의 대답을 할 질문이다.

7 유교 사상과 도가 사상 비교 이해

문제 분석 갑은 유교 사상가 공자, 을은 도가 사상가 장자이다.

정답 찾기 ㄱ. 공자는 긍정, 장자는 부정의 대답을 할 질문이다. 장자는 인과 예를 인위적인 것으로 보았다.
ㄹ. 장자가 긍정의 대답을 할 질문이다. 장자는 제물(齊物)과 소요유(逍遙遊)를 주장하였다.

오답 피하기 ㄴ. 공자가 부정의 대답을 할 질문이다. 공자는 친소의 구별을 중시하였다. 친소를 구별하지 않고 겸애를 실천할 것을 주장한 사상가는 묵자이다.
ㄷ. 장자가 부정의 대답을 할 질문이다. 장자는 본성의 변화를 추구하지 않았다.

8 석가모니의 사상적 입장 이해

[문제 분석] 제시문은 석가모니의 주장이다.

[정답 찾기] 두 번째 입장. 석가모니는 모든 존재와 현상은 무수한 원인[因(인)]과 조건[緣(연)]에 의해 생겨난다고 보았고 자비의 실천을 강조하였다.
네 번째 입장. 석가모니는 진리를 깨닫고 집착을 버리면 고통에서 벗어날 수 있다고 보았다.

[오답 피하기] 첫 번째 입장. 무명은 잘못된 의견이나 집착 때문에 진리를 깨닫지 못하는 마음의 상태를 말한다.
세 번째 입장. 석가모니는 '나'라고 주장할 만한 불변하는 실체는 존재하지 않는다고 보았다.

07 서양 윤리 사상의 연원과 덕 있는 삶

수능	기본 문제		본문 78~79쪽
01 ①	02 ②	03 ⑤	04 ①
05 ⑤	06 ②	07 ②	08 ③

01 프로타고라스의 사상적 입장 이해

[문제 분석] 제시문은 플라톤의 대화편에 등장하는 소크라테스의 주장이고, 밑줄 친 '이 사상가'는 소피스트인 프로타고라스이다. 프로타고라스는 각 개인의 지각만이 진리 판단의 기준이 될 수 있다고 보았다. 이러한 입장에 따르면 보편타당한 절대적 진리는 존재하지 않는다.

[정답 찾기] ① 프로타고라스는 "인간은 모든 것의 척도이다. 존재하는 것에 대해서는 그것이 존재한다는 것의 척도이며, 존재하지 않는 것에 대해서는 그것이 존재하지 않는다는 것의 척도이다."라고 주장하였다.

[오답 피하기] ② 소피스트인 트라시마코스의 입장이다.
③ 프로타고라스는 진리를 상대적인 것으로 보았다.
④ 프로타고라스는 감각의 중요성을 인정하였다. 그는 사람은 각자의 경험과 관찰을 통해 지각하고, 이 지각에 근거하여 판단한다고 강조하였다.
⑤ 소피스트인 고르기아스의 입장이다.

02 플라톤의 사상적 입장 이해

[문제 분석] 제시문은 플라톤의 주장이다. 플라톤은 개인이 정의롭게 되는 방식과 국가가 정의롭게 되는 방식은 같다고 보았다.

[정답 찾기] ㄱ. 플라톤에 의하면 지혜는 영혼의 세 부분 각각을 위해서뿐만 아니라 영혼 전체를 위해서 무엇이 유익한지를 아는 것이다.
ㄹ. 플라톤에 의하면 정의로운 사람은 영혼의 세 부분이 각자 제 일을 하며 조화를 이루는 사람이다.

[오답 피하기] ㄴ. 플라톤에 의하면 용기란 이성이 지시하는 대로 두려워할 것과 두려워하지 않을 것을 쾌락과 고통 속에서도 끝까지 보전하는 것이다.
ㄷ. 플라톤에 의하면 절제란 지배하는 부분(이성)과 지배받는 두 부분(기개, 욕구) 사이에 의견의 일치를 보고 반목하지 않는 것으로 국가 구성원 모두에게 요구된다.

03 플라톤의 이상 국가론 이해

[문제 분석] (가)를 주장한 사상가는 플라톤이다. 플라톤은 철학

과 정치권력의 통합을 주장하였다.

정답 찾기 ⑤ 플라톤에 의하면 절제는 국가의 세 계층이 모두 갖추어야 할 덕이다.

오답 피하기 ① 플라톤은 국가 구성원 모두가 정치에 직접 참여해야 한다고 주장하지 않았다.

② 플라톤은 이상 국가의 통치자 계층과 방위자 계층에게는 사유 재산이 불허되지만 생산자 계층에게는 사유 재산이 허용된다고 보았다.

③ 플라톤은 각자의 성향에 따라 국가 구성원의 사회적 직분이 결정되어야 한다고 보았다.

④ 플라톤은 통치자 계층의 사람들이 번갈아 통치하는 이상 국가를 제시하였다.

04 소크라테스의 사상적 입장 이해

문제 분석 제시문은 모두 아리스토텔레스의 주장이며, 밑줄 친 '이 사상가'는 소크라테스이다. 아리스토텔레스는 소크라테스의 '모든 덕은 지식이다.'라는 입장에 대하여 두 번째 제시문과 같이 평가하였다.

정답 찾기 ㄱ, ㄴ. 지덕복 합일설을 주장한 소크라테스의 입장이다.

오답 피하기 ㄷ. 덕을 지성적 덕과 품성적 덕으로 나눈 사상가는 아리스토텔레스이다.

ㄹ. 지행합일을 주장한 소크라테스에게 '자제력 없음'에 따른 악행은 존재할 수 없다.

05 플라톤의 사상적 입장 이해

문제 분석 제시문은 플라톤의 주장이다. 플라톤에 의하면 태양은 빛을 비춤으로써 보이는 것들에게 보일 수 있는 힘을 부여한다. 마찬가지로 선의 이데아는 진리를 비춤으로써 인식되는 것들에게 인식될 수 있는 힘을 부여한다. 또한 태양은 보이는 것들이 생성되도록 한다. 마찬가지로 선의 이데아는 인식되는 것들이 존재하도록 한다.

정답 찾기 ㄴ. 플라톤에 의하면 선의 이데아는 모든 이데아 중 최고의 이데아이다.

ㄷ. 플라톤에 의하면 선의 이데아는 모든 옳고(정의롭고) 아름다운 것의 원인이다.

ㄹ. 플라톤에 의하면 통치자가 되려는 사람은 선의 이데아를 인식해야 한다.

오답 피하기 ㄱ. 플라톤에 의하면 선의 이데아는 이성으로 인식할 수 있는 대상이다.

06 아리스토텔레스의 덕론 이해

문제 분석 제시문은 아리스토텔레스의 주장이다. 아리스토텔레

스는 덕을 지성적 덕과 품성적 덕으로 나누었다.

정답 찾기 ㄱ. 아리스토텔레스에 의하면 품성적 덕은 감정이나 행위와 관련된 덕이다.

ㄷ. 아리스토텔레스에 의하면 철학적 지혜는 최고의 행복을 얻기 위해 필요한 지성적 덕이다.

오답 피하기 ㄴ. 아리스토텔레스에 의하면 품성적 덕을 갖추기 위해서는 실천적 지혜라는 지성적 덕이 반드시 필요하다.

ㄹ. 아리스토텔레스에 의하면 실천적 지혜는 품성적 덕이 아니라 지성적 덕이다.

07 아리스토텔레스의 사상적 입장 이해

문제 분석 제시문은 아리스토텔레스의 주장이다. 아리스토텔레스는 행복을 최고선으로 보았으며, 행복한 삶에는 탁월성, 즉 덕이 필수적으로 요구된다고 보았다.

정답 찾기 ② 덕은 좋은 인간이 되게 하고 인간의 고유한 기능, 즉 이성을 잘 발휘할 수 있게 한다.

오답 피하기 ① 아리스토텔레스에 의하면 행복한 삶을 위해서는 반드시 덕을 갖추어야 한다.

③ 아리스토텔레스에 의하면 행복은 그 자체 때문에 추구되며 최고선으로 간주된다.

④ 아리스토텔레스에 의하면 선의 이데아와 같은 '좋음 자체'보다는 인간이 성취할 수 있는 좋음에 대한 앎이 중요하다.

⑤ 아리스토텔레스에 의하면 모든 기술과 탐구, 모든 행위와 선택은 어떤 좋음을 목표로 하며, 따라서 모든 행위는 좋음을 추구한다.

08 아리스토텔레스의 중용 이해

문제 분석 제시문은 아리스토텔레스의 주장이다. 그는 품성적 덕이 인간의 감정이나 행위와 관련된 덕이라고 보았다. 예를 들어 화를 내는 경우 마땅한 일에, 마땅한 사람에게, 마땅한 때에, 마땅한 정도로 화를 내야 하는데, 이러한 마땅함에 중용의 특성이 있다고 보았다.

정답 찾기 ③ 아리스토텔레스는 모든 행동과 모든 감정에 중용이 존재한다고는 보지 않았다. 그는 그 자체로 나쁜 행동이나 감정에는 중용이 없다고 보았다. 가령 질투와 같은 감정, 절도와 같은 행동에는 중용이 없다.

오답 피하기 ① 아리스토텔레스는 실천적 지혜라는 지성적 덕이 없다면 중용의 상태를 알 수 없다고 보았다.

② 아리스토텔레스가 말하는 중용은 대상의 산술적 중간, 즉 양극단으로부터 동일한 거리에 있음을 의미하지 않으며, 모든 사람에게 동일하지도 않다.

④ 아리스토텔레스는 상황에 따라 가장 적절한 방식으로 화를 내거나 슬퍼할 수 있다고 보았다.

⑤ 아리스토텔레스는 중용을 품성적 덕의 특징으로 보았다.

| 1 ① | 2 ③ | 3 ④ | 4 ④ |
| 5 ③ | 6 ② | 7 ① | 8 ② |

1 프로타고라스와 소크라테스의 사상 비교 이해

문제 분석 갑은 소피스트인 프로타고라스, 을은 소크라테스이다. 프로타고라스는 "인간은 모든 것의 척도이다."라고 주장하며 상대주의적 진리관을 제시하였다. 소크라테스는 이성에 의지한 진리 탐구를 중시하며 절대주의적 진리관을 제시하였다.

정답 찾기 ㄱ. 프로타고라스가 상대주의적 진리관을 제시했다면, 소크라테스는 절대주의적 진리관을 제시했다. 소크라테스는 보편적이고 절대적인 진리가 있다고 주장하였다.

ㄴ. 지식 추구와 관련하여 프로타고라스가 감각적 경험을 중시했다면, 소크라테스는 이성을 중시했다.

오답 피하기 ㄷ, ㄹ. 소크라테스에 비해 프로타고라스가 강조할 내용이다.

2 소크라테스가 강조한 삶의 태도 파악

문제 분석 제시문은 소크라테스의 주장이다. 소크라테스는 사람이 세속적인 쾌락이나 부, 명성을 추구하기보다 정신적 삶에 관심을 두고 자신의 영혼을 돌봐야 한다고 강조하였다.

정답 찾기 ③ 소크라테스는 덕이 곧 지식이라고 주장하였다. 그는 덕이 무엇인지 아는 사람은 나쁜 행동을 할 수 없다고 보았다.

오답 피하기 ① 소크라테스에 의하면 덕에 관한 지식을 갖춘 사람은 덕 있는 사람이 되고 행복을 얻게 된다.

② 소크라테스가 공적인 삶을 멀리하고 은둔 생활을 할 것을 강조했다고 보기 어렵다.

④ 소크라테스는 보편적이고 절대적인 진리를 추구할 것을 강조하였다.

⑤ 소크라테스는 자연의 질서보다는 인간과 사회의 문제에 더 많은 관심을 기울였다.

3 소크라테스와 아리스토텔레스의 사상 비교 이해

문제 분석 갑은 소크라테스, 을은 아리스토텔레스이다. 소크라테스는 덕이 무엇인지 아는 사람은 결코 나쁜 행위를 할 수 없다고 주장하였다. 반면 아리스토텔레스는 앎이 반드시 행위로 나타나는 것은 아니라고 보았다.

정답 찾기 ㄱ. 아리스토텔레스와 달리 소크라테스는 선이 무엇인지 알면서도 악을 행하는 것은 불가능하다고 보았다. 아리스토텔레스는 자제력 없는 사람은 선이 무엇인지 알면서도 악을 행할 수 있다고 보았다.

ㄴ. 지덕복 합일설을 주장한 소크라테스만의 입장이다.

ㄷ. 소크라테스와 아리스토텔레스는 모두 행복하려면 이성의 능력을 탁월하게 발휘해야 한다고 보았다.

오답 피하기 ㄹ. 소크라테스의 입장도 아니고 아리스토텔레스의 입장도 아니다. 아리스토텔레스는 무지로 인해 악행을 저지를 수도 있다고 보았다.

4 플라톤의 사상적 입장 이해

문제 분석 제시문은 플라톤의 주장이다. 플라톤은 이상 국가를 실현하려면 철학과 정치권력이 통합되어야 한다고 주장하였다.

정답 찾기 ㄱ. 플라톤은 국가의 세 계층이 모두 절제의 덕을 갖추어야 한다고 보았다.

ㄴ. 플라톤은 통치자가 올바름의 원형(이데아)을 이성으로 파악할 수 있어야 한다고 보았다.

ㄷ. 플라톤은 통치자가 지혜의 덕을 갖추어야 하며 사유 재산을 갖지 말아야 한다고 보았다.

오답 피하기 ㄹ. 플라톤은 각 사물의 이데아는 각 사물에 내재하는 것이 아니라 이데아 세계에 존재한다고 보았다.

5 트라시마코스와 플라톤의 사상 비교 이해

문제 분석 그림의 갑은 소피스트인 트라시마코스, 을은 플라톤이다. 트라시마코스는 정의가 강자의 이익에 불과하다고 보았다. 플라톤은 국가의 세 계층이 자신의 직분을 충실히 수행하고 조화를 이룰 때 정의로운 국가가 된다고 보았다.

정답 찾기 ㄴ. 플라톤은 철학과 정치권력이 하나로 결합되는 철인 정치를 주장하였다.

ㄷ. 플라톤은 감각적 경험을 통해 파악할 수 있는 가시계(可視界)와 이성을 통해서만 파악할 수 있는 가지계(可知界)를 구분했는데, 가지계가 곧 이데아 세계이다. 플라톤에 의하면 정의의 완전한 원형은 이데아 세계에 있다.

오답 피하기 ㄱ. 트라시마코스는 정의는 강자의 이익이라고 주장하였다.

ㄹ. 플라톤은 이성을 통해 정의를 파악할 것을 강조하였다.

6 플라톤과 공자 사상의 공통점 파악

문제 분석 제시문은 공자의 주장이다. 공자는 각자가 자신의 신분과 지위에 알맞은 역할을 다할 것[正名(정명)]을 주장하였다. 또한 공자는 통치자가 덕을 갖추고 덕치를 행할 것을 강조하였다.

정답 찾기 ② 공자는 덕치와 정명을 강조했으며, 플라톤은 통치자가 지혜의 덕을 갖추고 사회 구성원들이 각자의 일을 충실히 할 것을 강조하였다.

오답 피하기 ① 공자는 부정, 플라톤은 긍정의 대답을 할 질문이다.

③, ④, ⑤ 공자와 플라톤 모두가 부정의 대답을 할 질문이다.

7 플라톤과 아리스토텔레스의 사상 비교 이해

문제 분석 갑은 플라톤, 을은 아리스토텔레스이다. 플라톤은 선의 이데아에 대한 인식을 중시했지만, 아리스토텔레스는 인간에 의해 성취 가능한 좋음[善(선)]에 대한 인식을 중시했다.

정답 찾기 ㄱ. 플라톤은 긍정, 아리스토텔레스는 부정의 대답을 할 질문이다.

ㄷ. 아리스토텔레스가 긍정의 대답을 할 질문이다. 아리스토텔레스는 선 자체보다 인간이 현실에서 실현할 수 있는 선을 더 중시하였다.

오답 피하기 ㄴ. 플라톤이 부정의 대답을 할 질문이다. 플라톤에 의하면 선의 이데아는 인식의 원인이며 인식의 대상이다.

ㄹ. 아리스토텔레스가 아니라 플라톤이 긍정의 대답을 할 질문이다.

8 아리스토텔레스의 사상적 입장 이해

문제 분석 제시문은 아리스토텔레스의 주장이다.

정답 찾기 두 번째 입장. 아리스토텔레스에 의하면 행복은 최고선이며 그 자체를 위해 선택된다.

세 번째 입장. 아리스토텔레스에 의하면 덕은 좋은 인간이 되고 인간의 기능을 잘 발휘하며 행복을 누리는 데 기여한다.

오답 피하기 첫 번째 입장. 아리스토텔레스에 의하면 행복은 영혼의 품성 상태가 아니라 탁월성에 따르는 영혼의 활동이다.

네 번째 입장. 아리스토텔레스에 의하면 영혼 가운데 이성을 가진 부분은 두 부분으로 나뉜다. 일차적인 의미에서 이성을 자체 안에 가지고 있는 부분과 부모의 말을 듣듯이 이성을 듣고 따르는 부분이다. 전자와 관련된 덕이 지성적 덕이고, 후자와 관련된 덕이 품성적 덕이다. 지성적 덕은 대체로 교육에 의해 생겨나며 품성적 덕은 습관의 결과로 생겨난다.

08 행복 추구와 신앙

| 01 ② | 02 ② | 03 ⑤ | 04 ③ |
| 05 ⑤ | 06 ⑤ | 07 ② | 08 ① |

01 에피쿠로스의 사상적 입장 이해

문제 분석 (가)를 주장한 사상가는 에피쿠로스이다.

정답 찾기 ② 에피쿠로스에 의하면 참된 쾌락은 몸에 고통이 없고 마음에 불안이 없는 상태이다.

오답 피하기 ① 순간적이고 감각적인 쾌락은 에피쿠로스가 추구하는 참된 쾌락이 아니다.

③ 에피쿠로스는 쾌락을 적극적으로 추구하기보다는 고통과 불안을 제거할 것을 주장하였다. 에피쿠로스는 부와 명예에 대한 욕구를 자연적이지도 필수적이지도 않은 욕구로 보았다.

④ 에피쿠로스는 완전하고 행복한 존재인 신은 인간에게 호의나 악의를 품지 않기 때문에 인간의 일에 영향을 미치지 않는다고 보았다.

⑤ 에피쿠로스는 필연적인 운명은 존재하지 않기 때문에 운명 때문에 불안해하는 것은 어리석은 일이라고 보았다.

02 에피쿠로스의 사상적 입장 이해

문제 분석 제시문은 에피쿠로스의 주장이다. 에피쿠로스에 의하면 고통과 불안은 우리가 자연적이고 필수적인 욕구를 충족하지 못하거나, 필수적이지 않은 욕구를 충족하려는 데에서 나온다.

정답 찾기 ㄱ. 에피쿠로스에 의하면 필수적이지 않은 욕구는 우리가 헛된 생각을 버릴 때 해소될 수 있다.

ㄹ. 에피쿠로스에 의하면 필수적이지 않은 욕구를 추구하면 고통과 불안이 발생할 수 있다.

오답 피하기 ㄴ. 에피쿠로스에 의하면 자연적이지만 필수적이지 않은 욕구는 우리가 충족해야 할 욕구가 아니다.

ㄷ. 에피쿠로스에 의하면 자연적이고 필수적인 욕구는 행복을 위해 충족해야 한다.

03 스토아학파의 사상적 입장 이해

문제 분석 제시문은 스토아학파 사상가인 아우렐리우스의 주장이다. 스토아학파에 의하면 세계는 이성적인 전체이고, 자연 또는 신과 동일시할 수 있다. 전체 속의 모든 것은 서로 연결되어 있고 모든 일은 신의 법칙, 즉 이성의 법칙에 따라 필연적으로 일어난다.

정답 찾기 ⑤ 아우렐리우스는 세상사가 필연적으로 일어난다고 보았고 이성을 충실히 따를 것을 주장하였다.

오답 피하기 ① 아우렐리우스는 자연에 따르며 운명에 순응할 것을 주장하였다.

② 아우렐리우스는 범신론적 신 개념을 가진 스토아학파 사상가이다.

③ 아우렐리우스는 개인이 세계의 한 부분으로서 존재한다고 보며, 개인이 공동체를 위해, 세계를 위해 살아갈 것을 주장하였다.

④ 에피쿠로스가 강조한 삶의 태도이다.

04 스토아학파의 사상적 입장 이해

문제 분석 제시문은 모두 스토아학파 사상가인 에픽테토스의 주장이다.

정답 찾기 ③ 에픽테토스는 정념의 속박에서 벗어나고 이상적인 삶을 살기 위해 자연에 따를 것을 강조하였다.

오답 피하기 ① 에피쿠로스가 긍정의 대답을 할 질문이다. 에픽테토스는 금욕주의를 주장하였다.

② 스토아학파 사상가는 일반적으로 개인이 공동체와 세계를 위해 사는 삶을 중시하였다.

④ 에픽테토스는 자연의 필연성을 따르는 삶을 중시하였다.

⑤ 에픽테토스는 자식에 대한 부모의 사랑, 인류에 대한 사랑 등과 같은 자연스러운 감정을 인정하였다.

05 아우구스티누스의 사상적 입장 이해

문제 분석 제시문은 교부 철학의 대표자인 아우구스티누스의 주장이다.

정답 찾기 ⑤ 아우구스티누스에 의하면 신은 인간이 추구해야 할 최고선이며 실존적으로 만나야 할 인격적 존재이다.

오답 피하기 ① 아우구스티누스에 의하면 사랑은 종교적 덕이다.

② 아우구스티누스에 의하면 인간은 인간의 노력만으로는 원죄에서 벗어날 수 없다.

③ 그리스도교의 신은 세계를 창조한 초월적 원인이지 내재적 원인이 아니다.

④ 아우구스티누스에 의하면 신은 세상을 선하게 창조하고 인간에게 자유 의지를 주었는데 인간이 자유 의지를 남용하여 악이 생겨났다.

06 아퀴나스의 사상적 입장 이해

문제 분석 제시문은 스콜라 철학의 대표자인 아퀴나스의 주장이다.

정답 찾기 ㄷ, ㄹ. 아퀴나스의 입장이다. 아퀴나스에 의하면 인간이 자연적 성향을 가지고 있는 모든 것을 이성은 선으로 파악하고, 이것과 반대되는 것을 악으로 파악한다. 자연법의 제1명령은 선을 행하고 악을 피하라는 것이다.

오답 피하기 ㄱ. 아퀴나스에 의하면 자연법은 인간이 이성을 통해 인식한 영원법이다.

ㄴ. 아퀴나스에 의하면 실정법의 근거는 자연법이고, 자연법의 근거는 영원법이다.

07 스토아학파의 사상적 입장 이해

문제 분석 제시문은 스토아학파 사상가인 아우렐리우스의 주장이다. 아우렐리우스는 이성에 따라 살아야 한다고 보았으며, 자연의 섭리에 순응할 것을 강조하였다.

정답 찾기 ㄱ. 아우렐리우스는 자연에 따르는 삶을 중시하였다.

ㄷ. 아우렐리우스는 이성을 가진 모든 인간은 평등한 세계 시민이라고 보았다.

오답 피하기 ㄴ. 아우렐리우스는 은둔의 삶을 살아야 마음의 평온을 찾을 수 있다고 주장하지 않았다.

ㄹ. 아우렐리우스는 운명을 수용할 것을 강조하였다.

08 루터의 사상적 입장 이해

문제 분석 제시문은 모두 루터의 주장이다. 루터는 당시 성행했던 교회의 면죄부 판매를 비난하며 '95개조 반박문'을 발표했다. 루터는 인간이 오직 믿음으로 구원받을 수 있다고 주장하였다.

정답 찾기 ㄱ. 루터는 모든 신앙인이 성직자이자 사제라고 주장하였다.

ㄴ. 루터는 그리스도교의 진리는 교회나 교황이 아니라 성서에 있다고 주장하였다.

오답 피하기 ㄷ. 루터는 모든 신앙인이 성직자이자 사제로서 신과 직접 대화할 수 있다고 주장하였다.

ㄹ. 루터는 인간의 구원은 교회의 예배 의식보다 신앙과 신의 은총에 의해 가능하다고 보았다.

수능 실전 문제   본문 91~94쪽

1 ①	2 ⑤	3 ②	4 ③
5 ⑤	6 ②	7 ④	8 ①

1 에피쿠로스와 아우렐리우스의 사상 비교 이해

문제 분석 갑은 쾌락주의를 주장한 에피쿠로스, 을은 금욕주의를 주장한 스토아학파 사상가 아우렐리우스이다.

정답찾기 ㄱ. 금욕주의를 주장한 아우렐리우스와 달리 쾌락주의를 주장한 에피쿠로스는 다음과 같이 말했다. "아름다움과 덕은 우리에게 쾌락을 제공할 때 가치를 지닌다. 이들이 쾌락을 주지 못한다면, 우리는 그것들을 버려야 한다."

ㄴ. 두 사상가의 공통된 입장이다. 두 사상가는 행복을 추구했으며 행복을 누리기 위해 이성을 발휘하고 절제 있게 생활할 것을 강조하였다.

오답피하기 ㄷ. 운명을 사랑하고 수용하는 태도를 중시하는 것은 아우렐리우스만의 입장이다. 에피쿠로스는 필연적인 운명은 존재하지 않기 때문에 운명에 대해 불안해하는 것은 어리석은 일이라고 보았다.

ㄹ. 두 사상가의 공통된 입장이다.

2 아리스토텔레스가 에피쿠로스와 아우렐리우스에게 제시할 견해 파악

문제분석 제시문은 아리스토텔레스의 주장이다.

정답찾기 ⑤ 세 사상가 모두 행복한 삶을 위해서 이성의 발휘가 필요하다고 보았다.

오답피하기 ① 에피쿠로스는 쾌락이 최고선이며 행복한 삶의 시작이자 끝이라고 보았다. 그러나 아리스토텔레스는 쾌락을 최고선으로 보지 않았다.

② 에피쿠로스는 공적 활동에 헌신하기보다 오히려 은둔 생활을 권장하였다.

③ 아리스토텔레스는 절제와 같은 품성적 덕은 본성적으로 생겨나는 것이 아니라 습관을 통해 형성되는 것으로 보았다.

④ 아리스토텔레스는 그 자체로 나쁜 행위에는 최선의 상태, 즉 중용이 없다고 보았다.

3 에피쿠로스의 사상적 입장 이해

문제분석 제시문은 모두 에피쿠로스의 주장이다.

정답찾기 ② 에피쿠로스는 쾌락의 부재로 고통을 느낄 때에는 쾌락을 필요로 하지만, 고통을 느끼지 않는다면 더 이상 쾌락을 필요로 하지 않는다고 보았다.

오답피하기 ① 에피쿠로스는 죽음을 윤회의 과정으로 보지 않았다. 에피쿠로스는 죽음을 인간을 구성하던 원자가 흩어져 개별 원자로 돌아가는 것이라고 보았다.

③ 에피쿠로스는 필연적인 운명은 존재하지 않는다고 보았다.

④ 에피쿠로스에 의하면 완전하고 행복한 존재인 신은 인간에게 호의나 악의를 품지 않기 때문에 인간사에 영향을 미치지 않는다. 따라서 신의 저주를 받을까 두려워하는 것도 어리석은 일이다.

⑤ 에피쿠로스는 정신적이고 지속적인 쾌락을 중시했으며 이러한 쾌락 추구에는 이성적 숙고가 필요하다고 보았다.

4 아퀴나스의 자연법사상 이해

문제분석 제시문은 스콜라 철학자 아퀴나스의 주장이다.

정답찾기 ㄴ. 아퀴나스에 의하면 인간은 신이 부여한 이성에 의해 자연법을 파악할 수 있다.

ㄹ. 아퀴나스에 의하면 인간은 만물과 공유하는 본성에 따라 자신의 존재가 보존되기를 갈망한다. 또한 인간은 자신의 고유한 본성인 이성에 따라 신에 관한 진리를 알고자 한다. 이러한 자연적 성향을 따르는 것은 인간의 의무가 된다.

오답피하기 ㄱ. 스토아학파의 입장이다.

ㄷ. 그리스도교 사상가인 아퀴나스는 인간이 신과 하나 될 때 최고의 행복을 누린다고 보았다.

5 아우구스티누스와 아퀴나스의 사상적 입장 이해

문제분석 갑은 교부 철학자 아우구스티누스, 을은 스콜라 철학자 아퀴나스이다.

정답찾기 ⑤ 두 사상가가 그리스도교 사상가로서 갖는 공통된 입장이다.

오답피하기 ① 아우구스티누스에 의하면 악은 실체로서 존재하는 것이 아니라 선이 결여된 상태이며, 악은 신의 창조물이 아니라 인간 행위의 결과이다.

② 아우구스티누스에 의하면 인간은 자유 의지를 발휘하여 악행을 저지를 수 있다.

③ 아퀴나스는 신의 존재를 이성적으로 증명할 수 있다고 보았다.

④ 아퀴나스에 의하면 인간이 자신의 자연적 성향, 즉 자기 생명을 보존하려는 성향, 종족을 보존하려는 성향, 신에 대해 알고자 하는 성향, 사회적 삶을 살고자 하는 성향 등을 따르는 것은 인간의 의무가 된다.

6 아우구스티누스와 아퀴나스가 스토아학파에게 제기할 비판 파악

문제분석 제시문은 스토아학파의 기본 입장을 담고 있다.

정답찾기 ② 스토아학파는 범신론적 관점에서 신과 자연을 동일시하였다. 그러나 그리스도교 사상가 아우구스티누스와 아퀴나스는 창조주인 신을 피조물인 자연과 구분되는 초월적 존재로 보았다.

오답피하기 ① 아우구스티누스와 아퀴나스는 모두 덕에 따르는 영혼의 활동이 진정한 행복이라고 주장하지 않았다.

③ 신은 만물이 존재하도록 하는 궁극적 원인이라는 것은 아우구스티누스, 아퀴나스, 스토아학파의 공통된 입장이다.

④ 스토아학파는 행복을 위해 우리가 자연을 따르고 이성을 따라야 한다고 주장하였다.

⑤ 아우구스티누스와 아퀴나스는 신을 인격적 존재로 보았다.

7 플라톤과 아우구스티누스의 사상적 입장 이해

문제 분석 갑은 플라톤, 을은 아우구스티누스이다. 플라톤이 참된 실재인 선의 이데아를 지향했다면, 아우구스티누스는 참된 실재인 신을 향해 나아가고자 했다. 아우구스티누스에게 최고의 덕은 신에 대한 사랑이었다. 아우구스티누스는 플라톤이 주장한 지혜, 용기, 절제, 정의도 신에 대한 사랑이라는 최고 덕의 다른 측면으로 이해하였다.

정답 찾기 ㄱ. 플라톤은 정의의 덕을 갖춘 사람은 결코 불행해질 수 없다고 보았다.
ㄴ. 아우구스티누스는 진정한 행복은 신의 은총을 통해서만 얻을 수 있다고 보았다.
ㄷ. 아우구스티누스는 지혜, 용기, 절제, 정의는 신에 대한 사랑의 다른 측면이라고 보았다.

오답 피하기 ㄹ. 아우구스티누스는 악은 신이 창조한 것이 아니라 인간이 자유 의지를 남용함으로써 생겨난 것이라고 보았다.

8 아퀴나스의 사상적 입장 이해

문제 분석 제시문은 아퀴나스의 주장이다.

정답 찾기 첫 번째 입장. 아퀴나스에 의하면 신앙과 이성은 모두 신에게서 나온 것이므로 서로 모순되지 않고 조화를 이룰 수 있다.
세 번째 입장. 아퀴나스에 의하면 자연적 덕(지성적 덕, 품성적 덕)은 최고의 행복으로 나아가는 예비적 단계의 덕이며, 최고의 행복에 이르기 위해서는 종교적 덕(믿음, 소망, 사랑)이 필요하다.

오답 피하기 두 번째 입장. 아퀴나스에 의하면 이성을 탁월하게 발휘하는 것은 자연적 덕과 관련되며, 자연적 덕만으로는 지복에 도달할 수 없다.
네 번째 입장. 아퀴나스에 의하면 신이 존재한다는 것은 이성으로 증명할 수 있다.

09 도덕적 판단과 행동의 근거: 이성과 감정

수능 기본 문제 본문 100~101쪽

| 01 ⑤ | 02 ③ | 03 ⑤ | 04 ④ |
| 05 ② | 06 ① | 07 ③ | 08 ① |

01 스피노자가 강조하는 삶의 태도 파악

문제 분석 가상 편지를 쓴 사상가는 스피노자이다. 스피노자는 이성을 온전히 사용하여 만물의 궁극적 원인인 신, 즉 자연의 필연적 인과 질서를 인식함으로써 도달하게 되는 마음의 안정과 평화를 최고의 행복으로 보았다.

정답 찾기 ⑤ 스피노자는 신, 즉 자연이 존재하는 유일한 실체이며, 최고의 행복은 신에 대한 직관적 인식에서 생기는 정신적 만족이라고 주장하였다.

오답 피하기 ① 스피노자는 만물의 내재적 원인인 신에 대한 직관적 인식을 강조하였으며, 창조주로서의 신에 대한 귀의를 주장하지 않았다.
② 스피노자는 자기 보존을 증대하거나 촉진하는 경우에는 기쁨과 같은 능동적인 감정을 느끼게 된다고 주장하였다.
③ 스피노자는 수동적인 감정, 즉 정념의 예속에서 벗어날 것을 주장하였지만 능동적인 감정은 긍정하였다.
④ 스피노자는 신, 즉 자연의 필연성에서 벗어나는 것은 불가능하다고 주장하였다.

02 흄의 사상 이해

문제 분석 제시문은 흄의 주장이다. 흄은 도덕적 실천의 직접적 동기는 감정이며, 이성은 그 자체만으로는 어떤 의지 활동의 동기가 될 수 없고 이성의 역할은 도덕적 행위에 필요한 지식과 정보를 제공하는 것이라고 주장하였다.

정답 찾기 ㄴ. 흄은 도덕적 추론 및 타당성 검토 등 도덕적 행위에 필요한 정보들을 제공함으로써 이성이 이타적 행위에 기여할 수 있다고 보았다.
ㄷ. 흄은 선과 악은 어떤 사람의 행위나 품성을 바라볼 때 느끼는 사회적 시인의 감정이나 부인의 감정을 표현한 것이라고 주장하였다.

오답 피하기 ㄱ. 흄은 다른 사람의 행복과 불행을 함께 느낄 수 있는 공감 능력이 도덕성의 기초가 된다고 주장하였다.
ㄹ. 흄은 인간은 공감 능력을 지니고 있어서 자신의 개별적 이익과 무관하게 사회적 유용성을 지니는 행위에 대하여 시인의 감정을 느낄 수 있다고 주장하였다.

03 데카르트의 사상 이해

문제 분석 제시문은 데카르트의 주장이다. 데카르트는 절대로 의심할 수 없는 명제를 찾기 위해 의심할 수 있는 모든 것을 의심해 보는 방법적 회의를 통해 '나는 생각한다. 그러므로 나는 존재한다.'라는 철학의 제1원리를 발견할 수 있다고 주장하였다.

정답 찾기 ⑤ 데카르트는 절대로 의심할 수 없는 명제인 철학의 제1원리를 바탕으로 확실한 지식을 연역해 낼 수 있다고 주장하였다.

오답 피하기 ① 데카르트는 관찰과 실험이 아니라 이성을 통하여 진리를 확립할 수 있다고 주장하였다.
② 데카르트는 철학의 제1원리는 절대로 의심할 수 없는 명제라고 주장하였다.
③ 데카르트는 의심할 수 있는 모든 것을 의심해 보는 방법적 회의를 통해 철학의 제1원리를 확립할 수 있다고 주장하였다.
④ 데카르트는 방법적 회의의 과정에서 수학의 공리도 의심의 대상이 될 수 있다고 보았다.

04 스피노자의 사상 이해

문제 분석 (가)는 스피노자의 주장이다. 스피노자는 최고의 행복은 신, 즉 자연에 대한 직관적 인식에서 생기는 정신적 만족이라고 주장하였다.

정답 찾기 ④ 스피노자는 목적론적 세계관을 비판하고 자연에서 일어나는 모든 일은 신, 즉 자연의 필연적 질서에 따른 결과라고 주장하였다.

오답 피하기 ① 스피노자는 만물의 내재적 원인인 신, 즉 자연은 필연적 질서에 따라 움직이며, 이러한 필연성에서 벗어나 자유 의지를 가지는 것은 가능하지 않다고 주장하였다.
② 스피노자는 신, 즉 자연은 무한하고 영원한 속성을 지닌다고 주장하였다.
③ 스피노자는 신, 즉 자연은 만물의 초월적 원인이 아닌 내재적 원인이라고 주장하였다.
⑤ 스피노자는 신, 즉 자연은 존재하는 유일한 실체이며, 인간을 포함한 존재하는 모든 것은 신 안에 있으며 어떤 것도 신 없이는 존재할 수 없다고 주장하였다.

05 흄의 사상 이해

문제 분석 제시문은 흄의 주장이다. 흄은 선악은 이성적으로 판단되는 것이 아니라, 행위나 품성에 대한 사회적 시인이나 부인의 감정 표현이라고 주장하였다.

정답 찾기 ② 흄은 인간은 공감 능력을 지니고 있어서 자신의 개별적 이익과 무관하게 사회적 유용성을 지니는 행위에 대하여 시인의 감정을 느낄 수 있다고 주장하였다.

오답 피하기 ① 흄은 개인이 주관적으로 느끼는 시인과 부인의 감정이 아니라 사회적 차원의 시인과 부인의 감정에 따라 덕과 부덕이 결정된다고 주장하였다.
③ 흄은 덕과 부덕은 행위 자체에 내재하는 성질이 아니라, 행위를 바라볼 때 느끼는 사회적 차원의 시인과 부인의 감정에 따라 결정된다고 주장하였다.
④ 흄은 공감은 도덕성의 기초로서 서로 감정을 교류할 수 있게 해 주고, 서로를 이해할 수 있게 해 주며, 자신의 편협하고 개인적인 관점을 극복할 수 있게 해 주는 자연적 성향이라고 주장하였다.
⑤ 흄은 도덕적 선은 사회의 행복에 유용한 행위에 대한 사회적 차원의 시인의 감정 표현이라고 주장하였다.

06 스피노자의 사상 이해

문제 분석 제시문은 스피노자의 주장이다. 스피노자는 신, 즉 자연은 존재하는 유일한 실체이며, 자연의 개별 사물은 신이 보여 주는 여러 가지 모습인 양태라고 주장하였다.

정답 찾기 ㄱ. 스피노자는 자연은 필연적 질서에 따라 움직이는 거대한 기계와 같다고 주장하였다.
ㄴ. 스피노자는 신, 즉 자연에 대한 직관적 인식에서 생기는 정신적 만족을 최고의 행복이라고 보았다.

오답 피하기 ㄷ. 스피노자는 신, 즉 자연이 존재하는 유일한 실체이며, 인간은 신의 양태로서의 지위를 갖는다고 주장하였다.
ㄹ. 스피노자는 신을 초월적 존재가 아닌 자연 그 자체로 보고 인간이 이성을 바탕으로 신, 즉 자연의 필연적 질서를 인식하여 정념의 속박에서 벗어날 때 자유로운 삶을 살 수 있다고 주장하였다.

07 흄의 사상 이해

문제 분석 제시문은 흄의 주장이다. 흄은 개인의 개별적 이익과 무관하게 사회적 행복에 유용한 행위에 대하여 느끼는 사회적 차원의 시인의 감정이 도덕성의 기초가 된다고 주장하였다.

정답 찾기 ③ 흄은 도덕적 실천의 직접적 동기는 감정이라고 주장하였으며, 도덕적 선악 역시 이성으로 판단되는 것이 아니라 행위나 품성을 바라볼 때 느끼는 사회적 차원의 시인과 부인의 감정에 따라 결정된다고 주장하였다.

오답 피하기 ① 흄은 이성은 그 자체만으로는 도덕적 행위의 직접적 동기가 되지 못한다고 주장하였다.
② 흄은 도덕적 선악은 공감 능력에 근거한 사회적 차원의 시인과 부인의 감정에 따라 결정된다고 주장하였다.
④ 흄은 사회적 차원의 행복에 유용한 행위에 대해 느끼는 사회적 시인의 감정이 도덕성의 기초가 된다고 주장하였는데 이에 따르면 개인의 행복 증진에 기여하는 행위가 사회적 행복에 유용한 행위라면 그러한 행위는 덕이 될 수 있다.
⑤ 흄은 다른 사람의 행복과 불행을 함께 느낄 수 있는 공감 능력

으로 인해 인간은 개인의 주관적 감정을 넘어 사회적으로 유용한 행위에 대해 보편적인 시인의 감정을 느낄 수 있다고 주장하였다.

08 베이컨의 사상 이해

문제 분석 제시문은 베이컨의 주장이다. 베이컨은 삼단 논법과 같은 연역적인 방법만으로는 참된 지식을 얻는 데 한계가 있다고 지적하고, 실험과 지성을 중시하는 참된 귀납법을 새로운 진리 탐구의 방법으로 제시하였다.

정답 찾기 ㄱ. 베이컨은 자연 과학적 지식을 바탕으로 인간 생활의 진보를 가져올 수 있다고 주장하며 지식의 유용성을 강조하였다.

ㄴ. 베이컨은 자연에 대한 참된 인식을 방해하는 선입견과 편견을 우상에 비유하고 전통과 권위가 우상으로 작용할 경우 이를 타파해야 한다고 주장하였다.

오답 피하기 ㄷ. 베이컨은 인간의 감각적 경험이 지식의 근원이 된다고 주장하였다.

ㄹ. 베이컨은 새로운 진리 탐구의 방법으로 실험과 지성을 중시하는 참된 귀납법을 제시하였다.

수능 실전 문제
본문 102~105쪽

1 ③	**2** ①	**3** ⑤	**4** ①
5 ⑤	**6** ②	**7** ④	**8** ④

1 흄의 사상 이해

문제 분석 가상 대담 속 '선생님'은 흄이다. 흄은 도덕적 실천의 직접적 동기는 감정이며, 이성의 역할은 도덕적 행위에 필요한 지식과 정보를 제공하는 등 감정에 봉사하는 것이라고 주장하였다.

정답 찾기 ③ 흄은 도덕적 판단은 행위나 품성을 바라볼 때 느끼는 사회적 차원의 시인 혹은 부인의 감정 표현이며, 도덕적 행위의 직접적 동기 역시 감정이라고 주장하였다.

오답 피하기 ① 흄은 이성은 도덕적 행위에 필요한 지식과 정보를 제공하고, 도덕적 판단의 타당성과 진실성을 밝히는 데 도움을 줄 수 있다고 주장하였다.

② 흄은 관념이 아니라 관념이 유발하는 감정이 도덕적 판단의 근거.된다고 주장하였다.

④ 흄은 이성 단독으로는 어떤 의지 작용의 동기가 될 수 없다고 보았으며, 이성은 감정에 봉사하고 복종해야 한다고 주장하였다.

⑤ 흄은 도덕적 판단의 근거와 도덕적 행위의 직접적 동기는 모두 감정이라고 주장하였다.

2 스토아학파와 스피노자의 사상 비교 이해

문제 분석 갑은 스토아학파 사상가인 아우렐리우스, 을은 스피노자이다. 아우렐리우스는 자연 안에서 일어나는 모든 일은 운명 지어진 것으로 바꿀 수 없으므로 그러한 운명을 받아들이는 삶을 살아야 한다고 주장하였다. 스피노자는 자연 안에서 일어나는 모든 일은 신, 즉 자연의 본성에 의거하여 원인과 결과로 필연적으로 연결되어 있다고 주장하였다.

정답 찾기 ① 스토아학파는 자식에 대한 부모의 사랑, 인류에 대한 사랑 등 이성에 기초한 자연스러운 감정은 긍정하였다.

오답 피하기 ② 스피노자는 인간이 신, 즉 자연의 필연적 질서에서 벗어나 자유 의지를 가지는 것은 가능하지 않다고 주장하였다.

③ 아우렐리우스와 스피노자 모두 이성을 바탕으로 자연에서 벌어지는 일의 필연적 질서를 인식할 때 정념의 속박에서 벗어난 행복한 삶이 가능하다고 주장하였다.

④ 아우렐리우스와 스피노자 모두 인간은 이성이 인도하는 삶을 통해 최고의 행복에 이를 수 있다고 주장하였다.

⑤ 스피노자는 신, 즉 자연은 무한하고 영원한 속성을 지닌다고 주장하였다.

3 아우구스티누스와 스피노자의 사상 비교 이해

문제 분석 갑은 아우구스티누스, 을은 스피노자이다. 아우구스티누스는 지혜, 용기, 절제, 정의 등의 덕은 신에 대한 사랑의 다른 표현이라고 주장하였다. 스피노자는 신, 즉 자연은 존재하는 유일한 실체이며 모든 것의 내재적 원인이라고 주장하였다.

정답 찾기 ㄷ. 아우구스티누스는 진정한 행복에 이르기 위해서는 초월적 존재자로서의 신에 대한 인식이 필요하다고 주장하였다. 스피노자는 만물의 내재적 원인인 신, 즉 자연을 이성적으로 인식하고 이성이 인도하는 삶을 살 때 참된 행복에 이를 수 있다고 주장하였다.

ㄹ. 아우구스티누스는 신과 인간 모두 자유 의지를 지니고 있다고 주장하였다. 스피노자는 모든 일은 신, 즉 자연의 필연적 질서에 따라 벌어지므로 이러한 필연성에서 벗어나 자유 의지를 가지는 것은 가능하지 않다고 주장하였다.

오답 피하기 ㄱ. 아우구스티누스에 따르면 악은 신이 창조한 실체가 아니라 선이 결여된 상태로 인간 행위의 결과물이다.

ㄴ. 스피노자는 신, 즉 자연이 유일한 실체이며 인간은 실체가 변한 모습, 즉 양태의 지위를 갖는다고 주장하였다.

4 흄의 사상 이해

문제 분석 제시문은 흄의 주장이다. 흄은 다른 사람의 행복과 불행을 함께 느낄 수 있는 공감 능력이 인간 도덕성의 기초가 된다고 주장하였다.

정답 찾기 ㄱ, ㄴ. 흄은 덕과 부덕은 행위나 품성을 바라볼 때 느끼는 사회적 차원의 시인 혹은 부인의 감정에 따라 결정된다고 주장하였다. 그리고 인간이 자신의 주관적 감정과 개별적 이익을 넘어 사회적 행복에 유용한 행위에 대해 시인의 감정을 느낄 수 있는 이유는 공감 능력 때문이라고 주장하였다.

오답 피하기 ㄷ. 흄은 도덕적 가치는 외부 대상에 객관적으로 내재하여 선험적으로 인식되는 것이 아니라, 인간이 느끼는 사회적 차원의 시인 혹은 부인의 감정에 따라 결정된다고 주장하였다.

ㄹ. 흄은 인간의 감정이 필연적 인과 질서에 따라 발생한다고 보지 않았다. 흄은 인과 관계는 우리가 반복적으로 관찰함으로써 알게 된 것일 뿐, 원인과 결과의 실제적 결합을 알 수는 없다고 주장하였다.

5 스피노자와 에피쿠로스의 사상 비교 이해

문제 분석 갑은 스피노자, 을은 에피쿠로스이다. 스피노자는 인간이 신, 즉 자연의 인과적 필연성을 인식할 때 마음의 평정과 진정한 자유를 누릴 수 있다고 주장하였다. 에피쿠로스는 인간은 죽음을 경험할 수 없으므로 죽음을 두려운 것으로 인식하는 잘못된 믿음을 제거해야 한다고 주장하였다.

정답 찾기 ㄷ. 스피노자는 모든 일은 신, 즉 자연의 인과적 필연성에 따라 일어나므로 참된 자유는 그러한 필연성을 인식할 때 가능하며, 필연성에서 벗어나 자유 의지를 가지는 것은 가능하지 않다고 주장하였다.

ㄹ. 에피쿠로스는 어떠한 쾌락도 그 자체로는 나쁘지 않지만 모든 쾌락이 추구할 만한 가치를 지니는 것은 아니며, 자연적이고 필수적인 욕구 이외의 욕구 충족을 통해 얻는 쾌락은 참된 쾌락에 방해가 될 수 있다고 주장하였다.

오답 피하기 ㄱ. 스피노자는 신, 즉 자연의 필연성을 인식할 때 진정한 행복이 가능하다고 주장하였다. 에피쿠로스는 신에 대한 잘못된 믿음을 제거하여 참된 쾌락을 방해하는 두려움에서 벗어나야 한다고 주장하였다.

ㄴ. 스피노자는 이성을 온전히 사용하여 신, 즉 자연의 인과적 필연성을 인식함으로써 진정한 행복에 이를 수 있다고 주장하였다. 에피쿠로스는 참된 행복은 몸의 고통과 마음의 불안이 없는 상태라고 설명하고 이를 위해 이성으로써 욕구를 분별하고 절제하는 검소한 삶을 살아야 한다고 주장하였다.

6 아리스토텔레스와 흄의 사상 비교 이해

문제 분석 갑은 아리스토텔레스, 을은 흄이다. 아리스토텔레스는 행복을 덕에 따르는 영혼의 활동으로 설명하고 이성적으로 관조하는 활동의 덕을 최고의 행복을 실현하는 데 필요한 최고의 덕이라고 주장하였다. 흄은 다른 사람의 행복과 불행을 함께 느낄 수 있는 공감 능력이 도덕성의 기초가 된다고 주장하였다.

정답 찾기 ② 흄은 관념이 아니라 관념이 유발하는 감정이 도덕적 판단의 근거가 된다고 주장하였다.

오답 피하기 ① 아리스토텔레스는 최고의 행복을 실현하는 데 필요한 최고의 덕은 철학적 지혜라고 주장하였다.

③ 아리스토텔레스는 품성적 덕은 영혼의 감정이나 욕구 부분과 관련된 덕이라고 설명하였다.

④ 흄은 도덕적 행위에 필요한 지식과 정보를 제공하고 감정들이 근거로 삼고 있는 믿음의 타당성과 진실성을 밝혀 주는 역할 등을 통해 이성이 도덕적 실천에 기여할 수 있다고 주장하였다.

⑤ 아리스토텔레스는 품성적 덕, 즉 도덕적 덕은 중용의 실천과 같은 행위자의 품성과 관계된다고 주장하였으며, 흄은 도덕적 선악은 외부 대상에 객관적으로 실재하는 것이 아니라 인간이 느끼는 사회적 차원의 시인 혹은 부인의 감정에 따라 결정된다고 주장하였다.

7 플라톤과 흄의 사상 비교 이해

문제 분석 갑은 플라톤, 을은 흄이다. 플라톤은 영혼의 세 부분이 각자 자신의 역할을 수행하여 조화를 이룰 때 정의로운 사람이 될 수 있으며, 이와 마찬가지로 국가를 이루는 세 계층의 사람들이 각각 다른 계층의 일에 간섭하지 않고 각자의 직분을 충실히 수행하여 조화를 이룰 때 정의로운 국가가 될 수 있다고 주장하였다. 흄은 사회 전체의 이익이나 행복에 긍정적인 영향을 끼치는 행동은 우리에게 시인의 감정을 불러일으키고 도덕적 행동을 하도록 이끈다고 주장하였다.

정답 찾기 ④ 흄은 덕과 부덕은 외부 대상에 내재한 객관적 속성이 아니라 인간이 느끼는 사회적 차원의 시인 혹은 부인의 감정에 따라 결정된다고 주장하였다.

오답 피하기 ① 플라톤은 영혼의 비이성적 부분인 기개와 욕구는 이성의 지시를 따라야 한다고 주장하였다.

② 플라톤은 존재의 완전한 원형은 현실 세계가 아닌 이데아계에 존재한다고 주장하였다.

③ 흄은 사회 전체의 이익이나 행복에 긍정적인 영향을 끼치는 행위나 품성은 우리에게 시인의 즐거운 감정을 불러일으키는데 정의는 그러한 측면에서 덕이 된다고 주장하였다.

⑤ 플라톤은 선의 이데아에 대한 이성적 인식을 통하여, 흄은 공감 능력을 통하여 선악의 구별이 보편성을 띨 수 있다고 주장하였다.

8 데카르트가 플라톤과 흄에게 제시할 수 있는 견해 파악

문제 분석 제시문은 데카르트의 주장이다. 데카르트는 모든 것을 의심할 수 있지만 의심(생각)하고 있는 내가 존재한다는 사실은 의심할 수 없으므로, '나는 생각한다. 그러므로 나는 존재한다.'라는 명제는 더 이상 의심할 수 없는 철학의 제1원리가 된다고 주장하였다.

정답 찾기 ④ 데카르트는 생각하는 자아의 존재는 의심할 수 없는 진리라고 주장하였다. 흄은 자아에 대한 인식도 감각적 지각일 뿐, 인간은 자아 그 자체를 알 수는 없다고 주장하였다.

오답 피하기 ① 플라톤은 모든 인식되는 것의 근거는 선의 이데아라고 주장하였다.

② 플라톤은 인간은 이성을 통하여 완전한 세계인 이데아에 대한 인식이 가능하다고 주장하였다.

③ 데카르트는 진리는 감각적 경험이 아닌 이성을 통해 발견할 수 있다고 주장하였다.

⑤ 흄은 인과 관계는 반복적으로 관찰함으로써 알게 된 것일 뿐, 원인과 결과의 실제적 결합에 대해서는 알 수 없다고 주장하였다.

10 옳고 그름의 기준: 의무와 결과

수능 기본 문제   본문 112~113쪽

01 ②	02 ⑤	03 ④	04 ④
05 ③	06 ⑤	07 ③	08 ①

01 칸트의 사상 이해

문제 분석 가상 편지를 쓴 사상가는 칸트이다. 칸트는 선의지는 어떤 목적을 달성하는 데 쓸모가 있기 때문에 선한 것이 아니라 그 자체로 선한 것이라고 주장하였다.

정답 찾기 ② 칸트는 행위의 선악을 결정하는 것은 행위의 결과가 아니라 행위의 동기인 의지라고 주장하였다.

오답 피하기 ① 칸트는 감정을 지닌 모든 존재가 아니라 이성적 존재를 목적 그 자체로 대우해야 한다고 주장하였다.

③ 칸트는 선의지의 실천과 행복의 실현이 양립 가능하다고 주장하였다.

④ 칸트는 인간의 자연적 경향성은 도덕의 기반이 될 수 없으며, 경향성을 극복하고 정언 명령의 형식으로 제시되는 도덕 법칙을 의무로 준수해야 한다고 주장하였다.

⑤ 칸트는 도덕 법칙이 공동체의 덕목에 기반하여 수립된다고 주장하지 않았다. 도덕 법칙은 실천 이성이 인간에게 부과한 자율적인 법칙으로 절대적으로 보편타당한 법칙이다.

02 밀의 질적 공리주의 이해

문제 분석 제시문은 밀의 주장이다. 밀은 쾌락에는 질적인 차이가 있으며 정상적인 인간이라면 누구나 질적으로 높고 고상한 쾌락을 추구할 것이라고 주장하였다.

정답 찾기 ⑤ 밀은 자신의 존엄에 대한 선호는 질적으로 높고 고상한 쾌락이라고 주장하였다.

오답 피하기 ① 밀은 공리의 원리를 적용할 때 쾌락의 양도 고려해야 한다고 주장하였다.

② 밀은 쾌락의 양과 질이 항상 반비례 관계에 놓여 있다고 주장하지 않았다.

③ 밀은 행복과 만족의 차이를 구분하고, 질 높은 쾌락을 추구하는 것이 곧 행복을 추구하는 것이라고 주장하였다.

④ 밀은 타인의 행복에서 느끼는 즐거움은 질적으로 높고 고상한 쾌락이라고 주장하였다.

03 칸트의 사상 이해

문제 분석 제시문은 칸트의 주장이다. 칸트는 세계 내의 다른 존재와 달리 이성적 존재인 인간은 자율적으로 도덕 법칙을 만들고 준수할 수 있는 존엄한 존재라고 주장하였다. 그리고 도덕 법칙에 대한 자발적 존중에서 비롯된 행위만이, 즉 선의지의 지배를 받는 행위만이 도덕적 가치를 지닌다고 주장하였다.

정답 찾기 ④ 칸트는 자기를 계발하는 것은 인간의 의무에 해당한다고 주장하였다. 따라서 인격의 인간성 향상을 위해 자신의 소질을 계발하려는 행위는 도덕적 가치를 지닌다.

오답 피하기 ① 칸트는 자살은 고통스러운 생(生)을 마감하려는 목적으로 인간이 자신의 인격을 목적이 아닌 수단으로만 사용하는 행위이기 때문에 의무가 될 수 없다고 주장하였다. 따라서 스스로 생을 마감하는 행위는 도덕적 가치를 지니지 못한다.
② 칸트는 도덕 법칙은 무조건적인 명령, 즉 정언 명령의 형식으로 나타나며 자기 이익 실현 등 특정한 목적을 달성하기 위해 이루어지는 가언 명령은 도덕 법칙의 형식에 어긋난다고 주장하였다. 따라서 자기 이익 실현을 목적으로 하는 행위는 도덕적 가치를 지니지 못한다.
③ 칸트는 도덕 법칙의 준수를 위해서는 경향성의 저항을 극복해야 한다고 주장하였다. 따라서 경향성에만 근거하는 삶의 지속은 도덕적 가치를 지니지 못한다.
⑤ 칸트는 의무 의식이 동기가 된 행위만이 도덕적 가치를 지닌다고 주장하였다. 따라서 동정심과 같은 자연적 경향성이 동기가 되어 이루어진 행위는 도덕적 가치를 지니지 못한다.

04 벤담과 밀의 사상 비교 이해

문제 분석 갑은 벤담, 을은 밀이다. 벤담은 모든 쾌락에는 질적인 차이가 없고 양적인 차이만 있으며, 행위의 옳고 그름은 관련된 이해 당사자들의 최대 행복을 추구하는 공리의 원리에 따라 판단되어야 한다고 주장하였다. 밀은 쾌락에는 질적인 차이가 있으며 공리의 원리를 따를 때는 쾌락의 양뿐만 아니라 질적인 차이도 고려해야 한다고 주장하였다.

정답 찾기 ㄴ. 벤담은 모든 쾌락에는 질적인 차이가 없다고 주장하였다. 따라서 벤담이 부정의 대답을 할 질문이다.
ㄹ. 벤담과 밀은 모두 행위의 도덕적 가치는 공리의 원리, 즉 행위의 유용성에 따라 결정된다고 주장하였다. 따라서 벤담과 밀 모두 부정의 대답을 할 질문이다.

오답 피하기 ㄱ. 개인의 행복 증진에 기여하는 행위는 '최대 다수의 최대 행복' 증진에 기여할 수도 있고, 그렇지 않을 수도 있다. 따라서 벤담과 밀 모두 긍정의 대답을 할 질문이다.
ㄷ. 벤담과 밀은 모두 행위의 옳고 그름은 관련된 모든 이해 당사자들의 최대 행복을 추구하는 공리의 원리에 근거하여 판단되어야 한다고 주장하였다. 따라서 벤담과 밀 모두 긍정의 대답을 할 질문이다.

05 칸트의 사상 이해

문제 분석 제시문은 칸트의 주장이다. 칸트는 인간은 실천 이성이 자신에게 자율적으로 부과한 명령인 도덕 법칙을 준수할 수 있는 존재이며, 이러한 도덕 법칙에 대한 자발적 존중에서 비롯된 행위만이 도덕적 가치를 지닌다고 주장하였다.

정답 찾기 ㄴ. 칸트는 실천 이성의 명령을 따르는 행위, 즉 도덕 법칙에 대한 자발적 존중에서 비롯된 행위는 인간이 따라야 할 절대적이고 보편타당한 의무라고 주장하였다.
ㄷ. 칸트는 행복 추구의 경향성은 개인의 주관적 행위 원리인 준칙의 근거로는 기능할 수 있다고 보았다.

오답 피하기 ㄱ. 칸트는 도덕과 행복은 양립 가능하다고 주장하였다.
ㄹ. 칸트는 도덕적 의무의 이행은 실천 이성이 우리 자신에게 부과한 자율적인 명령이라고 주장하였다.

06 규칙 공리주의와 행위 공리주의의 입장 비교 이해

문제 분석 (가)는 규칙 공리주의의 입장, (나)는 행위 공리주의의 입장이다. 규칙 공리주의는 공리의 원리를 개별 행위가 아닌 행위의 규칙에 적용해야 한다는 입장이다. 행위 공리주의는 공리의 원리를 개별 행위에 직접 적용하여 더 많은 공리를 산출하는 행위를 옳은 행위로 보는 입장이다.

정답 찾기 ⑤ 규칙 공리주의와 행위 공리주의 모두 공리의 원리를 행위의 도덕적 가치를 판단하는 보편적인 원리로 본다.

오답 피하기 ① 규칙 공리주의는 행위의 옳고 그름은 결과, 즉 쾌락과 고통에 따라 판단되어야 한다고 본다.
② 행위 공리주의는 행위의 동기가 아닌 행위의 결과, 즉 쾌락과 고통에 따라 행위의 옳고 그름이 판단되어야 한다고 본다.
③, ④ 규칙 공리주의와 행위 공리주의 모두 행위의 도덕적 가치는 행위 자체에 내재해 있는 것이 아니라 쾌락과 고통이라는 결과에 의해 판단된다고 본다.

07 아퀴나스와 칸트의 사상 비교 이해

문제 분석 갑은 아퀴나스, 을은 칸트이다. 아퀴나스는 영원불변하는 신의 질서와 법칙인 영원법을 인간의 이성으로 인식한 것이 자연법이라고 보았다. 칸트는 인간은 본능적 욕구와 이성을 함께 가지고 있으므로 인간의 의지가 도덕 법칙을 따르기 위해서는 본능적 욕구의 저항을 극복하고 실천 이성의 명령을 의무로 준수해야 한다고 주장하였다.

정답 찾기 ㄴ. 칸트는 도덕 법칙은 행위자 자신을 위한 예외를 허용하지 않는 절대적이고 보편타당한 실천 법칙이 되어야 한다고 주장하였다.
ㄷ. 칸트는 모든 다른 인간의 인격을 단순히 수단으로만 대하지 말고 항상 동시에 목적으로 대우해야 한다고 주장하였다. 따라서

다른 인간을 수단으로 대우하는 행위도 동시에 목적으로 대우하였다면 도덕적 가치를 지닐 수 있다.

[오답 피하기] ㄱ. 아퀴나스는 이성을 통해 신의 존재를 증명하고 신의 영원법을 인식하는 등 신앙과 이성은 상호 보완적인 관계라고 주장하였다.

ㄹ. 아퀴나스는 신의 영원법은 자기 보존의 성향, 종족 보존의 성향, 신에 대해 알고자 하는 성향, 사회적 삶을 살고자 하는 성향 등 인간의 자연적 성향에 반영되어 있으며, 영원법은 이성을 가진 인간이라면 지켜야 하는 보편적인 도덕 법칙인 자연법의 근거가 된다고 주장하였다.

08 벤담의 공리주의 이해

[문제 분석] 제시문은 벤담의 주장이다. 벤담은 '최대 다수의 최대 행복'이라는 공리의 원리가 도덕과 입법의 원리가 되어야 한다고 주장하였다.

[정답 찾기] ① 벤담은 어떤 행위가 고통을 유발한다 하더라도 결과적으로 그것보다 더 큰 쾌락을 가져온다면 그 행위는 옳은 행위라고 주장하였다.

[오답 피하기] ② 벤담은 강도, 지속성, 확실성, 근접성, 다산성, 순수성, 범위 등을 기준으로 쾌락과 고통의 양을 측정할 수 있다고 주장하였다.

③ 벤담은 '최대 다수의 최대 행복'이라는 공리의 원리에 부합하지 않는다면 자기희생의 행위도 도덕적 가치를 지니지 못한다고 주장하였다.

④ 벤담은 행위의 선악은 쾌락의 증진과 고통의 감소라는 유용성의 원리에 따라 판단되어야 한다고 주장하였다.

⑤ 벤담은 '최대 다수의 최대 행복'이라는 공리의 원리가 도덕과 입법의 원리가 되어야 한다고 주장하였다.

수능 실전 문제

본문 114~118쪽

1 ③	**2** ⑤	**3** ③	**4** ⑤
5 ④	**6** ③	**7** ③	**8** ⑤
9 ④	**10** ②		

1 칸트의 사상 이해

[문제 분석] 그림의 강연자는 칸트이다. 칸트는 도덕 법칙은 우리 안의 실천 이성이 자율적으로 수립한 법칙으로서 이성적 존재가 따라야 할 절대적이고 보편타당한 실천 법칙이라고 주장하였다.

[정답 찾기] ㄴ. 칸트는 의무는 경향성을 배제한, 법칙에 대한 순수한 존경으로부터 말미암은 행위의 필연성이라고 주장하였다.

ㄷ. 칸트는 도덕적 의무의 이행과 행복의 추구는 양립 가능하다고 보았다. 다만, 의무를 이행해야 할 때는 자신의 행복을 고려하지 말아야 한다고 주장하였다.

[오답 피하기] ㄱ. 칸트는 의무를 동기로 삼지 않는 행위도 결과적으로는 의무에 일치하는 행위가 될 수 있다고 주장하였다.

ㄹ. 칸트에 따르면 준칙은 개인의 주관적 행위 원리이다. 따라서 준칙은 정언 명령의 형식으로도, 가언 명령의 형식으로도 제시될 수 있다.

2 에피쿠로스와 밀의 사상 비교 이해

[문제 분석] 갑은 에피쿠로스, 을은 밀이다. 에피쿠로스는 쾌락은 모든 가치를 평가하는 최고선이며, 참된 쾌락은 몸의 고통과 마음의 불안이 모두 소멸된 상태라고 주장하였다. 밀은 쾌락에는 질적인 차이가 있는데 질적으로 높은 쾌락은 낮은 쾌락보다 더 가치 있으며, 정상적인 인간이라면 질적으로 높고 고상한 쾌락을 추구할 것이라고 주장하였다.

[정답 찾기] ⑤ 에피쿠로스는 자연적이고 필수적인 쾌락은 그렇지 않은 쾌락보다 더욱 추구할 만한 가치를 지닌다고 주장하였다. 밀은 질적으로 높고 고상한 쾌락은 그렇지 못한 쾌락에 비해 더욱 추구할 만한 가치를 지닌다고 주장하였다.

[오답 피하기] ① 에피쿠로스는 모든 쾌락은 그 자체로 나쁘지는 않다고 주장하였다.

② 밀은 여러 가지 쾌락을 경험한 인간들이 그 쾌락들 중에서 더 선호하는 쾌락이 보다 바람직하고 고상한 쾌락이라고 주장하였다.

③ 에피쿠로스는 쾌락은 모든 가치를 평가하는 최고선이요 행복한 삶의 시작이자 끝이라고 주장하며 개인의 행복 추구를 중시하였다. 밀은 행위의 도덕성은 행위의 결과에 의해 생겨날 쾌락과 고통에 의해 평가되며 쾌락은 선이고 고통은 악이라고 주장하였다.

④ 에피쿠로스는 진정한 쾌락은 고통의 부재, 즉 몸의 고통과 마음의 불안이 모두 소멸된 상태라고 주장하였다.

3 벤담, 칸트, 흄의 입장에서 서로에게 제기할 수 있는 비판 내용 파악

[문제 분석] 갑은 벤담, 을은 칸트, 병은 흄이다. 벤담은 행위의 옳고 그름은 공리의 원리에 따라 판단되어야 하며 쾌락의 양은 계산 가능하다고 주장하였다. 칸트는 도덕 법칙에 대한 자발적 존중에서 비롯된 행위, 즉 의무 의식이 동기가 된 행위만이 도덕적 가치를 지닌다고 주장하였다. 흄은 사회적으로 유익한 것에 시인의 감정을 느끼는 것은 공감 능력 때문이며, 이러한 공감 능력이 도덕성의 기초가 된다고 주장하였다.

[정답 찾기] ③ 흄은 도덕적 선악은 행위나 품성을 바라볼 때 느

끼는 사회적 시인 혹은 부인의 감정에 따라 결정된다고 주장하였다. 이에 비해 칸트는 실천 이성이 우리 자신에게 부과한 자율적인 명령인 도덕 법칙에 대한 존경심에서 비롯된 행위만이, 즉 선의지가 동기가 된 행위만이 도덕적인 가치를 지닌다고 주장하였다. 따라서 흄이 칸트에게 제기할 수 있는 적절한 비판이다.

오답 피하기 ① 흄은 사회적 행복에 유용한 행위에 대해 느끼는 사회적 시인의 감정이 도덕성의 기초가 된다고 주장하였다. ② 벤담은 '최대 다수의 최대 행복'을 추구하는 공리의 원리가 도덕과 입법의 보편적 원리가 된다고 주장하였다. ④ 흄은 다른 인간의 행복과 불행을 함께 느낄 수 있는 공감 능력 덕분에 도덕적 선악의 판단이 보편성을 띨 수 있다고 주장하였다. ⑤ 흄은 어떤 대상을 향해 시인이나 부인의 감정이 일어나는 것은 고통이나 쾌락에 대한 전망 때문이라고 주장하였다.

4 밀과 벤담의 공리주의 사상 비교 이해

문제 분석 갑은 밀, 을은 벤담이다. 밀은 쾌락에는 질적 차이가 있으며, 정상적인 인간이라면 누구나 질적으로 높고 고상한 쾌락을 추구할 것이라고 주장하였다. 벤담은 모든 쾌락에는 질적인 차이가 없고 양적인 차이만 있으며, 쾌락 총량의 최대화를 도덕과 입법의 원리로 삼아야 한다고 주장하였다.

정답 찾기 ⑤ 벤담은 쾌락에는 질적인 차이가 존재하지 않는다고 주장하였다.

오답 피하기 ① 밀은 고귀한 감정의 향유는 질적으로 높고 고상한 쾌락에 해당한다고 주장하였다. ② 밀은 인간은 누구나 쾌락을 추구하고 고통을 피하려고 한다는 자연적 사실로부터 쾌락이 선이고 고통이 악이며 행복이 삶의 목적이라는 도덕 원리가 도출될 수 있다고 주장하였다. ③ 벤담은 사회는 개인들의 집합체이므로 사회의 이익이란 사회 구성원들의 이익의 총합이라고 주장하였다. ④ 벤담은 행위의 옳고 그름은 그 행위에 의해 생겨날 쾌락과 고통의 양에 따라 판단된다고 주장하였다.

5 밀의 사상 이해

문제 분석 가상 대담 속 사상가는 밀이다. 밀은 쾌락에는 질적 차이가 있으며, 정상적인 인간이라면 누구나 질적으로 높고 고상한 쾌락을 추구할 것이라고 주장하였다.

정답 찾기 ④ 밀은 행복과 만족의 개념을 구분하고 인간은 질적으로 낮은 쾌락의 추구를 통한 만족보다는 행복, 즉 질적으로 높은 쾌락의 추구를 위해 고통을 감수할 수도 있다고 주장하였다.

오답 피하기 ① 밀은 인간은 누구나 쾌락을 추구하고 고통을 회피하려는 자연적 경향성을 지니고 있으며, 이러한 사실로부터 쾌락은 선이고 고통은 악이라는 도덕 원리가 도출된다고 주장하였다.

② 밀은 행위의 옳고 그름을 판단할 때는 쾌락의 양과 질을 모두 고려해야 한다고 주장하였다. ③ 밀은 행위의 옳고 그름은 행위에 의해 생겨날 쾌락과 고통에 따라 결정된다고 보았으며, 신적 이성에 근거한 금욕적 삶을 주장하지 않았다. ⑤ 밀은 행위의 옳고 그름은 동기가 아닌 결과, 즉 행위에 의해 생겨날 쾌락과 고통에 따라 결정된다고 주장하였다.

6 칸트와 벤담의 사상 비교 이해

문제 분석 갑은 칸트, 을은 벤담이다. 칸트는 경향성의 저항을 극복하고 도덕 법칙에 대한 존경심에 비롯된 행위, 즉 도덕 법칙을 따르려는 선의지가 동기가 된 행위만이 도덕적 가치를 지닌다고 주장하였다. 벤담은 행위의 옳고 그름은 행위에 의해 발생될 쾌락과 고통의 양에 따라 결정된다고 주장하였다.

정답 찾기 ㄴ. 칸트는 행위의 옳고 그름은 행위자의 품성이 아니라 행위의 동기, 즉 도덕 법칙을 준수하려는 의무 의식에 따라 결정된다고 주장하였다. 벤담은 행위의 옳고 그름은 행위자의 품성이 아니라 공리의 원리에 따라 평가되어야 한다고 주장하였다. ㄷ. 칸트는 모든 이성적 존재자는 단순히 수단으로서가 아니라 항상 동시에 목적으로서 대우받아야 한다고 주장하였다. 벤담은 쾌락과 고통의 양을 계산할 때 어떤 사람의 쾌락도 다른 사람의 쾌락보다 더 중요한 것으로 평가되어서는 안 된다고 주장하였다.

오답 피하기 ㄱ. 칸트는 도덕적 의무의 이행과 행복 추구가 양립 가능하다고 하였다. 벤담은 최대 다수의 최대 행복을 추구하는 공리의 원리를 도덕과 입법의 원리로 제시하였다. ㄹ. 칸트는 행위의 옳고 그름은 결과가 아니라 동기, 즉 선의지에서 비롯된 행위냐 아니냐에 따라 평가되어야 한다고 주장하였다. 벤담은 행위의 옳고 그름은 의지가 아니라 결과, 즉 행위에 의해 발생하는 쾌락과 고통의 양에 따라 평가되어야 한다고 주장하였다.

7 스토아학파와 벤담의 사상 비교 이해

문제 분석 갑은 스토아학파 사상가인 세네카, 을은 벤담이다. 스토아학파는 이성은 신과 자연과 인간의 공통된 본성이며, 이성을 통해 자연의 필연적 질서를 파악하고 따를 때 행복에 이를 수 있다고 주장하였다. 벤담은 인간은 누구나 쾌락을 추구하고 고통을 피하려는 존재이며, 쾌락은 곧 선이며 고통은 곧 악이라고 주장하였다.

정답 찾기 ③ 벤담은 누군가에게 고통을 발생시키는 정책이라 할지라도 그 정책이 결과적으로 사회 전체의 행복을 증진하였다면 공리의 원리에 따라 그 정책은 정당화될 수 있다고 주장하였다.

오답 피하기 ① 스토아학파는 자식에 대한 부모의 사랑, 인류에 대한 사랑 등과 같이 이성에 기초한 자연스러운 감정은 부동심과 조화를 이룰 수 있다고 주장하였다.

② 스토아학파는 자신에게 주어진 사회적 역할을 충실히 수행하고 인류의 공동선 실현을 위한 의무를 다해야 한다고 주장하였다.
④ 벤담은 사회는 개인들의 집합체이므로 개개인의 행복의 총합이 곧 사회 전체의 행복이라고 주장하였다.
⑤ 스토아학파와 벤담 모두 행복이 인간 삶의 목적이라고 주장하였다.

8 에피쿠로스가 스토아학파와 벤담에게 제시할 수 있는 견해 파악

문제 분석 제시문은 에피쿠로스의 주장이다. 에피쿠로스는 쾌락은 모든 가치를 평가하는 최고선이며 참된 쾌락은 몸의 고통과 마음의 불안이 모두 소멸된 상태라고 주장하였다. 에피쿠로스는 참된 쾌락을 위해서는 자연적이고 필수적인 욕구만을 충족하는 소박하고 검소한 삶을 살아야 한다고 주장하였다.

정답 찾기 ⑤ 에피쿠로스는 공적인 삶과 인간관계는 고통과 불안을 일으킬 수 있으므로 공적인 삶을 멀리하는 개인적 쾌락과 행복을 중시하였다. 이에 비해 스토아학파는 사회적 역할에 충실하며 인류의 공동선 실현에 기여할 것을, 벤담은 개인적 차원의 행복주의를 사회적 차원으로 확대하여 최대 다수의 최대 행복을 추구할 것을 주장하였다. 따라서 에피쿠로스가 스토아학파와 벤담에게 제시할 수 있는 적절한 견해이다.

오답 피하기 ① 스토아학파는 평온한 삶을 위하여 욕망과 정념으로부터 벗어나 이성으로써 욕구를 절제하는 금욕주의적 삶을 살 것을 주장하였다.
② 에피쿠로스는 자연적이지만 필수적이지는 않은 욕구를 충족하려는 노력은 고통과 불안을 발생시키는 원인이 될 수 있다고 주장하였다.
③ 벤담은 쾌락을 추구하는 과정에서 고통이 발생할 수 있다고 주장하며 쾌락의 계산 기준 중 하나로 순수성을 제시하였다.
④ 벤담은 행위자 자신의 쾌락 증진에는 도움이 되지 않지만 사회 전체의 쾌락을 증진하는 행위가 가능하며, 그러한 행위는 곧 옳은 행위라고 주장하였다.

9 칸트와 스피노자의 사상 비교 이해

문제 분석 갑은 칸트, 을은 스피노자이다. 칸트는 이성적 존재인 인간은 다른 인간을 결코 단순히 수단으로서만 대하지 말고 언제나 동시에 목적으로 대해야 한다고 주장하였다. 스피노자는 존재하는 유일한 실체는 신, 즉 자연이며 신은 존재하는 모든 것의 궁극적인 존재 원인이라고 주장하였다.

정답 찾기 ㄴ. 칸트는 인간은 자연법칙의 지배를 받는 존재인 동시에 실천 이성이 우리 자신에게 부과한 자율적인 명령인 도덕법칙을 준수할 수 있는 존재라고 주장하였다. 스피노자는 인간이 신, 즉 자연의 인과적 필연성에서 벗어나 자유 의지를 지니는 것은 가능하지 않다고 주장하였다.

ㄹ. 스피노자는 정념의 속박에서 벗어나 이성이 인도하는 삶을 살아갈 때 인간은 자유로운 삶을 살 수 있다고 강조하며 신, 즉 자연의 본성에 대한 직관적 인식에서 오는 정신적 만족이 최고의 행복이라고 주장하였다.

오답 피하기 ㄱ. 스피노자는 인간은 자기 보존을 증대하거나 촉진하는 경우에 기쁨과 같은 능동적인 감정을 느끼는데 이처럼 자기 보존에 유익한 것은 선이 된다고 주장하였다.
ㄷ. 칸트는 이성적 존재인 인간은 다른 인간을 결코 단순히 수단으로서만 대하지 말고 언제나 동시에 목적으로 대해야 한다고 주장하였다. 즉 인간을 수단으로 대할 수 있지만 그러한 경우에도 항상 동시에 목적으로 대해야 한다고 주장하였다.

10 현대 칸트주의자 로스의 사상 이해

문제 분석 제시문은 로스의 주장이다. 로스는 언제 어디서나 지켜야 하는 절대적 의무는 없다고 주장하며, 의무들끼리 충돌하게 되면 직관적으로 더 중요한 의무를 따라야 한다는 조건부 의무를 제시하였다.

정답 찾기 첫 번째 입장. 로스는 조건부 의무들은 서로 충돌하기 전까지는 실제적 의무가 될 수 있다고 주장하였다.
세 번째 입장. 로스는 모든 도덕 문제를 해결할 수 있는 언제 어디서나 지켜야 하는 절대적 의무란 존재하지 않는다고 주장하였다.

오답 피하기 두 번째 입장. 로스는 조건부 의무는 이성적 추론의 과정이 아닌 직관을 통해서 알 수 있다고 주장하였다.
네 번째 입장. 로스는 언제 어디서나 지켜야 하는 절대적 의무란 존재하지 않으며 의무들끼리 충돌하는 경우에는 그 상황에서 직관적으로 더 중요한 의무를 따라야 한다고 주장하였다.

11 현대의 윤리적 삶: 실존주의와 실용주의

| 01 ⑤ | 02 ③ | 03 ④ | 04 ① |
| 05 ④ | 06 ① | 07 ④ | 08 ② |

01 하이데거의 현존재의 의미 이해

문제 분석 가상 편지를 쓴 사상가는 하이데거이다. 하이데거는 인간은 자신이 죽음을 향해 나아가고 있다는 사실을 예견함으로써 자신의 존재 의미를 묻고 진정한 실존을 성찰하게 된다고 주장하였다.

정답 찾기 ⑤ 하이데거는 현존재로서의 인간이 경험하는 죽음에 대한 불안과 공포는 존재의 본질을 경험하고 진정한 실존을 성찰하게 되는 계기가 된다고 주장하였다.

오답 피하기 ① 하이데거는 죽음은 현존재의 실존적 삶의 가능성을 성찰하는 계기가 된다고 주장하였다.

② 하이데거는 현존재는 자신의 존재 의미를 질문하고 성찰하는 존재자라고 주장하였다.

③, ④ 하이데거는 현존재가 겪는 불안은 보편적 규범의 준수나 합리적 이성을 통해서가 아니라 죽음의 가능성을 수용하는 주체적 결단을 통해 참된 실존을 회복함으로써 극복될 수 있다고 주장하였다.

02 야스퍼스의 한계 상황의 의미 이해

문제 분석 제시문은 야스퍼스의 주장이다. 야스퍼스는 죽음, 고통, 투쟁, 죄책감 등 인간이 어떠한 수단을 동원해도 피하거나 변화시킬 수 없는 상황을 한계 상황이라고 규정하고, 한계 상황을 직시하고 받아들일 때 참된 실존에 이를 수 있다고 주장하였다.

정답 찾기 ㄴ. 야스퍼스는 인간은 한계 상황에 직면하여 절망과 좌절을 경험하게 되는데 한계 상황을 직시함으로써 초월자를 경험할 수 있다고 주장하였다. 야스퍼스에 따르면 인간이 경험하는 좌절은 초월자가 전달하는 일종의 암호이다.

ㄷ. 야스퍼스는 인간은 한계 상황을 직시하고 이를 받아들이는 주체적 결단을 통해 참된 실존에 이를 수 있다고 주장하였다.

오답 피하기 ㄱ. 야스퍼스는 한계 상황에 직면한 인간은 자신의 유한성을 자각하게 된다고 주장하였다.

ㄹ. 야스퍼스는 한계 상황 속에서 인간이 경험하는 좌절은 초월자가 전달하는 암호이며, 주체적 결단을 통해 좌절을 극복해 나감으로써 참된 실존에 이를 수 있다고 주장하였다.

03 듀이의 사상 이해

문제 분석 제시문은 듀이의 주장이다. 듀이는 불변하는 고정된 진리나 지식은 존재하지 않으며 도덕이나 윤리도 변화하고 성장하는 것이라고 주장하였다.

정답 찾기 ④ 듀이는 지식은 유용한 결과가 예상되는 일종의 가설로서 언제든지 수정되고 재구성될 수 있으므로, 불변하는 고정된 진리나 지식은 존재하지 않는다고 주장하였다.

오답 피하기 ① 듀이는 지성적 탐구를 통해 상황에 맞게 지식이나 이론을 수정하고 발전시켜 나갈 때 삶이 개선되고 사회가 성장, 진보할 수 있다고 주장하였다.

② 듀이는 행위의 가치는 행위 그 자체에 내재해 있는 것이 아니라 문제 상황을 해결하기 위한 수단으로 유용하다고 평가될 때 가치를 지닌다고 주장하였다.

③ 듀이는 도덕이나 윤리는 고정적이고 절대적인 것이 아니라 시대나 상황에 따라 변화하고 성장한다고 주장하였다.

⑤ 듀이는 지식은 그 자체로서 목적이 되거나 가치를 지니는 것이 아니며, 직면한 문제를 해결하는 유용한 수단이나 도구가 될 때 가치를 지니게 된다고 주장하였다.

04 사르트르의 사상 이해

문제 분석 제시문은 사르트르의 주장이다. 사르트르는 인간은 먼저 실존한 다음 주체적인 선택을 통해 자신을 스스로 형성해 가는 존재이며, 스스로 모든 것을 선택하고 그 선택에 책임지는 삶을 살아야 한다고 주장하였다.

정답 찾기 첫 번째 입장. 사르트르는 인간의 본질이나 목적을 정해 줄 신은 존재하지 않으며, 인간은 주체적인 선택을 통해 자신을 스스로 형성해 가는 존재라고 주장하였다.

두 번째 입장. 사르트르는 인간은 주체적인 선택을 할 수 있는, 자유롭도록 운명 지워진 존재이며, 동시에 자신의 선택에 대한 책임을 져야 하는 존재라고 주장하였다.

오답 피하기 세 번째 입장. 사르트르는 도덕성이 인간의 본성이라고 주장하지 않았다.

네 번째 입장. 사르트르는 인간에게는 선택의 자유가 있지만, 자유 그 자체를 선택하거나 거부할 수 있는 자유는 없다고 주장하였다.

05 제임스의 사상 이해

문제 분석 제시문은 제임스의 주장이다. 제임스는 진리란 그 자체로서 가치를 지니는 것이 아니라, 삶을 향상하는 유용성을 지닐 때 가치를 지닌다고 주장하였다.

정답 찾기 ④ 제임스는 진리란 확고부동하고 절대적인 불변의 것이 아니라 문제를 해결하는 데 기여함으로써 현실 생활을 이롭게 하는 것이라고 주장하였다.

오답 피하기 ①, ②, ③ 제임스는 확고부동하고, 절대적이며, 불변하는 진리란 존재하지 않는다고 주장하였다.
⑤ 제임스는 진리란 그 자체로서 추구되는 목적이 아니라 현실 생활을 이롭게 하고 우리 삶의 향상을 가져올 때 가치를 지니게 된다고 주장하였다.

06 데카르트와 듀이의 사상 비교 이해

문제 분석 갑은 데카르트, 을은 듀이이다. 데카르트는 모든 것을 의심할 수는 있지만 의심(생각)하고 있는 내가 존재한다는 사실만은 의심할 수 없으므로 '나는 생각한다. 그러므로 나는 존재한다.'라는 명제가 철학의 제1원리가 된다고 주장하였다. 듀이는 지성적 탐구를 통해 지식이나 이론을 수정하고 발전시킬 때 사회가 성장하고 진보할 수 있다고 주장하였다.

정답 찾기 ㄱ. 데카르트는 지식의 근원은 이성이며, 연역법을 통해 진리를 탐구할 수 있다고 주장하였다.
ㄴ. 듀이는 지식이나 이론은 유용한 결과가 예상되는 가설로서 문제 상황에 맞게 수정되고 재구성될 수 있다고 주장하였다.

오답 피하기 ㄷ. 듀이는 불변하는 절대적인 가치를 지니는 도덕 법칙은 존재하지 않는다고 주장하였다.
ㄹ. 듀이는 고정불변한 진리는 존재하지 않으며 문제 상황에 맞게 지식도 수정되고 재구성되어야 한다고 주장하였다.

07 야스퍼스와 사르트르의 사상 비교 이해

문제 분석 갑은 야스퍼스, 을은 사르트르이다. 야스퍼스는 인간은 한계 상황을 직시하고 주체적 결단을 내림으로써 참된 실존에 이를 수 있고, 초월자에 대한 경험도 하게 된다고 주장하였다. 사르트르는 인간은 우연히 이 세상에 내던져진 존재로서, 먼저 실존한 다음 주체적인 선택을 통해 자신을 스스로 형성해 가는 존재라고 주장하였다.

정답 찾기 ④ 사르트르는 자유로운 선택에 대한 불안으로부터 도망치기 위해 선택에 따른 책임을 회피하는 것을 불성실이라고 규정하고, 인간은 주체적 결단을 통해 이러한 불성실에서 벗어나 자신의 선택에 대해 책임지는 삶을 살아야 한다고 주장하였다.

오답 피하기 ① 야스퍼스는 인간이 어떠한 수단을 동원해도 피하거나 변화시킬 수 없는 상황을 한계 상황이라고 규정하였다.
② 야스퍼스는 합리성이 아니라 한계 상황을 직시하는 주체적 결단을 통해 인간은 참된 실존에 이르고 초월자를 경험할 수 있다고 주장하였다.
③ 사르트르는 모든 인간에게 공통되는 인간의 원형 또는 본질이 존재하지 않는다고 주장하였다.
⑤ 사르트르는 인간은 신에게 의지하지 않고 스스로 자신의 모든

것을 선택하고 그에 대한 책임을 져야 하는 존재라고 주장하였다.

08 키르케고르의 사상 이해

문제 분석 제시문은 키르케고르의 주장이다. 키르케고르는 인간은 선택의 상황에서 불안을 느끼는데 이러한 불안과 절망을 극복하고 참된 실존을 회복하기 위해서는 '신 앞에 선 단독자'로서 생각하고 행동해야 한다고 주장하였다.

정답 찾기 ② 키르케고르는 심미적 실존과 윤리적 실존의 단계에서는 불안과 절망의 문제가 해소되지 않으며, 인간은 신의 사랑에 의해서야 비로소 불안과 절망에서 벗어나 참된 실존을 회복하게 된다고 주장하였다.

오답 피하기 ① 키르케고르는 신 앞에 홀로 서서 자신의 삶을 신의 뜻에 맡기는 주체적 결단을 통해 불안과 절망을 극복할 수 있다고 주장하였다.
③ 키르케고르는 '신 앞에 선 단독자'는 이성적 추론이 아닌 주체적 결단을 통해 가능하다고 주장하였다.
④ 키르케고르는 불안과 절망은 보편적이고 객관적인 진리가 아니라 오직 주체적 결단을 통해 극복될 수 있다고 주장하였다.
⑤ 키르케고르는 자신을 신에게 맡기고 살아가기로 하는 주체적 결단을 통해 불안과 절망을 극복하고 참된 실존을 회복할 수 있다고 주장하였다.

수능 실전 문제 본문 126~129쪽

| 1 ③ | 2 ③ | 3 ① | 4 ③ |
| 5 ② | 6 ④ | 7 ④ | 8 ② |

1 아우구스티누스와 키르케고르의 사상 비교 이해

문제 분석 갑은 아우구스티누스, 을은 키르케고르이다. 아우구스티누스는 물질보다는 인간을, 육체보다는 영혼을, 인간의 영혼보다는 최고선인 신을 사랑하는 것이 질서 잡힌 사랑이며 바른 사랑이라고 주장하였다. 키르케고르는 선택의 상황에서 인간이 느끼는 불안과 절망을 '죽음에 이르는 병'이라고 부르고, '신 앞에 선 단독자'로서 자신의 삶을 신에게 맡기는 주체적 결단을 통해 이러한 불안과 절망을 극복하고 참된 실존을 회복할 수 있다고 주장하였다.

정답 찾기 ③ 키르케고르는 인간은 신의 사랑에 의해 불안과 절망에서 벗어나 참된 실존을 회복할 수 있다고 보았다.

오답 피하기 ① 아우구스티누스는 악에 대항하기 위하여 선이 창

조되었다고 보지 않았고, 선이 결여된 상태를 악으로 보았다.
② 아우구스티누스는 신에 대한 이성적 인식을 넘어 신에게 귀의하여 신과 하나가 될 때 비로소 신과 이웃을 온전히 사랑할 수 있게 된다고 주장하였다.
④ 키르케고르는 양심에 따라 보편적인 윤리 규범을 준수하는 윤리적 실존의 단계에서도 인간의 불안과 절망은 극복되지 않는다고 주장하였다.
⑤ 아우구스티누스는 인간의 원죄를 극복하고 신의 은총을 받기 위해서는 종교적 덕의 실천이 필요하다고 주장하였다. 키르케고르는 불안과 절망을 극복하기 위해서는 신 앞에 홀로 서서 모든 것을 신에게 맡기고 살아가기로 결심하는 주체적 결단이 필요하다고 주장하였다.

2 플라톤과 듀이의 사상 비교 이해

문제 분석 갑은 플라톤, 을은 듀이이다. 플라톤은 세계를 이데아계와 현상계로 구분하고, 이데아 중에서 최고의 이데아는 선(좋음)의 이데아이며 선의 이데아는 인식되는 것들의 인식됨을 가능하게 하고 그것들을 존재하게 하는 근거라고 주장하였다. 듀이는 지식은 그 자체가 목적이 아니라 인간이 직면한 문제를 해결하는 데 유용한 수단이나 도구가 된다고 보고 가설로서의 지식은 언제든지 수정되고 재구성될 수 있다고 주장하였다.

정답 찾기 ③ 듀이는 도덕적 지식은 불변하는 고정된 진리가 아니라 유용한 결과가 예상되는 일종의 가설이라고 주장하였다. 공동체의 관습이 문제 해결에 유용한 수단이 된다면 그러한 관습은 도덕적 지식이 될 수 있다.

오답 피하기 ① 플라톤은 선(좋음)의 이데아는 불변하는 완전한 원형이라고 주장하였다.
② 플라톤은 선(좋음)의 이데아는 현상계가 아니라 이데아계에 존재한다고 주장하였다.
④ 듀이는 도덕적 지식은 그 자체로 가치를 지니는 것이 아니라 문제 해결에 유용한 수단이 될 때 가치를 지닌다고 주장하였다.
⑤ 듀이는 도덕적 인간은 고정불변하는 최고선을 지닌 사람이 아니라 더 나은 사람으로 성장해 가는 사람이라고 주장하였다.

3 스피노자, 키르케고르, 사르트르의 입장에서 서로에게 제기할 수 있는 비판 내용 파악

문제 분석 갑은 스피노자, 을은 키르케고르, 병은 사르트르이다. 스피노자는 신, 즉 자연은 존재하는 유일한 실체이며 존재하는 모든 것의 내재적 원인이라고 주장하였다. 키르케고르는 선택의 상황에서 느끼는 불안과 절망을 '죽음에 이르는 병'이라고 규정하였다. 사르트르는 인간의 본질이나 존재 목적을 정해 줄 신은 존재하지 않으며 인간은 먼저 실존한 다음 주체적인 선택을 통해 자신을 스스로 형성해 가는 존재라고 주장하였다.

정답 찾기 ① 스피노자는 자연에서 일어나는 모든 일은 원인과 결과로 필연적으로 연결되어 있으므로 이러한 필연성에서 벗어나 인간이 자유 의지를 지니는 것은 가능하지 않다고 주장하였다. 키르케고르와 사르트르는 인간은 선택의 자유를 지니고 있으며 이러한 선택의 상황에서 불안을 느끼게 된다고 주장하였다. 따라서 스피노자가 키르케고르와 사르트르에게 제기할 수 있는 비판이다.

오답 피하기 ② 키르케고르는 신을 초월적 절대자로 인식하였다. 스피노자는 신, 즉 자연은 만물의 초월적 원인이 아닌 내재적 원인이라고 주장하였다.
③ 사르트르는 사물은 본질이나 목적이 먼저 정해진 후에 존재하지만 사물과 달리 인간은 주체적 선택을 통해 스스로의 삶을 만들어 가는 존재라고 주장하였다.
④ 키르케고르는 참된 실존의 회복은 신 앞에 선 단독자로서 자신의 모든 삶을 신의 뜻에 맡길 때 가능하다고 주장하였다.
⑤ 스피노자는 최고의 행복은 신, 즉 자연에 대한 직관적 인식에서 오는 정신적 만족이라고 주장하였다.

4 하이데거의 사상 이해

문제 분석 제시문은 하이데거의 주장이다. 하이데거는 인간은 죽음으로의 선구를 통해, 즉 죽음을 예견하고 자신의 존재의 의미를 물음으로써 참된 실존을 회복하게 된다고 주장하였다.

정답 찾기 ㄴ. 하이데거는 인간은 다른 존재자와 달리 자기의 존재 의미를 성찰하는 존재자라고 주장하였다.
ㄹ. 하이데거는 인간은 죽음에 대한 불안과 공포를 통해 현존재의 의미와 실존에 대한 성찰을 하게 되고 이를 바탕으로 스스로 삶을 창조해 가는 능동적 존재가 될 수 있다고 주장하였다.

오답 피하기 ㄱ. 하이데거는 죽음에 대한 불안이 자신의 진정한 실존을 성찰하는 계기가 된다고 보았지 모든 인간이 동일한 삶의 목적을 지향하는 계기가 된다고 주장하지 않았다.
ㄷ. 하이데거는 삶의 유한성과 일회성은 자신의 진정한 실존을 성찰하게 하는 계기가 된다고 주장하였다.

5 제임스의 현금 가치의 의미 이해

문제 분석 가상 대담 속 사상가는 제임스이다. 제임스는 지식은 문제 해결에 기여함으로써 우리의 삶을 향상하는 역할을 할 때 가치를 지닌다고 주장하며 이를 '현금 가치'라는 말로 설명하였다.

정답 찾기 ② 제임스는 지식의 유용성을 강조하며 참된 관념이란 실생활에 유용한 관념이라고 주장하였다.

오답 피하기 ①, ③ 제임스는 관념은 그 자체로는 의미를 지니지 못하며 실생활에 유용할 때 가치를 지니게 된다고 주장하였다.
④ 제임스는 실용적인 학문뿐만 아니라 문학이나 철학과 같은 학문도 사람들이 의미 있는 삶을 사는 데 기여하므로 현금 가치를

지닐 수 있다고 주장하였다.

⑤ 제임스는 참된 관념은 확고부동하고 절대적인 불변의 것이 아니라 현실 생활을 이롭게 하는 데 기여하는 것이라고 주장하였다.

6 베이컨과 듀이의 사상 비교 이해

문제 분석 갑은 베이컨, 을은 듀이이다. 베이컨은 관찰과 실험을 통하여 얻은 원리를 토대로 또 다른 실험을 행하여 새로운 지식을 얻는 참된 귀납법을 새로운 진리 탐구의 방법으로 제시하였다. 듀이는 지성적 탐구란 상황에 맞게 지식이나 이론을 수정하고 발전시켜 문제 상황을 해결하려고 노력하는 탐구라고 주장하였다.

정답 찾기 ㄱ. 듀이는 도덕은 고정적이거나 절대적인 것이 아니라 시대나 상황에 따라 변화하고 성장한다고 주장하였다.

ㄴ. 베이컨은 자연에 대한 참된 인식을 방해하는 선입견과 편견을 우상에 비유하고 이를 타파할 것을 강조하였는데 전통이나 권위도 우상이 될 수 있다고 주장하였다. 듀이는 불변하는 고정된 진리나 지식은 존재하지 않으며 지성적 탐구를 통해 지식이나 이론을 수정하고 발전시켜 문제 상황을 교정하려 노력할 때 사회가 성장하고 진보할 수 있다고 주장하였다.

ㄹ. 듀이는 지성적 탐구란 관조적 지식이 아니라 구체적 문제를 밝히고 그러한 문제 상황을 해결하는 데 유용한 지식이나 이론을 탐구해 가는 것이라고 주장하였다.

오답 피하기 ㄷ. 베이컨은 자연 과학적 지식을 참된 지식으로 보고 자연 과학적 지식의 탐구를 통해 인간 삶을 개선할 수 있다고 주장하였다. 듀이는 과학적 탐구 과정에서 얻은 실험적이며 실천적인 지적 태도를 지성이라고 정의하였는데, 지성적 탐구를 통해 개인의 삶이 개선되고 사회가 성장하고 진보할 수 있다고 주장하였다.

7 사르트르와 아퀴나스의 사상 비교 이해

문제 분석 갑은 사르트르, 을은 아퀴나스이다. 사르트르는 인간은 자유롭도록 운명 지워진 존재이며 주체적인 결단을 통해 선택의 자유에 따른 책임을 져야 하는 존재라고 주장하였다. 아퀴나스는 자연의 만물은 목적에 따라 움직이는데 자연 만물을 목적을 향해 질서 지어 주는 존재가 신이라고 주장하였다.

정답 찾기 ㄴ. 사르트르는 인간은 이 세상에 내던져진 존재로서 먼저 실존한 다음 주체적인 선택을 통해 자신을 스스로 형성해 가는 존재라고 주장하였다. 아퀴나스는 인간은 신의 뜻에 따라 창조된 존재라고 주장하였다.

ㄹ. 아퀴나스는 모든 사물의 본성과 인간의 자연적 성향에는 신의 예지와 의지로 정립된 영원불변하는 질서와 법칙인 영원법이 반영되어 있다고 보았다.

오답 피하기 ㄱ. 사르트르는 인간의 불안이 이성을 통해 해결된다고 보지 않았다. 사르트르는 인간이 주체적인 결단을 통해 자신의

선택에 책임지는 삶을 살 때 실존을 회복할 수 있다고 보았다.

ㄷ. 사르트르는 자신의 선택에 의해 영향을 받는 타인과 사회에 대해 책임지는 자세를 지녀야 한다고 주장하였다.

8 아리스토텔레스가 사르트르와 아퀴나스에게 제시할 수 있는 견해 파악

문제 분석 제시문은 아리스토텔레스의 주장이다. 아리스토텔레스는 인간 삶의 목적, 즉 최고선은 행복이며 행복은 궁극적이고 자족적인 성격을 지닌다고 주장하였다.

정답 찾기 ② 아리스토텔레스는 행복은 덕에 따르는 영혼의 활동이며 덕은 인간의 고유한 기능인 이성이 탁월하게 발휘되는 상태라고 주장하였다. 사르트르는 행복을 인간 이성이 탁월하게 발휘되는 상태라고 규정하지 않았다. 따라서 아리스토텔레스가 사르트르에게 제시할 수 있는 적절한 견해이다.

오답 피하기 ① 사르트르는 인간에게는 미리 주어진 본질이나 실현해야 할 삶의 객관적 목적이 존재하지 않는다고 주장하였다.

③ 아리스토텔레스는 초월적 존재자가 아닌 인간 이성이 탁월하게 발휘되는 상태를 통해 최고의 행복에 이를 수 있다고 주장하였다.

④ 아퀴나스는 이성으로 파악한 진리와 신의 계시가 양립할 수 있다고 주장하였다.

⑤ 아퀴나스는 인간의 궁극적인 삶의 목적은 행복이며, 행복은 신의 은총에 의해 가능하다고 주장하였다.

12 사회사상과 이상 사회

수능 기본 문제 　　　　본문 134~135쪽

01 ② 　**02** ① 　**03** ⑤ 　**04** ②
05 ① 　**06** ③ 　**07** ④ 　**08** ③

01 공자의 이상 사회 이해

문제 분석 제시문은 공자의 주장이다. 공자는 대동 사회(大同社會)를 추구하였는데, 대동 사회는 덕을 갖춘 성인(聖人)이 다스리며 유능한 인재가 등용되고 사회적 약자들은 돌봄을 받는 사회이다.

정답 찾기 ② 대동 사회에서는 능력이 있는 사람뿐만 아니라 모든 사람이 궁핍하지 않게 살아간다.

오답 피하기 ① 대동 사회의 통치자는 힘이 아닌 덕을 바탕으로 나라를 다스린다.
③ 대동 사회에서도 계층의 구별은 있다.
④ 대동 사회에서는 사람들이 서로 간에 지켜야 할 도리인 인륜을 잘 지킨다.
⑤ 대동 사회에서는 존비친소에 따라 사람들을 대한다.

02 노자의 이상 사회 이해

문제 분석 제시문은 노자의 주장이다. 노자는 통치자가 백성들의 삶에 인위적인 간섭을 하거나 제약을 가하지 않고, 백성들이 자연적 본성에 따라 삶을 살 수 있도록 해야 한다고 보았다. 노자는 이러한 무위의 다스림[無爲之治]이 이루어지는 사회를 이상적으로 보았다.

정답 찾기 ㄱ. 노자는 사람들이 자연적 본성에 따라 소박하게 사는 것을 이상적으로 보았다.
ㄴ. 노자는 분별적 지식을 버리고 무지(無知), 무욕(無欲)의 상태에서 정신적 자유를 추구해야 한다고 보았다.

오답 피하기 ㄷ. 노자는 사회적 혼란은 무지에서 발생하는 것이 아니라 분별적 지식을 강조하기 때문에 발생한다고 보았다.
ㄹ. 노자는 성인은 백성들이 인위적 규범과 문명의 이기(利器)에 무관심하게 살도록 무위의 다스림을 해야 한다고 보았다. 백성들이 인의의 도덕에 따라 살도록 모범을 보여야 한다고 본 것은 유교의 입장이다.

03 노자와 공자의 이상 사회 비교 이해

문제 분석 갑은 노자, 을은 공자이다. 노자는 백성들이 지혜와 부귀를 추구하지 않고 살아가도록 성인이 무위(無爲)의 다스림을 하는 것을 이상적으로 보았다. 공자는 성인이 백성들의 모범이 되어 백성들이 인의(仁義)의 덕을 따르는 삶을 살 수 있도록 하는 것을 이상적으로 보았다.

정답 찾기 ⑤ 노자는 유덕한 삶을 살기 위해서는 시비 분별을 하지 말아야 한다고 보았으므로, 노자의 입장에서 공자에게 제기할 수 있는 비판이다.

오답 피하기 ① 공자는 덕이 있는 사람이 통치자가 되어야 한다고 보았으므로, 공자에게 제기할 수 있는 비판이 아니다.
② 공자는 지속적인 수양을 통해 인을 실현할 것을 강조하였으므로, 공자에게 제기할 수 있는 비판이 아니다.
③ 공자는 사회 구성원이 각자의 신분과 지위에 맞는 역할을 해야 한다는 정명(正名)을 강조하였으므로, 공자에게 제기할 수 있는 비판이 아니다.
④ 공자는 행복한 삶을 살기 위해서는 도덕규범을 따라야 한다고 보았으므로, 공자에게 제기할 수 있는 비판이 아니다.

04 플라톤의 이상 사회 이해

문제 분석 제시문은 플라톤의 주장이다. 플라톤은 사람들이 자신의 타고난 성향에 맞는 일을 하며 살아가는 것을 이상적으로 보았다.

정답 찾기 ㄱ. 플라톤은 지혜를 지닌 철학자가 통치하는 것을 이상적으로 보았다.
ㄷ. 플라톤은 각 계층이 다른 계층의 일에 간섭하지 않고 자신의 일을 잘 수행하는 것이 정의롭다고 보았다.

오답 피하기 ㄴ. 플라톤은 모든 계층이 아니라 권력을 지닌 수호자 계층의 사적 소유를 제한해야 한다고 보았다.
ㄹ. 플라톤은 선의 이데아를 인식하는 사람이 통치자가 되어야 한다고 보았으므로, 모든 사람이 선의 이데아를 인식하는 것은 아니다.

05 모어의 이상 사회 이해

문제 분석 제시문은 모어가 제시한 이상 사회인 유토피아에 대한 설명이다. 유토피아는 생산과 소유의 평등이 실현되고, 사람들이 노동을 강요받지 않으며 여가를 즐기며 사는 사회이다.

정답 찾기 ㄱ. 모어는 유토피아의 사람들은 경제적으로 평등하며 풍요롭게 살아간다고 보았다.
ㄴ. 모어는 유토피아에서는 남녀가 차별 없이 노동에 참여한다고 보았다.

오답 피하기 ㄷ. 모어는 유토피아에서도 일정한 노동을 하는 것이 바람직하다고 보았다.
ㄹ. 모어는 유토피아에서는 필요에 따른 분배가 이루어진다고 보았다.

06 플라톤과 모어의 이상 사회 비교 이해

문제 분석 갑은 플라톤, 을은 모어이다. 플라톤은 사람들이 자신의 성향에 따라 생산자, 방위자, 통치자의 세 계층 중 한 계층에서 자신의 역할을 다하는 것을 이상적으로 보았다. 모어는 누구나 사회적 노동에 참여하지만 필요 이상의 노동을 강요받지 않고, 경제적으로 궁핍하지 않은 삶을 사는 것을 이상적으로 보았다.

정답 찾기 ③ 모어는 사람에 따른 노동 시간의 차별이나 남녀의 차별 없이 구성원들은 생산에 평등하게 참여해야 한다고 보았다.

오답 피하기 ① 플라톤은 사회적 역할이 교환되는 것은 정의롭지 않다고 보았다.
② 플라톤은 세 계층의 소유가 동등해야 한다고 하지 않았다.
④ 모어는 이상 사회에서는 사적 소유권이 제한되고 생산과 소유의 평등이 실현된다고 보았다.
⑤ 플라톤과 모어는 이상 사회에서도 육체노동이 필요하다고 보았다.

07 마르크스의 이상 사회 이해

문제 분석 제시문은 마르크스의 주장이다. 마르크스는 자본주의 체제에서는 필연적으로 인간 소외가 발생할 수밖에 없으므로, 생산 수단이 공유되고 계급이 소멸된 공산 사회로 나아가야 한다고 주장하였다.

정답 찾기 ㄱ. 마르크스는 생산 수단의 사적 소유가 금지되어 계급이 사라진 상태를 이상적으로 보았다.
ㄴ. 마르크스는 인간은 노동을 통해 자아실현을 할 수 있다고 보았으므로, 누구나 자신이 원하는 일을 할 수 있는 상태를 이상적으로 보았다.
ㄷ. 마르크스는 구성원들이 필요에 따라 분배받음으로써 누구나 인간다운 삶을 살 수 있는 상태를 이상적으로 보았다.

오답 피하기 ㄹ. 마르크스는 국가를 자본가 계급을 위한 대리 기구로 보았으므로, 계급과 국가가 소멸해야 공정한 분배를 이룰 수 있다고 주장하였다.

08 롤스의 이상 사회 이해

문제 분석 가상 편지를 쓴 현대 서양 사상가는 롤스이다. 롤스는 정의로운 사회를 추구하였는데, 그는 구성원들이 동일한 정의의 원칙을 받아들이고 사회의 기본 제도가 일반적으로 이러한 원칙을 충족하는 사회를 정의롭다고 보았다.

정답 찾기 ③ 롤스는 사회적 효용 증진을 위해 소수의 손해를 인정하는 것은 정의롭지 않으며, 최소 수혜자의 이익이 극대화되도록 분배가 이루어져야 한다고 보았다.

오답 피하기 ① 롤스는 정의의 원칙에 따라 기본적인 권리와 의무가 할당되어야 한다고 보았다.

② 롤스는 시민들이 공적 정의관을 공유함으로써 유대감을 지닌다고 보았다.
④ 롤스는 이익을 공정하게 분배해야 사회 구성원들이 자발적으로 협력할 것이라고 보았다.
⑤ 롤스는 천부적 재능으로 이익을 얻는 것이 사회 구성원 모두에게 이익이 되거나 최소 수혜자의 처지를 개선한다면 공정하다고 보았다.

수능 실전 문제 본문 136~138쪽

1 ⑤	**2** ④	**3** ②	**4** ③
5 ④	**6** ③		

1 공자의 이상 사회 이해

문제 분석 가상 대화의 '스승'은 공자이다. 공자는 큰 도[大道]가 행해지는 대동 사회(大同社會)를 이상 사회로 제시하였다. 공자는 대동 사회에서는 모든 사람이 더불어 잘 살아간다고 보았다.

정답 찾기 ⑤ 공자는 효제를 기본 덕목으로 제시하고, 이와 같은 덕을 사회적 관계로 확장해야 한다고 보았다.

오답 피하기 ① 공자는 재화가 골고루 분배되어야 한다고 보았으나 공유해야 한다고 하지는 않았다.
② 공자는 인위적 규범이 필요하다고 보았다. 인위적 규범을 멀리하고 자연의 도를 따르는 삶을 이상적으로 본 사상가는 노자이다.
③ 공자는 형벌을 위주로 하는 통치가 아니라 덕을 위주로 하는 통치인 덕치(德治)를 제시하였다.
④ 공자는 신분의 구별을 없애야 한다고 하지는 않았다.

2 노자와 베이컨의 이상 사회 비교 이해

문제 분석 갑은 노자, 을은 베이컨이다. 노자는 작은 영토에 적은 수의 백성들이 소박한 삶을 사는 소국 과민(小國寡民)을 이상 사회로 제시하였다. 베이컨은 과학 기술이 발달하여 사람들이 물질적으로 풍요로운 삶을 사는 뉴 아틀란티스를 이상 사회로 제시하였다.

정답 찾기 ㄱ. 노자는 문명의 이기(利器)에 무관심하고 자연을 따르는 소박한 삶을 살아야 한다고 보았다.
ㄴ. 베이컨은 근대 과학 기술의 발달이 인간 사회와 인간의 삶을 발전시킨다고 보았다.
ㄷ. 베이컨은 자연을 이용하여 인간의 삶을 풍요롭게 해야 한다고 보았으나, 노자는 자연을 수단으로 이용하는 것이 아니라 자연에 순응하는 삶을 살아야 한다고 보았다.

오답 피하기 ㄹ. 노자의 입장에만 해당하는 내용이다.

3 플라톤과 마르크스의 이상 사회 비교 이해

[문제 분석] 갑은 플라톤, 을은 마르크스이다. 플라톤은 사람들이 타고난 성향에 맞는 한 가지 일에 종사할 때 국가의 정의가 실현될 수 있다고 보았다. 마르크스는 사적 소유를 근간으로 하는 자본주의 체제에서는 필연적으로 인간 소외가 발생할 수밖에 없으므로, 생산 수단에 대한 사적 소유를 철폐하고 공산 사회로 나아가야 한다고 보았다.

[정답 찾기] ② 플라톤은 통치자는 시민의 지지를 얻은 사람이 아니라 지혜를 지닌 철학자가 되어야 한다고 보았다.

[오답 피하기] ① 플라톤은 국가의 세 계층이 각자의 역할을 다하는 것이 정의롭다고 보았다.

③ 마르크스는 노동자(프롤레타리아) 계급 독재를 통해 정치·경제 제도를 변화시켜야 한다고 보았다.

④ 마르크스는 누구나 자신이 원하는 일을 선택할 수 있다고 보았으나, 플라톤은 타고난 성향에 따라 할 수 있는 일이 정해진다고 보았다.

⑤ 플라톤은 수호자 계층의 사적 소유를 제한해야 한다고 보았고, 마르크스는 생산 수단을 공유해야 한다고 보았다.

4 플라톤과 모어의 이상 사회 비교 이해

[문제 분석] 갑은 플라톤, 을은 모어이다. 플라톤은 통치자, 방위자, 생산자 계층이 각자의 일에서 탁월함을 발휘하는 것을 이상적으로 보았고, 모어는 생산과 소유의 평등이 실현된 유토피아를 이상적으로 보았다.

[정답 찾기] ㄴ. 모어와 달리 플라톤은 타고난 성향에 따라 사회적 계층이 결정되어야 한다고 보았다.

ㄹ. 플라톤은 모어와 달리 모든 계층이 아니라 수호자 계층의 재산 소유를 제한해야 한다고 보았다. 모어의 입장에만 해당하는 내용이다.

[오답 피하기] ㄱ. 플라톤과 모어의 공통점이므로 B에 해당하는 내용이다.

ㄷ. 모어의 입장에만 해당하는 내용이다.

5 롤스의 정의로운 사회 이해

[문제 분석] 제시문은 롤스의 주장이다. 롤스는 구성원들이 동일한 정의의 원칙을 수용하고, 사회의 기본 제도가 그러한 원칙을 충족하는 사회가 정의롭다고 보았다.

[정답 찾기] ④ 롤스는 구성원들의 선을 증진해 주면서도 공공의 정의관에 의해 효율적으로 규제되는 사회를 추구하였다.

[오답 피하기] ① 롤스는 사회 전체의 이익 총량 극대화를 목표로 하는 공리주의를 비판하고, 정의의 원칙으로 평등한 자유의 원칙과 차등의 원칙, 기회균등의 원칙을 제시하였다.

② 롤스는 정의로운 사회에서도 경제적 불평등은 있을 수 있다고 보았다.

③ 롤스는 천부적 재능에 따른 분배는 정의롭지 않다고 보았다.

⑤ 롤스는 차등의 원칙 실현을 위한 목적으로 평등한 자유의 원칙을 제한할 수 없다고 보았다.

6 롤스와 마르크스의 입장 비교 이해

[문제 분석] 제시문은 마르크스의 주장이다. 마르크스는 자본주의 체제에서는 정의 실현이 불가능하다고 보았다.

[정답 찾기] ㄴ. 마르크스는 사유 재산권 보장으로 인해 사회적 약자의 처지가 악화된다는 점을 강조하였으므로, 마르크스의 입장에서 롤스에게 제기할 수 있는 비판의 내용이다.

ㄹ. 마르크스는 필요에 따른 분배를 주장하였으므로, 마르크스의 입장에서 롤스에게 제기할 수 있는 비판의 내용이다.

[오답 피하기] ㄱ. 롤스는 사회가 공공의 정의감을 기초로 유지되는 협동 체제라고 보았으므로, 롤스에게 제기할 수 있는 비판의 내용이 아니다.

ㄷ. 롤스는 정의의 원칙을 바탕으로 사회를 규제해야 한다고 주장하였으므로, 롤스에게 제기할 수 있는 비판의 내용이 아니다.

13 국가와 시민

본문 145~146쪽

수능 기본 문제

| 01 ① | 02 ② | 03 ③ | 04 ② |
| 05 ② | 06 ⑤ | 07 ① | 08 ② |

01 공자의 사상적 입장 이해

문제 분석 제시문은 공자의 주장이다. 공자는 덕을 바탕으로 통치할 것을 강조하였으며, 그러기 위해서는 수기 수양을 통해 자신이 먼저 덕이 있는 사람이 되어야 한다고 하였다.

정답 찾기 ㄱ. 공자는 국가를 가족 공동체의 확장된 형태로 보았다.

ㄴ. 공자는 군주가 덕을 지니고 덕으로 다스림으로써 백성의 모범이 되어야 한다고 보았다.

오답 피하기 ㄷ. 공자는 군주가 형벌보다는 덕을 바탕으로 다스려야 한다고 보았다.

ㄹ. 공자는 인간이 자연스럽게 가족의 일원이 되듯이 국가의 일원이 된다고 보았다.

02 아리스토텔레스의 사상적 입장 이해

문제 분석 제시문은 아리스토텔레스의 주장이다. 아리스토텔레스는 국가가 인간의 본성에 따라 생겨난 것이라고 보았다.

정답 찾기 ② 아리스토텔레스는 인간이 국가 공동체의 구성원으로서 살아갈 때 행복을 실현할 수 있다고 보았으므로, 부정의 대답을 할 질문이다.

오답 피하기 ① 아리스토텔레스는 국가를 완벽한 공동체로 보았으므로, 긍정의 대답을 할 질문이다.

③ 아리스토텔레스는 개인선은 공동선을 통해 이룰 수 있다고 보았으므로, 긍정의 대답을 할 질문이다.

④ 아리스토텔레스는 성숙한 국가는 완전히 자급자족을 이룬 최종적인 공동체라고 보았으므로, 긍정의 대답을 할 질문이다.

⑤ 아리스토텔레스는 인간은 시민으로서 살아갈 때 자신의 이익을 실현할 수 있다고 보았으므로, 긍정의 대답을 할 질문이다.

03 아리스토텔레스와 로크의 사상적 입장 비교 이해

문제 분석 갑은 아리스토텔레스, 을은 로크이다. 아리스토텔레스는 국가가 구성원들의 생존 보장뿐만 아니라 훌륭한 삶을 위해 존재한다고 보았다. 로크는 자연 상태의 개인들이 자신들의 권리를 보장받기 위해 계약을 통해 국가를 형성했다고 보았다.

정답 찾기 ③ 로크는 국가가 사람들의 자발적인 동의를 통해서 성립한다고 보았다.

오답 피하기 ① 아리스토텔레스는 국가의 궁극적인 목적은 최고선을 추구하는 것이라고 보았다.

② 아리스토텔레스는 국가가 개인의 이익 실현을 넘어서 최고선을 추구하는 공동체라고 보았다.

④ 아리스토텔레스는 국가가 구성원들의 훌륭한 삶을 위한 교육을 해야 한다고 보았다.

⑤ 로크는 자연 상태에서 사람들 사이에 분쟁이 발생하며, 분쟁의 해결을 위해 국가를 형성한 것이라고 보았다.

04 홉스의 사상적 입장 이해

문제 분석 제시문은 홉스의 주장이다. 홉스는 자연 상태를 '만인의 만인에 대한 투쟁' 상태로 보아, 절대 권력을 지닌 통치자가 있어야 생명을 보장받을 수 있다고 보았다.

정답 찾기 ② 홉스는 인간의 본성이 이기적이므로 통치자는 강력한 힘을 바탕으로 질서를 잡아야 한다고 보았다.

오답 피하기 ① 홉스는 자연 상태는 전쟁 상태와 같다고 보았다.

③ 홉스는 자연 상태에서 인간은 자유롭고 평등하다고 보았다.

④ 홉스는 국가가 인간의 필요에 따른 계약으로 형성되는 것이라고 보았다.

⑤ 홉스는 피치자에게는 통치 형태를 변경할 권리가 없다고 보았다.

05 마르크스의 사상적 입장 이해

문제 분석 제시문은 마르크스의 주장이다. 마르크스는 지배 계급이 피지배 계급을 통제하고 착취할 목적으로 국가를 이용한다고 보았다.

정답 찾기 ㄱ. 마르크스는 국가가 지배 계급을 위해 존재하므로 계급이 소멸하면 국가도 소멸한다고 보았다.

ㄷ. 마르크스는 국가는 자본가를 위한 대리 기구이며, 자본가는 그러한 국가 제도를 통해 노동자를 착취한다고 보았다.

오답 피하기 ㄴ. 마르크스는 재산권 보장과 국가 권력의 강화는 자본가를 위한 것이라고 비판하였다.

ㄹ. 마르크스는 혁명을 통해 계급을 소멸시키면 결국 국가도 소멸한다고 보았다.

06 맹자의 사상적 입장 이해

문제 분석 그림의 강연자는 맹자이다. 맹자는 군주는 백성을 덕으로 다스려야 한다는 왕도 정치를 주장하였다.

정답 찾기 ⑤ 맹자는 군주는 하늘의 뜻을 부여받았으므로 자의적으로 통치하지 말고 하늘의 뜻을 따라 백성을 위하는 통치를 해야 한다고 보았다.

① 맹자는 군주가 부모의 마음으로 백성을 아끼고 사랑해야 한다고 보았다.

② 맹자는 군주가 덕으로 다스려야 하며 형벌과 같은 강제력은 신중하게 적용해야 한다고 보았다.

③ 맹자는 군주가 백성들이 경제적으로 곤궁하지 않도록 해 주어야 한다고 보았다.

④ 맹자는 군주가 백성들을 덕으로 다스리는 왕도 정치를 해야 한다고 보았다.

07 밀의 사상적 입장 이해

문제 분석 제시문은 밀의 주장이다. 밀은 자유주의 입장으로, 타인에게 위해가 되지 않는 한도 내에서 개인에게 최대한의 자유가 보장되어야 한다고 주장하였다.

정답 찾기 ① 밀은 국가가 개인의 삶에 개입하지 말고 개인의 자율적 결정을 최대한 존중해야 한다고 보았다.

오답 피하기 ② 밀은 개인의 자유를 보장해야 하지만 타인에게 해를 끼치는 경우에는 제한될 수 있다고 보았다.

③ 밀은 국가가 공동선 증진을 위한 명목으로 사적 영역을 규제하는 것은 개인의 자유를 침해하는 것이라고 보았다.

④ 밀은 다수의 결정도 오류 가능성이 있으며, 다수의 결정이라 하더라도 개인에게 무조건 강제하지 말아야 한다고 보았다.

⑤ 밀은 인간이 자기 삶의 방식을 스스로 결정하는 자유를 본래적으로 지닌다고 보았다.

08 키케로의 사상적 입장 이해

문제 분석 제시문은 키케로의 주장이다. 키케로는 공화국을 이상적으로 보았으며, 공화국은 공공의 것이며 인민의 것이라고 주장하였다.

정답 찾기 ② 키케로는 공화정은 구성원들의 생존 보장만이 아니라 구성원들이 훌륭한 삶을 살 수 있도록 해야 한다고 보았다.

오답 피하기 ① 키케로는 공화정이 법을 통해 구성원들의 자유를 보장하고 좋은 삶을 살 수 있도록 한다고 보았다.

③ 키케로는 공적인 삶과 공익 실현을 중시하였으나, 구성원들의 사적 이익도 법을 통해 보장받을 수 있다고 보았다.

④ 키케로는 인간은 본성상 사회적 존재라고 보았다.

⑤ 키케로는 공화정이 정의와 공동선에 기반하여 인민들이 만들어 낸 정치 공동체라고 보았다.

1 ③	**2** ⑤	**3** ①	**4** ④
5 ③	**6** ④	**7** ④	**8** ⑤
9 ②	**10** ②		

1 공자와 아리스토텔레스의 사상적 입장 비교 이해

문제 분석 갑은 공자, 을은 아리스토텔레스이다. 공자는 통치자가 덕으로 다스려 백성들이 도덕적인 삶을 살 수 있도록 할 것을 강조하였다. 아리스토텔레스는 인간은 본성적으로 사회적·정치적 존재이므로 국가 공동체의 구성원으로서 살 때 비로소 인간다운 삶을 살 수 있다고 보았다.

정답 찾기 ㄴ. 공자의 입장에서 긍정의 대답을 할 질문이다. 공자는 올바른 정치란 각자 자신의 사회적 직분[名分]에 따라 자신의 역할을 충실하게 다하도록 하는 것이라고 보았다.

ㄹ. 아리스토텔레스의 입장에서 긍정의 대답을 할 질문이다. 아리스토텔레스는 인간이 영혼의 탁월성을 발휘하기 위해서는 공적 영역에 참여해야 한다고 보았고, 국가는 시민들이 영혼의 탁월성을 발휘하도록 교육과 정치 참여의 기회를 제공해야 한다고 보았다.

오답 피하기 ㄱ. 공자와 아리스토텔레스의 입장에서 모두 긍정의 대답을 할 질문이다.

ㄷ. 공자의 입장에서 부정의 대답을 할 질문이다. 공자는 존비친소(尊卑親疏)와 시비(是非)를 분별해야 한다고 보았다.

2 홉스의 사상적 입장 이해

문제 분석 제시문은 홉스의 주장이다. 홉스는 본성상 이기적인 인간이 자신의 보존을 위해 계약을 맺어 국가를 형성한다고 보았다.

정답 찾기 ⑤ 홉스의 입장에서 공자와 아리스토텔레스의 입장에 대해 제기할 수 있는 비판의 내용이다. 홉스와 달리 공자와 아리스토텔레스는 국가는 가족 공동체처럼 자연스럽게 형성된 공동체이며, 인간의 도덕적인 삶을 추구하는 공동체라고 보았다.

오답 피하기 ① 홉스는 통치자는 절대적 힘을 바탕으로 통치해야 한다고 보았고, 공자는 덕을 바탕으로 통치해야 한다고 보았다.

② 공자는 통치자가 백성들이 안정된 삶을 살 수 있도록 해 주어야 한다고 보았으므로, 홉스의 입장에서 공자에 대해 제기할 수 있는 비판의 내용이 아니다.

③ 홉스는 통치자가 절대권을 지니고 지속적인 통치를 해야 한다고 보았으므로, 홉스의 입장에서 아리스토텔레스에 대해 제기할 수 있는 비판의 내용이 아니다.

④ 홉스와 아리스토텔레스 모두 평화로운 삶은 국가를 통해서만 가능하다고 보았다.

3 홉스와 로크의 사상적 입장 비교 이해

문제 분석 갑은 홉스, 을은 로크이다. 홉스는 비참한 전쟁 상태인 자연 상태에서 벗어나기 위해 각자의 자연권을 양도하여 절대 권력을 수립한다고 보았다. 로크는 자연 상태에서 발생하는 분쟁을 해결하기 위해 사람들이 자발적 합의를 통해 공동의 권력인 국가를 형성한다고 보았다.

정답 찾기 ① 홉스는 자연 상태에서는 모든 사람의 행위를 규제할 수 있는 공통의 규범이 존재하지 않으므로 정의도 부정의도 존재하지 않는다고 보았다.

오답 피하기 ② 홉스는 자연 상태에서 사람들은 자유를 누리지만 평화를 누리지는 못한다고 보았다.
③ 로크는 권력의 남용을 막아 사회 계약을 충실하게 이행하기 위해서 권력은 입법권과 집행권으로 분립해야 한다고 보았다.
④ 홉스와 로크는 모두 국가를 구성원의 합의에 따라 인위적으로 형성된 정치 공동체로 보았다.
⑤ 로크는 국가가 의무를 이행하지 않으면 입법부를 교체할 수 있다고 보았으므로, 홉스에만 해당하는 내용이다.

4 마르크스의 사상적 입장 이해

문제 분석 제시문은 마르크스의 주장이다. 마르크스는 국가가 역사적 필연성에 따라 사라질 것이라고 주장하였다.

정답 찾기 ㄱ. 마르크스는 국가를 자본가들을 위한 대행 기구라고 보았으므로, 모든 사람들이 인간다운 삶을 살기 위해서는 국가가 사라져야 한다고 주장하였다.
ㄷ. 마르크스는 국가가 특정 지배 계급의 이익을 보호하는 수단으로 생겨난 것이라고 보았다.
ㄹ. 마르크스는 필요에 따른 분배가 정의롭다고 주장하였으며, 이를 실현하기 위해서는 사적 소유를 철폐해야 한다고 보았다.

오답 피하기 ㄴ. 마르크스는 국가의 역할을 부정적으로 보았고, 국가를 통해 빈부 격차 문제를 해결하는 것은 불가능하다고 주장하였다.

5 맹자, 아리스토텔레스, 로크의 사상적 입장 비교 이해

문제 분석 갑은 왕도 정치를 주장한 맹자, 을은 인간의 사회적 본성을 강조한 아리스토텔레스, 병은 계약을 통해 국가가 만들어졌음을 주장한 로크이다.

정답 찾기 ③ 로크는 사회 계약론을 바탕으로 국가가 구성원들의 자발적 동의에 의해 형성되었다고 보았다. 이와 달리 맹자와 아리스토텔레스는 국가가 계약에 의해 형성된 것이 아니라 자연스럽게 형성된 것이라고 보았다.

오답 피하기 ① 맹자와 아리스토텔레스의 공통적 입장이므로 D에 해당하는 진술이다.

② 맹자와 아리스토텔레스의 공통적 입장이므로 D에 해당하는 진술이다.
④ 로크는 인간이 계약을 통해 수립한 국가 구성원으로 살아갈 때 자연 상태에서보다 생명, 재산 등을 더 잘 보존할 수 있게 된다고 보았다.
⑤ 로크만의 입장이므로 C에 해당하는 진술이다.

6 루소의 사상적 입장 이해

문제 분석 제시문은 루소의 주장이다. 루소는 사회 계약론에서 각자의 신체와 능력 모두를 공동의 것으로 만들어 일반 의지의 감독 아래 두어야 한다고 주장하였다.

정답 찾기 ㄱ. 루소는 인민이 직접적으로 승인한 강제력만이 정당한 구속력을 지닌다고 보았다.
ㄷ. 루소는 자연 상태에서 개인의 자유는 보장될 수 없고, 국가를 통해 일반 의지의 최고 감독 아래 공공선이 달성될 때 보장될 수 있다고 보았다.
ㄹ. 루소는 자연 상태에서 각 개인의 의지에 따라 살던 사람들이 계약을 맺음으로써 공동선을 추구하는 일반 의지의 지배를 받는다고 보았다.

오답 피하기 ㄴ. 루소는 일반 의지는 개별적으로 분할할 수 있는 것이 아니므로 양도될 수도 없고 위임될 수도 없다고 보았다.

7 노자와 키케로의 사상적 입장 비교 이해

문제 분석 갑은 무위의 다스림[無爲之治]을 주장한 노자이고, 을은 개인으로서의 삶보다 공인으로 사는 삶이 더 가치가 있다고 주장한 키케로이다.

정답 찾기 ④ 키케로는 노자와 달리, 국가의 구성원은 공동선 실현에 관심을 가지고 공동선 실현을 위한 적극적인 노력을 해야 한다고 보았다.

오답 피하기 ① 노자는 통치자는 백성들이 무지(無知), 무욕(無欲)의 삶을 살도록 해야 하며 자신을 드러내지 말아야 한다고 보았다. 백성들이 인륜을 실현할 수 있도록 통치자가 모범을 보여야 한다고 본 것은 유교의 입장이다.
② 노자는 무위의 다스림을 통한 소국 과민을 이상으로 삼았다. 엄정한 법치와 부국강병을 이상으로 삼은 것은 법가의 입장이다.
③ 키케로는 통치자가 공동선을 추구해야 한다고 보았다. 키케로는 사적 이익이 법의 보호 아래 보장되어야 하지만 통치자가 사적 이익의 보장을 최우선해야 한다고 하지는 않았다.
⑤ 키케로의 입장에만 해당하는 내용이다. 노자는 국가 구성원들이 정치에 무관심하고 자연적 본성에 따르는 상태를 이상적으로 보았다.

8 페팃의 사상적 입장 이해

문제 분석 가상 대화의 '선생님'은 페팃이다. 페팃은 공화주의 입장에서 비지배로서의 자유를 강조하였다.

정답 찾기 ㄴ. 페팃은 단순히 안전하고 안정적인 삶이 아닌 타인의 자의적 지배로부터 자유로운 존엄한 삶을 살아야 한다고 보았다.

ㄷ. 페팃은 시민으로서 정치에 적극적으로 참여하여 공동선을 실현할 때 개인의 자유도 보장된다고 보았다.

ㄹ. 페팃은 어느 누구도 다른 사람을 자의적으로 지배하거나 다른 사람에게 사적으로 종속되어서는 안 된다고 보았다.

오답 피하기 ㄱ. 페팃은 단순히 외부로부터의 간섭이 없는 상태는 언제든지 타인의 자의적 지배하에 놓일 수 있다고 보아, 소극적 자유가 아닌 비지배로서의 자유를 이상으로 삼았다.

9 공화주의와 자유주의의 입장 비교 이해

문제 분석 갑은 공공의 가치와 공동선을 중시한 공화주의자 비롤리이고, 을은 소극적 자유를 진정한 자유로 본 자유주의자 벌린이다.

정답 찾기 ② 비롤리는 공화주의 입장에서 개인의 자유는 공동선을 실현하려는 법의 지배를 통해 보장될 수 있다고 보았다.

오답 피하기 ① 비롤리는 국가가 절대 권력을 지니면 자의적 지배가 가능해지므로, 국가는 절대 권력이 아닌 법에 의한 지배를 해야 한다고 보았다.

③ 벌린은 개인의 이익을 공공의 이익과 분리하여, 개인의 이익이 공공의 이익을 이유로 침해되면 안 된다고 보았다.

④ 비롤리와 벌린 모두 개인의 자유 보장을 위해 국가가 필요하다고 보았다.

⑤ 벌린의 입장에만 해당하는 설명이다. 비롤리는 단순한 간섭의 부재 상태가 아니라 자의적 지배의 가능성이 부재하는 상태를 진정한 자유의 상태라고 보았다.

10 마르크스의 사상적 입장 이해

문제 분석 제시문은 마르크스의 주장이다. 마르크스는 국가가 지배 계급의 이익을 대변하는 기구라고 보았다.

정답 찾기 ㄱ. 비롤리는 공공선 실현을 추구하는 국가를 통해 모든 사람의 자유가 증진될 수 있다고 보았으므로, 마르크스의 입장에서 비롤리에 대해 제기할 수 있는 비판이다.

ㄷ. 벌린은 국가의 불간섭이 소극적 자유를 가능하게 한다고 보았으므로, 마르크스의 입장에서 벌린에 대해 제기할 수 있는 비판이다.

오답 피하기 ㄴ. 마르크스는 국가가 불평등을 개선하기 위해 적극적으로 개입해야 한다고 주장하지 않았다.

ㄹ. 벌린은 국가 권력이 개인의 자유를 침해할 수 있다고 보았으므로, 마르크스의 입장에서 벌린에 대해 제기할 수 있는 비판이 아니다.

14 민주주의와 자본주의

수능 기본 문제   본문 158~159쪽

01 ②	**02** ④	**03** ③	**04** ③
05 ③	**06** ①	**07** ③	**08** ②

01 로크의 사상적 입장 이해

문제 분석 제시문은 로크의 주장이다. 로크는 자연 상태에서의 인간은 본래 자유롭고 평등하고 독립된 존재이지만, 안전하고 평화로운 삶을 위해 국가의 최고 권력인 입법부를 구성하기로 합의한다고 보았다.

정답 찾기 ② 로크는 자연 상태에서 평등하고 독립적인 사람들 상호 간의 합의로부터 정부가 시작된다고 보았다.

오답 피하기 ① 로크는 시민들이 신탁을 위반한 권력을 해체하고 새로운 합법적인 정부를 수립할 수 있기 때문에 신탁을 위반한 정치권력에 저항할 수 있다고 보았다.

③ 로크는 자연 상태에서의 개인들은 사회 계약을 통해 자연권을 안전하게 보장해 줄 공동의 재판관을 설립하고 자연법의 집행권을 공동체에 양도하여 정부를 수립한다고 보았다.

④ 로크는 누구도 자의적으로 법률을 제정하거나 권력을 함부로 행사할 수 없다고 보았다.

⑤ 로크는 시민의 자유를 보장하기 위해 입법권과 집행권이 분리되어야 한다고 보았다.

02 롤스의 사상적 입장 이해

문제 분석 제시문은 롤스의 주장이다. 롤스는 시민 불복종은 거의 정의로운 사회에서 부정의한 법이나 정부 정책에 변혁을 가져올 목적으로 행해지는 것으로 보며, 사회적 다수에 의해 공유된 정의관이 시민 불복종의 근거가 되어야 한다고 보았다.

정답 찾기 ㄴ. 롤스에 따르면 시민 불복종은 법을 위반하는 것이기는 하지만 부정의한 법과 정책에 대한 변화를 가져오기 위해 행해지는 것이기 때문에 정의로운 행위이다.

ㄹ. 롤스에 따르면 시민 불복종은 법에 대한 충실성의 한도에서 이루어진다. 법에 대한 충실성은 시민 불복종의 공공적이고 비폭력적인 성격과 불복종의 법적 결과를 받아들이겠다는 의지에 의해 표현된다.

오답 피하기 ㄱ. 롤스에 따르면 시민 불복종은 개인의 양심적 행위이기는 하지만 사회적 다수의 공유된 정의관에 근거해야 한다.

ㄷ. 롤스에 따르면 시민 불복종은 불의한 법과 정책에 대해 합법적인 방법으로 고칠 것을 지속적으로 호소해 왔으나 그것이 성공

적이지 않은 경우에 최후의 수단으로 행해져야 한다.

03 슘페터의 사상적 입장 이해

문제 분석   제시문은 슘페터의 주장이다. 슘페터는 시민의 정치 참여를 주기적인 정치 지도자 선출에 한정해야 한다고 보는 엘리트 민주주의의 입장이다.

정답 찾기   ③ 슘페터는 민주주의의 본질이 시민에 의한 직접적인 정치 참여가 아니라 시민에 의해 승인된 엘리트에 의한 정치라고 보았다.

오답 피하기   ① 슘페터는 일반적으로 시민은 엘리트보다 비합리적인 편견을 가지거나 충동에 빠지는 경향이 있다고 보았다. ② 슘페터는 시민은 누가 정치를 담당할지 투표를 통해 승인하는 역할만을 수행해야 한다고 보았다. ④ 슘페터는 민주주의 체제에서 시민은 선거와 투표를 통해 정부를 구성할 수 있다고 보았다. ⑤ 슘페터는 정치 엘리트가 되기 위한 기회는 모두에게 공평하게 주어져야 한다고 보았다.

04 민주주의의 사상적 기원에 대한 이해

문제 분석   제시문은 고대 그리스 아테네의 민주주의를 이끈 페리클레스의 추도사 중 일부이다. 이 추도사에는 고대 그리스 민주주의의 기본 이념이 잘 나타나 있다.

정답 찾기   ㄴ. 고대 그리스 민주주의는 모든 시민의 동등한 참여 권한과 기회의 원칙을 토대로 하였다. ㄷ. 고대 그리스 민주주의는 민주적 의사 결정에 이르는 방법으로 대화와 토론을 강조하였다.

오답 피하기   ㄱ. 고대 그리스 민주주의는 공직이 투표가 아니라 추첨과 능력에 따라 시민에게 부여되었다. ㄹ. 고대 그리스 민주주의는 철학자가 지배하는 철인 통치가 아니라 시민이 지배하는 통치 형태이다.

05 베버의 사상적 입장 이해

문제 분석   제시문은 프로테스탄트 윤리를 근대 자본주의 정신의 출발로 본 베버의 주장이다.

정답 찾기   ③ 베버에 따르면 프로테스탄트는 근면, 검소, 성실을 강조하며 합리적으로 이윤을 추구하는 노동이 정당화될 수 있다고 보았다.

오답 피하기   ① 베버는 자신의 부를 과시하기 위한 소비는 검소를 강조하는 프로테스탄트 윤리에 어긋난다고 보았다. ② 베버에 따르면 프로테스탄트는 신의 소명인 직업 노동을 통해 부를 축적하는 것은 합법적일 뿐만 아니라 종교적으로도 정당하다고 보았다.

④ 베버에 따르면 프로테스탄트는 재화가 불평등하게 분배되는 것은 신의 뜻에 어긋나는 것이 아니라고 보았다. ⑤ 베버에 따르면 프로테스탄트는 부의 소유가 아니라 신의 소명을 따르는 것이 그 자체로 목적이라고 보았다.

06 스미스의 사상적 입장 이해

문제 분석   그림의 강연자는 고전적 자본주의 사상가인 스미스이다. 스미스는 자유방임주의적 경제사상 및 정책을 옹호하였다.

정답 찾기   ① 스미스는 시장에서 공정한 경쟁이 보장되지 않는다면 각 개인의 이윤 추구가 정당하지 않다고 보았다.

오답 피하기   ② 스미스는 시장에 대한 국가의 간섭이 국부의 증진을 저해한다고 보았으며, 이러한 국가의 간섭이 없어야 각 개인의 이익이 증대되고 국가의 부도 증대될 수 있다고 보았다. ③ 스미스는 시장에서 '보이지 않는 손'의 작용을 통해 자원의 배분이 최적화된다고 보았다. ④ 스미스는 개인들의 경제 활동에 최대한의 자율을 보장해야 한다고 보았다. ⑤ 스미스는 사회의 이익은 각 개인이 자기 자신의 이익을 추구할 때 가장 최적으로 달성될 수 있다고 보았다.

07 케인스의 사상적 입장 이해

문제 분석   제시문은 수정 자본주의 입장을 지닌 케인스의 주장이다. 케인스는 불황이나 실업 등의 문제를 해결하기 위해서는 정부의 시장 개입이 필요하다고 보았다.

정답 찾기   ㄷ. 케인스는 실업과 같은 문제는 유효 수요가 부족해져서 발생한다고 보았다. ㄹ. 케인스는 시장 실패를 극복하기 위해 정부가 재정 지출을 확대하는 것과 같은 다양한 정책과 규제를 적극적으로 시행해야 한다고 보았다.

오답 피하기   ㄱ. 케인스는 '보이지 않는 손'의 불완전성을 지적하면서 정부가 시장에 개입해야 한다고 보았다. ㄴ. 케인스는 시장에서 개인의 자유로운 이익 추구가 허용되어야 한다고 보았다.

08 마르크스의 사상적 입장 이해

문제 분석   제시문은 마르크스의 주장이다. 마르크스는 자본주의는 자본가와 노동자 사이의 계급 투쟁으로 붕괴할 것이며, 프롤레타리아 독재를 거친 후 계급 없는 사회가 필연적으로 도래할 것이라고 보았다.

정답 찾기   ② 마르크스는 경제적 평등을 누리기 위해서 생산 수단을 사적으로 소유하지 못하도록 해야 한다고 보았다.

오답 피하기   ① 마르크스는 모든 계급의 연대를 주장하지 않았으며, 공산 사회에서는 계급은 존재하지 않는다고 보았다.
③ 마르크스는 의회 중심의 점진적 개혁이 아니라 급진적 혁명을 통해 사회주의 이상을 실현해야 한다고 보았다.
④ 마르크스는 노동자의 이익을 보장하기 위해서는 국가가 사라져야 한다고 보았다.
⑤ 마르크스는 자본주의적 분업으로 인해 노동의 소외 문제가 발생한다고 보았다.

과도 사회를 위해 협동할 수 있는 공적 이성을 발휘할 수 있다고 보았다.

정답 찾기 첫 번째 입장. 롤스는 시민들이 공적 이성에 따라 기본적 정의의 문제들에 대해 토론하는 공적인 심의를 통해 합리적인 정치 사회를 실현할 수 있다고 보았다.
두 번째 입장. 롤스는 시민들이 공적 심의를 통해 공공성을 추구하는 정책을 만들어 낼 수 있다고 보았다.
세 번째 입장. 롤스는 공적 심의 과정에 전문가 및 대표자뿐만 아니라 시민들이 참여할 수 있다고 보았다.

오답 피하기 네 번째 입장. 롤스는 시민이 헌법적 가치에 대해 심의할 때에도 공적 이성을 발휘해야 한다고 보았다.

수능 실전 문제 본문 160~164쪽

1 ②	2 ④	3 ③	4 ⑤
5 ③	6 ④	7 ③	8 ②
9 ④	10 ⑤		

1 로크와 루소의 사상적 입장 비교 이해

문제 분석 갑은 로크, 을은 루소이다. 로크는 인간은 분쟁의 옳고 그름을 가려 판단할 권위를 가진 입법부를 지상에 설정함으로써, 자연 상태에서 벗어나 국가의 상태로 들어가게 된다고 보았다. 루소는 불평등을 해소하고 공공 이익을 실현하기 위해 공동선을 보장하는 일반 의지의 최고 지도 아래에 맡기는 계약을 통해 국가를 만들게 된다고 보았다.

정답 찾기 ② 로크와 루소가 모두 긍정의 대답을 할 질문이다. 로크와 루소는 모두 국가가 개인의 생명과 자유를 보장하기 위해 만들어졌다고 보았다.

오답 피하기 ① 로크가 부정의 대답을 할 질문이다. 로크는 사람들은 자연적인 권력을 사회에 위임하며, 사회는 일정한 사람의 수중에 입법권을 위임한다고 보았다.
③ 루소가 긍정의 대답을 할 질문이다. 루소는 정부 형태는 주권이 일반 의지에 의해 존재하며, 모든 법이 국민의 직접 승인에 의해 정당화되는 공화정이어야 한다고 보았다.
④ 로크와 루소가 모두 부정의 대답을 할 질문이다. 로크와 루소는 모두 한 개인이 모든 권력을 소유하는 국가 형태는 시민 사회와 양립할 수 없다고 보았다.
⑤ 루소가 부정의 대답을 할 질문이다. 루소는 시민은 대표자를 선출하는 것이 아니라 시민 자신에 의해서만 대표될 수 있다고 보았다.

2 롤스의 사상적 입장 이해

문제 분석 제시문은 롤스의 주장이다. 롤스는 인간이 자신의 이익만을 고려하는 것이 아니라 자신과 다른 이해관계를 가진 사람

3 롤스와 하버마스의 사상적 입장 비교 이해

문제 분석 갑은 롤스, 을은 하버마스이다. 롤스는 시민 불복종이 다수의 정의감에 근거를 두고 전개되어야 한다고 보았다. 하버마스는 시민 불복종이 합법적인 행위는 아니지만 민주적 법치 국가의 정당성을 수호하기 위해 행사하는 것이라고 보았다.

정답 찾기 ③ 하버마스는 시민 불복종이 법에 대한 절대적 복종을 바탕으로 시행되는 것이 아니라 합법적인 규정이라도 정당하지 않을 수 있기 때문에 정당성이 결여된 법은 시민 불복종의 대상이 될 수 있다고 보았다.

오답 피하기 ① 롤스는 시민 불복종은 법에 대한 충실성의 한계 내에서 법에 대한 불복종을 나타내는 것이기 때문에 입헌 체제를 유지하는 데 기여하는 공공적 행위라고 보았다.
② 롤스는 부정의한 법을 바로잡기 위해 항의의 대상이 아닌 다른 법을 위반할 수도 있다고 보았다.
④ 하버마스는 헌법 원칙을 근거로 시민 불복종을 행사할 수 있다고 보았다.
⑤ 롤스와 하버마스는 모두 시민 불복종은 최후의 수단이며 비폭력적 방식으로 행해져야 한다고 보았다.

4 슘페터의 사상적 입장 이해

문제 분석 그림의 강연자는 엘리트 민주주의를 옹호하는 슘페터이다.

정답 찾기 ㄴ. 슘페터는 민주주의는 국민이 실제로 지배하는 것을 의미하지 않으며, 다만 국민이 그들을 지배할 사람들을 승인한다고 보았다.
ㄷ. 슘페터는 엘리트들이 민주적 정치 과정을 통해 국민을 이끌고 국민에게 이익이 되는 정책을 마련하기 위해 국민의 의지를 형성한다고 보았다.
ㄹ. 슘페터는 민주주의의 성공은 시민들이 선거를 통해 훌륭한 자질의 정치 엘리트를 뽑느냐에 달려 있다고 보았다.

오답 피하기 ㄱ. 슘페터는 국민들은 선출된 엘리트들의 정치적 행위를 통제할 수 없다고 보았다.

5 스미스, 케인스, 마르크스의 사상적 입장 비교 이해

문제 분석 갑은 스미스, 을은 케인스, 병은 마르크스이다. 스미스는 개인이 공익의 증진을 목표로 삼을 때보다 자신의 이익을 추구할 때 '보이지 않는 손'에 의해 사회 전체의 이익이 증진된다고 보았다. 케인스는 시장 실패에 대하여 정부가 적극적으로 개입하여 유효 수요를 창출해야 한다고 보았다. 마르크스는 자본주의 사회에서 나타나는 문제들의 근본 원인이 생산 수단의 사유화에 있다고 보고 모든 생산 수단을 공유해야 한다고 보았다.

정답 찾기 ③ 마르크스는 자본주의는 노동자 계급의 폭력 혁명으로 붕괴하고 프롤레타리아 독재의 단계를 거쳐 계급과 국가가 소멸된 공산 사회가 필연적으로 도래할 것이라고 보았다. 스미스와 케인스는 모두 자본주의가 필연적으로 붕괴할 것이라고 보지 않았다.

오답 피하기 ① 스미스는 시장의 질서에 따라 효율적이고 합리적인 자원의 배분이 가능하다고 보았기 때문에 분배의 불평등을 해소하기 위해 국가가 시장에 개입할 필요가 없다고 보았다. 한편 케인스는 정부 주도의 공공사업을 통해 분배의 불평등을 해소할 수 있다고 보았다.
② 스미스와 케인스는 모두 개인이 시장에서 자신의 이익을 자유롭게 추구할 수 있음을 인정하였다.
④ 마르크스는 공장제 수공업이 노동자의 모든 생산적인 능력과 소질을 억압한다는 점을 간과하지 않았다.
⑤ 스미스는 계획 경제 체제가 아니라 시장 경제 체제가 국가의 부를 증진하기 위한 효율적인 체계라고 보았다.

6 참여 민주주의와 심의 민주주의의 입장 비교 이해

문제 분석 (가)는 참여 민주주의의 입장이고, (나)는 심의 민주주의의 입장이다.

정답 찾기 ㄱ. 참여 민주주의는 다수의 시민이 정책 결정 과정에 자발적으로 참여하는 것을 중시한다.
ㄴ. 심의 민주주의는 사회적 쟁점에 대한 공적 심의 과정을 중시한다.
ㄹ. 참여 민주주의와 심의 민주주의는 모두 국민에 의한 지배의 실현이 민주주의가 추구하는 이상이라고 본다.

오답 피하기 ㄷ. 참여 민주주의와 심의 민주주의는 모두 대의 민주주의의 한계를 보완하기 위해 등장한 것이다.

7 케인스와 하이에크의 사상적 입장 비교 이해

문제 분석 갑은 케인스, 을은 하이에크이다. 케인스는 시장 실패를 해결하기 위해 정부 개입이 필요하다고 보았다. 하이에크는 정부 실패를 해결하기 위해서는 정부의 시장 개입이 축소되어야 한다고 보았다.

정답 찾기 ③ 케인스와 하이에크는 모두 정부는 시장에서 자유롭게 개인이 이익을 추구할 수 있도록 보장해야 한다고 보았다.

오답 피하기 ① 케인스는 개인의 이익과 사회의 이익이 시장에서 저절로 조화를 이룬다고 보지 않았다.
② 하이에크는 정부가 세금을 확대하여 사회 보장 제도를 강화하는 것은 개인의 자유를 침해하는 것이라고 보았다.
④ 케인스는 자유 시장 경제의 불완전성을 지적하면서 정부의 개입 없이는 시장이 저절로 균형을 이루기 어렵다고 보았다.
⑤ 하이에크는 정부가 정책을 통해 시장에 개입하는 것은 치명적 자만이기 때문에 정부의 선한 의도의 개입이 필연적으로 선한 결과를 낳는다고 보지 않았다.

8 스미스와 케인스의 사상적 입장 비교 이해

문제 분석 제시문은 스미스의 입장이다. 스미스는 개인들의 경제 활동에 최대한의 자유를 보장하면, 자유로운 개인들이 자신의 이익을 자유롭게 추구함으로써 사회 전체의 부도 증가할 것이라고 보았다.

정답 찾기 ② 스미스는 시장의 가격 조절 기능을 전적으로 신뢰하지만, 케인스는 시장의 가격 조절 기능이 불완전하다고 보았다.

오답 피하기 ① 스미스와 케인스는 모두 자본주의 사상가이기 때문에 시장에서 개인의 경제적 자율성이 보장되어야 한다고 보았다.
③ 케인스는 정부가 불황과 실업을 극복하고 완전 고용을 달성하기 위해 시장에 개입해야 한다고 보았다.
④ 케인스는 정부가 유효 수요를 창출하기 위해 적극적인 투자를 해야 한다고 보았다.
⑤ 스미스는 시장 경제와 계획 경제의 조화를 추구하지 않았다.

9 하이에크와 민주 사회주의의 사상적 입장 비교 이해

문제 분석 갑은 하이에크, 을은 민주 사회주의 사상가이다. 하이에크는 개인의 경제 활동의 목적은 오직 자유 경쟁 체제에서 실현될 수 있다고 보았다. 민주 사회주의는 급진적 폭력 혁명론을 비판하고 자유 속에서 민주적 방법을 통해 사회주의의 이상을 실현해야 한다고 본다.

정답 찾기 ④ 민주 사회주의는 민주적 방법에 의한 사회주의 사회의 건설, 계획 경제, 생산 수단의 공유를 바탕으로 사적 소유를 부분적으로 인정한다.

오답 피하기 ① 하이에크는 시장 경제 체제에서 민주주의가 가장 잘 발달할 수 있다고 보았다.
② 하이에크는 정부의 개입이 아니라 시장의 자생적 질서에 의해

효율적 자원 배분이 이루어질 수 있다고 보았다.
③ 민주 사회주의는 국가 주도의 사회주의적 계획 경제를 시행하여 완전 고용을 달성해야 한다고 본다.
⑤ 하이에크와 민주 사회주의는 자유 경쟁을 통해 얻은 이익을 사적으로 소유할 수 있다고 보았다.

10 마르크스의 사상적 입장 이해

[문제 분석] 제시문은 마르크스의 입장이다. 마르크스는 자본주의에서 효율적으로 생산하기 위한 방식으로 고안된 매뉴팩처는 노동을 단순화시키고 파편화시켰으며, 이에 인간들이 노동을 통해 자아를 실현하지 못하고 소외되는 결과를 초래하였다고 보았다.

[정답 찾기] ⑤ 마르크스가 긍정의 대답을 할 질문이다. 마르크스는 프롤레타리아 혁명을 통해 자본주의 사회를 붕괴시키고 공산 사회를 실현해야 한다고 보았다.

[오답 피하기] ① 마르크스가 부정의 대답을 할 질문이다. 마르크스는 자본주의적 사적 소유를 폐지하고 모든 생산 수단이 공유되는 공산 사회를 이상적으로 보았다.
② 마르크스가 부정의 대답을 할 질문이다. 마르크스는 점진적 방식이 아니라 급진적 폭력 혁명을 통해 공산 사회를 실현하여 경제적 불평등을 해소해야 한다고 보았다.
③ 마르크스가 부정의 대답을 할 질문이다. 마르크스는 공산 사회가 되면 계급이 소멸되기 때문에 계급 대립이 사라진다고 보았다.
④ 마르크스가 부정의 대답을 할 질문이다. 마르크스는 공산 사회가 되면 국가가 소멸된다고 보았다.

⑮ 평화 사상과 세계 시민 윤리

수능 기본 문제   본문 170~171쪽

| 01 ④ | 02 ④ | 03 ③ | 04 ③ |
| 05 ③ | 06 ③ | 07 ④ | 08 ⑤ |

01 맹자의 사상적 입장 이해

[문제 분석] 제시문은 맹자의 주장이다. 맹자는 군주가 인의(仁義)의 도덕성을 바탕으로 다스릴 때 평화로운 세상이 이루어질 것이라고 보았다.

[정답 찾기] ④ 맹자는 갈등의 해소와 평화의 실현을 위해 인의의 덕을 실천하여 도덕성을 회복해야 한다고 보았다.

[오답 피하기] ① 맹자는 방어 전쟁과 폭정에 시달리는 백성을 구하기 위한 전쟁은 가능하다고 보았다.
② 맹자를 비롯한 유교 사상가들은 군주가 인을 바탕으로 덕치와 인정을 펼치면 평화로운 세상을 만들 수 있다고 보았다.
③ 평화 실현을 위해 겸애(兼愛)를 실천해야 한다고 주장한 사상가는 묵자이다.
⑤ 맹자는 힘을 바탕으로 천하를 통일하려는 패자(霸者)를 평화를 실현하는 사람으로 보지 않았다.

02 묵자의 사상적 입장 이해

[문제 분석] 제시문은 묵자의 주장이다. 묵자는 전쟁은 무수한 인명 피해를 초래해 국가 쇠망의 원인이 될 수 있으므로 정의롭지 못하다고 보았다.

[정답 찾기] ㄴ. 묵자는 전쟁은 침략하는 나라와 침략당하는 나라 모두에게 정치적 혼란과 경제적 손실을 초래하므로 정의롭지 못하다고 보았다.
ㄹ. 묵자는 천하의 혼란을 막기 위해 모든 사람을 똑같이 사랑해야 한다[兼愛]고 보았다.

[오답 피하기] ㄱ. 묵자는 군주가 부국강병(富國强兵)을 추구하면 평화를 해친다고 보았다.
ㄷ. 묵자는 유교에서 강조하는 존비친소(尊卑親疏)의 구별이 있는 사랑이 사회 혼란을 초래한다고 보았다.

03 간디의 사상적 입장 이해

[문제 분석] 그림의 강연자는 간디이다. 간디는 비폭력(아힘사)의 윤리를 바탕으로 생명을 보존하고 살생을 금지해야 한다고 보았다.

정답 찾기 ③ 간디는 아힘사의 신자도 폭력에서 완전히 벗어날 수 없으며 비록 작을지는 몰라도 필연적으로 생명의 파괴를 가지고 온다고 보았다.

오답 피하기 ① 간디는 아힘사의 신자는 아주 작은 생물의 살생도 피하려고 노력한다고 보았다.
② 간디는 아힘사의 신자가 아닌 사람도 비폭력의 실천을 위해 노력해야 한다고 보았다.
④ 간디는 자비의 마음을 통해 폭력이 되풀이되는 것을 막을 수 있다고 보았다.
⑤ 간디는 인간은 폭력에 쉽게 휩쓸리므로 동정심을 행위의 원칙으로 삼아 폭력에서 벗어나고자 노력해야 한다고 보았다.

04 칸트의 사상적 입장 이해

문제 분석 제시문은 칸트의 주장이다. 칸트는 전쟁을 예방하고 국가 간의 영구 평화를 보장하기 위해 국제 연맹의 창설과 세계 시민법의 조건 등을 담은 확정 조항을 제시하였다.

정답 찾기 ㄴ. 칸트는 국제 평화를 실현하기 위해서는 모든 국가의 정치 체제는 공화정이어야 한다고 보았다.
ㄹ. 칸트는 국민 국가의 존재를 인정하고 개별 국가의 자유를 보장하는 국제 연맹을 통해 국제 평화를 실현해야 한다고 보았다.

오답 피하기 ㄱ. 칸트는 평화 조약은 하나의 전쟁을 종식시키는 것이며, 영구 평화를 달성하기 위해서는 평화 조약이 아니라 평화 연맹을 추구해야 한다고 보았다.
ㄷ. 칸트는 국가가 이방인의 영속적인 체류권을 항상 보장해야 한다고 보지 않았으며, 이방인이 방문했을 때 평화적으로 행동하는 한 적으로 간주하지 않아야 한다고 보았다.

05 갈퉁의 사상적 입장 이해

문제 분석 제시문은 갈퉁의 주장이다. 갈퉁은 진정한 평화를 위해서는 직접적이고 물리적 폭력이 없는 소극적 평화뿐만 아니라 구조적 폭력과 문화적 폭력까지 사라진 적극적 평화가 실현되어야 한다고 보았다.

정답 찾기 ③ 갈퉁은 폭력은 생존, 복지, 정체성, 자유와 같은 인간의 기본적인 욕구를 무시하는 것이라고 보았다.

오답 피하기 ① 갈퉁은 구조적 폭력이나 문화적 폭력을 제거하기 위해서는 정치 제도의 개선이 필요하다고 보았다.
② 갈퉁은 적극적 평화를 실현하기 위해서는 전쟁이나 테러와 같은 직접적 폭력뿐만 아니라 억압이나 착취 등의 간접적 폭력까지 사라진 상태여야 한다고 보았다.
④ 갈퉁은 문화적 폭력은 직접적 폭력이나 구조적 폭력을 정당화하는 데 이용된다고 보았다.
⑤ 갈퉁은 어떠한 폭력을 제거하기 위해 또 다른 폭력을 사용해서는 안 된다고 보았다.

06 롤스의 사상적 입장 이해

문제 분석 제시문은 롤스의 주장이다. 롤스는 고통받는 사회가 질서 정연한 사회가 되도록 돕는 것을 원조의 목적으로 보았다.

정답 찾기 ③ 롤스가 긍정의 대답을 할 질문이다. 롤스는 원조를 통해 고통받는 사회의 자유와 평등을 확립해야 한다고 보았다. 따라서 롤스는 원조 대상국의 정치 문화 개선이 원조의 목적이라고 보았다.

오답 피하기 ① 롤스가 부정의 대답을 할 질문이다. 롤스는 해외 원조에는 차등의 원칙을 적용하지 않는다고 보았다.
② 롤스가 부정의 대답을 할 질문이다. 롤스는 해외 원조는 모든 국가가 시행해야 하는 의무가 아니라 질서 정연한 사회의 만민들이 가져야 하는 도덕적 의무라고 보았다.
④ 롤스가 부정의 대답을 할 질문이다. 롤스는 어떤 나라가 가난한 나라라고 할지라도 질서 정연한 사회라면 해외 원조의 대상에서 제외된다고 보았다.
⑤ 롤스가 부정의 대답을 할 질문이다. 롤스는 원조를 최대 효용의 원리에 따라 결정되어야 한다고 보지 않았다. 해외 원조를 유용성의 원리에 따라 결정되어야 한다고 주장한 사상가는 싱어이다.

07 생피에르의 사상적 입장 이해

문제 분석 제시문은 생피에르의 주장이다. 생피에르는 공리적 관점을 바탕으로 군주들의 연합을 만들면 항구적인 평화를 실현할 수 있다고 보았다.

정답 찾기 ㄱ. 생피에르는 군주들의 연합을 만들면 국가 간의 분쟁을 해결할 수 있다고 보았다.
ㄴ. 생피에르는 전쟁은 인간의 이기심의 대립으로 인해 발생한다고 보았다.
ㄷ. 생피에르는 군주에게 전쟁의 불이익과 평화의 이익을 제시하여 평화가 유리함을 증명하면 군주 스스로 평화를 지향할 것이라고 보았다.

오답 피하기 ㄹ. 생피에르는 평화를 실현하기 위해 종교나 도덕성 대신 인간의 이기심과 합리성에 따라야 한다고 보았다.

08 에라스뮈스의 사상적 입장 이해

문제 분석 제시문은 에라스뮈스의 주장이다. 에라스뮈스는 전쟁은 평화를 추구하는 종교 정신에 위배된다고 보았고, 종교적 · 도덕적 · 경제적 측면에서 전쟁은 본성상 선보다 악을 초래한다고 보았다.

정답 찾기 ⑤ 에라스뮈스는 전쟁은 신의 뜻에 어긋나는 것이기 때문에 성직자들이 이끌어야 한다고 보지 않았다.

오답 피하기 ① 에라스뮈스는 전쟁은 본성상 악을 초래하는 것이며 종교적으로도 부당한 것이라고 보았다.

② 에라스뮈스는 전쟁은 다수에게 혹독한 재앙을 주는 것이라고 보았다.

③ 에라스뮈스는 종교적 명분뿐만 아니라 어떤 명분으로도 전쟁을 수행하는 것은 바람직하지 않다고 보았다.

④ 에라스뮈스는 전쟁보다는 평화를 달성하는 비용이 훨씬 적게 든다고 보았다.

수능 실전 문제 본문 172~175쪽

1 ④	**2** ④	**3** ②	**4** ③
5 ③	**6** ⑤	**7** ④	**8** ⑤

---

1 노자와 공자의 사상적 입장 비교 이해

문제 분석 갑은 노자, 을은 공자이다. 노자는 백성의 수는 적고 나라의 규모가 작은 소국 과민(小國寡民) 사회를 이상 사회로 제시하였다. 노자는 소국 과민 사회에서는 구성원들이 평화로운 삶을 살아간다고 보았다. 공자는 인륜이 구현되고 인재가 중용되며 도덕성을 기반으로 모든 사람이 함께 어울려 살아가는 대동 사회를 이상 사회로 제시하였다.

정답 찾기 ④ 공자는 통치자들이 패권을 차지하기 위한 전쟁은 정당화될 수 없다고 보았다.

오답 피하기 ① 노자는 도(道)의 관점에서 전쟁을 비판적으로 보았으며, 무기도 자연의 도를 파괴하는 흉기라고 보았다.

② 노자는 소국 과민 사회를 이상적이라고 보았으며, 소국 과민 사회의 통치자는 전쟁을 수행하지 않는다고 보았다.

③ 공자는 평화는 군주들이 인(仁)을 바탕으로 국가 간의 불화와 갈등을 해소함으로써 실현된다고 보았다.

⑤ 노자는 무위(無爲)와 도를 바탕으로 평화를 실현해야 한다고 보았으며, 공자도 인의(仁義)의 도를 바탕으로 평화를 실현해야 한다고 보았다.

2 묵자의 사상적 입장 이해

문제 분석 제시문은 묵자의 주장이다. 묵자는 모든 사람들을 차별 없이 사랑해야 한다는 겸애(兼愛)를 실현해야 한다고 보았다.

정답 찾기 첫 번째 입장. 묵자는 차별적 사랑인 별애(別愛)가 아니라 무차별적인 사랑인 겸애를 통해 평화를 실현할 수 있다고 보았다.

두 번째 입장. 묵자는 침략 전쟁은 침략하는 국가와 침략당하는 국가 모두에게 이익이 되지 않는다고 보았다.

네 번째 입장. 묵자는 큰 나라가 작은 나라를 공격하는 것은 의로운 일이 아니라고 보았다.

오답 피하기 세 번째 입장. 묵자는 평화는 자신과 가까운 사람만을 사랑하는 것이 아니라 하늘의 뜻에 따라 모두를 아울러 사랑함으로써 실현된다고 보았다.

3 롤스와 싱어의 사상적 입장 비교 이해

문제 분석 갑은 롤스, 을은 싱어이다. 롤스는 시민들의 기본적인 정치적 권리가 보장되는 질서 정연한 사회에 살고 있는 사람들은 고통받는 사회의 사람들을 돕는 것이 의무라고 보았다. 싱어는 고통을 감소시키고 쾌락을 증진해야 한다는 공리주의적 입장에서 해외 원조를 해야 한다고 보았다.

정답 찾기 ② 롤스와 싱어가 모두 긍정의 대답을 할 질문이다. 롤스와 싱어는 절대 빈곤 해결을 위한 원조의 방식에는 차이가 있지만, 이러한 원조는 보편적 의무라고 보았다.

오답 피하기 ① 롤스와 싱어가 모두 부정의 대답을 할 질문이다. 롤스는 불리한 여건으로 고통받는 사회가 질서 정연한 사회가 될 때까지 원조해야 한다고 보았다. 싱어는 국가 간의 경제적 격차를 줄이는 것이 원조의 목적이 아니라 인류 전체의 행복을 증진하기 위해 원조를 해야 한다고 보았다.

③ 롤스가 부정의 대답을 할 질문이다. 롤스는 원조 대상국의 인권 상황을 개선하기 위해 권고는 할 수 있지만 강제력을 행사해서는 안 된다고 보았다.

④ 싱어가 긍정의 대답을 할 질문이다. 싱어는 지리적 접근성과 무관하게 고통받는 사람을 도와야 한다고 보았다.

⑤ 싱어가 부정의 대답을 할 질문이다. 싱어는 이익 평등 고려의 원칙에 따라 원조를 해야 하지만 빈곤한 사람들 모두를 동일하게 도와주어야 한다고 보지 않았다.

4 애피아의 사상적 입장 이해

문제 분석 제시문은 세계 시민주의 사상가인 애피아의 주장이다. 애피아의 세계 시민주의는 인간에 대한 보편적 의무와 더불어 공동체의 구성원에 대한 특수한 의무도 함께 함축하고 있다.

정답 찾기 ㄴ. 애피아는 세계 시민주의를 지지하면서도 국가나 민족의 정체성을 가지고 살아가는 것도 필요하다고 보았다.

ㄷ. 애피아는 세계 시민주의가 민족이나 국가, 계급과 지역 등에 대한 관심과 애착을 배제하지 않기 때문에 개인의 특수한 삶에 의미를 부여하는 관행에 관심을 기울인다고 보았다.

오답 피하기 ㄱ. 애피아는 모든 개인이나 사회가 단일한 삶의 양식으로 수렴되어야 한다고 보지 않았다.

ㄹ. 애피아는 세계 시민으로 살아가는 사람은 세계의 모든 사람에 대한 관심을 갖고 살아가야 하기 때문에 세계 시민주의가 특정 민족에 대한 충성만을 요구한다고 보지 않았다.

5 칸트와 갈퉁의 사상적 입장 비교 이해

[문제 분석] 갑은 칸트, 을은 갈퉁이다. 칸트는 인간이 전쟁을 예방하고 국가 간의 영구 평화를 실현하기 위해 노력해야 한다고 보았다. 갈퉁은 소극적 평화뿐만 아니라 적극적 평화까지 보장되어야 진정한 평화가 실현된다고 보았다.

[정답 찾기] ㄴ. 칸트와 갈퉁은 모두 진정한 평화를 실현하기 위해 전쟁과 같은 직접적 폭력이 사라져야 한다고 보았다.
ㄷ. 칸트는 영구 평화를 실현하기 위해 국가의 시민적 정치 체제는 공화 정체이어야 한다고 보았으며, 갈퉁은 간접적 폭력을 제거하기 위해 국가의 정치 제도의 개선이 필요하다고 보았다.

[오답 피하기] ㄱ. 칸트는 국가 간의 영구 평화를 실현하기 위해서는 다른 나라의 주권을 침해해서는 안 된다고 보았다.
ㄹ. 갈퉁은 진정한 평화를 위해 평화의 개념을 전쟁의 부재와 같은 국가 안보 차원에서 경제적 고통으로부터의 자유, 삶의 질, 자유와 인권 등 안보의 궁극적인 대상을 인간으로 보는 인간 안보 차원으로 확장해야 한다고 보았다.

6 누스바움의 사상적 입장 이해

[문제 분석] 제시문은 누스바움의 주장이다. 누스바움은 우리를 일련의 동심원들에 둘러싸여 사는 존재라고 보았다. 누스바움은 스토아학파의 주장을 받아들여 세계 시민주의를 주장하였다.

[정답 찾기] ⑤ 누스바움이 부정의 대답을 할 질문이다. 누스바움은 국가적 소속감이나 자국 중심의 배타주의를 극복하고 보편적 인간애를 중시해야 한다고 보았다.

[오답 피하기] ① 누스바움이 긍정의 대답을 할 질문이다. 누스바움은 세계 시민이 이성을 바탕으로 정의와 사랑을 추구하며 보편적 인간애를 실천해야 한다고 보았다.
② 누스바움이 긍정의 대답을 할 질문이다. 누스바움은 모든 인류를 우리의 동료 시민이자 이웃으로 간주해야 한다는 스토아학파의 주장을 받아들였다.
③ 누스바움이 긍정의 대답을 할 질문이다. 누스바움은 우리 모두가 '출생한 지역 공동체'와 '인간적 주장과 포부의 공동체'에 속한 주민이라고 보았다.
④ 누스바움이 긍정의 대답을 할 질문이다. 누스바움은 인류 전체의 동심원에서 도덕적 의무의 근본 원천을 찾아야 한다고 보았다.

7 에라스뮈스와 생피에르의 사상적 입장 비교 이해

[문제 분석] 갑은 에라스뮈스, 을은 생피에르이다. 에라스뮈스는 전쟁은 인간을 육체적·정신적·물질적으로 희생시킬 뿐만 아니라 사회 전체의 질서를 혼란하게 만들기 때문에 반드시 피해야 한다고 보았다. 생피에르는 전쟁은 인간의 이기심이 대립하면서 시

작되기 때문에 평화적 해결책이 없어 무력으로 호소할 수밖에 없는 상태라고 보았다.

[정답 찾기] ㄱ. 에라스뮈스는 전쟁은 평화를 추구하는 종교 정신에 위배되는 악이기 때문에 아무리 정당한 전쟁이라도 부당한 평화만 못하다고 보았다.
ㄷ. 생피에르는 시민이 국정에 대해 자유롭게 의사 표현을 할 수 있는 공화정이 군주정보다 평화를 더 실현할 수 있다고 보았다.
ㄹ. 에라스뮈스와 생피에르는 모두 시민들이 전쟁은 모두에게 이익이 되지 않는다는 점을 자각해야 전쟁을 막을 수 있다고 보았다.

[오답 피하기] ㄴ. 에라스뮈스는 전쟁은 시민이나 군주 모두에게 많은 비용이 들기 때문에 이익이 아니라 손해를 가져다준다고 보았다.

8 불교의 사상적 입장 이해

[문제 분석] 제시문은 불교의 입장이다. 불교에서는 모든 생명체가 소중한 가치를 지니며 상호 의존적이라는 연기(緣起)를 자각하며 자비를 실천할 것을 강조한다.

[정답 찾기] ⑤ 불교에서는 모든 생명의 소중함을 강조하지만 인위적인 것을 배제하는 무위의 실천을 강조하지는 않는다.

[오답 피하기] ① 불교에서는 불살생(不殺生)의 계율과 비폭력의 실천을 강조한다.
② 불교에서는 삼독을 제거하고 애욕과 집착에서 벗어나 마음의 평온함과 평화를 실현할 것을 강조한다.
③ 불교에서는 모든 중생이 보살행(菩薩行)의 실천을 통해 평화와 행복을 누리며 함께 살아갈 것을 강조한다.
④ 불교에서는 평화를 실현하기 위해 무차별적 사랑을 실천해야 한다고 강조한다.

memo

101고전으로
어떤 분야에서도
성공할 수 있는
통찰력 육성

강동대학교

CULTIVATING INSIGHT
TO SUCCEED IN ANY FIELD
GANGDONG UNIVERSITY

어떤 분야에서도
성공하는 인재

학사학위 전공심화 과정 운영

강남역(신분당선) – 감곡장호원역(강동대) 약 50분 소요

간호학과 간호교육평가 5년 인증(교직이수 가능)

수도권 및 충북지역 통학버스 운행

전형료 무료
인터넷 원서접수

강동대학교
입학홈페이지

2025학년도 신입생 모집 안내	수시1차	**2024.09.09(월) ~ 10.02(수)**
	수시2차	**2024.11.08(금) ~ 11.22(금)**
	정 시	**2024.12.31(화) ~ 2024.01.14(화)**

365일, 24시 청소년 모바일 상담

다 들어줄 개

청소년 모바일 상담센터 **이용 방법**

1
'다 들어줄개' 어플

2
'다 들어줄개' 채널

3
'1661-5004' 문자

입학홈페이지

CULTIVATING TALENTS, TRAINING CHAMPIONS

당신의 성공스토리

경복대학교가 도와드립니다

We help
you shape
your
success

**경복대학교가
또 한번 앞서갑니다**

6년 연속 수도권 대학 취업률 1위 (졸업생 2천명 이상)

지하철 4호선 진접경복대역 역세권 대학 / 무료통학버스 21대 운영

전문대학 브랜드평판 전국 1위 (한국기업평판연구소, 2023. 5~11월)

연간 245억, 재학생 92% 장학혜택 (2021년 기준)

1,670명 규모 최신식 기숙사 (제2기숙사 2023.12월 완공예정)

연간 240명 무료해외어학연수 / 4년제 학사학위 전공심화과정 운영

Futuristic Innovator
경복대학교
KYUNGBOK UNIVERSITY